suhrkamp taschenbuch
wissenschaft 2426

50 Jahre suhrkamp taschenbuch wissenschaft
Jubiläumsprogramm

Ganz selbstverständlich gehen wir davon aus, autonom zu sein. Und wir denken, dass ein Leben, in dem wir wichtige Dinge gegen unseren Willen tun müssten, kein gelungenes sein kann. Beate Rössler erkundet die Spannung zwischen unserem normativen Selbstverständnis und den Erfahrungen, die wir machen, wenn wir versuchen, ein autonomes Leben zu führen. Aus verschiedenen Perspektiven und im Rückgriff auf literarische Texte beleuchtet sie die dabei auftretenden Widerstände, untersucht die Rolle von Selbsterkenntnis und Selbsttäuschung und arbeitet die sozialen und politischen Bedingungen für Autonomie heraus. Eine eindrucksvolle Verteidigung der Autonomie.

Beate Rössler ist Professorin für Philosophie an der Universität Amsterdam und leitet dort die Fachgruppe »Philosophy and Public Affairs«. Seit 2022 ist sie Mitglied der American Academy of Arts and Sciences. Im Suhrkamp Verlag sind erschienen: *Der Wert des Privaten* (stw 1530) und *Von Person zu Person. Zur Moralität persönlicher Beziehungen* (stw 1756, hg. zusammen mit Axel Honneth).

Beate Rössler

Autonomie

Ein Versuch über das gelungene Leben

Suhrkamp

Klimaneutral
Druckprodukt
ClimatePartner.com/14438-2110-1001

Erste Auflage 2023
suhrkamp taschenbuch wissenschaft 2426

Umschlaggestaltung: Hanzer Liccini, Berlin
Druck und Bindung: C. H. Beck, Nördlingen
Printed in Germany
ISBN 978-3-518-30026-8

www.suhrkamp.de

Für Rebecca

Me wherever my life is lived, O to be self-balanced for contingencies
(Walt Whitman)

Inhalt

Vorwort

In diesem Buch geht es um Widersprüche oder Spannungen zwischen unserem Selbstverständnis als autonome Personen und den alltäglichen Erfahrungen eines nicht sonderlich selbstbestimmten Lebens. Dabei versteht es sich nicht als wissenschaftliche Abhandlung im strengen Sinn, sondern will auch solchen Leserinnen und Lesern zugänglich sein, die sich für Autonomie und das gelungene Leben interessieren, ohne Philosophie studiert zu haben. Deshalb habe ich versucht, das Buch im Ganzen anders zu schreiben als nur für philosophische Kolleginnen und Kollegen; dies ist mir in einigen Kapiteln leichter gefallen und gewiss besser gelungen als in anderen. Überdies verwende ich häufig ein inklusives »Wir«, das sich in der Hoffnung gründet, tatsächlich für die Personen zu schreiben, die dieses Buch in die Hand nehmen und sich in solch einem Wir wiederfinden könnten.

Mit dem Problem der Autonomie beschäftige ich mich seit vielen Jahren; während dieser Zeit hatte ich häufig Gelegenheit, Vorträge über die Themen dieses Buches zu halten – von den Diskussionen habe ich sehr profitiert und den Teilnehmerinnen und Teilnehmern danke ich für ihre Kritik und ihre Anregungen. Dank schulde ich jedoch vor allem den Freundinnen und Freunden und den Kolleginnen und Kollegen, die frühere Versionen von Kapiteln gelesen, und denen, die immer wieder geduldig mit mir über die vielfältigen Probleme diskutiert haben: Joel Anderson, Katharina Bauer, Gijs van Donselaar, James Gledhill, Eva Groen-Reijman, Elisabeth Holzleithner, Naomi Kloosterboer, Thomas Nys, Andrew Roberts, Kati Röttger, Holmer Steinfath und Henri

Wijsbek. Ihre konstruktiven Kommentare waren mir eine große Hilfe.

Gesondert nennen und gesondert danken will ich Robin Celikates und Stefan Gosepath, die durchgehend ausgesprochen kritische Leser waren. Zusammen mit Catriona Mackenzie und John Christman gehören beide überdies zu unserer Autonomie-Arbeitsgruppe, deren Treffen und Diskussionen jedes Mal sehr lehrreich für mich waren. Auch die langen Gespräche mit Catriona Mackenzie über Autonomie und den Sinn des Lebens – in Amsterdam und Sydney ebenso wie in der australischen Wüste – haben mir immer wieder entscheidend geholfen.

Meinen Brüdern Martin Rössler und Johannes Rössler danke ich für den gewissenhaften Einsatz ihrer jeweiligen Expertise, Elke Rutzenhöfer für ihren Rat ebenso wie für ihre freundschaftliche Loyalität.

Große Teile dieses Buches sind in der philosophischen Bibliothek der Amsterdamer Universität entstanden: Sie bietet vor allem im Sommer einen wunderbar ruhigen Arbeitsplatz, und ich bin Lidie Koeneman zu großem Dank verpflichtet für ihre schnelle Hilfe bei bibliographischen Notfällen. Ganz zu Anfang hat mir Lara von Dehn mit technischen Details geholfen, den weitaus größten Anteil an der Überarbeitung aller Kapitel hat jedoch Johannes Sudau – ich danke ihm sehr für seine Sorgfalt ebenso wie für seine hilfreichen Übersetzungsvorschläge. Schließlich danke ich Eva Gilmer für ihre kritische Lektüre und für ihre zahlreichen Verbesserungsvorschläge und Philipp Hölzing für seine Geduld beim Abschluss des Buches.

Amsterdam, im Dezember 2016

Einführung: Autonomie im täglichen Leben

Dass wir autonom sind, davon gehen wir in westlichen, liberalen Gesellschaften im Allgemeinen aus. Wir halten es für eine Selbstverständlichkeit, dass wir das Recht haben, autonome Entscheidungen zu treffen und ein selbstbestimmtes Leben zu leben; und wir glauben, dass wir die Fähigkeiten haben, ein solches Leben zu leben, darüber nachzudenken, was wir tun und wie wir leben wollen, und dies dann auch in die Tat umzusetzen. Das schätzen wir auch: Denn ein Leben, in dem ich existentiell wichtige Dinge gegen meinen Willen, gegen meine eigenen Entscheidungen tun und leben müsste, ein heteronomes Leben in diesem Sinn könnte niemals ein gelungenes, ein gutes Leben sein.

Autonomie ist – insbesondere seit der Philosophie Kants – ein Grundthema der Philosophie: So gibt es in der gegenwärtigen Theorienlandschaft auf der einen Seite normative Theorien, die detaillierte – häufig idealisierte – Bedingungen beschreiben, unter denen ein autonomes Leben möglich ist; und natürlich auch Theorien, die die Problemlosigkeit eines autonomen Lebens behaupten. Doch auf der anderen Seite finden sich fundamentale Zweifel an der Möglichkeit und dem Sinn von Autonomie, etwa in Positionen, die die Undurchführbarkeit des autonomen Lebens zu beweisen suchen, indem sie uns vor Augen führen, wie sehr jeder und jede von uns in nicht gewählten Abhängigkeiten lebt. So ist Autonomie zwar moralisch und rechtlich grundlegend für unsere Gesellschaften; doch was dies genau für unser autonomes Leben bedeutet, bleibt häufig unklar. Das wirft die Frage auf, wie sich ein plausibler Begriff von Autonomie zwischen den detaillierten normativen Theorien und Verteidigern einerseits und den fundamentalen Zweiflern andererseits entwickeln und begründen lässt. Interessant ist dabei nämlich, dass sich beides, der normative Begriff ebenso wie der grundlegende Zweifel, aus der Perspektive der autonomen Person selbst beschreiben lässt – und dann geht es nicht mehr nur um zwei sich gegenüberstehende Theorien, sondern um die *Spannung zwischen unserem normativen Selbstverständnis und unseren alltäglichen Erfahrungen*.

Obgleich wir also zumeist einfach von der Möglichkeit ausgehen, ein selbstbestimmtes Leben führen zu können, gibt es zahllose Aspekte unseres Lebens und Situationen, die wir gerade nicht gewählt haben, bei denen wir uns fragen, wie es so kommen konnte, bei denen wir das Schicksal oder auch, simpler, unsere Unvorsichtigkeit beschuldigen. Die Möglichkeit, das Gelingen ebenso wie die Unmöglichkeit, das Misslingen von Selbstbestimmung gehört zu unseren alltäglichen Erfahrungen. Die Gründe dafür, warum mit der Idee von Autonomie jene *Spannung* verbunden ist, sind indes ganz unterschiedlich. Auf der einen Seite lässt sie sich beschreiben als eine zwischen dem individuellen Streben nach Selbstbestimmung und dem Geschehen, das immer schon stattfindet, das einfach passiert und uns vor vollendete Tatsachen zu stellen scheint. Auf der anderen Seite ist diese Spannung spezifischer eine, die unsere Verankerung in soziale Beziehungen betrifft und die daraus erwachsenen Verpflichtungen und Ansprüche anderer, von denen wir uns nicht freimachen können, nicht freimachen wollen, aber die doch häufig subjektiv als ein Misslingen von Autonomie begriffen werden können.[1]

1 Es geht mir hier jedoch nicht um das mutmaßlich bei Kant zu findende Paradox der Autonomie, das behauptet, das Ideal selbst ließe sich gar nicht erst widerspruchsfrei artikulieren; ich komme hierauf zurück; vgl. etwa die Beiträge in Khurana, *Paradoxien der Autonomie*;

Diesen so skizzierten unterschiedlichen Formen des Widerstreits zwischen der Möglichkeit und der Unmöglichkeit von Selbstbestimmung, zwischen der Idee und dem täglichen Leben will ich in diesem Buch aus verschiedenen Perspektiven nachgehen. Individuelle Selbstbestimmung oder Autonomie ist als normatives Ideal konstitutiv für unser Selbstverständnis ebenso wie für unsere Idee von Recht und Politik; individuelle Selbstbestimmung jedenfalls in dem Sinn, dass wir darüber nachdenken können, was wir *wirklich* wollen im Leben, dass wir uns reflektierend zu unseren Wünschen und Überzeugungen verhalten können. Dass diese Autonomie häufig im Alltag nicht erreicht werden kann, aus welchen Gründen nicht und in welchen Kontexten nicht, und warum diese Schwierigkeit trotzdem nichts an der Notwendigkeit und Überzeugungskraft von Autonomie ändert, dies sind die Grundthemen dieses Buches.

Man kann diese Spannung zwischen unserem Streben nach Autonomie und unseren alltäglichen Erfahrungen mittels der Literatur verdeutlichen: Denn gerade hier, bei der Phänomenologie unserer Alltagsverstrickungen, können uns literarische Texte bei der Deutung häufig besser helfen als die Philosophie. Die Autorin, die ich hier zunächst zu Rate ziehen will, ist Iris Murdoch, zugleich Schriftstellerin und Philosophin.[2]

> So ist es nicht. Man schaut nicht einfach hin und wählt etwas und schaut, wo man hingehen könnte, man steckt immer schon bis zum Hals in seinem Leben, oder ich zumindest. Man kann nicht schwimmen in einem Sumpf oder im Treibsand. Erst wenn mir die Dinge passieren, weiß

vgl. kritisch gegenüber diesem angenommenen Paradox Kleingeld/Willaschek, »Kantian Autonomy without Self-Legislation of the Moral Law«.

2 Viel gelernt habe ich von Antonia Byatts Buch über die Romane Iris Murdochs, *Degrees of Freedom*.

ich, was ich offenbar wollte, nicht davor! Ich begreife es erst, wenn es keinen Weg zurück gibt. Es ist ein Durcheinander, ich verstehe es nicht einmal selbst.[3]

Dieser Hilferuf aus dem Chaos des Lebens, dieses Ringen mit der Idee der Bestimmbarkeit des eigenen Lebens ist ein zentrales Thema der Romane Murdochs. Die Wirklichkeit, in der wir immer schon bis zum Halse stecken, ist, so schreibt sie, »grundsätzlich unverständlich«; und an anderer Stelle heißt es: »Die Botschaft lautet: Alles ist zufällig. Es gibt keine tiefen Fundamente. Unser Leben stützt sich auf Chaos und Geröll und alles, was wir versuchen können, ist, gut zu sein.«[4]

Chaos und Geröll bilden den Gegensatz zu Selbstbestimmung und Begründbarkeit: Dies ist zunächst ein Verweis auf die schicksalhaften Zufälle des Lebens, die Murdochs Protagonisten häufig so unheilvoll und verzweifelt in die Unordnung des Lebens stürzen und verwickeln. Diese Zufälligkeiten bringen den Mangel an Planbarkeit des eigenen Lebens zum Ausdruck, werden als überwältigende Macht erfahren, als Umstände, mit denen wir im Laufe unseres Lebens konfrontiert werden oder die wir immer schon einfach hinnehmen müssen. Es ist diese Spannung, die ich oben als erste beschrieben habe, zwischen der Idee der Selbstbestimmung und dem Gefühl, immer schon vor vollendete Tatsachen gestellt zu sein. Dabei hat Murdoch nicht so sehr die Zufälligkeiten von Geburt und Herkunft vor Augen, sondern diejenige sozialer Verstrickungen, mit denen wir im Laufe unseres erwachsenen Lebens konfrontiert werden, in der Form unvorhergesehener, unseliger Ereignisse oder auch in der Form

3 Murdoch, *Nuns and Soldiers*, S. 367. Wenn keine deutschsprachigen Quellen angegeben werden, stammen sämtliche Übersetzungen in diesem Buch von mir, B. R.

4 Linda Wertheimer, »All Things Considered«.

der Konsequenzen unseres eigenen Handelns, die wir so nicht absehen konnten und jedenfalls so nicht wollten und die wir (deshalb) häufig als schicksalhaft erleben.

Betrachten wir, zum Beispiel, Hilary Burde, den Protagonisten in Murdochs Roman *A Word Child*. Hilary Burde stammt aus sehr kleinen, geradezu armseligen Verhältnissen und hat sich durch seine besondere Sprachbegabung hocharbeiten können: Er wird Student in Oxford, gewinnt jeden nur möglichen Preis, macht ein glänzendes Abschlussexamen und wird Fellow an einem der Colleges. Dann verliebt er sich in die Frau seines Gönners und Doktorvaters, Anne Jopling, die beiden haben eine leidenschaftliche Affäre. Sie endet mit einem Autounfall, an dem Hilary schuld ist und bei dem Anne stirbt. Hilary muss, selbstverständlich, seine Stelle am College aufgeben. Zwanzig Jahre später – Jahre, die er als kleiner Beamter in einer unbedeutenden Londoner Behörde, in einem tristen Leben verbracht hat – trifft er auf seinen damaligen Doktorvater Jopling, der mittlerweile wieder geheiratet hat. Wieder verliebt er sich, vollständig gegen seine eigenen Absichten, in dessen Frau, Kitty. Wieder kommt es zu intimen Begegnungen, wieder endet es mit einem Unglück und mit dem Tod der Frau.

Warum dies für den Kontext des Zweifels an der Planbarkeit des eigenen Lebens interessant ist, beschreibt Murdoch mit den Worten von Hilary Burde in einer Passage:

> Und doch geschehen Menschen solche Dinge, werden Leben so ruiniert, verdorben und düster und unwiderruflich zerstört, werden falsche Abzweigungen genommen und beharrlich verfolgt, und die, die nur einen Fehler machen, richten auch den Rest zugrunde, aus Wahn oder vielleicht aus Groll.[5]

5 Murdoch, *A Word Child*, S. 221 (»Yet such things happen to men,

Die Ereignisse, mit denen Burde konfrontiert wird, sind geradezu übertrieben schicksalhaft, scheinen nicht in seiner Hand zu liegen, zeigen Zufälle, die ein bestimmbares, ein selbstbestimmtes Leben deshalb verunmöglichen, weil gänzlich unklar wird, was eigentlich noch autonome, authentische Entscheidungen unter solch katastrophalen Bedingungen sein sollen, was eigentlich Handeln, mit Zielen und Plänen, heißen sollte. »Und doch geschehen Menschen solche Dinge« – Dinge, die uns passieren, bilden gerade das Gegenteil der Aspekte des Lebens, die wir selbst bestimmen.

Doch die Sache mit dem Schicksal, auch das suggeriert Murdoch, ist nicht so einfach. Der Philosoph und Psychoanalytiker Jonathan Lear schreibt: »Das Eigenartige am Schicksal ist, dass es auf keine Seite der Trennung zwischen Ich und Nicht-Ich richtig passt.«[6] Inwieweit diese Ereignisse nicht also *auch* unserem eigenen Handeln, unseren eigenen schwierigen und komplexen Identitäten geschuldet sind, bleibt auf beunruhigende Weise offen. Der Zwang zur Wiederholung beispielsweise, kann vielleicht doch in höherem Maße, als Hilary Burde dies sieht und gerne sehen würde, seinen eigenen Obsessionen zugeschrieben werden. Nun sind ohnehin diese außergewöhnlichen Zufälle – leidenschaftliche Affären, tragische Unglücke, katastrophische Wiederholungen – nur die eine Seite. Die andere, wichtigere Form von Kontingenz – oder schlechter Planung – ist die ganz gewöhnliche, vertraute, die die Protagonisten auf unterschiedliche und lehrreiche Weise in ihr je persönliches unaufgeregtes Chaos, in ihren jeweiligen persönlichen, ganz normalen Alltag verwickelt und

lives are thus ruined, thus tainted and darkened and irrevocably spoilt, wrong turnings are taken and persisted in, and those who make one mistake wreck all the rest out of frenzy, even out of pique.«); vgl. auch S. 126.

6 Lear, »The Freudian Sabbath«, S. 235.

bindet. Und es ist vor allem diese alltägliche Problematik, mit den eigenen Entscheidungen, Absichten, Wahlmöglichkeiten, sozialen Beziehungen und sozialen Verpflichtungen reflektiert und vernünftig umzugehen, die ein skeptisches Licht auf die Reichweite von Selbstbestimmung wirft.

Besonders deutlich wird dieses »fatalistische Gefühl der Hilflosigkeit«, wie Murdoch sagt, bei einem anderen ihrer unglücklichen Protagonisten, nämlich bei John Rainborough, einem mittleren Beamten in einer dubiosen staatlichen Verwaltungsstelle, aus Murdochs Roman *Die Flucht vor dem Zauberer.*

> Rainborough saß in seinem Wohnzimmer und versuchte sich durchzuringen, Agnes Casement anzurufen. Er hatte versprochen, sie am Nachmittag anzurufen, aber er schob es immer wieder auf. Jetzt wurde es langsam gleichermaßen notwendig wie unmöglich, dass er es sofort tat; und während er darüber nachdachte und ein Problem metaphysischen Ausmaßes daraus machte, bekam er ein Bild seines ganzen Lebens vorgehalten. Rainborough war jetzt nämlich mit Agnes Casement verlobt. Wie das passiert war, konnte er nicht so recht sagen. Es war aber passiert, dachte er entschlossen, ganz unausweichlich. So viel war sicher. Muss mich meinen Verpflichtungen stellen, dachte Rainborough vage, während sein Blick auf dem Telephon lag. Brauche Ballast. All dieses Umherziehen zu nichts nütze. Muss mich im Leben wurzeln. Kinder und so weiter. Ehe genau was ich brauche. Muss Mut haben, mich festzulegen, ist natürlich schmerzvoll. Aber wirklich das Allerbeste. Dies ist mein Weg, ich hab's die ganze Zeit gewusst.[7]

Rainboroughs Reflexionen kommen zu spät: Er steckt schon mitten in einem Durcheinander, von dem ihm nicht völlig

7 Murdoch, *Die Flucht vor dem Zauberer*, S. 339.

klar ist, wie er hineingeraten ist; das fatalistische Gefühl von Hilflosigkeit führt zu Ex-post-Rationalisierungen (»Muss mich im Leben wurzeln. Kinder und so weiter. Ehe genau was ich brauche«), die natürlich nicht sonderlich authentisch sind, weil sie Entscheidungen nur vortäuschen und Wünsche fantasieren, die jedenfalls nicht vollkommen die eigenen sind. Rainborough weiß offensichtlich, dass er sein Leben auch und gerade *in* diesen sozialen Beziehungen bestimmen, dass er handeln müsste. Aber er tut es nicht. Dafür ist es immer schon zu spät.

Nun könnte man einwenden, dies zeige einfach einen Mangel an Reflexion und Vernunft, also ein schlichtes Versagen der bürgerlichen oder kleinbürgerlichen Akteure Murdochs. Es seien Personen, die scheitern, weil sie dem ihnen selbst sehr wohl *möglichen* Standard nicht entsprechen. Dieser Standard von Reflexion und guten Handlungsgründen, von Entschlusskraft und Willensstärke sei keineswegs zu anspruchsvoll, ihm könnten im Prinzip alle durchschnittlich vernünftigen Personen genügen, und täten sie es nicht, sei es ihr Versagen. Es seien Akteure, die sich selbst nicht gut genug kennen, obwohl sie dies könnten, wenn sie sich hinreichend Mühe gäben; die von sich selbst entfremdet, nicht eins mit sich, nicht authentisch seien – obwohl sie dies könnten.

Doch dieser Einwand greift zu kurz, ist jedenfalls nicht die ganze Wahrheit: Denn die lebensnahe Verstricktheit der Protagonisten und Protagonistinnen zeigt, dass die Konfrontation mit den Kontingenzen und sozialen Komplikationen des eigenen Lebens durchaus zu einem berechtigten Zweifel an dessen Bestimmbarkeit führen kann. Es ist gerade die Alltäglichkeit der Akteure und ihres Erlebens, die das Gelingen der Selbstbestimmtheit des Handelns in Frage stellt. Denn wenn es nicht meine Entscheidungen sind, wenn es nicht mein Handeln ist, das mein Leben bestimmt, sondern Zufälle und Unbestimmtheiten, soziale Bindungen und Beziehungen, in die ich immer schon verwickelt bin, dann fällt es schwer, darauf zu vertrauen, dass es die *eigenen* Gründe und die *eigenen* Handlungen *sein können*, die für mein Leben ausschlaggebend sind. Die Abgründe, in die Murdochs Protagonisten häufig stürzen, und auch ihre melancholische Apathie, die mit dem Zweifel am Nutzen, Sinn und der Möglichkeit der Bestimmung des eigenen Lebens einhergeht, all dies macht deutlich, dass der gelebte autonome – oder gerade nicht autonome – Alltag seine ganz eigene Phänomenologie und Plausibilität hat. Schriftsteller oder Schriftstellerinnen können dies zumeist besser beschreiben als selbstgestrickte – manchmal recht unbeholfene – philosophische Beispiele. Auch deshalb werde ich in den folgenden Kapiteln immer wieder auf Beispiele aus der Literatur zurückgreifen.

Trotz all dieser so einleuchtenden Beschreibungen der nicht selbstbestimmten Aspekte des Alltags ist jedoch auch klar, dass gerade die Selbstbestimmung wichtiger Dimensionen des Lebens die leitende Idee ist – nur deshalb kann Murdoch und können wir überhaupt das Misslingen von Selbstbestimmung als solches beschreiben. Nur in ihrem Kontrast zur normativen Idee von Autonomie können Kontingenzen, Verpflichtungen, psychologische Unfähigkeiten und strukturelle Hindernisse als solche beschrieben werden. Autonomie, so will ich argumentieren, hat Wert und Bedeutung für uns, weil sie konstitutiv ist für die Selbst- und für die Weltaneignung. Doch Ambivalenzen, Selbstentfremdung, die Intransparenz des eigenen Selbst, autonomieerschwerende oder -verhindernde Strukturen gehören zu unserem autonom gelebten Alltag – und ebendeshalb sind wir hier mit Spannungen konfrontiert.

Persönliche Autonomie hat jedoch auch eine dezidiert politische Seite: »Ich glaube, das bedeutendste Phänomen, das wir während der Revolutionen beobachten konnten, ist die Wiederentdeckung der persönlichen Autonomie«, erklärt der libanesische Autor Samir Frangieh. Und er sagt weiter:

> Mit anderen Worten: Die Menschen sind sich bewusst, dass sie die Urheber ihrer eigenen Geschichte werden können. Tatsächlich ist das recht neu in einer Region, in der das Individuum seit Jahrzehnten auf Gruppen reduziert wurde, Gruppen auf Parteien, die sie repräsentieren, und die Parteien, die sie repräsentieren, auf ihre politischen Führer. Als Ergebnis fanden wir uns in einer Situation wieder, in der ganze Länder auf einzelne Personen reduziert wurden. Beispiele sind Assads Syrien und die gesamte arabische Welt, die durch kaum zehn Namen definiert war. Wir sprechen über 500 Millionen Menschen, reduziert auf zehn bis fünfzehn Namen. Genau das ist es, was der Arabische Frühling verändert hat.[8]

Es ist diese politische Seite persönlicher Autonomie, die noch immer für Sprengstoff sorgt: als Aufruf zur Veränderung nichtdemokratischer Zustände, aber auch innerhalb liberaldemokratischer Verhältnisse, wenn die Grenzen staatlicher Eingriffe in persönliche Autonomie strukturell gefährdet sind, wenn Rechte nur formale, keine materiale Geltung besitzen, wenn also persönliche Autonomie von staatlichen Eingriffen untergraben zu werden droht. So lassen sich in diesem Kontext staatliche Überwachungen und damit Verletzungen informationeller Privatheit beschreiben, aber auch gesellschaftliche Strukturen, die Autonomie verhindern können, zum Beispiel patriarchale. Hieran wird deutlich, dass politische Bedingungen nicht nur negative Freiheiten sichern, sondern auch positive, und dass erst beides zusammen, die positive wie die negative Freiheit, Autonomie sichern kann. Das Verhältnis von Freiheit und Autonomie wird deshalb noch eine wichtige Rolle spielen.

Was mich in den folgenden Kapiteln interessiert, ist jedoch

8 Frangieh, »The Arab Revolts and the Rise of Personal Autonomy«; vgl. Christman, »Introduction«.

vor allem die Problematik des alltäglichen Lebens individueller Autonomie, die Seite der individuellen Erfahrung und der individuellen Fähigkeit. Man kann dies die *ethische* Frage nennen, weil es hier um die Möglichkeiten des autonomen, des gelingenden Lebens geht. Den Begriff der Ethik verwende ich dabei in dem breiten (aristotelischen) Sinne, wie er uns mittlerweile beispielsweise durch Bernard Williams wieder vertraut geworden ist und in dem es nicht nur um Fragen der Moral, sondern allgemein um Fragen des guten Lebens geht. Doch in späteren Kapiteln werde ich auch der sozialen und politischen Seite Rechnung tragen, die zeigt, wie die Idee persönlicher Autonomie durch staatliche oder gesellschaftliche Bedingungen ermöglicht wird und zugleich gefährdet sein kann.

Als Nächstes sollen nun kurz die verschiedenen Perspektiven vorgestellt werden, die in diesem Buch bezogen auf das Problem der Autonomie eingenommen werden. Was genau ist unter Autonomie zu verstehen und in welcher Tradition steht diese Idee? Ich will im ersten Kapitel *begrifflichen Fragen* nachgehen und erläutern, in welchem Sinn man von Autonomie im Verhältnis zu individueller Freiheit reden sollte, welche Fähigkeiten einer autonomen Person zugeschrieben werden müssen und welches die Grenzfälle solcher Zuschreibungen sind. Autonom, so werden wir auch sehen, ist man immer gemeinsam mit anderen.

Ist autonomes Handeln und autonomes Überlegen notwendigerweise frei von *Ambivalenzen*? Muss die autonome Person immer »hier stehen und nicht anders können«? Auf die Problematik der ambivalenten Person will ich im zweiten Kapitel eingehen und deutlich machen, dass Ambivalenzen keineswegs immer unsere Autonomie bedrohen, dass sie im Gegenteil selbstverständlicher Teil unseres selbstbestimmten – auch rationalen – Alltags sind.

Im dritten Kapitel werde ich fragen, warum eigentlich

Autonomie so wertvoll und wichtig ist. Und ich stelle diese Frage als die nach dem Verhältnis von Autonomie und dem *Sinn des Lebens*: Ist ein Leben nur dann sinnvoll, wenn es autonom ist? Und kann es sinnvoll – und autonom – sein, ohne glücklich zu sein? Muss es objektiv sinnvoll sein, oder reicht es, wenn es als autonom und subjektiv sinnvoll verstanden werden kann? Auch hier werde ich literarische Beispiele heranziehen, um Spannungen oder Widersprüche besser zu verstehen und um zu zeigen, in welch konstitutiver Weise die Selbstbestimmung und der Sinn des eigenen Lebens zusammengehören.

Wenn eine Person autonom handelt, dann weiß sie, was sie denkt, und sie weiß, was sie will; sie muss sich also selbst kennen, um selbstbestimmt handeln und leben zu können. Aber wie kann man – nach Freud – Selbsttransparenz als Bedingung für Autonomie fordern? Die Frage, welchen Begriff von *Selbstbewusstsein und Selbsterkenntnis* wir angesichts etwa des verbreiteten Phänomens der Selbsttäuschung einer autonomen Person plausibler- und alltäglicherweise zuschreiben können, soll das vierte Kapitel beantworten. Dabei werde ich auch diskutieren, ob die neueren »Self-Tracking-Technologien« tatsächlich einen Beitrag zur Selbsterkenntnis und damit zur Unterstützung von Autonomie leisten können.

Eine andere Perspektive auf die Spannungen in unserem autonom gelebten alltäglichen Leben will ich im fünften Kapitel einnehmen: In der Interpretation von ausgewählten Passagen aus *Tagebüchern* bis hin zu Blogs werde ich fragen, ob sich der Überlegungsprozess, den ich zuvor als kennzeichnend für Autonomie beschrieben habe, in solchen Aufzeichnungen exemplarisch finden lässt. Wenn man davon ausgeht, dass zumindest das klassische Tagebuch ein paradigmatischer Ort der alltäglichen Konfrontation mit dem je eigenen Leben ist, dann sollte man mit seiner Hilfe zeigen können, was eigentlich Autonomie im Alltag bedeutet. Und schaut man auf Blogs und Vlogs, lässt sich darüber hinaus die Frage stellen, ob sich diese Form der Konfrontation mit der eigenen Selbstbestimmung durch die und mit den neuen Medien verändert hat.

Im sechsten Kapitel steht die Frage nach dem Verhältnis zwischen Autonomie und dem *guten Leben* im Mittelpunkt. Lässt sich in der nachkantischen Moralphilosophie überhaupt eine substantielle Theorie des guten Lebens entwickeln? Ist es ethisch zu verteidigen, Maßstäbe zur Beurteilung darüber, ob ein Leben gelungen oder gut ist, anzulegen? Mit Hilfe der Analyse dessen, warum die autonome Wahl so entscheidend für das gute autonome Leben ist, und mit Hilfe des Begriffs der Entfremdung will ich ausloten, ob sich (kritische) Aussagen über das gute Leben machen lassen, ohne zugleich die Autonomie derjenigen in Frage zu stellen, die dieses Leben gewählt haben oder jedenfalls doch leben.

Im siebten Kapitel, zum Verhältnis von *Autonomie und Privatheit*, soll es um die ethische ebenso wie politische Frage nach der Notwendigkeit des Schutzes individueller Privatheit für die Möglichkeit des autonom gelebten Lebens gehen. Ich möchte den Fragen nachgehen, warum ein freies, autonomes – und gelungenes – Leben angewiesen ist auf den Schutz des Privaten und warum wir uns ein Leben, das nur in der Öffentlichkeit geführt wird, nicht vorstellen können und wollen. Warum wäre eine Gesellschaft erstickend und unfrei, wenn in ihr der Schutz des Privaten nicht mehr respektiert würde?

Im achten Kapitel werden die notwendigen *Voraussetzungen* von individueller Autonomie noch allgemeiner in den Blick genommen: die *politischen und sozialen* Verhältnisse, in denen ein autonomes Leben gelebt werden muss. Im Focus steht hier der Zusammenhang zwischen individueller Autonomie und Bedingungen, die mit einer liberal-demokratischen Gesellschaftsordnung einhergehen. Ich will zeigen, dass es keine notwendige und direkte Verbindung zwischen der Möglichkeit eines autonomen Lebens und diesen liberal-demokratischen Voraussetzungen gibt. Eine wichtige Frage ist dabei, wie sich die Doppelseitigkeit von gesellschaftlichen Bedingungen am besten analysieren lässt, wenn sie Autonomie zugleich *ermöglichen* und (strukturell) *verhindern* können. Hier werde ich deshalb auch die Probleme struktureller Unterdrückung und Diskriminierung sowie die Frage diskutieren, ob Personen mit »falschem Bewusstsein« oder »adaptierten Präferenzen« autonom sein können.

Eingangs hatte ich gesagt, dass wir in westlichen, liberalen Gesellschaften selbstverständlich davon ausgehen, autonom zu sein, autonom leben zu können. Im neunten Kapitel, am Ende des Durchgangs durch die vielfältigen Spannungen des autonom gelebten Alltags und die Schwierigkeiten eines gelungenen Lebens, will ich zur Verteidigung meiner Argumente für die Idee von Autonomie das *Selbstverständnis* eines solchen Begriffs ausbuchstabieren: gegen die Kritik von jenen, die behaupten, dass *weder der freie Wille noch persönliche Autonomie* – noch moralische Verantwortlichkeit – möglich seien. Ich werde diese Theorien nicht widerlegen, aber ich will zeigen, was der Preis wäre, wenn wir die Möglichkeit von Autonomie abstritten. Da ich in diesem Buch Autonomie durchgehend jedenfalls prinzipiell für möglich halte, ist es sinnvoll, mit dem Versuch zu schließen, auch gegenüber dieser fundamentalen Skepsis noch einmal die Wirklichkeit von Autonomie zu verteidigen.

Die unterschiedlichen Themen der Kapitel erfordern jeweils unterschiedliche Herangehensweisen – manche Themen müssen auf dem Hintergrund neuerer, manchmal recht komplizierter Debatten in der Philosophie diskutiert werden, für andere gilt dies weniger, etwa wenn man danach fragt, wie Autonomie in Tagebüchern interpretiert werden kann. Das Schreiben über das autonome Leben ist zugleich ein Schreiben über die Möglichkeiten des gelungenen Lebens: Das ist meine These und ich werde sie in den verschiedenen Kapiteln mal explizit, zumeist aber eher implizit zu begründen suchen. Autonomie wird dabei bestimmt als notwendige Bedingung des gelungenen Lebens, nicht jedoch als hinreichende. Und ich beginne *nicht* mit dem Entwurf einer genauen Theorie von Autonomie oder einer Theorie des gelungenen Lebens, die ich dann auf alltägliche Situationen anwende, um zu schauen, ob wir hier tatsächlich autonom sind. Ich schlage den umgekehrten Weg ein, indem ich mir – nach einer recht allgemeinen Begriffsklärung – verschiedene Probleme und Kontexte von Autonomie, auch verschiedene Möglichkeiten ihres Scheiterns ansehe. Gewissermaßen unter der Hand entwickelt sich dann tatsächlich eine Theorie persönlicher Autonomie, und ich möchte schließen mit einer Bemerkung zur Terminologie: Ich werde nämlich von gelungenem Leben nur dann sprechen, wenn es autonom ist und darüber hinaus sinnvoll und glücklich.[9] Zwar wird in der philosophischen Literatur vor allem über das *gute* Leben – und die Suche nach dem guten als dem glücklichen Leben – gesprochen, aber diesen Sprachgebrauch möchte ich nicht übernehmen, weil das gute Leben (in der Literatur) auch eines sein kann, das nicht selbstbestimmt ist. Deshalb ist es mir wichtig, diese mögliche Differenz zwischen dem guten und dem gelungenen Leben deutlich zu machen. Um die Sache noch ein bisschen komplizierter zu machen: Ein Leben kann sinnvoll sein, aber nicht glücklich, denn Sinn haben wir mehr in den eigenen Händen als das Glück. Und kleine Kinder zum Beispiel können ein gutes, ein glückliches Leben haben, das jedoch nicht selbstbe-

9 Vgl. anders Wolf, *Meaning in Life*, S. 3, die begrifflich trennt zwischen dem sinnvollen, dem glücklichen und dem moralischen Leben, eine Unterscheidung, auf die ich im Folgenden mehrfach zurückkommen werde; vgl. anders auch Seel, *Versuch über die Form des Glücks*, S. 65-69; und Seel, *Sich bestimmen lassen*, S. 196-212.

stimmt und, da noch nicht reflektiert, auch nicht sinnvoll ist (natürlich schon für andere). Dies wird alles im Laufe der folgenden Kapitel deutlich werden.

Ich entwickle diese Theorie, wie gesagt, nach und nach – aber nicht mit dem Ziel, mit dieser in der Hand, wie mit einem Ratgeber, die genauen Bedingungen eines gelungenen Lebens angeben zu können. Was mich vielmehr in diesem Buch interessiert, ist die Spannung zwischen unserem Selbstverständnis als autonome Personen und der Erfahrung, dass diese Selbstbestimmung häufig, aus ganz unterschiedlichen Gründen und in ganz unterschiedlichen Hinsichten, nicht gelingt. Und mich interessiert, was beides, die Autonomie ebenso wie die Spannung, für das Gelingen unseres Lebens bedeutet.

1
Was ist Autonomie? Eine begriffliche Annäherung

Jetzt hat es fast den Anschein, als sei ich das Opfer meiner eigenen Brillianz. Aber was wäre dann geworden? Was hätte ich sonst machen sollen? Doch Flötist werden? Wie kann ich das jemals herausfinden? Niemand kann zweimal am selben Punkt anfangen. Jedes Experiment, das sich nicht wiederholen läßt, ist überhaupt kein Experiment. Niemand kann mit seinem Leben experimentieren. Niemand braucht sich vorzuwerfen, daß er im Dunkeln tappt.[1]

In jenem Herbst hatte es einige Gespräche über den Tod gegeben. Da Franklin zu der Zeit dreiundachtzig Jahre alt war und ich einundsiebzig, hatten wir natürlich Pläne gemacht für unsere Trauerfeiern (keine) und die Beerdigungen (sofort) in einer bereits gekauften Grabstelle. Wir hatten uns, anders als die meisten unserer Freunde, gegen die Feuerbestattung entschieden. Nur das eigentliche Sterben war ausgelassen oder dem Zufall überlassen worden.[2]

Autonomie hat Bedeutung für uns, weil wir für unser Leben und für einzelne Handlungen nur Verantwortung übernehmen können, wenn wir sie – zumeist – selbst bestimmt haben und es tatsächlich in einem emphatischen Sinn die eigenen Handlungen sind, die wir vollziehen, die eigenen Pläne, die wir verfolgen, und Vorhaben, die wir umzusetzen trachten. Würden wir manipuliert oder gezwungen, dann könnten wir nicht aus eigenen Gründen handeln, wären es nicht unsere

1 Hermans, *Nie mehr schlafen*, S. 317.
2 Munro, *Dolly*, S. 271.

eigenen Werte und Überzeugungen, die den Rahmen unserer Handlungen und Vorhaben darstellten. Mehr noch, wir könnten uns nicht als verantwortlich verstehen für unser Leben als unser eigenes, und wir fühlten uns gegebenenfalls entfremdet von uns selbst. Bevor ich in den folgenden Kapiteln all diese Aspekte genauer untersuchen werde, soll es in einem ersten und allgemeinen Sinn um die Frage gehen: Was ist Autonomie? Ich will zunächst den Begriff kurz historisch situieren (1); und dann das Verhältnis zwischen Autonomie und Freiheit genauer klären (2). Im Anschluss daran werde ich im Lichte der neueren Debatten um den Begriff der individuellen Autonomie die Frage erläutern, was »Autonomie als Fähigkeit« bedeutet, und so den Rahmen beschreiben, innerhalb dessen die Idee von Autonomie, wie sie in diesem Buch diskutiert wird, genauer verortet werden kann (3). Abschließend will ich diejenigen offenen Fragen kursorisch benennen, die in den folgenden Kapiteln beantwortet werden müssen (4).

1. Bemerkungen zur Geschichte des Begriffs

In liberal-demokratischen Gesellschaften ist der Wert von Autonomie mittlerweile so selbstverständlich, dass Joseph Raz behauptet, Autonomie sei eine *Tatsache des Lebens*:

> Der Wert persönlicher Autonomie ist eine Tatsache des Lebens. Da wir in einer Gesellschaft leben, deren soziale Formen in bedeutendem Maße auf individuellen Entscheidungen beruhen, und da unsere Optionen durch das begrenzt sind, was in unserer Gesellschaft verfügbar ist, können wir in ihr nur gedeihen, wenn wir in der Lage sind, erfolgreich autonom zu sein.[3]

3 Raz, *The Morality of Freedom*, S. 394.

Autonomie ist insofern eine *Tatsache des Lebens*, weil sich diese Idee seit der Aufklärung als fundamentaler Wert und als Freiheitsrecht mehr und mehr in liberalen demokratischen Gesellschaften durchgesetzt hat und zu einer ihrer grundlegenden Bedingungen oder eben Werte geworden ist. Dass wir ein *gelungenes* Leben nur führen können, wenn wir auch ein *autonomes* Leben führen, das ist Raz' Argument. Denn nur ein Leben, das wir selbst leben wollen, das wir selbst bestimmen, das wir uns selbst angeeignet haben, kann auch ein *gelungenes* Leben sein. Ganz ähnlich argumentiert auch Robert Pippin: Man könne nämlich einen direkten Zusammenhang zwischen individueller Autonomie und dem Sinn des Lebens ausmachen – jemand erfährt offenbar sein Leben dann als sinnvoll, wenn er es so weit wie möglich und in grundsätzlichen Zügen selbstbestimmt leben kann. Dies scheint mir ein essentielles Argument für die Idee und den Wert von Autonomie zu sein und ich werde deshalb auf diese Verbindung in einem eigenen Kapitel genauer zu sprechen kommen.[4] Autonomie ist also offenbar ein Wert, der sich in liberal-demokratischen Gesellschaften auch als Recht durchgesetzt hat. Wir *schätzen* Autonomie – aber was ist es eigentlich, das wir schätzen?

Ganz allgemein bedeutet individuelle Autonomie die Fähigkeit oder das Vermögen, sich selbst die Gesetze geben zu können, nach denen wir handeln und die wir selbst für richtig halten. Bekanntlich geht diese Idee ursprünglich auf Kant zurück,[5] denn seit Kant steht die Autonomie im Zentrum der Ethik und politischen Philosophie. Autonomie als Selbstgesetzgebung in der praktischen Philosophie heißt bei ihm,

4 Pippin, *Moral und Moderne*, S. 188; ich komme hierauf in Kap. 3, zum Sinn des Lebens, genauer zurück.

5 Trotz einer auch schon vorkantischen Geschichte individueller Autonomie, vgl. Schneewind, *The Invention of Autonomy*.

dass der Wille sich selbst das sittliche Gesetz gibt, nach dem der Mensch zu handeln hat. Deshalb ist die Autonomie des moralischen Gesetzes Ausdruck der praktischen Vernunft, die Handeln kategorisch gebietet und die deshalb auch jegliche Verantwortlichkeit für sein Handeln beim Menschen selbst niederlegt. Für Kant ist Autonomie folglich ein wesentlich nicht nur rationaler, sondern vor allem ein moralischer Begriff: Autonom, frei, sind wir dann und nur dann, wenn wir auch moralisch sind und handeln.[6]

Nun ist für Kant der Begriff der Autonomie auch deshalb ein kategorischer, weil alle Personen kraft ihrer Vernunft über Autonomie verfügen; graduelle Differenzen sind hier weder nötig noch möglich. Der Begriff der Autonomie korrespondiert mit dem der Würde, die es bei jedem Menschen – ebenso kategorisch – zu achten gilt. Aber seit Kant kann man auch eine doppelte Geschichte des Autonomiebegriffs schreiben: die eine, die mit Hegel behauptet, erst bei ihm komme der Begriff der Autonomie zu seinem Recht und könne von den Paradoxien befreit werden, in denen er bei Kant immer noch stecke; und die andere, die von Kant aus zu Mill und in die neueren Debatten vor allem der analytischen Philosophie führt.[7] Inhaltlich gibt es eine Reihe von Berührungspunkten

6 Aus der Literatur will ich hier nur verweisen auf Korsgaard, *Sources of Normativity*, Hill, *Autonomy and Self-Respect*, und O'Neill, *Constructions of Reasons*; im Folgenden greife ich zurück auf Überlegungen aus meinem Beitrag »Autonomie«.

7 Vgl. Menke, »Autonomie und Befreiung«; Honneth, »Dezentrierte Autonomie«, entwickelt ein recht anspruchsvolles Autonomie-Ideal, das kreative Bedürfniserschließung, ethische Ganzheit und die Anwendung universalistischer Normen umfasst (vgl. etwa ebd., S. 250); vgl. auch Cooke, »Habermas, Autonomy, and the Identity of the Self«; und Allen, *The Politics of Our Selves*, S. 96-123; vgl. Khurana, »Paradoxien der Autonomie«, zum sogenannten Paradox der Autonomie.

zwischen beiden Traditionen, auf die ich in diesem Buch immer wieder hinweisen werde. Man kann jedoch die Diskussion in der analytischen Tradition häufig als detaillierter und meistens als weniger abstrakt begreifen, und ich werde mich vor allem an dieser orientieren, ohne allerdings die andere aus den Augen zu verlieren.

Schon seit Mill zielt der Autonomiebegriff respektive bei ihm vor allem der Begriff der Individualität nicht mehr ausschließlich auf die moralische Autonomie, sondern in einem weiteren Sinn auf individuelle Freiheit, personale Autonomie.[8] Zwar spielen auch in der gegenwärtigen Debatte noch Positionen eine wichtige Rolle, die im Prinzip an Kant anknüpfen, wie etwa diejenige Christine Korsgaards. Doch die große Mehrheit der gegenwärtigen Konzeptionen von Autonomie geht von einem allgemeinen Begriff personaler, nicht mehr (nur oder grundlegend) moralischer Autonomie aus. Auch Korsgaard will im Übrigen der Idee gerecht werden, dass wir stets unterschiedliche praktische Identitäten haben – dass wir also über personale, nicht nur moralische Autonomie verfügen –, die man als rollenspezifisch und als immer schon eingebunden in soziale Kontexte verstehen muss. Die fundamentale all dieser praktischen Identitäten bleibt ihr zufolge jedoch die moralische. Sie bildet die Grundlage und Quelle unserer normativen Verpflichtungen.

Diese Unterscheidung zwischen personaler und moralischer Autonomie hat sich sicherlich zu Recht eingebürgert;

8 Vgl. zum Folgenden Feinberg, »Autonomy« sowie die Beiträge in folgenden Bänden: Betzler (Hg.), *Autonomie der Person*; Christman (Hg.), *The Inner Citadel*; Christman/Anderson (Hg.), *Autonomy and the Challenges to Liberalism*; Taylor (Hg.), *Personal Autonomy*. Vgl. zum Begriff der Individualität bei Mill Miller, *John Stuart Mill*, S. 113-154; hilfreich auch: Richardson, »Autonomy's Many Normative Presuppositions«.

dennoch ist es interessant zu sehen, dass man auch schon bei Kant einen Begriff *personaler* Autonomie finden kann und dass umgekehrt die – zeitgenössische – Idee der personalen Autonomie auf dieselben Fähigkeiten und Eigenschaften von Personen zurückgreift, die das Wesen der kantischen *moralischen* Autonomie ausmachen. Kant selbst argumentiert in der *Metaphysik der Sitten* im Blick auf die »Vermehrung« sowohl der physischen wie der geistigen Vollkommenheit: »Welche von diesen physischen Vollkommenheiten vorzüglich, und in welcher Proportion in Vergleichung gegen einander sie sich zum Zweck zu machen es Pflicht des Menschen gegen sich selbst sei, bleibt ihrer *eigenen vernünftigen Überlegung in Ansehung der Lust zu einer gewissen Lebensart* und zugleich der Schätzung seiner dazu erforderlichen Kräfte überlassen, um darunter zu wählen (z. B. ob es ein Handwerk, oder der Kaufhandel, oder die Gelehrsamkeit sein sollte).«[9] Dies klingt in der Tat wie eines der Beispiele, die in der analytischen Debatte um personale Autonomie verwendet werden: Was soll ich tun mit meinem Leben, welche »Lebensart« soll die meine sein? Die Differenz zwischen dem Kantischen Begriff von Autonomie und dem zeitgenössischen Begriff personaler Autonomie ist folglich in manchen Hinsichten nicht so eindeutig, wie es zunächst den Anschein hat.

Nun haben sich diese Debatten um personale Autonomie in den letzten Jahren stark ausdifferenziert und spezialisiert. Zunächst einmal ist es plausibel, im Anschluss an Kant (und wie häufig in der Literatur zu Recht anzutreffen) eine *kategorische* Zuschreibung von Autonomie auszumachen, die jeder Person *qua* Person zukommt. Darüber hinaus ist es jedoch – im Gegensatz zur Position von Kant – sinnvoll, Autonomie auch als *graduierbare* Fähigkeit zuzuschreiben. Autonomie

9 Kant, *Metaphysik der Sitten*, S. 445 (meine Hervorhebung); vgl. Waldron, »Moral Autonomy and Personal Autonomy«, S. 312-316.

im kategorischen Sinn kommt Personen dann und nur dann zu, wenn sie im Prinzip über die uneingeschränkte Fähigkeit zur Autonomie verfügen, also etwa nicht (kleinen) Kindern oder komatösen Patienten; oberhalb einer bestimmten Schwelle werden Personen folglich als autonom bezeichnet. *Diesseits* dieser Schwelle jedoch kann Personen die Fähigkeit zur Autonomie in mehr oder weniger hohem Maße zukommen, das heißt, dass man hier von einem graduellen Begriff sprechen sollte. Im ersten, kategorischen Sinn begründet Autonomie beispielsweise Abwehrrechte gegen paternalistische Eingriffe des Staates oder anderer Personen, während sich die Diskussionen der letzten Jahre um einen personalen Begriff von Autonomie zumeist die Ausdifferenzierung eines Begriffs von Autonomie zum Ziel setzen, die *autonomen* Personen *graduell* zukommen kann. Darauf komme ich gleich genauer zurück.

Mill ging es darum, dass wir unser persönliches Leben so leben können, wie wir wollen, ohne Einschränkungen und Behinderungen, solange wir niemand anderem damit schaden. »Die einzige Freiheit, die diesen Namen verdient, besteht darin, unser eigenes Wohl auf unsere eigene Art zu suchen, solange wir dabei nicht die Absicht hegen, andere ihrer Freiheit zu berauben oder ihre dahin zielenden Anstrengungen zu durchkreuzen.«[10] *Unser eigenes Wohl auf unsere eigene Art* – das ist das Kennzeichen der modernen individuellen Freiheit, die sich im Zweifel losmacht von Traditionen und Konventionen und nur fragt: Wie will ich leben, welche Person will ich sein? Mill sah sich selbst gewiss als Gegenspieler von Kant: Wollten wir nicht selbst – frei – unser Leben wählen und leben, bedürften wir »keiner anderen Begabung als

10 Mill, *Über die Freiheit*, S. 20; vgl. auch Nys, »The Tacit Concept of Competence in John Stuart Mill's *On Liberty*«.

der affenähnlichen Nachahmung«.[11] »Einen Charakter hat nur der Mensch, der eigene Begierden und Triebe [*desires and impulses*] hat als Ausdruck seiner eigenen Natur, wie sie durch Selbsterziehung entwickelt und gemodelt ist. Jemand, dessen Triebe nicht seine eigenen sind, hat ebensowenig einen Charakter wie eine Dampfmaschine.«[12]

Nur Personen, die frei sind und »selbst wählen«, die all ihre Fähigkeiten brauchen und gebrauchen und die deshalb *Charakter* haben, werden den menschlichen Möglichkeiten deshalb wirklich gerecht. Dies ist klarerweise ein Begriff von persönlicher Freiheit, der weit über die Idee von moralischer Autonomie hinausgeht.[13] Mill redet hier zwar von individueller Freiheit und verwendet den Begriff der Autonomie nur am Rande, aber auch heutige Theorien, die an Mill anschließen, verwenden hier häufig den Begriff der Autonomie.

2. Negative Freiheit, positive Freiheit, Autonomie

Deshalb muss nun als Nächstes dieser Zusammenhang erläutert werden: Was ist das Verhältnis von Freiheit und Autonomie? Der philosophische Sprachgebrauch ist hier nicht eindeutig und die Verhältnisbestimmung umstritten. Manche Autoren und Autorinnen identifizieren Freiheit mit Autonomie, andere behaupten gerade einen wichtigen Unterschied. Autonomie sollte begriffen werden als Konkretisierung eines

11 Mill, *Über die Freiheit*, S. 83.

12 Ebd., S. 85 (»A person whose desires and impulses are his own – are the expression of *his own nature*, as it has *developed and modified by his own culture* – is said to have a character. One whose desires and impulses are not his own has no character, no more than a steam engine has a character.« Mill, *On Liberty*, S. 124)

13 Vgl. Miller, *John Stuart Mill*, S. 113-153, zur Frage nach dem Verhältnis von Freiheit, Autonomie und Individualität.

richtig verstandenen Freiheitsbegriffs, das will ich nun zeigen.[14]

Die begriffliche Unterscheidung zwischen negativer und positiver Freiheit findet sich bekanntlich in einem außerordentlich einflussreichen Aufsatz von Isaiah Berlin, doch ist die Idee einer solchen Unterscheidung schon sehr viel älter und erscheint ähnlich etwa bei Benjamin Constant. Mit negativer Freiheit bezeichnet Berlin solche Freiheitskonzeptionen, die Freiheit wesentlich als die Abwesenheit von Hindernissen und Beschränkungen begreifen, wie sie etwa vorliegen in den klassischen liberalen Ansätzen von Hobbes, Locke und Mill. Auch in zeitgenössischen Freiheitstheorien lassen sich noch rein negative Konzeptionen ausmachen, zum Beispiel bei Hayek, wenn er schreibt, Freiheit sei jener »Zustand der Menschen, in dem Zwang auf einige von seiten anderer Menschen so weit herabgemindert ist, als dies im Gesellschaftsleben möglich ist.«[15] Gegenüber einem solch rein formalen negativen Freiheitsbegriff als Abwesenheit von Zwang sehen Konzeptionen positiver Freiheit diese darin, bestimmte Optionen verfolgen zu können, bestimmte Fähigkeiten realisieren zu können beziehungsweise ein selbstbestimmtes Leben führen zu können Positive Freiheit bedeutet folglich jedenfalls *prima facie*, dass Personen die Kontrolle darüber haben, das machen zu können, was sie selbst als sinnvolle Option für sich begreifen, was Ausdruck ihres wesentlichen Selbst ist oder Ausdruck dessen, als welche Person sie sich verstehen wollen.

Berlin will jedoch gerade zeigen, welche Probleme mit einer solchen Idee von Freiheit verbunden sein können: Eine solche Idee könne dazu führen, so argumentiert er, dass die

14 Vgl. zum Beispiel die hilfreichen Diskussionen bei Flikschuh, *Freedom*; auch Pauer-Studer, *Autonom leben*, S. 9-24.

15 Von Hayek, *Die Verfassung der Freiheit*, S. 13.

Frage, was eine »sinnvolle Option« ist, im Sinne kollektiver Selbstbestimmung entschieden werde und sich diese kollektive Entscheidung dann über den Willen und die negative Freiheit der *einzelnen Person* hinwegsetzt. Das liefe darauf hinaus, dass die kollektive Entscheidung weiß, was gut ist für die einzelne Person, und nicht diese selbst. Positive Freiheit beruht dann nicht auf der Autonomie des handelnden Subjekts, sondern auf der kollektiven Autonomie, wie etwa Rousseau sie entwickelt hat, und auf der Idee, dass andere besser wissen können, was mich frei macht, als ich selbst.[16] Für Berlin können alle positiven Konzeptionen, die Freiheit ausschließlich in der Verwirklichung bestimmter Optionen sehen, in paternalistischen oder sogar politisch diktatorischen Theorien (und Gesellschaften) enden. Deshalb ist für Berlin klarerweise die negative der positiven Konzeption überlegen. Nur die negative Freiheit ist die liberale Freiheit, die es den Personen selbst überlässt, wie sie ihre Freiheit leben wollen.

Nun hat jedoch Charles Taylor schon früh gezeigt, dass sich beide Freiheitsbegriffe nicht gegenseitig auszuschließen brauchen: Wir können, so wendet er ein, über die Abwesenheit von Hindernissen nur reden – welche sind wichtiger? warum wollen wir gerade diese Einschränkungen nicht? –, wenn wir zugleich auch eine Vorstellung davon haben, was wir eigentlich mit der Freiheit wollen. Es ist also weder sinnvoll noch möglich, eine klare Grenze zwischen negativer und positiver Freiheit zu ziehen; negative Freiheit verweist immer auf positive (und umgekehrt) oder, in Taylors Terminologie, die negativen Gelegenheitsbegriffe verweisen auf die positiven Verwirklichungsbegriffe.[17]

Wir schätzen also negative Freiheit, weil wir frei sein wol-

16 Rousseau, *Vom Gesellschaftsvertrag*, S. 75-78; vgl. Berlin, »Zwei Freiheitsbegriffe«, S. 211-215.

17 Taylor, »Der Irrtum der negativen Freiheit«, S. 118-132.

len, *bestimmte Dinge* zu tun, eine *bestimmte Person* zu sein, unser Leben, wie Mill sagt, auf *unsere* Weise leben zu wollen. Um dies erklären zu können, reicht ein negativer Begriff von Freiheit allein aber nicht aus. Wendet man nun den Blick auf die positive Freiheit, dann sieht man, dass wir, um frei genannt werden zu können, auch gute oder jedenfalls erstrebenswerte und wünschenswerte Optionen brauchen, wünschenswerte Möglichkeiten, die negative Freiheit zu leben. Die Freiheit von Hindernissen, sich zwischen fünf gleich schlechten oder banalen und nicht wünschenswerten Optionen entscheiden zu können, mag zwar einer wertneutralen Definition von Freiheit und Wahl genügen, erklärt aber nicht ausreichend, was wir meinen, wenn wir von Freiheit, ihrer Bedeutung und ihrem *Wert für uns* sprechen.[18]

Um noch einen weiteren Schritt in Richtung Autonomie zu machen, ist es deshalb hilfreich, sich eine zweite einflussreiche Kritik an Berlin anzuschauen. Sie stammt von Gerald MacCallum und behauptet, jeder Begriff von Freiheit umfasse immer schon *drei* Elemente, die in den verschiedenen Konzeptionen nur in ihrem Verhältnis zueinander jeweils unterschiedlich interpretiert werden.[19] Auch die negative und die positive Freiheit bleiben folglich unvollständig, wenn sie diese drei Elemente nicht gleichermaßen berücksichtigen. MacCallum verdeutlicht dies in der Formel »X ist frei von Beschränkungen Y, um Handlungen Z zu tun.«[20] Während mit dem Element Y (negativ) auf die Abwesenheit von Hindernissen verwiesen wird, zeigt Z, dass wir Freiheit immer schon (positiv) um bestimmter Handlungsoptionen willen konzipieren.

18 Dies betrifft beides, die Verschiedenheit von Optionen und die Bedeutung des Wählens; auf beides komme ich ausführlich in Kap. 6 zurück.

19 MacCallum, »Negative and Positive Freedom«.

20 Ebd., S. 102.

Zu einer vollständigen Freiheitskonzeption gehört jedoch auch das dritte Element, X, als das freie, wählende Subjekt, da auch dieses Subjekt noch unterschiedlich bestimmt werden kann. MacCallum behauptet also, dass es diese drei Elemente sind, die implizit oder explizit in jeder Freiheitskonzeption angenommen werden und nur zusammen einen vollständigen Begriff von Freiheit, ihrer Bedeutung und ihrem Wert für uns, ausmachen.

Doch auch diese Konzeption reicht noch nicht, um das Verhältnis von Autonomie und Freiheit zu bestimmen. Denn wenn ich überredet werde, oder stärker noch: subtil manipuliert werde, um mich für etwas Bestimmtes zu entscheiden, dann ist dies vielleicht nicht als Einschränkung meiner negativen Freiheit zu beschreiben, und vielleicht ist die Option, zu der ich überredet werde, sogar einigermaßen vernünftig und attraktiv. Vielleicht hätte ich sie sogar ohne jegliche Manipulation wählen wollen: Aber ist es *meine* Freiheit, die ich lebe? Ist es eine *autonome* Wahl und Entscheidung? Erst jetzt kann man sehen, dass der Begriff Autonomie eine Konkretisierung des Freiheitsbegriffs ist und nicht eine Alternative: Denn erst jetzt kann man sehen, dass wir nur dann in unserer Wahl frei sind, wenn *wir selbst* es sind, die gewählt haben. Darin liegt auch, dass wir es schätzen, selbst wählen zu können: Nicht nur das, *was* wir wählen, erscheint uns wertvoll und nicht nur die Tatsache, dass wir daran nicht gehindert werden, sondern die Möglichkeit und der Akt *der Wahl selbst*, dass also *ich* es bin, die sich für etwas entscheiden kann. Diese Bedeutung, die die Wahl für uns hat, ist ein Aspekt des Werts und der Bedeutung von Autonomie.

Nun könnte man natürlich sagen, dass die Idee von Autonomie, wie ich sie bisher entwickelt habe, zu einfach sei und deshalb einem ganzen Komplex von kritischen Fragen begegnen muss, wenn sie tragfähig sein will. Diese Fragen werden in den folgenden Kapiteln immer wieder eine Rolle spielen, doch drei grundlegende Einwände will ich wenigstens schon einmal benennen, wenn sie auch erst später diskutiert werden. Der erste Einwand kommt von Seiten des Perfektionismus: Er behauptet, dass Subjekte nur dann autonom sind, wenn sie sich für bestimmte, gute und vernünftige Optionen entscheiden. Das autonome Subjekt ist also nur dann wirklich frei, wenn es auch die *richtige Wahl* trifft. Das heißt auf der einen Seite, dass das autonom gewählte und gelebte Leben nur dann gut oder gelungen sein kann, wenn die Subjekte die richtigen, sinnvollen und (moralisch) guten Ziele verfolgen. Und es billigt zum anderen dem Staat eine besondere Rolle zu, nämlich dafür zu sorgen, dass den Subjekten nicht nur ausreichend verschiedene, sondern auch die richtigen Optionen zur Verfügung stehen. Er ist deshalb nicht mehr völlig neutral und beides ist für liberale Theorien naturgemäß problematisch. Selbst die Frage, ob der Staat mit einem Schubs (*nudging*) helfen darf, Personen in Richtung des guten, des richtigen, gesunden Lebens zu lenken, ist umstritten;[21] diese Probleme des Perfektionismus werde ich erst im sechsten Kapitel ausführlicher besprechen.

Damit komme ich zum zweiten Einwand: Wie durchsichtig ist sich das Subjekt in seinen Reflexionen eigentlich selbst, wenn es meint, autonom und authentisch zu wählen und zu leben, das heißt, aus eigenen Gründen gehandelt zu haben? Mit Freud könnte man argumentieren, dass Subjekte nicht einfach nur deshalb, weil sie behaupten, das zu tun, was sie tun wollen, auch schon frei und autonom sind und tatsächlich das tun, was sie wollen. Es könne immer Beweggründe, Motivationen geben, die uns nicht bewusst und zugänglich sind und die uns an bestimmten Handlungsweisen oder Vor-

21 Vgl. Thaler/Sunstein, *Nudge*; kritisch dazu Anderson, »Autonomielücken als soziale Pathologie«; vgl. auch Nys/Engelen, »Judging Nudging«.

haben hindern, wie wir etwa aus der Analyse des verbreiteten Phänomens der Selbsttäuschung wissen. Deshalb sei es naiv, problemlos von einem Begriff von Autonomie auszugehen, der sich auf ein sich selbst durchschauendes oder doch durchschaubares Selbst stützt. Wir werden allerdings sehen, dass sich hier Autonomie mittels der Idee verteidigen lässt, auch autonome Entscheidungen müssten kritisierbar bleiben – nicht deshalb, weil andere sicherer oder immer schon besser wüssten, was gut für die Person ist, sondern deshalb, weil wir uns gerade *als Reflektierende* dessen bewusst sind, dass unsere Reflexionen im je individuellen Fall verfälscht oder verzerrt sein können und genauer zu prüfen sind. Ich gehe bei dem Begriff von Autonomie gerade nicht aus von sich selbst völlig transparenten Akteuren, sondern von realistischen Bedingungen und Akteuren, und ich komme im vierten Kapitel hierauf zurück.

Der dritte Einwand weist auf die Gefahr, dass es nicht nur verzerrende individuelle, sondern auch gesellschaftliche Strukturen gibt, die verhindern können, dass Subjekte in ihren Möglichkeiten und Wahlen frei und autonom handeln. Dies geht über direkte Freiheitshindernisse hinaus: Sind wir nicht in der Konsumgesellschaft jedenfalls so weit manipuliert, dass wir selbst möglichst viel konsumieren *wollen*; können wir noch den Stellenwert bestimmen, den Konsum für uns hat? Können Frauen und Männer in der patriarchalen Gesellschaft diskriminierende und stereotype Rollenerwartungen unterlaufen? Können Autonomie und Authentizität *überhaupt* ohne verzerrende gesellschaftliche Konstitutionsbedingungen bestimmt werden? Solche Fragen wurden etwa in der Tradition der frühen Frankfurter Schule gestellt und mittels der Begriffe der Ideologie und des »falschen Bewusstseins« analysiert und beantwortet, doch sie werden heute häufig anhand anderer Begriffe diskutiert, zum Beispiel dem der adaptierten Präferenzen. Autonomie und Freiheit sind nämlich immer durch soziale, kulturelle und politische Kontexte bedingt, sowohl positiv, im Sinne der Ermöglichung von Autonomie, als auch negativ, im Sinne ihrer Bedrohung oder Einschränkung. Es ist genau diese Problematik, die mich im Kapitel zur Autonomie und ihren sozialen Voraussetzungen beschäftigen wird. Denn der Begriff von Autonomie, wie ich ihn hier entwickele, macht es möglich und sogar notwendig, sowohl Personen in nicht liberal-demokratischen Gesellschaften unter bestimmten Bedingungen Autonomie zuzuschreiben als auch Personen *in* liberal-demokratischen Gesellschaften Autonomie, jedenfalls gegebenenfalls in bestimmten Hinsichten, *gerade nicht* zuzuschreiben.

3. Bedingungen individueller Autonomie

Freiheitsrechte ermöglichen Autonomie, Autonomie konkretisiert einen allgemeinen Freiheitsbegriff: Zur richtig verstandenen Autonomie gehört folglich sowohl die Abwesenheit von Hindernissen als auch ein Horizont von (in einem sehr weiten Sinn) sinnvollen und wünschenswerten Optionen. Und dazu gehört auch die autonome Person, die sich in der Reflexion auf die Frage, wie sie leben will, mit ihren Vorstellungen und Wünschen, in ihrem jeweiligen sozialen Kontext auseinandersetzen und identifizieren kann. Dies ist der Rahmen, innerhalb dessen man genauer entfalten kann, was Autonomie als Fähigkeit bedeutet und was wir autonomen Personen zuschreiben müssen, um sie als autonom qualifizieren zu können. Ich will dies im Folgenden noch skizzieren, aber erst die einzelnen Kapitel werden ein vollständigeres Bild der verschiedenen Aspekte, Probleme und Spannungen im Begriff der Autonomie geben können.[22]

22 Von den zahlreichen Sammelbänden zum Problem der individuellen

Autonom ist eine Person dann, wenn sie sich die Frage stellen kann, wie sie leben will, wie sie leben soll, das haben wir auch oben schon bei Mill gesehen – und im Übrigen auch bei dem Kant der *Metaphysik der Sitten*. Die Frage, wie man leben will, welche Person man sein will, wird etwa von Ernst Tugendhat als praktische Frage so beschrieben: »›Frei‹ im Sinne von Selbstbestimmung sind wir dann, wenn wir auf Grund einer expliziten oder impliziten Überlegung handeln, in der die praktische Frage in dem grundsätzlichen Sinn gestellt wird.«[23] Autonomie zielt darauf, sich immer wieder – auch in den Routinen des Alltags – zu fragen oder doch wenigstens fragen zu können, ob dieses Leben, das ich lebe, wirklich das Leben ist, das ich selbst leben will, das *mein eigenes* ist. Autonom sind wir zwar *immer* in der Auseinandersetzung, im Dialog mit anderen, in unseren persönlichen Beziehungen – autonom sind wir nicht völlig isoliert –, doch liegt die Verantwortung für unsere Vorhaben bei uns. Dabei wird mit dem Begriff der Vorhaben oder dem (recht technischen) Begriff *Projekte* ganz allgemein das gemeint, was einer Person wichtig ist im Leben, ihre beruflichen Vorhaben, ihre familiären Beziehungen, ihre Freundschaften, politischen Interessen und so fort. Projekte machen den Inhalt unseres Lebens aus und wir verfolgen sie so autonom wie möglich, wenn wir sie eigenständig entwickelt und uns halbwegs eigenständig für sie entschieden haben, und wenn wir in der Verfolgung dieser Projekte ebenfalls selbstbestimmt agieren. Solche Vorhaben oder Projekte stehen immer im Rahmen bestimmter Werte und Überzeugungen und auch wenn wir sie, wie etwa familiäre Beziehungen, nicht selbst gewählt haben mögen, so können

Autonomie vgl. vor allem Christman (Hg.), *The Inner Citadel*; Betzler (Hg.), *Autonomie der Person*; Taylor (Hg.), *Personal Autonomy*; Veltmann / Piper (Hg.), *Autonomy, Oppression, and Gender.*

23 Tugendhat, *Selbstbewußtsein und Selbstbestimmung*, S. 295.

wir sie doch als unsere eigenen gutheißen, annehmen, hinter ihnen stehen. Wenn ich auch in den folgenden Kapiteln immer wieder den Terminus Projekte oder Vorhaben verwende, meine ich also ebenfalls Beziehungen – und das können familiäre Beziehungen, Liebesbeziehungen ebenso wie Freundschaften sein –, für die wir uns entschieden haben und die einen Teil unseres Lebens ausmachen.

Ein solcher Begriff personaler Autonomie steht nun im Zentrum der Debatten: Sie konzentrieren sich auf die Frage, welche individuellen Eigenschaften oder Fähigkeiten Personen zugeschrieben werden müssen, damit sie mehr oder weniger autonom genannt werden können, und welche sozialen Bedingungen für diese Zuschreibung notwendig sind. Zunächst einmal wird häufig zwischen einem globalen und einem lokalen Autonomiebegriff unterschieden: Global ist der Begriff dann, wenn er sich auf die Person als ganze, in all ihren Handlungen bezieht, lokal dann, wenn er sich auf bestimmte Handlungen oder Handlungsbereiche bezieht. Häufig ist der lokale, begrenzte Begriff treffender: Dann gehen wir nämlich davon aus, dass es Motive, soziale Bedingungen, Charakterzüge, Hinsichten geben kann, die nicht autonom sind, ohne dass dies bedeuten muss, der *Person im Ganzen* Autonomie abzusprechen. Ich werde diese Differenz zwischen dem lokalen und dem globalen Begriff genau so verwenden: dass wir als Person autonom sein können, auch wenn bestimmte Hinsichten oder Handlungen unseres Lebens nicht autonom sind. Denn es ist dem praktischen Wert von Autonomie angemessener, Autonomie Personen auch dann zuzusprechen, wenn der Begriff nur *lokal* verwendet wird – wie etwa im Fall der unfreiwilligen Raucherin, aber auch in weniger trivialen Fällen, etwa wenn wir über die Autonomie einer Person mit adaptierten Präferenzen sprechen.[24] Je nach Kontext

24 Vgl. zu den unterschiedlichen Hinsichten und Graden, im Blick auf

und spezifischer Fragestellung werde ich jedoch in diesem Buch beide Begriffe, den lokalen wie den globalen, gebrauchen. Und gerade die mögliche Spannung zwischen (lokalem) Unvermögen, autonom zu sein, und dem generellen Selbstverständnis, sich als autonome Person zu begreifen, kann zu Diskrepanzen führen, die aufschlussreich sind für meine Frage nach der Autonomie im Alltag und nach der Autonomie als Voraussetzung des gelungenen Lebens.

Man kann nun die theoretische Diskussion der letzten Jahrzehnte als einen Streit um die Bedingungen für die Willensformung einer autonomen Person begreifen. Ich will diese Diskussion kurz skizzieren, da es einfacher ist, vor diesem Hintergrund einen plausiblen Begriff von Autonomie zu entwickeln. Man muss hier jedoch vorsichtig sein: Denn die Diskurse der sogenannten Moralpsychologie und der Handlungstheorie, die sich mit den Autonomiebedingungen beschäftigen, sind häufig außerordentlich detailliert und auf den ersten Blick vergleichsweise weit entfernt von der Frage nach der Autonomie im täglichen Leben. Doch sind diese Diskurse interessant, insofern sie sich auf den zweiten Blick rückbinden lassen an eine Erklärung alltäglicher Autonomie und an die Frage nach dem gelungenen Leben.

Was also macht Autonomie als Fähigkeit aus? Zu den einflussreichsten Positionen der neueren Debatten gehören sogenannte *prozedurale* Theorien: Diese Theorien werden auch als inhaltsneutral bezeichnet, da sie für die Zuschreibung von Autonomie keine inhaltlichen Bestimmungen, wie etwa bestimmte moralische Werte, Überzeugungen oder emotio-

die wir mehr oder weniger autonom sein können Friedman, *Autonomy, Gender, Politics*, S. 81-115; Meyers, »Intersectional Identity and the Authentic Self«. Diese Problematik werde ich genauer begründen und diskutieren in Kap. 8 zu den sozialen Voraussetzungen von Autonomie.

nale Einstellungen, annehmen wollen, sondern nur formale Bedingungen postulieren.[25] Prozedurale Theorien gibt es in unterschiedlichen Varianten, wobei das hierarchische Modell von Harry Frankfurt sicherlich das prominenteste ist – keine (jedenfalls keine analytisch interessierte) Autonomietheorie kommt an einer Diskussion seines Ansatzes vorbei, und er wird auch in diesem Buch immer wieder zur Sprache kommen. Hierarchisch ist dieses Modell, weil eine Person dann autonom genannt werden kann, wenn sie zu ihren auf einer ersten direkten Ebene gegebenen Wünschen noch eine Position zweiter Ordnung (die Ebene der sogenannten Volitionen) einnehmen und sich dann entscheiden kann, welche Wünsche handlungswirksam werden sollen, mit welchen sie sich identifizieren kann. So möchte sie beispielsweise auf der ersten Wunschebene gerne rauchen, reflektiert jedoch über diesen Wunsch und kommt zu dem Schluss, dass der Wunsch, zu rauchen, nicht handlungswirksam werden soll – es ist zwar *ihr* Wunsch, aber nicht dieser, sondern ein anderer Wunsch soll die Autorität haben, sie zum Handeln zu bewegen. Der Wille einer Person ist frei und eine Person autonom, wenn sie diesen Prozess durchlaufen und tatsächlich zu handlungswirksamen Entscheidungen kommen kann – und zwar unabhängig von der Herkunft der jeweiligen Wünsche (wir können sie haben, weil wir manipuliert wurden), ihrer inhaltlichen Qualifikation (sie können böse sein) und ihrer Begründbarkeit. Wenn ich den Willen habe, den ich haben will, bin ich autonom – und einen solchen Willen habe ich, wenn ich mich aufgrund von Reflexionen mit einem bestimmten Wunsch so identifizieren kann, dass er mich zum Handeln bringt. Identifikation (mit einem Wunsch) und Authentizität (dies ist *tatsächlich mein* Wunsch) sind deshalb für Frank-

25 Vgl. zum Folgenden vor allem den genannten Sammelband von Christman und dessen Einleitung; außerdem ders., *Politics of Persons.*

furts Autonomiekonzeption zentral, ebenso wie die hierarchische Struktur des Willens, der für das Personsein konstitutiv ist.[26]

Den drohenden Regress von Wünschen erster zu zweiter und gegebenenfalls zu *n*-ter Ordnung sucht Frankfurt in seinen späteren Arbeiten aufzuhalten durch die Idee der *wholeheartedness*, des Handelns aus ganzem Herzen oder mit einem ungeteilten Willen – die Motivationskraft, die eine Person dann hat, wenn sie sich voll und ganz für eine bestimmte Handlungsoption entschieden hat, ohne den Wunsch zu verspüren, dies noch einmal in Frage zu stellen. Diese Motivationskraft verdankt sich den fundamentalen *cares*: Sie zeigen das, was einer Person wichtig ist im Leben, worum sie sich sorgt, was sie liebt. Diese *cares* geben den Ausschlag dafür, wie sie handelt und wie also jener Regress beendet werden kann.[27]

Doch fraglich bleibt hier – und dies ist ein erster Einwand –, wie man eigentlich den Konflikt von Wünschen entscheiden können soll, wenn der drohende Regress nur wiederum durch andere (stärkere) Wünsche gestoppt werden soll: Frankfurt übersieht, dass schon das *Abwägen* von zwei konfligierenden Wünschen auf *gute Gründe* angewiesen ist. Wir handeln auf der Grundlage von Gründen und Gründe haben immer schon eine normative Dimension; einen solchen Ein-

26 Vgl. dazu Velleman, »Identification and Identity«, bes. S. 347-360, und etwa Arpaly, *Unprincipled Virtue*, S. 134-144. Übrigens ist auch Bieri, *Das Handwerk der Freiheit*, interessiert an dieser Frage nach der Struktur des freien Willens und wie sie erläutert werden soll, vgl. vor allem den ersten Teil, S. 29-127; vgl. Watson, »Freies Handeln«; zur Diskussion um Frankfurt vgl. auch den Sammelband von Betzler und Guckes.

27 Vgl. Frankfurt, »Vom Sorgen oder: woran uns liegt«, *Gründe der Liebe* und *Sich selbst ernst nehmen*; vgl. zur Übersetzung der *wholeheartedness* Frankfurt, »Identifikation und ungeteilter Wille«, S. 116.

wand kann Frankfurt nicht entkräften.[28] Dies wird noch deutlicher bei einem weiteren Einwand gegen Frankfurts Theorie, dem sogenannten Manipulationsvorwurf: Für die Autonomie einer Person, so Frankfurt, sei es nicht entscheidend, wie sie zu den Wünschen, mit denen sie sich gegebenenfalls identifiziert, gekommen sei – auch wenn diese auf einer manipulativen Basis entstanden sind, könne eine Person, wenn sie die richtige Willensstruktur hat, immer noch über Autonomie verfügen. Dies ist der Grund, warum eine solche Theorie als internalistisch bezeichnet wird: Nicht die Frage der Herkunft unserer Wünsche und Überzeugungen – etwa ob sie durch Manipulationen zustande gekommen sind – ist entscheidend für die Autonomie, sondern allein die innere Willensstruktur der Person selbst.

Schon intuitiv ist es jedoch ausgesprochen unplausibel, die Autonomie einer Person *nur* mit Blick auf ihre interne Willensbildung zu bestimmen und nicht *auch* mit Blick auf ihre soziale Umgebung und die Herkunft ihrer Wünsche und Überzeugungen. Deshalb sind sogenannte historische Theorien angemessener: Sie nehmen das kausale Zustandekommen von Wünschen selbst noch mit in die Bedingungen der Zuschreibung von Autonomie auf. So argumentiert etwa John Christman, dass eine Person nur dann autonom genannt werden kann, wenn sie (im Prinzip) in der Lage ist, über die Ursachen ihrer Wünsche und Überzeugungen zu reflektieren und diese dann entweder mit Gründen zu kritisieren oder sie dennoch anzunehmen.[29] Zwar brauchen Personen nicht substantiell unabhängig von äußeren Einflüssen zu sein, um autonom genannt werden zu können, aber sie müssen prozedurale

28 Vgl. dazu Moran, Richard, »Frankfurt on Identification«; vgl. zu dieser Kritik an Frankfurt auch Keil, *Willensfreiheit*, bes. S. 79-88, und Scanlon, »Reasons and Passions«.

29 Christman, »Autonomie und die Vorgeschichte einer Person«.

Unabhängigkeit zeigen können in der Fähigkeit, über die Herkunft ihrer Wünsche zu reflektieren und diese Wünsche gegebenenfalls *aufgrund* dieser Reflexion mit guten Gründen abzuweisen. Das also heißt: Autonomes Handeln ist Handeln auf der Basis von Gründen und nicht einfach nur auf der Basis von – wie auch immer entstandenen – Wünschen.

Nun muss sich also eine Person, um autonom zu sein, mit ihren Wünschen und Überzeugungen identifizieren können, so dass sie *aus eigenen Gründen*, also authentisch handelt. Dies ist der Aspekt von Autonomie, den auch Christman zu Recht den der *Authentizität* nennt: Der Begriff der Eigenständigkeit oder Authentizität spielt also in den Autonomiediskursen immer wieder eine wichtige Rolle. Wenn Autonomie bedeutet, das *eigene* Leben gemäß den *eigenen* Ideen, Werten, Verpflichtungen leben zu können, dann lässt sich das Misslingen von Autonomie aufgrund von Manipulation, (Selbst-)Betrug oder Entfremdung als ein Mangel an Eigenständigkeit und Autonomie beschreiben. Die Überzeugungen – oder Vorhaben – einer Person werden zu ihren *eigenen* Überzeugungen oder Vorhaben dadurch, dass sie sie im Lichte dessen, was ihr wichtig ist, ihrer anderen Pläne, ihrer Verpflichtungen und ihres Selbstverständnisses, akzeptieren, gutheißen kann und dass sie sich von ihnen nicht oder jedenfalls nicht zu stark entfremdet fühlt.[30]

Damit sind wir schon einen entscheidenden Schritt über eine rein an der individuellen Willensstruktur orientierten Theorie hinausgegangen: Dann muss man auf der einen Seite zurückschauen, um sehen zu können, ob eine Person autonom handeln kann – auf der anderen Seite jedoch auch in die Zukunft. So argumentiert Michael Bratman, dass zwi-

30 Dass man also Authentizität als Gegenbegriff zu dem der Enfremdung verstehen sollte und nicht als Gegenbegriff zu dem der Autonomie, wird in Kap. 6 noch ausführlich Thema sein.

schen den Überlegungen und Handlungen, die eine Person jetzt ausführen will, und ihren mittel- und langfristigen Plänen eine gewisse Harmonie herrschen muss und dass wir nur dann autonom handeln, wenn wir uns immer als verbunden mit solchen eigenen Plänen begreifen – bei Bratman heißt dies »zeitlich ausgedehnte Handlungsfähigkeit« (*temporally extended agency*).[31] Die Kriterien von Rationalität und Kohärenz, auch von Stabilität, die auf diese Weise – durch die Idee von Plänen – in die autonomen Überlegungen eingeführt werden, sind, so will ich auch in den folgenden Kapiteln argumentieren, durchaus stichhaltig und auch intuitiv angemessen: Wer sich nie oder nicht ausreichend an die eigenen Pläne und Vorhaben hält, den halten wir auch im täglichen Leben für nicht wirklich autonom.

Damit kommen wir zum nächsten Problem: Kann die Frage, welche Wünsche und Einstellungen handlungswirksam werden sollen und welche Handlungsgründe die eigenen sind, tatsächlich ohne einen Rekurs auf den Inhalt und die *Qualität* der möglichen Handlungs*optionen* beantwortet werden? Für eine ethische oder moralische Qualifizierung argumentieren substantielle – im Gegensatz zu den gerade besprochenen prozeduralen – Theorien von Autonomie. Susan Wolf führt gegen Frankfurt ins Feld, dass seine subjektivistische und internalistische Konzeption von Autonomie weder der Objektivität von Gründen noch der von Werten Rechnung tragen könne. Autonomie könne jedoch nicht plausibel und konsistent konzipiert werden, wenn der Inhalt dessen, was man will und wonach man strebt, nicht auch mit dem Rekurs darauf, was tatsächlich und begründet wünschenswert *ist*, was also tatsächlich gut oder schlecht, richtig oder falsch ist, begründet

31 Vgl. Bratman, »Planning Agency, Autonomous Agency« und »Reflection, Planning, and Temporally Extended Agency«; zum Probem auch aufschlussreich Goldie, *The Mess Inside*, S. 76-97.

wird, so Wolf. Aus einer anderen Perspektive argumentiert Joseph Raz: Nur wenn wir auch die richtigen Optionen in einer Gesellschaft zur Verfügung haben, können wir überhaupt autonom handeln. Bei Raz wie bei Wolf wird folglich die Autonomie einer Person gebunden an die Frage, *was* sie eigentlich wählt. Dies geht natürlich deutlich über die prozeduralen Theorien hinaus: Denn für diese ist nur wichtig, *wie* gewählt wird, nicht, *was* gewählt wird.

Ich werde noch genauer diskutieren, ob Susan Wolf mit ihrer substantiellen Theorie zu weit geht, weil, wie man einwenden könnte, es nicht mehr unbedingt zur Frage des *Begriffs* der Autonomie gehört, ob wir unser Leben sinnvoll oder sinnlos, gut oder schlecht verbringen; von einem liberalen Standpunkt aus ist es ohnehin schwierig, hierüber etwas zu sagen. Schwierig, aber nicht unmöglich – das will ich jedenfalls in den folgenden Kapiteln zeigen und dabei kritisch gegenüber Wolf, aber nicht gegenüber jeglichem Perfektionismus argumentieren. Ich denke, dass jedenfalls ein sinnvolles Angebot an Wahl- und Entscheidungsmöglichkeiten notwendig ist, um Personen Autonomie zusprechen zu können; dies wäre dann ein schwacher Perfektionismus und einen solchen Perfektionismus werde ich aus je unterschiedlichen Perspektiven zu verteidigen suchen.

Nehmen wir nun in einem letzten Schritt die *autonome Person in ihren sozialen Beziehungen* in den Blick, und zwar sowohl aus der Perspektive der feministischen Kritik am Autonomiebegriff als auch aus der Perspektive der allgemeinen sozialen und politischen Bedingungen, die für das Gelingen von Autonomie notwendig sind. Die relationale Theorie wirft dem traditionellen Begriff von Autonomie vor, einseitig rationalistisch, individualistisch (egoistisch), beziehungslos und am männlichen Lebensmodell orientiert zu sein. Deshalb sucht sie eine Position zu verteidigen, die diesen Begriff der Autonomie kritisch reformuliert. Eine relationale Theorie argumentiert, Subjekte seien in ihrer Identität und in ihrer Autonomie immer schon dialogisch konstituiert. Dies ist also zunächst ein genealogisches Argument: Wir schießen nicht wie Pilze aus dem Boden (wie es bei Hobbes heißt), sondern sind auf substantielle soziale Beziehungen angewiesen, um überhaupt eine (autonome) Persönlichkeit entwickeln zu können. Doch es ist zugleich ein *konstitutives* Argument: Soziale Bedingungen konstituieren Personen und ihre Autonomie.[32] Ein weiteres – systematisches – Argument verdeutlicht dann, dass soziale Beziehungen auch deshalb notwendig und für die Autonomie einer Person konstitutiv sind, weil sie sich die praktische Frage stets in Verpflichtungen, in Beziehungen, in Kontexten der Sorge stellt. Im Dialog mit anderen wird ihr häufig erst deutlich, wie sie selbst leben will. Autonom sind wir nämlich immer nur gemeinsam mit anderen, so hatte ich eingangs schon behauptet. Das bedeutet jedoch auch, dass man sich gegebenenfalls auch *gegen* bestimmte andere entscheiden können muss, gegen ihre Normen und Ziele, und dass man das Recht und die Freiheit hat, sich gegen die eigene Familie, gegen die eigene Herkunft und damit *für andere* soziale Kontexte zu entscheiden, wenn man denkt, dass das eigene Leben nur gelingen kann, wenn man eine solche Entscheidung trifft.[33]

32 Vgl. die ausführliche und informative Einleitung von Mackenzie/Stoljar in ihrem *Relational Autonomy*; einmal mehr kann man verweisen auf Parallelen zwischen den philosophischen Traditionen, denn auch bei Habermas findet sich die Idee der relationalen Autonomie (wenn auch nicht mit diesen Worten), vgl. Habermas »Individuierung durch Vergesellschaftung«, und bes. Benhabib, »Der verallgemeinerte und der konkrete Andere«, dort S. 171 auch die Passage bei Hobbes, in der er das Wachsen der Menschen (Männer) mit Pilzen, »ohne irgendeine Beziehung zueinander«, vergleicht.

33 Hierauf weist zum Beispiel Marilyn Friedman deutlich hin in ihrer Kritik am Versuch, Autonomie auf soziale Bedingungen *reduzieren* zu wollen, vgl. Friedman, *Autonomy, Gender, Politics*, S. 81-115;

Doch man kann hier bei der Frage nach den sozialen Bedingungen von Autonomie noch einen Schritt weiter gehen. Sozial eingebunden zu sein heißt nämlich auch, auf Formen sozialer Anerkennung angewiesen zu sein. Ohne eine bestimmte Selbstachtung oder ohne Selbstwert ist es nicht möglich, autonom zu handeln. Wenn das, was eine Person glaubt und für wertvoll hält, nicht wenigstens von bestimmten Anderen oder bestimmten Gruppen ihrer sozialen Umgebung anerkannt, geschätzt, für sinnvoll gehalten wird, wenn sie sich nicht wenigstens in grundlegenden Hinsichten und gegenüber signifikanten Anderen als eine Person begreifen kann, die in der Lage ist, ihr eigenes Verhalten zu bestimmen und zu erklären, die eigenen Projekte zu verfolgen, dann kann sie nicht *autonom*, nicht aus *eigenen* Gründen, handeln.

Deshalb ist Selbstachtung eine Vorbedingung für Autonomie – und die Entwicklung von Selbstachtung ist wiederum angewiesen auf Lebensformen, die die Autonomie von Personen zumindest prinzipiell anerkennen. Eine Reihe von Autoren und Autorinnen hat diesen Zusammenhang zwischen Autonomie und Selbstachtung und deren soziale Voraussetzungen beschrieben.[34] Joel Anderson und Axel Honneth etwa

Friedman argumentiert, ähnlich wie Meyers, dass Autonomie relational, schwach substantiell, graduell zuschreibbar und nicht auf ein vollkommen harmonisches und einheitliches Selbst angewiesen ist; auf all diese – plausiblen – Aspekte des Autonomiebegriffs komme ich zurück; vgl. auch Meyers, »Intersectional Identity and the Authentic Self«.

34 Vgl. Benson, »Handlungsfreiheit und Selbstwert«, S. 140-148; so erklärt beispielsweise Rawls, obgleich nicht ein ausgesprochener Theoretiker von Autonomie, dass Selbstachtung für die individuelle Freiheit »vielleicht das wichtigste Grundgut« sei, siehe Rawls, *Theorie der Gerechtigkeit*, S. 479; ohne Selbstachtung »scheint nichts der Mühe wert« (ebd.). Vgl. auch Anderson/Honneth, »Autonomy, Vulnerability, Recognition, and Justice«.

entwickeln ein Verständnis von Autonomie, das sich auf verschiedene Formen von Anerkennung gründet, ohne die die für autonome Personen konstitutiven selbstevaluativen Haltungen nicht möglich sind. Sie machen deutlich, in welcher Weise *bestimmte* soziale Bedingungen für die Ausbildung und die Ausübung von Autonomie notwendig sind. Wir brauchen soziale Bedingungen nicht nur, um Autonomie zu lernen; sondern die sozialen Bedingungen der Anerkennung bleiben notwendig auch für das Entwickeln und Ausführen von eigenständigen Vorhaben. Eine relationale Theorie verteidigt darüber hinaus einen reicheren Begriff des Akteurs: Akteure sind nicht nur rational, sondern auch emotional, körperlich, kreativ, imaginativ.[35] Diese relationale oder soziale Perspektive auf Autonomie erfasst auch die Idee, dass die sozialen Kontexte immer schon von inhaltlichen Wertvorstellungen bestimmt sein müssen, die die möglichen Optionen prägen, für die sich autonome Personen entscheiden können, sie ist also interessiert an weiteren *externen* Bestimmungen für das Gelingen von Autonomie.

Solche substantiellen Theorien von Autonomie sind anspruchsvoller als prozedurale Theorien, sie setzen bei der Zuschreibung von Autonomie mehr voraus, fordern deutlich mehr an Überzeugungen, Fähigkeiten und sozialen Bedingungen, um jemanden autonom nennen zu können.[36] Deshalb machen substantielle Theorien einen wichtigen Unterschied zwischen Autonomie einerseits und rationaler Handlungsfähigkeit andererseits: Nichtautonome Personen sind dann

35 Vgl. dazu Mackenzie, »Relational Autonomy, Normative Authority and Perfectionism«.

36 Oshana, *Personal Autonomy in Society*; vgl. auch Kap. 8 unten und dort zur Frage, ob (respektive dass) Autonomie auch möglich ist unter nicht liberalen politischen Bedingungen; vgl. dazu auch Nussbaum, »Menschliches Tun und soziale Gerechtigkeit«.

rational handlungsfähig, aber nicht autonom, rationale Handlungsfähigkeit ist eine notwendige, aber keine hinreichende Bedingung für Autonomie.

Diese Unterscheidung ist jedoch problematisch: Sollte man einen solchen begrifflichen Unterschied machen zwischen *autonomen* Handlungen oder Personen einerseits und einfacher Handlungsfähigkeit, *agency*, andererseits? Und nur Personen, die von den richtigen inhaltlichen Wertvorstellungen geprägt und zugleich unabhängig von Konventionen sind, wie Oshana fordert, Autonomie zuschreiben? Das hieße, dass bestimmte gesellschaftliche Bedingungen strukturell autonome Handlungsfähigkeit jedenfalls für Gruppen von Personen verunmöglichen, dass etwa patriarchale Machtstrukturen (den meisten) Frauen nur rationale Handlungsfähigkeit, aber nicht *autonome* Handlungsfähigkeit ermöglichen. Dies halte ich für unplausibel – auch deshalb, weil es gute Argumente dafür gibt, die Möglichkeit eines sinnvollen Lebens an die Möglichkeit eines selbstbestimmten Lebens zu binden. Folgte man Oshana, hieße dies, dass (die meisten) Frauen ein sinnloses Leben führten, und das scheint mir eine wenig überzeugende Konsequenz.

Nun zeigen die sozialen Bedingungen, unter denen Subjekte versuchen autonom zu leben, ohnehin die Janusköpfigkeit, Autonomie einerseits zu ermöglichen, andererseits zu verhindern oder einzuschränken: Die Frage nach der autonomen Handlungsfähigkeit betrifft sowohl die politischen und sozialen Strukturen als *Ermöglichung* wie auch als *Behinderung* von Autonomie, und ich werde später dafür argumentieren, dass es gerade aufgrund dieser Janusköpfigkeit sinnvoll ist, Autonomie Personen in verschiedenen Hinsichten und in unterschiedlichen Graden zuzusprechen, anstatt einen kategorialen Unterschied zwischen rationaler und autonomer Handlungsfähigkeit zu machen. Übrigens ist dies wiederum eine der Schnittstellen, auf die ich oben schon gewiesen hatte:

Im Blick auf die Möglichkeit autonomer Handlungsfähigkeit argumentieren nämlich analytische und kontinentale Ansätze ganz ähnlich. Es gibt deutliche Übereinstimmungen zwischen der kontinentalen und der analytischen Tradition bei der Frage, welche Rolle soziale Kontexte – *Sittlichkeit* – für die Konstitution individueller Autonomie spielen müssen und wie das Verhältnis zwischen der notwendigen sozialen Eingebundenheit von Subjekten in gelingende intersubjektive Beziehungen und ihrer Autonomie zu begreifen ist.[37]

4. Autonomie und vernünftige Pläne

Autonomie bedeutet mindestens, dass wir aus guten, eigenen, auf Reflexion beruhenden Gründen handeln können, dass wir über die Herkunft unserer Wünsche, Überzeugungen und Pläne, wie überhaupt über den Sinn unserer Vorhaben, nachdenken können, dass wir unseren eigenen Wertvorstellungen folgen und dass wir eingebunden sind in Beziehungen der Anerkennung. Wenn wir Mills Idee von Autonomie als Individualität an die Fähigkeit, über das eigene Wollen zu reflektieren, zurückbinden, dann sind es folglich vor allem die Elemente der vernünftigen Reflexion und der Eigenständigkeit – der Authentizität –, die für den Begriff der Autonomie bestimmend sind.[38]

Nun ließe sich auch gegen eine solche Position ein Ein-

37 So argumentiert Honneth, dass Personen nur autonom sein können, wenn sie immer schon intersubjektiv verbunden sind, vgl. Honneth, »Dezentrierte Autonomie«, S. 250; vgl. auch wiederum Menke, »Autonomie und Befreiung«. Vgl. ausführlicher Kap. 8.

38 Diese beiden Elemente finden sich prominent bei Christman, doch auch Autorinnen wie Mackenzie, Stoljar oder auch Betzler übernehmen sie; vgl. Betzler, »Einleitung«, S. 14.

wand erheben: Ist dies nicht ein sehr starker, ein zu anspruchsvoller Begriff von Autonomie? Denn gerade wenn es um die Problematik der Autonomie im Alltag gehen soll, muss man sich fragen, ob ein solcher Begriff nicht zu viel fordert, so dass wir alle eigentlich gar kein autonomes Leben führen könnten: weil wir nämlich (vielleicht) nicht ausreichend über unsere Möglichkeiten reflektieren, uns (vielleicht) nicht ausreichend mit vernünftigen Gründen für oder gegen Projekte und Beziehungen beschäftigen, weil wir (vielleicht) im Ganzen ein nicht völlig rationales und eigenständiges Leben in dem skizzierten Sinn führen, sondern viel zu beeinflussbar sind und nicht wirklich unabhängig. Impliziert der von mir im Ansatz entwickelte Begriff, dass ein autonomes Leben einem klaren, reflektierten und authentischen Plan folgen müsse, der unser Leben beherrschbar, übersichtlich und vorhersehbar macht?[39]

Dieser Einwand beruht jedoch auf einem Missverständnis und ich will ihn widerlegen mit der Hilfe einer literarischen Figur. Im Mittelpunkt von Ian McEwans Roman *Solar* steht Michael Beard, ein älterer, kleiner, dicklicher, dennoch – zu seinem eigenen Erstaunen – immer noch attraktiver Physiker, der in seinen jungen Jahren eine große Entdeckung gemacht hat, die sogenannte Beard-Einstein-Conflation, für die er den Nobelpreis bekam. Seitdem schlingert er durchs Leben, von einem erfolgreichen Projektantrag zum nächsten, von einem ehrenvollen Komitee zum anderen, von einer Ehe zur folgenden, nie wirklich sympathisch, nie wirklich moralisch. Mehr oder weniger zufällig macht er sich eine Entdeckung zur Gewinnung von Sonnenenergie von einem seiner Postdocs zu eigen, der auf nicht ganz zufällige Weise ums Leben gekommen ist, und entwirft und baut ein Projekt, das am Ende mit einem

39 So wie etwa Rawls es beschreibt, *Theorie der Gerechtigkeit*, zum Lebensplan S. 113.

riesigen, desaströsen Fehlschlag endet, einem Fehlschlag, der Michael Beard nur die Alternative lässt, ins Gefängnis zu gehen oder zu emigrieren. Hin und wieder denkt er jedoch über sein Leben nach:

> Jetzt erst, angesichts seiner letzten aktiven Phase, begann er zu begreifen, dass das Leben – von Unfällen einmal abgesehen – sich immer gleich blieb. Er hatte sich getäuscht. Er hatte immer angenommen, dass im Erwachsenenleben eine Zeit kommen werde, eine Art Hochebene, wenn er alle Tricks beherrschte, und einfach existieren könnte. Alle Briefe und E-Mails beantwortet, alle Papiere sortiert, die Bücher alphabetisch geordnet im Regal, Kleider und Schuhe in gutem Zustand in den Schränken, alle seine Sachen dort, wo sie hingehörten, die Vergangenheit – einschließlich Briefen und Fotos – in Schachteln und Alben, das Privatleben ruhig und heiter, Haus und Finanzen in Ordnung. In all den Jahren hatte er diese Befriedigung, diese ruhige Hochebene nicht erreicht, und doch hatte er weiterhin angenommen, ohne darüber viel nachzudenken, dass sie kurz nach der nächsten Wendung seines Lebens liegen müsste, wenn er sich etwas bemühen und diesen Moment erreichen würde, in dem sein Leben klar vor ihm liegen und sein Geist frei sein würde, wenn seine Existenz als Erwachsener wirklich beginnen könnte.[40]

Das Missverständnis oder auch Selbstmissverständnis von Beard besteht darin, dass er einerseits zu viel und andererseits zu wenig erwartet von der Idee eines erwachsenen – autonomen – Lebens. Zu viel, weil er – wie in der übertriebenen Idee eines autonomen Lebensplans – denkt, dass das selbstbestimmte Leben wie ein aufgeräumter Schrank aussehen müsse oder

40 McEwan, *Solar*, S. 321f. (Übersetzung leicht geändert); vgl. Feinberg, »Autonomy«, S. 38, zum Begriff der Autonomie als Leistung.

der Umgang mit der eigenen Vergangenheit wie ein wohlsortiertes Photoalbum, in dem jeder Abschnitt seiner Biographie einen genau bestimmten Platz hat. Die Idee einer *ruhigen Hochebene* ist aber sicherlich keine notwendige Bedingung eines erwachsenen autonomen Lebens, Lebenspläne müssen nicht vollständig rational und durchkonstruiert sein, um doch autonom genannt werden zu können. Beard erwartet von einem autonomen Leben *zu viel*, er identifiziert Autonomie mit rationaler Planung und denkt, dass sein Leben deshalb, weil es nicht vollständig geplant und aufgeräumt verlaufe, auch nicht autonom sei.

Doch Michael Beard erwartet zugleich *zu wenig* von der Selbstbestimmtheit seines Lebens, wenn er darauf wartet, dass das erwachsene autonome Leben endlich beginnen möge; wenn er nicht sieht oder nicht sehen will, dass zur Selbstbestimmung auch bestimmte Tugenden gehören: eine kritische Haltung sich selbst gegenüber, zum Beispiel; oder Mut und Aufrichtigkeit; oder auch (eine gewisse) Selbstdisziplin im Durchsetzen eigener Projekte. Michael Beard sieht sich als Spielball von anderen, wenn er darauf *wartet*, dass irgendwann einmal sein erwachsenes Leben beginnen sollte, und wenn er immer wieder versucht zu ignorieren, dass auch *er selbst* es ist, der sein Leben bestimmt. Diese Neigung, anderen Personen, äußeren Bedingungen – oder dem Schicksal – die Schuld daran zu geben, dass das eigene Leben nicht so erfolgreich, glücklich oder gelungen ist, wie man es erwartet, wie man denkt, dass es einem zustünde, diese Neigung, das kann man bei Michael Beard sehen, kann manchmal geradezu als Ausdruck mangelnder Autonomie interpretiert werden. Autonomie ist dann nämlich nicht nur eine auf Vernunft beruhende Eigenschaft, wie bei Kant, und eine Fähigkeit, wie in der modernen Diskussion, sondern Autonomie ist dann auch eine Tugend und eine Leistung – weil man sich gelegentlich anstrengen muss, um autonom zu sein.

Wenn wir Autonomie bestimmen, müssen wir also gerade nicht von einem vollkommen rationalen, sich selbst transparenten Akteur ausgehen, sondern von sozial immer schon situierten, unvollkommenen und verletzbaren Personen, die auf der anderen Seite durchaus die Fähigkeiten und den Wunsch haben, ein autonomes Leben zu führen. Weder muss also der Begriff ideal sein, noch muss er andererseits reduziert werden auf alltägliche, nichtideale Umstände. Man kann und muss solche Umstände berücksichtigen; aber man kann sie auch kritisieren und über sie hinausgehen. Diese Autonomie entgeht sowohl der Gefahr, Chaos oder Schicksalhaftigkeit von Ereignissen und Verpflichtungen einfach zu akzeptieren, wie auch dem übertriebenen Versuch, das Leben *vollständig* kontrollieren und in den eigenen Händen halten zu wollen. Aber was heißt dies im Blick auf die sozialen, kulturellen und politischen Bedingungen, in denen wir immer schon versuchen, autonom zu sein? Und vor allem: Ist dann ein solches autonomes Leben auch ein gutes Leben, ein gelungenes Leben? Ist es sinnvoll, muss es glücklich sein? Alle Aspekte des hier beschriebenen Begriffs von Autonomie sollen in den folgenden Kapiteln genauer besprochen werden – auch die Frage nach dem gelungenen Leben. Und am Ende wird hoffentlich deutlich sein, dass es möglich ist, ein autonomes Leben als gelungenes Leben zu führen, auch wenn das nicht bedeutet, dass das eigene Leben immer geplant, bestimmt und aufgeräumt ist.

2
Ambivalenzen

Vorrei e non vorrei; mi trema un poco il cor
(Zerlina, Don Giovanni)

Manchmal, jetzt, kam er sich wie ein Eindringling vor in diesem neuen Kreis von Leuten, die glaubten, dass die modernsten Schulen, die modernsten Lehrpläne die Vollständigkeit ihrer Kinder garantierten. Er teilte ihre Gewissheiten nicht. Er hatte zu lange um das getrauert, was hätte sein können, und sich gefragt, was sein sollte.[1]

»Neurotisch, ha!« Ich lachte spöttisch. »Wenn es neurotisch ist, daß man zwei Dinge, die sich gegenseitig ausschließen, gleichzeitig will, dann bin ich allerdings verdammt neurotisch. Für den Rest meiner Tage werde ich zwischen Dingen, die sich gegenseitig ausschließen, hin- und herfliegen.«[2]

Autonomie kann auf verschiedene Weisen scheitern und Ambivalenz ist eine von ihnen. Wir haben gerade gesehen, dass eine Handlung autonom ist, wenn die handelnde Person über ihre (häufig konfligierenden) Wünsche, Motive, Überzeugungen, Gefühle nachgedacht und ihre Entscheidung aus eigenen Gründen getroffen hat. Wenn Ambivalenz bedeutet, sich zu unsicher zu sein, als dass man sich entscheiden könnte, oder die einmal getroffene Entscheidung immer wieder in Frage zu stellen, dann stellt sie sicherlich eine Bedrohung

1 Adichie, *Americanah*, S. 42.
2 Plath, *Die Glasglocke*, S. 103.

dar. Deshalb werden Ambivalenz und Entscheidungsunsicherheiten in zeitgenössischen Autonomie- und Handlungstheorien häufig als Gefährdung von Autonomie begriffen. Aber muss Ambivalenz immer autonomieverhindernd sein?

Ambivalenz, so argumentieren »Puristen« (wie Amélie Rorty sie nennt), verunmöglicht geradezu die Autonomie einer Person, weil solcherlei Entscheidungsunsicherheiten Ausdruck eines (noch) nicht eindeutigen Willens seien. Nur der eindeutige Wille aber, der unzweideutig eine Handlung motiviere, sei ein autonomer Wille, der nicht mehr fremdbestimmt durch konfligierende Wünsche beeinflusst werde. Doch auf der anderen Seite gehören ambivalente Gefühle und Motive, nachhaltige und nachwirkende Ambivalenzen nicht nur bei schwierigen Entscheidungen so deutlich zu unserem Handlungsalltag, dass es *prima facie* nicht wirklich überzeugend ist, Ambivalenz als eine »Krankheit des Willens« beschreiben zu wollen.[3] Ambivalenzen, solange sie nicht jedes Handeln blockieren, sind für die meisten von uns Bestandteil unserer täglichen Überlegungen und Entscheidungen.

Wir müssen außerdem in unserem Alltag mit ganz unterschiedlichen Ambivalenzen umgehen und werden mit ganz unterschiedlichen Identitätskonflikten konfrontiert, die unmittelbar mit Entscheidungsambivalenzen verbunden sein können.[4] Dabei spielen nicht nur kulturelle Identitätskonflikte eine Rolle, sondern auch Konflikte zwischen Rollenanforderungen, die dazu führen können, dass einer Person ganz eindeutige Entscheidungen sehr schwer gemacht, wenn nicht gar verunmöglicht werden – Rollenkonflikte, wie etwa Marya Schechtman sie beschreibt am Beispiel der Rechtsanwältin, die zu einem wichtigen Partnertreffen, aber auch zum Ballett-

3 Frankfurt, »Die schwächste Leidenschaft«, S. 72.

4 Vgl. etwa Benson, »Taking Ownership«; Oshana, »Autonomy and Self-Identity«; Calhoun, »Standing for Something«.

abend ihrer Tochter gehen muss und will.[5] Und wir sind natürlich auch weiterhin mit den ganz normalen Ambivalenzen und Entscheidungsproblemen konfrontiert, die die Priorisierungen von Wünschen betreffen.

Heißt all dies, dass die meisten von uns zumeist nicht autonom handeln? Das scheint ausgesprochen unplausibel und problematisch. Das Verhältnis zwischen Autonomie und Ambivalenz muss also genauer analysiert werden – zumal, wenn man, wie ich, an einem Autonomiebegriff interessiert ist, der die Autonomie im täglichen Leben erklären und interpretieren und der als Voraussetzung eines sinnvollen und gelungenen Lebens verstanden werden kann. Ich werde zunächst kurz den Begriff der Ambivalenz und seine Herkunft erläutern und dann verschiedene und verschieden bedrohliche Formen von Ambivalenz unterscheiden. Danach bespreche ich mehr oder weniger plausible Theorien zur Erklärung von Ambivalenz und widme mich der Frage, als wie komplex ein ambivalentes Selbst konzeptualisiert werden muss.

Was will ich zeigen? Dass ein adäquater Umgang mit Ambivalenzen nicht als Bedrohung von Autonomie begriffen werden muss, dass Ambivalenz vielmehr als Ausdruck der Komplexität des Selbst verstanden werden sollte, als Ausdruck eines *vernünftigen Verhältnisses zu Konflikten* von Wünschen, Überzeugungen, Rollen, Identitäten und damit schließlich auch als Ausdruck der Kontingenzen des alltäglichen Lebens. Autonom ist eine Person also gerade dann, wenn sie selbstbestimmt auch noch mit ihren Ambivalenzen umgehen kann.

5 Schechtman, »Making Ourselves Whole«, S. 180.

1. Verschiedene Formen der Ambivalenz

Ambivalent ist eine Person zunächst einmal dann, wenn sie sich nicht sicher ist, welche von zwei oder auch mehreren widerstreitenden Gefühlen, Wünschen oder Überzeugungen handlungsleitend sein sollen, wenn sie also nicht weiß, was sie tun, wie sie sich verhalten soll.[6] Bekanntlich bezeichnet der Begriff der Ambivalenz in seinem ursprünglich psychoanalytischen Kontext eine Widersprüchlichkeit von Gefühlen gegenüber ein und demselben Objekt. Freud, der die Prägung des »guten Ausdruck[s] Ambivalenz« Bleuler zuschreibt, schreibt, dass »die Ambivalenz der Gefühle bis zu einem gewissen Maße normal zu sein [scheint]« und dass »nur ein hoher Grad von Ambivalenz [...] eine besondere Auszeichnung neurotischer Personen« sei.[7] Ambivalenz bezieht sich bei ihm zumeist auf die Gleichzeitigkeit der Gefühle von Liebe und Hass gegenüber einer Person, nämlich gegenüber dem Vater oder der Mutter. Am bekanntesten ist in diesem Zusammenhang Freuds Analyse des sogenannten »Rattenmanns« (Herr R., wie Jonathan Lear ihn respektvoller nennt) geworden, bei dem Liebe und Hass gegenüber dem Vater und der Geliebten zu extrem widersprüchlichen und damit handlungsverunmöglichenden mentalen Zuständen führen und so tatsächlich entweder zu Handlungsblockaden oder zumindest

6 Rorty, »A Plea for Ambivalence«; dies., »Akrasia and Conflict«, S. 204-208; Harrist, »A Phenomenological Investigation of the Experience of Ambivalence«; ähnlich auch Wollheim, *The Thread of Life*, S. 174-182; Frankfurt, »Die schwächste Leidenschaft« und »Identifikation und ungeteilter Wille«. Auf die Differenz zwischen praktischen und theoretischen Konflikten komme ich gleich noch genauer zurück.

7 Freud, »Zur Dynamik der Übertragung«, S. 166; zu Freud vgl. Lear, *Freud*, S. 117-140.

zu einem nicht mehr selbstbestimmten Handeln.[8] Man kann hier durchaus von einer paralysierenden Form von Ambivalenz sprechen, weil sie die Person an einem selbstbestimmten Handeln hindert.

Doch schauen wir in diesem ersten Überblick zunächst noch auf andere Formen von Ambivalenz, die nicht direkt paralysierend zu sein brauchen. Denn Ambivalenz wird in den gegenwärtigen Diskussionen zu Autonomie und Handlungstheorie auch in einem breiteren Sinn verwendet: Dann geht es nicht nur um konfligierende Gefühle gegenüber *einem* Objekt oder *einer* Person, sondern um zwei konfligierende Wünsche, Handlungsoptionen, Motive. In manchen Ansätzen zur Erklärung von Ambivalenz gehören allgemein alle Entscheidungsunsicherheiten zum Phänomenbereich, also etwa auch das Problem der Willensschwäche. Wir werden noch sehen, inwieweit das überzeugend ist.

Ich will zunächst drei alltägliche Ambivalenzkonflikte skizzieren: Als ersten Fall kann man hier einen Konflikt zwischen zwei gewünschten Handlungsmöglichkeiten beschreiben, bei denen eine Priorisierung nicht möglich scheint, die aber beide in gleicher Weise positiv besetzt sind. Ein alltägliches Beispiel für einen solchen Konflikt ist der Wunsch, heute Abend ins Kino zu gehen, der mit dem Wunsch streitet, heute Abend ins Konzert zu gehen. Für beide Optionen lassen sich gute Gründe anführen, und beide sind für mich gegebenenfalls in vergleichbarer Weise positiv besetzt (und eventuell mit vergleichbaren Verpflichtungen verbunden). Ich kann aber nur eines tun – die Welt ist nicht so, dass sich *jetzt beides* verwirklichen

8 Herr R. sollte so genannt werden, »um ihm den Respekt zu geben, den er verdient«, wie Lear schreibt, Lear, *Freud*, S. 12; vgl. Freud, »Bemerkungen über einen Fall von Zwangsneurose«; und Lear, »Avowal and Unfreedom«, S. 450: »Freud lehrt uns, dass emotionale Ambivalenz zur *condition humaine* gehört.«

ließe. So einfach eine Priorisierung zu sein scheint, kann es sich für mich doch um einen echten Konflikt handeln. Der Ambivalenzkonflikt entsteht hier also, allgemeiner gesagt, aufgrund der Kombination der Kontingenz der Umstände mit den subjektiven Vorlieben der handelnden Person. Sie weiß nicht, was sie will, auch wenn dieser Konflikt nicht sehr dramatisch ist, weil sie gegebenenfalls heute ins Kino und morgen ins Konzert gehen könnte.

Der zweite Fall ist der Konflikt zwischen zwei Lebensentwürfen oder, vorsichtiger formuliert, zwischen zwei Karrieren: wenn eine Person beispielsweise vor der Wahl steht, entweder Dichter oder Bauer zu werden oder Klarinettist oder Rechtsanwalt.[9] Auch hier weiß die Person nicht, was sie will, und findet eine Entscheidung unter Umständen extrem schwierig. Dramatischer ist dieser Konflikt schon deshalb, weil sich – so nehmen wir an – nicht beide Optionen einfach nacheinander verwirklichen ließen. Wenn die Person nicht weiß, was sie will, ist hier ihre Überlegungs- und Willensstruktur deshalb auf existentiellere Weise ambivalent als in dem ersten Fall, da die Entscheidung viel folgenreicher ist und das Leben fundamental bestimmt. Dies ist eine Form von *Residualambivalenz* (Swindell), weil sich hier die Wünsche nicht einfach priorisieren lassen und die Ambivalenz sich deshalb nicht vollkommen beseitigen lässt.[10]

Nun lassen sich jedoch auch, drittens, solche Konflikte beschreiben, in denen die handelnde Person in einen moralischen Konflikt gestürzt wird: Dazu gehört der viel zitierte Agamemnon, der sein Heer retten möchte – also eigentlich eine positive Option hat –, dies aber nur dann tun kann,

9 Bauer und Dichter finden sich bei Wollheim, *The Thread of Life*, S. 178; Klarinettist und Rechtsanwalt bei Raz, *The Morality of Freedom*, S. 332.

10 Swindell, »Ambivalence«, S. 29f.

wenn er dafür seine Tochter opfert. Auch diese moralischen Dilemmata werden zu Recht als Ambivalenzkonflikte diskutiert, weil ihnen konfligierende Wünsche und konfligierende moralische Forderungen zugrunde liegen und weil die betroffenen Personen sich nicht ohne konfligierende Emotionen entscheiden können. Ein weiteres Beispiel für diese Form von Ambivalenz findet sich in Williams' Kritik des Utilitarismus:[11] George, ein arbeitsloser Chemiker, der sich in vielen verschiedenen Projekten für den Frieden engagiert, erhält die Möglichkeit, eine Stelle in einem Forschungslabor zur Entwicklung chemischer und biologischer Waffen anzutreten. George muss für seine Familie sorgen, außerdem nähme, falls er die Stelle nicht akzeptierte, jemand seinen Platz ein, der sich sehr viel enthusiastischer für die Forschung einsetzte als er. Was also soll er tun? Er hat natürlich moralische Pflichten gegenüber seiner Familie – aber gehen diese andererseits so weit, dass er seine ethischen Projekte, sein Engagement für den Frieden, aufgeben muss?

Ambivalenzkonflikte können also moralischer, ebenso wie prudentieller oder ethischer Art sein. Die Grenzen zwischen diesen sind nicht immer klar zu ziehen, schon bei Agamemnon nicht (es ist ebenso ein ethischer wie ein moralischer Konflikt) und sicher nicht bei George, dem Chemiker.[12]

11 Williams, *Kritik des Utilitarismus*, S. 78-80; dies ist für Williams zu Recht ein Beispiel dafür, dass der Utilitarismus die Beziehung zwischen einer Person und ihren Projekten, ihren Vorhaben und deshalb auch die Idee von Integrität nicht angemessen beschreiben kann; siehe ebd., S. 80.

12 Noch einmal zur Erinnerung eine Bemerkung zur Terminologie: Ich verwende durchgehend, wie schon in der Einführung verdeutlicht, die Unterscheidung zwischen ethischen und moralischen Theorien oder Problemen so, wie etwa Bernard Williams oder auch Jürgen Habermas es tun und wie sie mittlerweile üblich geworden ist: Ethik wird hier verstanden als die umfassendere Theorie des guten Lebens,

Mich interessieren in diesem Buch vor allem solche Konflikte, die mich als individuelle Person und die ethische Frage meines gelungenen Lebens betreffen, doch solche, die mich als moralisch Handelnde betreffen, können dabei immer eine Rolle spielen. Die Form von moralischen Konflikten differiert allerdings leicht von ethischen: Bei ersteren geht es um die Frage, was eine Person in einem Handlungskonflikt tun *soll* (im moralischen Sinn), bei letzteren um die Frage, was sie tun *will.* Doch wie gesagt, beide lassen sich nicht immer klar voneinander trennen, und es gibt interessante Mischkonflikte: zum Beispiel den berühmten Fall von Paul Gauguin, der seine Familie im Stich lässt, um nach Tahiti zu fahren und zu malen.[13] Man könnte zwar argumentieren, dass er die moralische Pflicht hat, bei seiner Frau und seinen Kindern zu bleiben, doch hat er gewiss auch gute – ethische – Gründe, nach Tahiti zu reisen und sich seiner Kunst zu widmen.[14] Typische und eher alltägliche Ambivalenzkonflikte sind charakteristisch solche, bei denen die Quelle der Ambivalenz in den individuellen Wünschen und Überzeugungen des Subjekts selbst zu finden ist, wobei moralische Überlegungen immer berücksichtigt werden können. Ethische Ambivalenzprobleme haben in diesem Sinn eine kontingente Grundlage, sind jedoch für die Person unvermeidlich und können triviale ebenso wie existentielle Handlungssituationen betreffen.

Doch das Spektrum von Ambivalenzen in unserem täg-

Moral als die Theorie von Pflichten gegenüber anderen. Deshalb kann es auch zu Konflikten zwischen beiden kommen.

13 Williams, »Moralischer Zufall«, S. 32f.; vgl. auch ders., »Widerspruchsfreiheit in der Ethik«, S. 267.

14 Die Frage, wie man diese Differenz beschreibt, ist sicherlich auch abhängig von der jeweils zugrundeliegenden moralischen Theorie, je nachdem nämlich, ob man von einer tugendethischen, von einer utilitaristischen oder von einer kantischen Perspektive aus argumentiert.

lichen Leben ist noch breiter: Da ist zunächst einmal das schon erwähnte Phänomen der Willensschwäche, das von manchen Autoren und Autorinnen auch als Ambivalenzkonflikt beschrieben wird.[15] Ich halte das keineswegs für völlig falsch, denn je nachdem, wie man Willensschwäche beschreibt, könnte sie auch als Ambivalenz begriffen werden. Aber sie ist jedenfalls anders gelagert, weil die willensschwache Person eigentlich weiß, was sie tun soll: Sie weiß, was das Beste für sie wäre, tut dies aber nicht und entscheidet sich *entgegen* ihrem eigenen Urteil für eine andere Handlung.[16] Willensschwäche ist deshalb also nicht wirklich ein Ambivalenzproblem; und ich werde erst in einem anderen Kontext, bei der Frage nach dem guten Leben und dem dafür vielleicht notwendigen rationalen Handeln (in Kapitel 6) auf dieses Problem zurückkommen. Sehr viel klarer in den Bereich von Ambivalenzen fallen Konflikte, die unterschiedliche Rollen oder, stärker, unterschiedliche kulturelle Identitäten betreffen. Schechtman beschreibt, wie gerade erwähnt, das Beispiel der Rechtsanwältin, die in Handlungskonflikte gerät: Die Ambivalenz betrifft hier die Frage, wie – als welche Person – sich die Frau in einer bestimmten Situation *verstehen will*: als gute Mutter oder als gute Rechtsanwältin? Calhoun schildert einen noch tiefer gehenden Konflikt einer lesbischen Latina, die immer wieder zwischen der Macho-Kultur ihrer Familie, an der sie hängt, und der Kultur ihres homosexuellen Freundinnenkreises wechseln muss.[17] Dies ist ein Konflikt von Werten, auch von Werterahmen (*frames*), der noch mehr und noch anderes an integrierender Autonomie verlangt als die Beispie-

15 Vgl. Svolba, »Swindell, Frankfurt, and Ambivalence«.

16 Vgl. z. B. Rorty, »Akrasia and Conflict«; vgl. auch Moran, »Frankfurt on Identification«, S. 190-192.

17 So argumentiert Calhoun im Anschluss an Lugonez, vgl. »Standing for Something«.

le für Ambivalenz, die wir bisher besprochen haben. Dieser Wertekonflikt erfordert nicht, dass die Person priorisiert oder sich eindeutig für die eine oder die andere Handlungsmöglichkeit entscheidet, sondern er verlangt gegebenenfalls, dass die ambivalente, autonome Person wechselt, umschaltet zwischen ihren verschiedenen Identitäten. Auch auf diesen Konflikt werde ich gleich noch ausführlicher zu sprechen kommen.

Ambivalenz kann also widerstreitende Gefühle, widerstreitende Wünsche, widerstreitende Motive und Intentionen ebenso wie konfligierende Rollen oder kulturelle Identitäten betreffen. Allgemeiner heißt das: Ambivalent ist eine Person dann, wenn sie sich zwischen zwei Handlungsoptionen oder auch zwischen zwei Evaluationen oder Werterahmen aus guten Gründen *prima facie* nicht entscheiden kann, sich aber in einer gegebenen Situation entscheiden *muss*, weil sie handeln muss. Rorty nennt Ambivalenz plausiblerweise dann »angemessen«, wenn die Person vernünftige Gründe für beide Handlungsmöglichkeiten oder für beide Zugehörigkeiten und Identitäten hat, also auch gute Gründe dafür, nicht (einfach) eine der Handlungsmöglichkeiten zu verwerfen.[18] Zumeist und typischerweise haben solche Konflikte zwei Dimensionen: Zeit und Wert. Denn die Konflikte entstehen durch den Handlungsdruck (was will ich jetzt?) und/oder durch die Kollision von Werten (was ist mir wichtiger?), angesichts der Tatsache, dass nicht beide Optionen zugleich zu verwirklichen sind. Dies gilt jedenfalls für die Konflikte, die die (Un-)Möglichkeiten der Priorisierung betreffen; es gilt für moralische Konflikte und ethisch-moralische Mischkonflikte; es gilt in anderer Weise auch für die genannten kulturellen Konflikte, die Rollen- oder Zugehörigkeitskonflikte.

Jede dieser Ambivalenzen *könnte* paralysierend sein – wenn

18 Rorty, »A Plea for Ambivalence«, S. 434; vgl. auch Swindell, »Ambivalence«.

ich mich wirklich nicht entscheiden kann, wenn ich also verharre im Schwanken zwischen den Entscheidungen und das Gefühl habe, tatsächlich nicht tun zu können, nicht finden zu können, was ich autonom will. Ambivalenz bedroht folglich meine Autonomie *prima facie* deshalb, weil eine Handlung nur dann autonom ist, wenn es wirklich *ich* bin, die so handeln *wollte*. Wir hatten im Kapitel zum Begriff der Autonomie gesehen, dass eine Person autonom ist, wenn sie die Möglichkeiten und Fähigkeiten hat, selbst zu bestimmen, wie sie handeln, wie sie leben will. Ambivalenz kann sich insofern der Autonomie widersetzen, als sie Ausdruck dessen ist, dass eine Person nicht weiß, wie sie handeln soll, weil sie keinen klaren Begriff davon hat, was *sie* will, welche Handlung – welches Verhalten, welche Rolle – wirklich *die ihre* wäre. Nun mögen es zwar alltägliche Situationen sein, in denen wir Ambivalenz erleben, aber ihre möglicherweise autonomiebedrohende Kraft kann durchaus Konflikte auf tieferen Ebenen unserer Wunsch- und Evaluationsstruktur zum Ausdruck bringen: Ambivalenz gegenüber anderen Personen, gegenüber Lebensentwürfen, gegenüber uns selbst.

Bisher habe ich nur einen Überblick gegeben über die verschiedenen Formen von Ambivalenz, die sich im Handeln zeigen können. Ich will nun zunächst einen Blick auf Theorien werfen, die vergleichsweise rigoros jede Ambivalenz als mit autonomem Handeln unvereinbar betrachten, und danach auf weniger strikte Theorien schauen. Mir geht es, das hatte ich schon eingangs gesagt, darum, zu zeigen, dass die verschiedenen Ambivalenzen nicht paralysierend sein *müssen*, auch wenn sie manchmal handlungsverhindernd sein *können*, dass es also gute Argumente für einen vernünftigen Umgang mit dem Aushalten von Ambivalenzen gibt.

2. Ambivalenz als Krankheit des Willens

Die autonome Person kann und sollte in keiner Hinsicht ambivalent sein: Das behaupten rigorose Theorien, und Harry Frankfurt ist ihr prominentester Verteidiger. Es ist die Freiheit des Willens, die eine Person zur Person macht: und zwar nicht einfach in dem Sinn, in dem sie frei ist zu tun, was sie will, sondern in dem Sinn, in dem sie frei ist zu wollen, was sie will. Wenn eine Person den Willen als handlungsmotivierenden hat, den sie auch wirklich haben will, dann ist sie frei.[19] Was heißt dieses »wirklich« genauer? Die autonome Person weiß, was sie wirklich will, wenn sie fest entschlossen hinter ihrem Wunsch stehen kann und wenn diese Überzeugung letztlich in den die Person als ganze *bestimmenden* und ihr Selbst *definierenden cares* wurzelt, gegen die sie sich nur unter Preisgabe ihrer Identität entscheiden kann. Frankfurts Theorie von Autonomie und Willensfreiheit ist also zugleich eine Theorie der Person – des Selbst – und ihrer psychischen Konstitution. Deshalb ist es nicht überraschend, dass er immer wieder Luther mit seinem legendären Diktum »Hier stehe ich, ich kann nicht anders« als Vorbild einer autonomen Person zitiert. Luther weiß, was er will, seine Überzeugungen sind so stark und bindend, dass er auch unter bedrohlichen Umständen nicht von seinem Wunsch und Willen lassen kann. Gerade wegen dieser Idee, dass wir nur autonom handeln können, wenn wir fest und entschieden handeln, wird Ambivalenz zum Problem: Denn sie affiziert die Willensstruktur einer Person. So schreibt Frankfurt, »Ambivalenz ist nicht einfach eine Sache des Habens von konfligierenden Gefühlen. Sie besteht wesentlich darin, einen geteilten Willen zu haben – das heißt, unentschlos-

19 Vgl. bes. Frankfurt, »Willensfreiheit und der Begriff der Person«, wo er den Begriff der Willensfreiheit und Autonomie entwickelt; ders., »Autonomie, Nötigung und Liebe«, S. 171-174.

sen zu sein bezüglich der Frage, auf welcher Seite des Konfliktes zwischen seinen Gefühlen man steht.«[20] Weil Ambivalenz die Struktur des Willens angreift, sei sie eine »Krankheit des Willens«.

Auch Frankfurt hält den ersten Fall von Ambivalenzkonflikten – einfache Priorisierungen – für den leichtesten: Zwei konfligierende Wünsche können nicht beide zugleich verwirklicht werden, sondern, wenn überhaupt, nur nacheinander. Das Beispiel war oben der Konflikt zwischen dem Konzert- und dem Kinobesuch, und auch für Frankfurt kann der Konflikt relativ einfach gelöst werden, indem man die Wünsche in die richtige Reihenfolge bringt. Die Lösung dieses Konflikts heißt folgerichtig *Integration*. Jegliche Ambivalenz kann auf diese Weise restlos beseitigt werden.

Komplizierter sind solche Konflikte, bei denen diese Integration nicht möglich ist. Das Beispiel war oben die Entscheidung zwischen zwei Karrieren (Dichter oder Bauer); ein weiteres wäre eine Person, die zwei konfligierende Emotionen gegenüber einer anderen Person hat (Bewunderung und Verachtung) und sich nicht entscheiden kann, aufgrund welcher sie handeln will. Beide Konflikte bezeichnet Frankfurt als genuin intern, weil sie die *interne* Willensstruktur der Person betreffen: Deshalb können sie auch nicht durch Integration, sondern nur durch *Externalisierung*, durch *Trennung* gelöst werden. Einer der Wünsche oder Volitionen muss gänzlich abgewiesen werden; hat man sich entschieden, etwas zu tun, dann verändert sich nämlich die Natur des Konflikts. Es ist nicht mehr ein Konflikt zwischen zwei Wünschen *innerhalb* der Person, sondern es ist dann ein Konflikt zwischen der Person,

20 In seiner Antwort auf Velleman, Frankfurt, »Reply to J. David Velleman«, S. 126; vgl. zum Folgenden vor allem diese Aufsätze von Frankfurt: »Die schwächste Leidenschaft«, »Identification and Externality« sowie »Identifikation und ungeteilter Wille«.

die sich vollständig und mit ganzem Herzen mit dem einen Wunsch identifiziert hat, und dem anderen, dem externalisierten Wunsch. »›Entscheiden‹«, sagt Frankfurt, »ist ›trennen‹.«[21] Es sind radikale Begriffe, die er verwendet, um seine Erklärung und Lösung des Ambivalenzproblems zu plausibilisieren: »geächtete Wünsche«, »radikale (Ab-)Trennung«, »vollständig zurückgewiesen«. Eine Auflösung der Ambivalenz bedeutet dann immer, dass die Person eine *harmonische* Willensstruktur erlangt hat, weil und insofern der Konflikt nach außen verlagert und auf diese Weise unschädlich gemacht wurde.

Die Frage, für welchen von zwei konfligierenden Wünschen eine Person sich entscheidet, hängt für Frankfurt unmittelbar zusammen mit seinem Begriff des Selbst: Wir können nämlich nicht einfach den Willen haben, den wir haben wollen, sondern sind an die jeweilige Realität unseres Charakters, unseres Selbst gebunden. Diese Realität wird bestimmt durch unsere innersten *cares*, wie Frankfurt sagt, durch das, was uns am wichtigsten im Leben ist, durch unsere volitionalen Notwendigkeiten. Deshalb müssen wir uns immer als solche Personen verstehen, die die Grenzen ihrer Handlungsmöglichkeiten als die Grenzen ihres Selbst beschreiben. Eine Person *muss* nicht nur genau wissen, wo sie in einem Konflikt zwischen zwei Volitionen steht, sondern sie *kann* es auch: Der Spielraum für Entscheidungen ist damit genau abgegrenzt. Die Identifikation mit einem Wunsch, die Entscheidung, findet also immer auf der Basis dieser volitionalen Not-

21 Frankfurt, »Identifikation und ungeteilter Wille«, S. 129; vgl. ders., »Identification and Externality«, S. 67: »Er platziert den zurückgewiesenen Wunsch außerhalb des Bereichs seiner Präferenzen, so dass dieser überhaupt kein Kandidat für Erfüllung ist.« Vgl. auch ders., »Rationality and the Unthinkable«, S. 181f.

wendigkeiten statt, dem »wesentlichen Charakter des Willens«.[22]

Mit seiner puristischen Theorie des Umgangs mit Ambivalenzen mag Frankfurt nun recht haben im Blick auf paralysierende Ambivalenzen: solche, die uns am Handeln hindern, uns schwanken lassen zwischen zwei Möglichkeiten und uns nicht zu einem Entschluss kommen lassen. Aber entscheiden wir uns nicht in den meisten Fällen doch? Und bleiben wir in den meisten Fällen nicht in gewisser Weise ambivalent, ohne wirklich zu schwanken oder zu zweifeln? Für all diese Fälle scheint Frankfurt zu strikt und die Forderung nach der vollkommen *harmonischen Einheit des handelnden Selbst* unplausibel, und zwar sowohl aus phänomenologischen Gründen – so *handeln* oder *entscheiden* wir nicht; wie aus begrifflichen Gründen – so brauchen wir auch nicht zu *beschreiben*, was handeln oder sich entscheiden *heißt*.

3. Ist der ambivalente Wille der gesunde Wille?

Wir wollen nicht aus den Augen verlieren, worum es hier geht: um die Frage, ob Ambivalenzen vereinbar sind mit der Autonomie von Personen angesichts der Tatsache, dass Ambiva-

22 Interne Konflikte sind für Frankfurt immer Konflikte zwischen Wünschen, das haben wir auch in Kap. 2 schon gesehen; vgl. Frankfurt, »Necessity, Volition, and Love«, S. 132-133; ders., »Die schwächste Leidenschaft«, S. 71-73; vgl. kritisch dazu Watson, »Volitional Necessities«, S. 137. Moran (»Frankfurt on Identification«) und Scanlon (»Reasons and Passions«) kritisieren beide diesen Begriff des Wunsches, da Frankfurt einen solchen Konflikt nicht ohne einen Rekurs auf Gründe beschreiben könne; Scanlon erhält als Antwort, dass sein »account of desire« seine »Darstellung von Wünschen« »excessively intellectualized and rationalistic« sei – »übermäßig intellektualisiert und rationalistisch«; siehe Frankfurt »Reply to Scanlon«, S. 184.

lenzen in einem weiten Sinn offenbar zu unserem Alltag gehören. Eine erste deutliche Kritik an Frankfurts rigoroser Zurückweisung der Vereinbarkeit von Autonomie und Ambivalenz stammt von David Velleman. Er argumentiert, dass gerade die vollkommen harmonische Willensstruktur, die alle konfligierenden Wünsche externalisiert habe, nicht gesund sei.[23] Letztlich, so Velleman, schlage Frankfurt vor, die nicht motivierenden Wünsche oder Volitionen zu unterdrücken, sie so weit wie irgend möglich aus dem »volitionalen Komplex« der Person zu entfernen und so eine – für Velleman: nur scheinbare – Harmonie und Konsistenz von Wünschen zweiter oder höherer Ordnung herzustellen. Damit werde jedoch genau das als Gesundung des Willens beschrieben, was Freud als Krankheit diagnostiziert habe: nämlich die Unterdrückung oder Zurückweisung von konfligierenden Wünschen. Gerade nicht die Ambivalenz sei deshalb die Krankheit des Willens, sondern die Externalisierung, Unterdrückung und Abweisung der konfliktproduzierenden Wünsche.

Velleman bedient sich in seiner Kritik Freuds Krankengeschichte von Herrn R.[24] Denn das Problem von Herrn R., zerrissen zwischen der Liebe zu und dem Hass auf seinen Vater, war nicht so sehr Ambivalenz als solche, so Velleman, sondern seine *Antwort* auf sie, sein *Umgang* mit ihr. Die Unterdrückung des Hasses war genau die Quelle der Pathologie. Während für Frankfurt diese *Zurückweisung* gerade die Heilung sei, hätte Herr R. stattdessen seine Hassgefühle akzeptieren müssen. Er hätte sich akzeptieren müssen »als ambivalent gegenüber seinem Vater«.[25] Damit wäre die Akzeptanz der Am-

23 Vgl. zum Folgenden Velleman, »Identification and Identity«, S. 91-94.

24 Vgl. Freud, »Bemerkungen über einen Fall von Zwangsneurose«; dazu Lear, *Freud*, S. 30-50.

25 Velleman, »Identification and Identity«, S. 103; ähnlich argumentiert Lear, *Freud*, S. 12-18 und S. 24-28; Frankfurt reagiert allerdings kri-

bivalenz zugleich die Lösung des Konflikts: Denn wenn der Patient seine Ambivalenz als solche begreift, kann er sie akzeptieren und doch aus den Gründen handeln, die er für die eigentlichen oder die besseren hält.

Kindliche Ambivalenz gegenüber den Eltern, so Velleman, ist keineswegs die Ausnahme, sondern die Regel: Schon deshalb wäre es unplausibel, den meisten von uns wegen einer solchen Ambivalenz einen Mangel an Autonomie unterstellen zu müssen. Und schon deshalb sei genau dieser akzeptierende Umgang mit ambivalenten Gefühlen und Einstellungen auch Teil unserer Alltagspsychologie. Schließlich bedeute dies nicht, dass es *einfach* sei, mit solchen Ambivalenzen zu leben und sie zu akzeptieren – im Gegenteil, es könne »schwierig, einschüchternd, gar furchterregend« sein.[26] Dennoch sieht Velleman die strikte Idee von *wholeheartedness* als »Krankheit«, zumindest als falsche Vorstellung unseres (mehr oder weniger) gesunden Selbst. Wir mögen eventuell solch eine Idee des ungeteilten Willens als Ideal haben, doch die Realität widerspreche immer wieder unseren Erfahrungen.

Vellemans Kritik an Frankfurts Auflösung des Ambivalenzproblems weist nun sicherlich zumindest in die richtige Richtung: Ambivalenzen bleiben Teil der psychischen Konstitution der Person, bleiben Teil auch ihrer Wunsch- und Willensstruktur. Was aber heißt es, Ambivalenzen »akzeptieren« zu können oder zu müssen? Hier bleibt Vellemann unspezifisch, doch es ist eine wichtige Frage: Denn handeln und *a fortiori* autonom handeln können wir nur, wenn wir hinreichend genau wissen, was wir wollen, und dies auch mit hinreichender Gewissheit begründen können.

Wenn wir jetzt noch einmal die Konflikte betrachten, die

tisch auf Velleman in seiner Antwort: »Reply to David Velleman«, S. 124f.

26 Velleman, »Identification and Identity«, S. 104.

ich oben als die existentiellen Priorisierungskonflikte beschrieben hatte, dann kann man sehen, dass man auch hier zwar entscheiden und ordnen kann, dass es aber nicht sonderlich plausibel ist, zu sagen, man »schnitte« die eine Handlungsoption einfach »ab«, trenne sich »radikal« von ihr. Der Dichter kann sein ganzes Leben lang noch bedauern, dass er nicht auch Bauer werden konnte, und braucht nicht deshalb nicht-autonom zu sein. Schon die Art und Weise, wie wir zwischen Motiven oder Gründen, denen wir nicht nachkommen, mit denen wir uns nicht identifizieren, und solchen, auf deren Basis wir handeln, unterscheiden, hat ein weiteres Spektrum, als Frankfurt dies zulassen kann und auch als Velleman es beschreibt.

Was also heißt es, Ambivalenzen zu akzeptieren? Ein Vorschlag, wie man ein solches Akzeptieren phänomenal angemessen und für die Ethik – auch die Ethik der Autonomie – am besten beschreibt, stammt von Bernard Williams. Hier ist zunächst einmal seine Unterscheidung von Widersprüchen und Konflikten von *Überzeugungen* gegenüber denen von *Wünschen* interessant: »Wenn ich entdecke, dass zwei meiner Überzeugungen miteinander in Konflikt stehen, so wird gerade dadurch mindestens eine von ihnen geschwächt; doch die Entdeckung, dass zwei Wünsche einander widerstreiten, hat als solche keine Tendenz, einen von ihnen zu schwächen.«[27]

Warum ist dies so? Weil die Beziehung zwischen Überzeugung und Wahrheit, so Williams, eine andere ist als die zwischen einem Wunsch und seiner Erfüllung: Sehe ich ein, dass eine von zwei Überzeugungen falsch war, so kann sie dies »nicht überstehen, denn die Entscheidung, eine Überzeugung sei nicht wahr, heißt, dass man diese Überzeugung aufgibt, sie also nicht mehr vertritt«. Demgegenüber kann ein verworfener Wunsch »zwar vielleicht die Entscheidung nicht überste-

27 Williams, »Widerspruchsfreiheit in der Ethik«, S. 269.

hen; er kann jedoch danach zumindest in dieser oder jener Gestalt wieder in Erscheinung treten. [...] Es kann sein, [...] dass er in der Gestalt wiederkehrt, dass man das Versäumte bedauert.« Wunschkonflikte und auch moralische Sollenskonflikte können darüber hinaus »ohne weiteres den Charakter eines Ringens haben, während dies bei Überzeugungskonflikten kaum möglich ist [...]«.[28] Zwei konfligierende Überzeugungen gefährden, so Williams, unsere Rationalität, das heißt die Konsistenz dessen, was wir für wahr halten; zwei Wünsche müssen dies nicht tun.

Den Ausdruck für jenes Beharren des konfligierenden Wunsches nennt Williams also *Bedauern*: Bei Wunschkonflikten und bei Konflikten zwischen moralischen Forderungen bleibt dieses Bedauern auch nach einer Entscheidung bestehen oder kann jedenfalls bestehen bleiben. Moralische Konflikte machen dies besonders deutlich: Agamemnon etwa *muss* sich und *kann* sich entscheiden, selbst »mit Gewissheit«. Doch das heißt nicht, so Williams, dass er nicht schlaflose Nächte hat: Denn die Gründe – für seine Tochter, gegen sein Heer – bleiben bestehen und die einzige Art, den Konflikt zu lösen, ist, zu bedauern, dass nicht beide Handlungsoptionen verfolgt werden konnten. Agamemnon liegt »nicht deshalb wach, weil er Zweifel hat, sondern wegen einer Gewissheit«.[29] Nun hat zwar das Bedauern, das man nach der Entscheidung in einem moralischen Sollenskonflikt empfindet, einen anderen Charakter als das Bedauern bei ethischen Wunschkonflik-

28 Ebd., S. 270 und S. 273.

29 Williams, »Widerspruchsfreiheit in der Ethik«, S. 276; auch deshalb ist Williams' Interpretation von Agamemnon so viel überzeugender als die Frankfurts, vgl. Frankfurt, »Autonomie, Nötigung und Liebe«, S. 139; vgl. dazu kritisch Arpaly, *Unprincipled Virtue*, S. 134-136; von Williams' Interpretation des *moralischen* Konflikts lässt sich also gerade für den *ethischen* Konflikt lernen.

ten (wie etwa bei dem Bauern und dem Dichter). Aber es bleibt ein Bedauern, es bleibt die Einsicht, dass die Gründe, die für den verworfenen Wunsch oder die verworfene Handlungsoption überzeugend waren, ihre Gültigkeit nicht einfach verlieren, sie nicht einfach verschwinden.[30]

Mit Williams können wir folglich Vellemans »Akzeptieren« von Ambivalenzen einen guten Sinn geben. Denn die Gründe, die wir haben, um uns für die eine Seite zu entscheiden, bleiben als Gründe für uns durchaus bestehen: Sie sind nur nicht stark und überzeugend genug, um handlungsleitend zu werden. Dennoch können diese Gründe – oder diese Wünsche – weiterhin als Teil unserer Evaluationen und Werte verstanden werden, als Aspekte unseres Selbst. Wenn puristische Theorien Ambivalenzen ganz zu eliminieren hoffen, dann können sie gerade nicht erklären, was es heißt, nach einer ambivalenten Entscheidung nicht vollkommen eins mit sich zu sein. Ich will von Williams die Idee übernehmen, dass ein Bedauern bleibt, wenn man sich gegen bestimmte Handlungsmöglichkeiten gewendet hat – und hier kann man nicht nur von Wünschen reden, sondern auch von Überzeugungen und vor allem: von Gründen. Was ein vernünftiger Umgang mit Ambivalenzen sein könnte und was es bedeutet, dass wir, nach der Entscheidung von Ambivalenzkonflikten, keine »Zufriedenheit« empfinden, können wir nur erklären, wenn wir das Sollen, nach dem nicht gehandelt wird, nicht vom Schauplatz entfernen, wie Williams schreibt.[31]

30 Wie es bei den falschen *Überzeugungen* jedenfalls zumeist der Fall ist, außer vielleicht mit Blick auf die Entdeckung existentiell wichtiger falscher Überzeugungen; notwendig ist dieses Verschwinden der falschen Überzeugungen zumindest in dem Sinn, dass die Konsistenz von Überzeugungen für unsere Rationalität notwendig ist (ich kann nicht zugleich p und non-p glauben; aber ich kann, *pace* Williams, damit hadern, dass non-p wahr ist).

31 Williams, »Widerspruchsfreiheit in der Ethik«, S. 279.

Wie groß kann der Abstand sein zwischen den Motiven, denen wir nicht gefolgt sind, und denen, die die tatsächliche Handlung motivieren konnten? Wie viel Widerspruch, wie viel bleibende Ambivalenzen hält man aus? Hier kann man sich einer hilfreichen Überlegung von Richard Wollheim bedienen: Wollheim argumentiert, dass Wünsche nebeneinander existieren können, auch wenn man sie nicht alle erfüllen kann und will, und Gleiches könnte man dann über die handlungsmotivierenden Gründe sagen. Koexistent können Wünsche rationalerweise also dann sein, wenn sie zwar konfligieren, diese Konflikte aber nicht zur Verunmöglichung einer Handlung, zur Paralyse, führen. Dafür, wie konflikthaft diese Koexistenz sein darf, nennt Wollheim ein Kriterium: Der »Index dieser Grenze ist die Angst«.[32] Die Koexistenz kann folglich nur so viel Friktionen mit sich bringen, wie wir sie (noch) tolerieren können: Koexistenz von Wünschen ist persönlich und affektiv besetzt, hat einen subjektiven Index. Wenn uns unsere konfligierenden Wünsche – und die Gründe, die bestehen bleiben, wenn wir ihnen nicht nachkommen können – angstvoll machen, uns beklemmen, dann beginnt die Komplexität des Selbst irrational zu werden, dann kann sich die Ängstlichkeit in handlungsverunmöglichende Unentschiedenheit oder Schwanken übersetzen. Handeln muss jedoch mit Gewissheit möglich sein, auch wenn man sich – bedauernd, hadernd – seiner Ambivalenz bewusst bleiben kann. Eine solche Grenze der Irrationalität lässt immer noch ein breites Spektrum an Möglichkeiten zu, rational mit konfligierenden Wünschen und konfligierenden Gründen umzugehen.[33] Und dieser vernünftige Umgang

32 Wollheim, *The Thread of Life*, S. 184; vgl. zum Rationalitätsbegriff von Wünschen auch Williams, »Widerspruchsfreiheit und Realismus«, S. 328.

33 Vgl. auch Lear, *Freud*, S. 49f. Zum *high-minded purism* (»edelgesinn-

mit Ambivalenzen entspricht einer vernünftigen Interpretation des *ambivalenten Selbst.* Dies will ich zeigen, bevor ich in einem letzten Schritt die Ambivalenzkonflikte bespreche, die ich zuvor als kulturelle oder Identitätskonflikte beschrieben habe.

4. Das ambivalente Selbst

In einem großartigen Romananfang beschreibt Richard Ford, wie der Protagonist Frank Bascombe morgens in der Zeitung den Bericht über den »frustrierte[n] Student[en]« Don-Houston Clevinger liest, der in das schriftliche Examen einer Klasse von Krankenpflegeschülerinnen hineinplatzt, seine Waffe auf die anwesende Lehrerin richtet und fragt: »Bist du bereit, deinem Schöpfer zu begegnen?« Woraufhin sie »nur zweimal neugierig mit ihren immergrünen Augen [blinzelte] und sagte: ›Ja. Ja, ich glaube, ja.‹« Mr Clevinger erschießt daraufhin erst sie und dann sich selbst. Bascombe selbst wird durch dieses »traurige, schreckliche Rätsel« in tiefes Nachdenken gestürzt. Denn er hätte auf Mr Clevingers Frage anders geantwortet: »Wissen Sie, eigentlich nicht. Ich glaube nicht. Noch nicht ganz.« Ihm wären sofort all die Dinge eingefallen, die er eigentlich, vielleicht, noch hätte tun wollen: »Angesichts von Mr Clevingers Frage und unter Zeitdruck hätte ich bestimmt angefangen, lautlos all die Dinge aufzulisten, die ich noch nicht getan hatte – mit einem Filmstar vögeln, vietnamesische Waisenzwillinge adoptieren und sie auf ein edles College wie Williams schicken, den Appalachian Trail entlangwandern, Hilfsaktionen für ein leidgeprüftes, überschwemmtes

ten Purismus«) Rorty, »A Plea for Ambivalence«, S. 427, dort auch ihre Hinweise auf mögliche nötige Modifikationen und Ergänzungen.

afrikanisches Land organisieren, Deutsch lernen [...]. Die Republikaner wählen. [...]«[34]

In diesem Roman geht es es auf ebenso subtile wie leichthändige Weise 700 Seiten lang um so gut wie alle großen Menschheitsthemen: bedrohliche Krankheiten (Frank Bascombe hat Krebs), enttäuschte Liebe (seine Frau hat ihn verlassen), Schicksal (der totgeglaubte Mann von Franks zweiter Frau kehrt heim), Entfremdung (Franks Sohn lebt und arbeitet in einer gänzlich anderen sozialen Welt), um die Schrecken des Alterns; er stellt außerdem noch ein Meisterwerk gesellschaftskritischer Analyse dar – in einem solchen Roman ist ein solcher Anfang sicherlich vielfältig auslegbar. Denn es geht in diesem Roman auch um die Frage, was es heißt, sein Leben zu leben, um das Streben nach einem gelungenen Leben – auch im Angesicht einer tödlichen Krankheit –, um die Sorge, sich falsch entschieden zu haben, Beziehungen falsch gelebt, interpretiert, verstanden zu haben. Deshalb ist, so kann man behaupten, dieser Romananfang auch eine Lektion im Umgang mit Ambivalenzen.

Frank Bascombes Sinnieren über die Ambivalenzen des Lebens kann die Komplexität seines Selbst wunderbar illustrieren, die Komplexität dessen, was es heißt, wenn ein Selbst nicht vollkommen harmonisch und integriert ist. Zwar lebt Frank Bascombe sicherlich nicht in tiefgreifender Ambivalenz; und die Tatsache, dass er so viele Wünsche und Vorhaben nennt, ironisiert offensichtlich zugleich jeden einzelnen Wunsch. Doch es bleibt: Setzte man ihm die Pistole auf die Brust, könnte er nur auf ein reichlich widersprüchliches Konglomerat von unterschiedlich attraktiven Lebensweisen, unterschiedlich sinnvollen Vorhaben, widerstreitenden Ich-Idealen zurückgreifen. Dass auch das »plattfüßige und unsubtil[e] [...]

34 Ford, *Die Lage des Landes*, S. 7-10.

Schicksal«[35] uns immer wieder in Situationen bringen kann, in denen die Grenzen unseres Selbst und die Grundlagen unserer Identität erschüttert werden, zeigt nur, dass dieses Selbst und diese Identität komplexer und zerrissener ist, als eine puristische Theorie der Ambivalenz es artikulieren kann.

Dieses unübersichtliche und widersprüchliche Konglomerat ist Teil von Frank Bascombe. Es ist offensichtlich falsch, die nicht verwirklichten Wünsche oder Vorhaben als externalisierte Wünsche, als entfremdete Verlangen zu beschreiben, die deshalb externalisiert und entfremdet sind, weil er ihnen nicht nachgeht. Frank Bascombe hat zu seinen Wünschen und nicht verwirklichten Vorhaben keine Beziehung der vollständigen Zurückweisung. Sie erscheinen auch nicht als zufällige mentale Ereignisse.[36] Wenn es seine eigenen Wünsche, Gedanken und Überlegungen sind, dann sind sie in jedem Fall schon einmal *seine*: Und gute Gründe hätte er für jeden einzelnen. Sie entspringen offenbar seiner Biographie, sie machen seine Persönlichkeit aus, doch sie sind nicht handlungsleitend, handlungsmotivierend. Wie komplex ist Bascombes Selbst? Wie viel Widersprüchlichkeit kann ein Selbst, kann eine Identität aushalten? Und wie ambivalent kann eine autonome Person sein, bevor sie handlungsunfähig wird?

Der erste Schritt zur Beantwortung dieser Fragen weist auf einen Aspekt, den puristische Theorien aus den Augen verlieren: Denn wenn etwas meine Wünsche sind, dann sind es *meine* Wünsche, auch wenn ich sie nicht verfolge. Das Gleiche gilt übrigens für meine Gründe – auch meine eigenen Gründe mögen für einen anderen keineswegs überzeugend sein. Es sind *meine* Wünsche, Überlegungen und nicht die einer anderen Person – jedenfalls in diesem Sinne sind sie nicht externalisiert. Auch die abgewiesenen Wünsche sind *meine* –

35 Ebd., S. 7.
36 Vgl. Frankfurt, »Identification and Externality«, S. 59.

mehr als *deine* Wünsche, und auch mehr und anders als mein eigenes Kopfweh. Offenbar gibt es sehr verschiedene Weisen, in denen ich mich zu meinen nicht handlungswirksamen Wünschen, Überlegungen, Haltungen verhalten kann: Ich kann sie akzeptieren, ich kann sie sogar gutheißen (was bei Schmerzen nicht wirklich geht), ich kann ihnen zustimmen, auch wenn sie nicht handlungswirksam werden. Frankfurt schreibt, dass wir »voll und ganz wünschen, etwas voll und ganz zu wollen«.[37] Dies scheint mir sowohl empirisch übertrieben wie auch normativ nicht überzeugend. Denn zwischen der Identifikation mit einem Wunsch aus ganzem Herzen und der vollständigen Externalisierung von nichthandlungsmotivierenden Wünschen liegt ein ganzes phänomenales Spektrum von unterschiedlichen Einstellungen, die wir zu unseren konfligierenden Wünschen, zu unserem Willen, zu uns selbst haben können: Wir können *tolerant sein* gegenüber Ich-Idealen, wir können *akzeptieren*, dass wir auch gute Gründe für nicht zu verwirklichende Wünsche haben, wir können *anerkennen*, dass die Welt nicht so ist, dass wir zugleich Bauer und Dichter werden könnten. Wir können auch etwas entscheiden und voll und ganz hinter einer Entscheidung stehen – aber auch dann, in dieser Gewissheit, nachts wach liegen. Und diese Kritik am normativen Ideal des Handelns aus ganzem Herzen bedeutet nicht, dass wir Dinge immer nur halbherzig tun, hinter unseren Projekten immer nur halbherzig stehen. Auch Frank Bascombe ist nicht jemand, der halbherzig handelt. Die Kritik an jenem Ideal bedeutet nur, dass wir unsere konfligierenden, ambivalenten Identitäten nie ganz miteinander versöhnen können, dass das Selbst komplex bleibt.

37 Frankfurt, »Die schwächste Leidenschaft«, S. 79.

5. Ambivalenzkonflikte als Identitätskonflikte

Ambivalenz- als *Identitäts*konflikte enstehen, so argumentiert Amélie Rorty, weil wir in den pluralistischen Kulturen und Rollen, in denen wir leben, ständig konfrontiert seien mit »einer breiten Vielfalt von Lebensweisen, deren organisierende Werte und Wahrnehmungsmuster manchmal unvereinbar und inkommensurabel sind«.[38] Was ist nun das Spezifische dieser Ambivalenzkonflikte gegenüber denen, die ich zuvor besprochen habe, also gegenüber Agamemnon, George, dem Chemiker, Herrn R. oder dem Dichter und dem Bauern? Zum Ersten streiten hier nicht Wünsche oder Überzeugungen miteinander, sondern Wertsysteme beziehungsweise kulturelle Kontexte, kulturelle und moralische Rahmenerzählungen.

Zum Zweiten kennzeichnet diese Konflikte, dass bei ihnen keine Priorisierung (Kino und Konzert) und keine Entscheidung für die eine oder die andere Seite (Dichter oder Bauer; für die Tochter oder für das Heer) möglich ist, sondern nur ein Wechseln, ein Umschalten. Personen, die in dieser Form von ambivalenten Identitätskonflikten leben, sind, »in authentischer Weise ambivalent«, wie Benson schreibt.[39] Das zeigt das bereits erwähnte Beispiel von Maria Lugonez, in dem es um eine lesbische Latina geht, die sich weder zwischen den verschiedenen Kulturen und Werten entscheiden kann noch dies auch will. Sie *will gerade* fundamental ambivalent bleiben, dies scheint ihr die einzige ihr angemessene Form des Lebens – in einer Welt, wie sie sozial, kulturell, politisch nun einmal im Moment eingerichtet ist.[40] Und das bedeutet,

38 Rorty, »A Plea for Ambivalence«, S. 428f.

39 Vgl. Benson, »Taking Ownership«.

40 Lugonez, »Hispaneando y Lesbiando«, S. 138f.; vgl. Calhoun, »Standing for Something«, S. 239.

dass sie immer wieder zwischen der chauvinistischen Kultur ihrer eigenen Familie und der Kultur ihres homosexuellen Freundinnenkreises hin- und herpendeln muss, immer wieder umschalten von der einen Identität in die andere. Ich möchte diese Form von ambivalenten Identitätskonflikten noch einmal erläutern mit Hilfe eines literarischen Beispiels, des Romans *Die gleißende Welt* von Siri Hustvedt. Es ist wiederum ein äußerst komplexer Roman, aber was er jedenfalls *auch* vor Augen führt, ist, dass es unmöglich ist, bei bestimmten tiefgehenden Wert- und Identitätskonflikten eine Priorisierung zwischen den verschiedenen sich streitenden Identitäten vorzunehmen: Der Roman zeigt, dass Identitätswechsel notwendig sind und Autonomie zugleich möglich bleibt.

»Alle intellektuellen und künstlerischen Unterfangen, sogar Witze, ironische Bemerkungen und Parodien, schneiden in der Meinung der Menge besser ab, wenn die Menge weiß, dass sie hinter dem großen Werk oder dem großen Schwindel einen Schwanz und ein Paar Eier ausmachen kann.«[41] Mit diesem Paukenschlag beginnt *Die gleißende Welt*, und wieder präfigurieren die Anfangssätze das Thema des ganzen Romans. Sie stammen aus einem Leserbrief von Harriet Burden, der Protagonistin des Romans, den der »Herausgeber« ihres Nachlasses – ihrer Notizen, Tagebücher, Briefe – zitiert. Der Roman thematisiert auf meist subtile, manchmal grobe, oft verschachtelte und extrem intelligent konstruierte Weise das Leben einer feministischen Künstlerin in einer patriarchalen Gesellschaft. Harriet – Harry – Burden ist Multimediakünstlerin, die Erschafferin großer und großartiger Installationen in New York und zugleich die Frau des außerordentlich erfolgreichen Kunsthändlers Felix Lord (man beachte die Namen). Als Künstlerin hat sie jedoch nie wirklich Erfolg – und deshalb bedient sie sich, nach dem Tod ihres Mannes, eines

41 Hustvedt, *Die gleißende Welt*, S. 5.

Tricks: Sie lässt ihre Kunstwerke nacheinander unter dem Namen von drei jungen Männern veröffentlichen und schafft erst so den erwarteten großen Durchbruch. Nur bei dem letzten der drei Künstler geht es schief (weil er so tut, als seien die Installationen tatsächlich seine eigenen) – aber das ist keineswegs das Wichtigste an diesem Plot, in diesem Roman. Der Roman spielt mit einer Vielzahl literarischer Formen (wissenschaftliche Essays, Notizbücher, Interviews, Tagebücher, Erzählungen) aus den verschiedensten Perspektiven (Harriet Burden, ihre Familie, ihre Mitarbeiter, ihre Freunde). Damit entspricht die Erzählform dem fragmentierten und vielschichtigen Leben der Protagonistin. Harriet Burden schreibt in ihr Tagebuch über Margaret Cavendish (von der auch der Titel des Romans stammt): »Die Herzogin ist eine Träumerin. Ihre Figuren schwingen ihre widersprüchlichen Worte wie Spruchbänder. *Sie kann sich nicht entscheiden. Polyphonie ist der einzige Weg zur Verständigung. Hermaphroditische Polyphonie.*«[42] Der Sexismus der patriarchalen Kunstwelt zwingt Harriet Burden, sich selbst zu maskieren – er zwingt sie in verschiedene Rollen und Identitäten, die nicht miteinander vereinbar sind. »Der Weg zur Wahrheit ist verdoppelt, maskiert.« Und die drei Kunstwerke, die sie anderen unterschiebt, heißen »Maskierungen«.[43] Sie schreibt: »Wir leben in unseren Kategorien [...] und wir glauben an sie, aber oft geraten sie durcheinander. Das Durcheinander ist es, was mich interessiert. Der Wirrwarr.«[44] Dieser »Wirrwarr« von Kategorien, (Geschlechts-)

42 Ebd., S. 292f. (meine Hervorhebungen).

43 Sie beschreibt die Maskierungen: *Die Geschichte der Kunst des Westens* (hinter der Maske des Künstlers Tish); *Die Erstickungsräume* (hinter der Maske des Künstlers Eldridge); *Darunter* (hinter der Maske des Künstlers Rune).

44 Hustvedt, *Die gleißende* Welt, S. 279. Siehe auch: »Es ging darum, ›die Kategorien zu beugen‹.« S. 170.

Identitäten und Wertesystemen ist das, was sich nur mit der fundamentalen Ambivalenz ertragen lässt.

Siri Hustvedt zeigt, dass Burden sich zwar von den Werten der patriarchalen Kunstwelt entfremdet fühlt, dass sie aber andererseits auch eine liebende Ehefrau von Felix Lord war, einem der erfolgreichsten Repräsentanten ebendieser Welt, und eine liebende Mutter der gemeinsamen Kinder. Als Ehefrau profitiert sie von der Welt, von der sie als Künstlerin ausgeschlossen ist. Als Künstlerin ist sie zwar ausgeschlossen, versucht jedoch, versehen mit ihren Masken, genau von dieser Position aus in dieser Welt erfolgreich zu sein. Benson nennt Personen, die in solchen ambivalenten Identitätskonflikten leben, authentisch ambivalent, darauf habe ich oben schon verwiesen: Sie übernehmen die Verantwortung (*taking ownership*) für beide Seiten und sehen sich nicht in der Lage, anders als so ambivalent zu leben. Harriet Burden ist fundamental ambivalent, aber sie ist keineswegs entfremdet von ihrem ambivalenten Selbst. Sie will eine Person sein, für die es in den gegebenen kulturellen Wertesystemen noch keinen Platz gibt, und zugleich möchte sie eine Person sein, die schon einen passenden Platz hat: die feministische, anerkannte Künstlerin ebenso wie die glänzende Gastgeberin und Ehefrau ihres brillanten Mannes. Sie ist ambivalent, weil sie ihre Rollen und Identitäten nicht vereinbaren und miteinander versöhnen kann, sondern zwischen ihnen wechseln muss. Insofern kann man übrigens diese Form von Ambivalenz auch als mögliche Quelle für Sozialkritik begreifen, denn sie lässt sich interpretieren als Kritik an genau solchen Verhältnissen, die Personen zwingen, in diesen tiefgehenden Ambivalenzen leben zu müssen.

6. Autonomie und die Akzeptanz von Konflikten

Ich hatte eingangs gesagt, dass es mir in diesem Kapitel um die Frage geht, ob und wie man der alltäglichen Erfahrung von Ambivalenzen von der Perspektive der Autonomie her gerecht werden kann, und dass ich interessiert bin an der ganzen Breite eines Begriffs von Ambivalenz. Nun ist, denke ich, deutlich geworden, dass Theorien, die Ambivalenzen ganz aus dem Handlungsnetz von Wünschen, Überlegungen, Gründen, verbannen wollen, nicht sehr überzeugend sind, dass jedoch eine autonome Person hinter ihren Handlungen stehen muss, jedenfalls in dem Sinn, dass sie nicht schwankt und sich immer wieder verunsichern lässt. Auch wenn sie ein ambivalentes Selbst hat, weiß sie doch mit der notwendigen Deutlichkeit, was sie will. Sie muss also hinreichend souverän sein im Umgang mit ihren Ambivalenzen, sich entscheiden können und Ambivalenz nicht mit Skepsis verwechseln: Hat sie sich für eine Handlungsoption entschieden, so kann sie die Gründe für die verworfene Option und ihre konfligierenden Wünsche akzeptieren, ohne deshalb skeptisch gegenüber ihrer Wahl sein zu müssen.[45]

Wir haben gesehen, dass es ganz verschiedene Möglichkeiten gibt, Ambivalenzen gerecht zu werden: Sie lassen sich integrieren, tolerieren, akzeptieren, kompartmentalisieren, man kann sie miteinander versöhnen, man kann Kompromisse schließen und man kann versuchen, zwischen Identitäten zu wechseln. All dies sind mögliche Strategien, mit Ambivalenzen jeweils verständig umzugehen, und sie sind alltagstaug-

45 Skepsis kann sich generell auf die Überzeugungskraft von Gründen beziehen, auch in Situationen, in denen von Konflikten oder Ambivalenzen keine Rede ist. Sie erfordert jedoch ethisch und epistemologisch eine andere Analyse als die Frage, wie mit Ambivalenzen umzugehen sei.

licher und lebensnäher als Strategien der Externalisierung. So kann nämlich Autonomie geradezu verstanden werden als ein vernünftiger, angemessener Umgang mit Ambivalenzen, also mit der Unvereinbarkeit von Wünschen und Möglichkeiten, mit deren Kontingenz, mit der Komplexität der Frage, wie man leben will. Natürlich sind wir nicht immer und nicht in allen Bereichen unseres Lebens ambivalent. Aber wenn wir es sind, sind wir nicht deshalb schon irrational oder heteronom. Sich (wie Frank Bascombe) halbwegs gelassen zu arrangieren mit ambivalenten Konflikten, Gefühlen, Entscheidungen, Endlichkeiten – mit uns selbst also – erscheint dann geradezu als Ausdruck von Autonomie. Diese Ambivalenzen stehen der Selbstbestimmtheit des Lebens und auch seinem Gelingen nicht im Wege.

3
Autonomie und der Sinn des Lebens

Daher beschloß ich, zu diesem Mann hinunterzugehen und ihm zu erklären, daß ich sterben wollte und daß ich es ihm nicht einfach sage, damit er mich daran hindere oder mich tröste – ich wollte kein Mitleid: es kommt ein Zeitpunkt, wo Mitleid nicht mehr hilft –, und daß ich einfach seine Hilfe brauchte. Er konnte mir zeigen, was ich zu tun hatte, konnte mich beruhigen und – wie widersinnig – er sollte in der Nähe sein, um innerhalb der nächsten paar Stunden das Telephon abzunehmen und auf die Klingel an der Haustür zu achten. Und auch, um mich mit Würde aus dem Weg zu räumen. Ja, das vor allem andern! […] Ehe ich nach unten ging, schrieb ich einen Zettel, auf dem einfach stand: »Ich begehe Selbstmord, weil es mir an Verstand fehlt und ich nicht weiß und auch nicht durch Erfahrung lernen kann, wie man leben sollte.«[1]

Eines der wichtigsten Argumente für Autonomie lautet, dass kein Leben besser geführt werden kann, wenn es von außen geleitet wird, ohne dass die Person selbst sich die Normen und Werte, nach denen sie lebt, angeeignet hat, sie als ihre eigenen erkennt. Mein Leben wird, in seinen grundlegenden Hinsichten, nicht gut durch paternalistische Bemühungen, selbst wenn diese wertvollen Projekten gelten, sondern nur, wenn ich es gemäß meinen eigenen Überzeugungen führen kann.[2] Ohne Autonomie können wir kein sinnvolles und

1 O'Brien, »Das Liebesobjekt«, S. 26.

2 Vgl. auch Kymlicka, *Contemporary Political Philosophy*, S. 216: »Kein Leben läuft besser, wenn es von außen gemäß Werten geführt wird,

kein gelungenes Leben führen, das will ich zeigen. Man kann ein sinnvolles Leben leben, ohne glücklich zu sein; aber nicht, ohne selbstbestimmt zu sein.

Autonomie ist wertvoll nicht nur, weil wir für unser Leben und für einzelne Handlungen nur verantwortlich sein können, wenn wir sie selbst bestimmt haben und es tatsächlich in einem emphatischen Sinn unsere eigenen Handlungen sind, die wir ausführen. Würden wir beispielsweise manipuliert oder getäuscht, dann könnten wir uns selbst nicht als verantwortlich verstehen für unser Leben. Das bedeutet jedoch, dass ein solches nicht-eigenes Leben auch kein sinnvolles Leben wäre: Stellte ich nämlich fest, dass, wie Robert Pippin schreibt, »die ganze Schau letztlich oder grundlegend von anderen gesteuert oder durch institutionelle Einschränkungen fast völlig vorherbestimmt war, dann könnte mein Leben nicht den Sinn gehabt haben, von dem ich selbst ausgegangen war, könnte man ihm nicht die Bedeutung zuschreiben, die ich darin gefunden habe, und ist dadurch, durch solch eine Entdeckung, für mich seines Sinns beraubt«.[3]

Damit sind wir schon mitten in der Problematik, um die es mir in diesem Kapitel gehen wird: nämlich darum, dass Selbstbestimmung eine Grundbedingung des gelungenen, sinnvollen Lebens ist. Wir hatten im ersten Kapitel schon gesehen, dass Autonomie – kurz zusammengefasst – bedeutet, dass man so leben kann, wie man es selbst für richtig hält; wenn sich eine Person folglich die Frage stellen kann, wie sie leben

die die Person nicht teilt. Mein Leben ist nur dann besser, wenn ich es von innen führe, gemäß meinen eigenen Wertüberzeugungen.«

3 Pippin, »Sinn und Moral«, S. 188; Griffin argumentiert ähnlich, wenn er schreibt, »Teil dessen, was das Leben lebenswert macht, ist es, sein eigenes Leben für einen selbst zu führen.« (Griffin, *Well-Being*, S. 9; vgl. auch Valdman, »Outsourcing Self-Government«, S. 761.) Übrigens gilt dies natürlich nicht für Personen, die nicht über Autonomie verfügen – dafür habe ich in Kap. 1 schon argumentiert.

will, was das für sie gute Leben ist. Das bedeutet, dass man darüber reflektieren kann, wie man lebt und wie man leben – handeln – möchte, und dass man dann aus eigenen Gründen auch so handelt. Die Frage des Sokrates, wie zu leben gut sei, ist auch immer noch die Grundfrage, wenn man über das Glück oder den Sinn des Lebens nachdenkt. Übrigens sind Glücks- und Sinnfrage nah miteinander verwandt: so nah, dass einige Philosophen, wie zum Beispiel David Wiggins, dafür plädieren, die eine durch die andere, die Glücks- durch die Sinnfrage, zu ersetzen.[4] Ich möchte jedoch in diesem Kapitel vor allem auf die Frage nach dem *Sinn* des Lebens eingehen, nach seiner Bedeutung und der Beziehung zur Selbstbestimmtheit des Lebens; das glückliche oder das gute Leben wird hier auch immer wieder eine Rolle spielen, jedoch erst später explizit thematisiert werden. Das Thema des *Sinns des Lebens* scheint mir nämlich ein ganz grundsätzliches zu sein, das in Krisen unseres Lebens entsteht. Die Frage nach dem *guten Leben* entsteht hingegen typischerweise dann, wenn ich mich vor wichtige Entscheidungen gestellt sehe. Diese Situationen müssen jedoch gerade *nicht* zu subjektiven Sinnkrisen führen.[5]

Warum eigentlich ist Autonomie wertvoll und was genau

4 Wiggins, »Truth, Invention, and the Meaning of Life«; viele Theorien des guten Lebens identifizieren das gute mit dem sinnvollen Leben, vgl. nur beispielhaft Ursula Wolf, »Zur Struktur der Frage nach dem guten Leben«.

5 Robert Nozick unterscheidet sehr schön die verschiedenen Bedeutungen, die die Sinnfrage haben kann; mir geht es im Folgenden um die Frage nach dem Sinn als die Frage nach dem *Wert und der Bedeutung* des Lebens für die Person selbst, die aber auch als Frage nach dem nicht nur subjektiven Sinn, sondern auch als die nach dem objektiven Sinn des Lebens erscheinen kann; all dies sind bei Nozick (nicht streng voneinander) getrennte Aspekte, vgl. Nozick, *Philosophical Explanations*, S. 573-576.

ist es an der Selbstbestimmung meines Lebens, das ich schätze? Diese Frage will ich in einem ersten Schritt beantworten und in einem zweiten Schritt erinnern an die Figur des Sisyphus, vor allem deshalb, um eine bestimmte Interpretation vorzustellen, die Sisyphus ein sinnvolles Leben mittels einer rein subjektivistischen Interpretation von Autonomie und dem Sinn des Lebens zuschreibt. Diese Interpretation will ich kurz besprechen, weil sie für interessante philosophische Diskussionen gesorgt hat. Die Kritik an dieser Form von Subjektivismus wird dazu führen, einen falsch verstandenen Begriff von Autonomie auszumachen und zugleich zu zeigen, was genau eine subjektivistische Interpretation des sinnvollen selbstbestimmten Lebens ist und warum man die Idee eines solchen rein subjektiven Lebenssinns kritisieren sollte.

Das führt uns zu einer Diskussion der Frage, ob ein Leben objektiv sinnvoll sein kann und was das bedeutet – muss es beispielsweise moralisch sein, um objektiv sinnvoll zu sein? Erst am Schluss will ich genauer diskutieren, woran ein selbstbestimmtes Leben eigentlich scheitern kann. Welches sind mögliche Gründe und Beispiele für ein sinnloses Leben? Auch hier lege ich den Akzent auf die Frage nach dem Zusammenhang zwischen dem sinnvollen und dem selbstbestimmten Leben.

1. Warum schätzen wir Autonomie?

Autonomie, so hatte ich mehrfach behauptet, ist wertvoll für uns, und ohne die Idee, mein Leben sei selbstbestimmt, kann es keinen Sinn für mich haben. Einer der Theoretiker, die diesen Konnex bestreiten, ist Mikhail Valdman, und ich will seine Kritik benutzen, um deutlich zu machen, warum genau

Autonomie konstitutiv ist für den Sinn des Lebens – konstitutiv im Sinne einer notwendigen, nicht einer hinreichenden Bedingung.[6] Valdman argumentiert, es könne bei der Idee von Autonomie nicht um einen intrinsischen Wert des Selbstbestimmens gehen, sondern allenfalls um den prudentiellen Wert des richtigen Entscheidens. Dies allein mache den Wert und die Bedeutung aus, die Autonomie für uns habe. Begriffen wir, so argumentiert er, dass wir diesem Entscheiden einfach deshalb einen so hohen prudentiellen Wert beimessen, weil es um Entscheidungen über unser persönliches Wohlergehen geht, dann sähen wir ein, dass diese Entscheidungen genauso gut von einem »Persönlichen Komitee« übernommen werden könnten. Dieses »PK« weiß, was ich will und welche Entscheidungen zu meinem Wohlergehen beitragen, es kennt all meine Vorlieben und Verpflichtungen und es kann folglich alles, was an der Idee von Autonomie wertvoll ist, übernehmen.[7]

Valdman sieht nun sicherlich richtig, dass es bei der Frage der Autonomie um meine eigenen Werte und meine eigenen Pläne, Wünsche, Überzeugungen und Verpflichtungen geht und darum, dass diese zur für mich richtigen Entscheidung führen. Das PK, das Valdman im Gedankenexperiment als Instanz vorschlägt, die statt meiner Entscheidungen trifft, übernimmt diese Rolle, weil es mich gleichsam besser versteht als

6 Valdman, »Outsourcing Self-Government«; kritisch zur *Möglichkeit* von Autonomie etwa Doris, *Talking to Ourselves*, und Bittner, »Autonomy Modest«.

7 Valdman, »Outsourcing Self-Government«, S. 764: »Wenn ich von Autonomie (*self-government*) spreche, dann meine ich nur den engen Sinn, nach dem ich über die letztgültige Autorität über die eigenen Entscheidungen verfüge. Mein Hauptziel ist dann zu zeigen, dass das Verfügen über eine solche Autorität keinen intrinsischen Wert darstellt. […] Das stellt die verbreitete liberale Idee infrage, nach der das gute Leben frei gewählt sein muss […].«

ich mich selbst: Es griffe ein, wollte ich etwas beschließen, das nicht im besten Interesse meiner Pläne, Verpflichtungen, meines vernünftigen Willens wäre. Der Kunstgriff dieses PKs soll natürlich zeigen, dass die Grundidee von Autonomie ausschließlich einen instrumentellen, prudentiellen Wert für uns hat und deshalb überschätzt wird. Doch warum kann man Autonomie nicht auf diese Grundidee reduzieren?

Zum Ersten kann man einwenden, dass die Sache mit dem Entscheiden nicht so einfach ist, wie Valdman suggeriert: Personen haben normalerweise nicht ein harmonisches, wohlgeordnetes Selbst, das ihnen gleichsam die Rechengrundlage für die richtigen Entscheidungen liefert – das haben wir gerade schon genauer im Kapitel zur Ambivalenz gesehen. Zumeist sind wir – und gewiss bei wichtigen Entscheidungen – zunächst unsicher oder ambivalent, müssen mit uns selbst zu Rate gehen, um Klarheit darüber zu bekommen, was wir tun, wie wir entscheiden wollen. Deshalb gehört der Prozess des Entscheidens selbst genuin zur Idee und zum Ausüben von Autonomie. Es ist also ein fundamentales Missverständnis, wenn man meinte, es gäbe stets ein klares Selbst, auf dessen Grundlage das Entscheiden nur noch prudentiellen Wert habe. Dass mir gegebenenfalls erst der Prozess des Entscheidens selbst klarmacht, was ich will, zeigt auch Robert Pippin.[8] Der Fehler, so Pippin, den ein solches Denken über Autonomie mache, liege vor allem an der Orientierung an einer – übertriebenen, idealisierten – Idee des authentischen Selbst, des *erkenne dich selbst, sei dir selbst treu.* Diese Idee von eindeutiger Identität oder eindeutigem Selbst sei jedoch aus verschiedenen Gründen nicht angemessen: Es gehe nämlich nicht nur darum, welche Entscheidungen am besten »zu mir passen«, sondern darum, dass es *meine* Entscheidungen sind.

8 Vgl. Pippin, »On ›Becoming Who One is‹ (and Failing)«.

Damit sind wir beim zweiten Einwand gegen Valdman. Er schreibt: »Stell dir vor, du erführest aus verlässlicher Quelle, dass deine Entscheidungen während des letzten Jahrzehnts vom PK getroffen wurden. Könntest du daraus vernünftigerweise folgern, dass du während des letzten Jahrzehnts eigentlich nicht dein Leben gelebt hast?«[9] Die natürliche Antwort auf diese Frage lautet: Ja, ich habe nicht wirklich mein Leben gelebt, es wäre nicht *mein* Leben, wenn nicht ich selbst, sondern ein Komitee es geführt hätte. Valdmans Fehler liegt darin, anzunehmen, es gebe keinen kategorialen Unterschied zwischen den Entscheidungen eines Beobachters, der alles über mich weiß und mich genau kennt, und solchen aus der Erste-Person-Perspektive, aus der heraus ich meine Entscheidungen selbst treffe. Auch wenn die Entscheidungs*resultate* für mich dieselben wären, hätte ich doch den Entscheidungs*prozess* nicht selbst durchgemacht und hätte mir folglich mein Leben nicht als autonom gelebtes und geprüftes aneignen, mich mit genau diesen Werten und Gründen identifizieren können. Der Blick auf das eigene Leben von außen ist ein kategorial anderer als der Blick aus der teilnehmenden Perspektive, auch wenn er nicht unbedingt *etwas anderes* sieht, sondern eben nur grundsätzlich *anders sieht.*

Umgekehrt kann man auch fragen: Was ist der Unterschied zwischen dem Leben, in dem mein Persönliches Komitee alle Entscheidungen getroffen hat, und dem, in dem ich manipuliert wurde, ohne dies je zu merken? Um diese Frage zu beantworten, will ich hier erinnern an den Film *The Truman Show*, in dem der Protagonist von seiner Geburt an mit seinem gesamten Leben Hauptdarsteller in einer Fernsehshow ist – ohne dass er dies selbst wüsste. Alle anderen Mitspieler jedoch wissen es (sie tragen die verborgenen Kameras), und kleinere und größere Neurosen werden ihm anerzogen,

9 Valdman, »Outsourcing Self-Government«, S. 776.

damit er nicht von der Insel des Geschehens wegziehen möchte – denn die Show ist ein Renner, die Zuschauer sind 24 Stunden am Tag live dabei. Das Drehbuch wird natürlich gänzlich geschrieben im Blick auf die Verpflichtungen, Werte und Pläne von Truman selbst – und merkte er nie, dass er Teil einer Fernsehshow ist, könnte er vielleicht meinen, ein autonomes Leben zu leben, gelebt zu haben. Am Schluss befreit sich der Held – und die Erleichterung der Zuschauer, ihr Mitgefühl und Glück, ist riesengroß, obgleich sie ja nun auf die Serie verzichten müssen. Aber der Glaube daran, dass auch der Held ein Recht auf ein autonomes Leben hat, ein Recht darauf, zu tun, was er will, zu gehen, wohin er will, ohne einem Drehbuch (des Regisseurs oder der Gesellschaft) zu gehorchen, dieser Glaube ist größer als die Lust, zuzusehen.[10] Dies ist zwar nur ein Film und ein Hollywood-Film noch dazu, aber er kann doch noch einmal bewusst machen, dass die Idee von Autonomie als eines nur prudentiellen Werts im Blick auf die richtigen persönlichen Entscheidungen nicht nur irreführend ist, sondern falsch.

2. Der zufriedene Sisyphus

In der Literatur zum Sinn des Lebens wird man natürlich als Erstes konfrontiert mit Sisyphus: Das ewige Rollen des Steines ist immer noch Sinnbild der Sinnlosigkeit, das immer wieder neue Interpretationen und neue Versuche, auch Sisyphus' Leben einen Sinn zu geben, herausgefordert hat. Ich erinnere nur an Albert Camus' Interpretation, wir müssten uns Sisyphus als glücklichen, sein absurdes Schicksal trotzig akzeptierenden Menschen vorstellen.[11] Es ist eine andere Interpreta-

10 1998, ein Film von Peter Weir.
11 Camus, »Der Mythos des Sisyphos«; vgl. zum Folgenden Benatar,

tion des Sisyphusmythos, die ich hier vorstellen will, oder genauer, eine Modifikation, die in der philosophischen Literatur zum Sinn des Lebens diskutiert und kritisiert wurde. Sie stammt von Richard Taylor und lautet so: Sisyphus führt in der Tat ein sinnloses Leben, aber nur durch eine kleine Änderung, einen kleinen Eingriff, könnten die Götter aus seinem sinnlosen ein sinnvolles Leben machen. Stellen wir uns vor, die Götter seien, wie Taylor schreibt, »gnädig« und implantierten Sisyphus einen merkwürdigen und irrationalen Impuls, Steine zu rollen. Er wäre dann nicht nur glücklich, sondern sein Leben hätte Sinn: Tag für Tag darf er genau das tun, was er will, hält er sein Leben für selbstbestimmt, sinnvoll, glücklich und gelungen.[12]

In einer anderen Version lässt Taylor Sisyphus die Steine, die er ständig den Berg hinaufrollt, oben sammeln und zu einem prachtvollen Tempel bauen: Hier hätte Sisyphus' Tätigkeit einen greifbaren Sinn, und zwar einen Sinn, der außerhalb der Tätigkeit selbst liegt – doch was, so schreibt Taylor, geschieht, wenn der Tempel fertig ist?[13] Finge Sisyphus an, einen weiteren Tempel zu bauen, hätten wir das Steinerollen nur verlängert. Deshalb bedarf es also der Modifikation, Sisyphus den Impuls, Wunsch und Willen zum Steinerollen einzuimpfen. Nur das, was wir selbst wollen, »unser eigener Wille, unsere tiefsten Interessen an dem, was wir tun, kann uns einen Sinn des Lebens geben, der immer von innen heraus kommen muss, nie von außen verliehen werden kann«, schreibt

Life, Death & Meaning; Hanfling, *Life and Meaning*; Klemke, *The Meaning of Life*; eine hilfreiche Übersicht zum Sinn des Lebens geben auch Fehige/Meggle/Wessels, *Der Sinn des Lebens*.

12 Vgl. zum Folgenden Wiggins, »Truth, Invention, and the Meaning of Life«, zu Taylor S. 92f.; vgl. Wolf, »Glück und Sinn«, S. 183-189; Feinberg, »Absurd Self-Fulfillment«, 297-301.

13 Taylor, »The Meaning of Life«, S. 259.

Taylor.[14] Allerdings kommt es hier sehr darauf an, wie man die Modifikation des ursprünglichen Beispiels beschreibt: Denn baute Sisyphus seine Tempel zum Beispiel für eine dankbare Religionsgemeinschaft, wäre dies ein anderer Fall als der, wenn die Tempel im Moment ihrer Fertigstellung wieder zusammenfielen. Baut man etwas Sinnvolles für andere, hat man wenigstens einen Beitrag für die Gemeinschaft geleistet – dass dies subjektiv nicht reicht, um dem eigenen Leben Sinn zu geben, werden wir gleich noch sehen. Doch Taylor geht es hier ohnehin vor allem darum, dass Sisyphus in jedem Fall die Hilfe der Götter in Anspruch nehmen muss, um sein Leben als sinnvoll zu erfahren.

Trotzdem bleibt ein deutliches Unbehagen angesichts dieser Lösung des Sisyphusproblems. Taylors Vorschlag, Sisyphus wenigstens ein subjektiv befriedigendes Leben zu verschaffen, reicht offenbar nicht, um die Tiefe der Problematik des sinnvollen Lebens auszuloten. Mir scheinen hier zwei Aspekte besonders wichtig: Der erste betrifft die Idee, dass es in einem sinnvollen Leben nur darauf ankomme, was man *selbst* wolle, und dass dies schon ausreichend sein könne, um ein Leben *selbstbestimmt* zu nennen. Der andere Aspekt betrifft die Frage, ob es reicht, dass ein Leben ausschließlich aus der *subjektiven* Perspektive als sinnvoll erscheint. Der erste Aspekt zielt auf eine bestimmte Interpretation des Autonomiebegriffs, der zweite direkt auf die eines sinnvollen Lebens.

3. Liegt in der Wunschbefriedigung der Sinn des Lebens?

Zwar habe ich schon im 1. Kapitel einen reicheren Begriff von Autonomie entwickelt und deutlich gemacht, dass die rein interne, subjektive Willensbildung nicht erklären kann, wie etwa

14 Ebd., S. 260.

Manipulationen zu einem Scheitern von Autonomie führen können. Ein plausibler Autonomiebegriff kann sich nicht ausschließlich auf die inneren Zustände eines Subjekts beziehen, sondern muss auch externe Bedingungen (wie zum Beispiel ein sinnvolles Angebot an Entscheidungmöglichkeiten) mit einbeziehen. Aber ich will doch noch einmal auf diesen von Taylor unterstellten Autonomiebegriff zurückkommen, um zu zeigen, warum ein solch rein subjektivistischer Begriff auch in dem jetzigen Kontext der Frage nach dem Sinn des Lebens zu schwach und nicht plausibel ist, warum also Taylors Idee der schlichten Wunschbefriedigung nicht reicht, um jemanden, der oder die sich die praktische Frage stellt, wie er oder sie leben will, eine befriedigende Antwort zu geben.

Bleiben wir bei dieser *subjektiven* Perspektive der ersten Person noch eben stehen: Denn man könnte nun die Position vertreten, dass ein Leben, das in der *richtigen* Weise autonom ist, schon deshalb auch ein sinnvolles Leben sei. Autonomie in diesem nur auf die eigene Wunschbefriedigung zielenden Sinn – wie bei Taylor – wäre dann nicht nur eine notwendige, sondern auch eine hinreichende Bedingung für das sinnvolle Leben. Ich denke, dass das nicht stimmt, und ich will zeigen, warum dies nicht stimmt, mit Hilfe wiederum einer kurzen Diskussion der Position von Harry Frankfurt, wenn es mir hier auch um einen anderen Aspekt seiner Theorie geht, nämlich um seine strikt wollensrelativistische, subjektivistische Auffassung von Autonomie. Ich will seinen Autonomiebegriff kritisieren wegen der Konsequenz, die dieser Begriff für das sinnvolle Leben hat: Wenn ein Autonomiebegriff *notwendigerweise diesen* Begriff des sinnvollen Lebens zur Folge hat, dann kann er schon deshalb nicht richtig sein.

Wir hatten gesehen, dass für Frankfurt eine Person dann autonom ist, wenn sie den Willen hat, den sie wirklich haben will, und so handelt, wie sie wirklich will. Sie handelt so, wie sie wirklich will, wenn sie nicht einfach den Wünschen folgt, die in ihr aufkommen, sondern wenn sie darüber nachdenkt, ob sie dies auch von einer reflektierten Warte aus will, wenn sie also Volitionen zweiter Ordnung hat. Diese Reflexion wird geleitet, auch das hatten wir oben schon gesehen, durch das, was Frankfurt die tiefsten *cares* nennt. Diese *cares* bestimmen die Person als ganze und definieren ihren Charakter, ihre Identität, bestimmen, wie sie über die Wünsche erster Ordnung nachdenkt. Autonom handelt eine Person folglich dann, wenn sie voll und ganz hinter ihrer Entscheidung stehen kann und wenn ihre Entscheidung wurzelt in dem, was ihr selbst *wirklich* wichtig ist.

Charakteristisch für Frankfurts Wollensrelativismus ist nun – und damit kommen wir vom Autonomiebegriff zum Begriff des sinnvollen Lebens –, dass diese *cares* mein Leben in jedem Fall besser machen, ganz unabhängig davon, *was* ich liebe. Immerhin sagt auch Frankfurt, dass es »vernünftiger ist, etwas Abwechslungsreiches, Interessantes (*challenging*) zu lieben als etwas Langweiliges« – doch auch dieser Unterschied gründet sich ganz in der Perspektive der ersten Person. »Ein enthusiastisch sinnvolles Leben muss nicht verbunden sein mit etwas, das objektiv wertvoll ist, noch muss es den Gedanken einschließen, dass die Dinge, denen es verschrieben ist, gut sind. Sinn im Leben wird dadurch geschaffen, dass man liebt.« Deshalb ist es für ihn kein Problem, zu sagen: »Ein unmoralisches Leben kann vielleicht ein gutes Leben sein.«[15] Worum es wollensrelativen, nonkognitivistischen Ansätzen hier geht, ist die scharfe Trennung zwischen subjektivem Sinn und einem angeblichen objektiven Sinn meiner *cares* oder

15 Frankfurt, »Reply to Susan Wolf«, S. 248; das Zitat davor findet sich auf S. 250; vgl. auch Wiggins zur Debatte (und zum metaphysischen Problem), ob wir etwas wollen, weil es gut ist, oder ob es gut ist, weil wir es wollen »Truth, Invention, and the Meaning of Life«, S. 106-110.

Projekte, die mir fundamental am Herzen liegen – diesen objektiven Sinn gibt es nämlich nicht, doch der subjektive ist auch alles, was wichtig ist. Das, *was* ich liebe, wird dadurch, *dass* ich es liebe, für mich wertvoll – und dieser subjektive Wert reicht völlig aus, um meinem Leben Sinn zu geben und es gelingen zu lassen.

Wenn mein Leben darin aufgeht, mit meinem Goldfisch zu kommunizieren (der »goldfish nut«, den sowohl Susan Wolf wie auch Nomy Arpaly als Beispiel diskutieren) oder den ganzen Tag schlechte Filme zu schauen oder im Internet zu surfen – Frankfurt verwendet gern extremere Beispiele, nämlich Hitlers Leben, aber schon weniger extreme können seinen Punkt deutlich machen –, dann können wir dies, so Frankfurt nicht mit dem Argument kritisieren, es sei sinnlos oder mache die Person nicht glücklich.[16] Das *Was* eines Wollens ist nicht kritisierbar, nur das *Wie* – nur dann, wenn ich nicht auf die (für Frankfurt) *richtige* Weise *autonom* bin, sind meine Wünsche oder Wahlen kritisierbar, nicht aber wegen ihres Inhalts.

Hier zeigt sich noch einmal deutlich der Zusammenhang zwischen Frankfurts Position im Blick auf den Sinn des Lebens und der ähnlichen von Richard Taylor und seiner Sisyphus-Interpretation. Bei beiden bleibt der Inhalt unseres Wollens nicht kritisierbar, jedenfalls nicht wegen seines Sinns oder Glücks – natürlich können wir unmoralische Wahlen und Handlungen als unmoralisch kritisieren; aber eben nicht mit

16 Wolf, *Meaning in Life*, S. 36-40, und Arpaly, »Comment«, S. 86 sowie S. 89f., zu Websites wie ⟨www.marryyourpet.com⟩; vgl. Frankfurt, »Reply to Susan Wolf«, S. 246-259, auch zu Hitler und warum »Lieben als solches wertvoll für die Liebende ist«. Frankfurt äußert sich übrigens zu Hitlers gutem Leben, nicht aber zu der Frage, ob (in seiner Theorie) die Liebe von Eva Braun Hitler zu einem wertvollen oder jedenfalls liebenswerten Objekt macht; dies scheint mir jedoch auch problematisch.

dem Argument, dass die Wahl oder Handlung *deshalb nicht gut oder sinnvoll für mich* sei, weil sie *unmoralisch* ist; kritisierbar als für mich schlecht wäre sie nur, wenn und insofern sie nicht autonom wäre. Der subjektivistische, wollensrelativistische Begriff von Autonomie geht einher mit einem ebenso subjektivistischen, wollensrelativistischen Begriff des sinnvollen Lebens. Doch so wie Autonomie nicht reduzierbar ist auf die internen Strukturen von Willensbildung, so wenig erschöpft sich der Sinn des Lebens in subjektiver Wunschbefriedigung. Was ich hier deshalb noch zeigen will, ist, warum genau eine solch *subjektivistische* Idee des sinnvollen Lebens falsch ist.

Nun werden die meisten von uns ohnehin denken, dass es über das rein subjektive Moment hinaus eines irgendwie gearteten objektiven oder jedenfalls intersubjektiven Moments bedarf, um ein Leben als sinnvoll und gelungen begreifen zu können. Ich will im Folgenden zunächst zwei Argumente nennen gegen die Idee, dass jedes – verrückte – Projekt, nur weil es subjektive Befriedigung verschafft, schon deshalb auch ein sinnvolles Projekt ist oder zu einem sinnvollen Leben führen kann. Das erste Argument gründet sich auf die Bedeutung der Wahrheit von Erfahrungen. Das zweite Argument zielt auf den Begriff von Gründen und die Form von Begründungen. Man könnte im Übrigen auch einwenden, dass Projekte sinnlos sein können, weil sie *unmoralisch* sind; doch die Frage nach den unmoralischen Projekten will ich eben noch zur Seite stellen, ich werde im folgenden Abschnitt darauf zurückkommen.

Schauen wir zunächst auf das erste Argument. Das, was Personen tun und was sie tun wollen, kann aus verschiedenen Gründen von der intersubjektiven Perspektive aus als verrückt oder sinnlos erscheinen: verrückt oder sinnlos, weil Projekte irrational sind, auf Illusionen beruhen oder auch auf Selbsttäuschung. Dann geht es zum Ersten beispielsweise um solche Projekte, wie Susan Wolf sie beschreibt, von der Person, die den Sinn ihres Lebens darin sieht, ihren Goldfisch zu verwöhnen. Ein anderes Beispiel ist der Grashalmzähler von Rawls, der es sich zum Projekt gemacht hat, »Grashalme in verschiedenen, geometrisch geformten Gebieten, wie Parkflächen und gut instand gehaltenen Rasenstücken zu zählen«.[17] Und vielleicht sollte man, drittens, auch etwas anspruchsvollere Projekte hier erwähnen, nämlich ein Buch schreiben zu wollen mit dem Titel »Der Schlüssel zu allen Mythologien«, wie Mr Casaubon das in George Eliots Roman *Middlemarch* tut.[18] Diesen Projekten ist gemeinsam, dass ihnen nicht unmittelbar ein selbstverständlicher Platz in unseren intersubjektiven Werterahmen zuzuordnen ist (wie das etwa für das Büchersammeln gilt). Susan Wolf nennt allerdings auch die Briefmarkensammler oder jemanden, der »handgeschriebene Kopien von Krieg und Frieden« anfertigen möchte, bizarr und sogar pathologisch.[19] Doch ich denke, man sollte hier dem Rat der kulturellen Anthropologie folgen, nicht sofort etwas irrational zu nennen, nur weil man es nicht versteht.

Rein subjektivistische Positionen können nun zunächst einmal deshalb falsch sein, weil Personen sich *faktisch* irren können über das, was ihr Projekt eigentlich ausmacht. Erfahrungen müssen jedoch auf Wahrheit beruhen – wenn ich denke, dass mein Goldfisch sprechen kann und ich *deshalb* eine so gute Beziehung zu ihm habe, dann täusche ich mich über das, was mich glücklich und mein Leben sinnvoll macht, denn

17 Rawls, *Theorie der Gerechtigkeit*, S. 471 und dort seine Diskussion dieses Falls: »Die Definition des Guten zwingt uns zu dem Schluß, das Wohl dieses Menschen bestehe tatsächlich im Zählen von Grashalmen […]. Naheliegenderweise wären wir überrascht, daß es so jemanden geben sollte.«

18 Eliot, *Middlemarch*, S. 88; vgl. Travis, »Casaubon's Key to All Mythologies«, zu Casaubon und seinem Projekt.

19 Wolf, »Glück und Sinn. Zwei Aspekte des guten Lebens«, S. 174.

Goldfische können bekanntlich nicht sprechen. Die Erfahrung, die ich zu machen meine, ist folglich keine wirkliche Erfahrung, sondern eine Illusion. Aufs Ganze gesehen haben wir jedoch ein Interesse daran, nicht in Täuschung oder in einer irrealen Welt zu leben. Das berühmteste Argument gegen diese Idee, dass es bei der Frage nach dem Glück und dem Sinn des Lebens einfach um subjektive, gegebenenfalls *illusionäre* Erfahrungen von Glück und Sinn geht, stammt von Robert Nozick. Er entwirft ein Gedankenexperiment, in dem das Gehirn einer Person in einer Maschine so manipuliert wird, dass die Person Erfahrungen und Erlebnisse hat genau so, als lebte sie normal – und die Erfahrungen und Erlebnisse sind solche, die sie ihr Leben als sinnvoll und glücklich empfinden lassen. Warum also sollten wir nicht mit dieser Person tauschen wollen? Dieses Beispiel – eigentlich gerichtet gegen den Hedonismus – soll zeigen, dass wir offensichtlich nicht nur daran interessiert sind, *gute Erfahrungen* zu machen, sondern auch daran, dass diese Erfahrungen *auf Wahrheit* beruhen.[20] Die Einsicht, dass scheinbar glückliche Erfahrungen oder Erlebnisse gar nicht wahr waren, nur vorgegaukelt, nähme den Erfahrungen ihren Sinn oder auch ihr Glück. Bei der Wahl zwischen einem falschen, simulierten, glücklichen und einem wahren, auf der Realität beruhenden, unglücklichen Leben

20 Nozick, »Experience Machine«; Nozick schreibt: »Was an ihnen [nämlich solchen Maschinen, B. R.] am verstörendsten ist, ist, dass sie unser Leben für uns leben.« (Ebd., S. 44) Es gibt natürlich durchaus Positionen, die verteidigen, dass subjektives Glück auch auf schlicht falschen Erfahrungen beruhen könne; da ich aber durchweg argumentiere, dass Autonomie bedeutet, dass ich *mein eigenes* Leben leben will, ist dies für mich keine plausible Position. Deshalb auch denke ich, dass Nozick ein wichtiges Argument formuliert. Vgl. auch Appiah, *Ethische Experimente*, S. 173 f. (zu Nozick); vgl. zu den neuesten Diskussionen zur Verteidigung des Hedonismus Bramble, »The Experience Machine«.

entschieden sich jedenfalls die meisten von uns ohne langes Nachdenken für das Letzte. Dies verweist auf den eingangs genannten genuin positiven Zusammenhang zwischen dem Sinn meines Lebens und der Idee, dass es *mein* Leben ist, das ich selbst führe, von innen heraus. Mit Nozicks Illusion wäre das gerade nicht möglich.

Die Realität von Erfahrungen spielt also für die Möglichkeit des sinnvollen Lebens eine konstitutive Rolle, und zwar nicht nur deskriptiv, sondern auch normativ: Denn wie wir noch genauer im vierten Kapitel sehen werden, gehört es zu unseren fundamentalen Überzeugungen, dass ein selbstbestimmtes Leben nicht auf der Basis von (durchgehend) falschen Anahmen, über mich selbst oder über andere, gelebt werden kann und dass darüber hinaus Selbstbestimmung nicht möglich ist, wenn man manipuliert wird. Damit komme ich zum zweiten Argument, dem Argument von Gründen und Begründungen. Gegen subjektivistische Positionen und gegen Formen des Nonkognitivismus, des Wollensrelativismus, kann man von einer rationalen, begründungsorientierten Position aus argumentieren: Finge man nämlich an, Gründe zu nennen für Projekte, für ein bestimmtes sinnvolles Leben, die, *weil* sie Gründe sind, schon über den bloßen Begriff des Wünschens – und des Willens – hinausgehen, müsste auch ein Frankfurtianer erklären können, was an dem eigenen Projekt so liebenswert, verfolgenswert, sinnvoll ist.[21] In einem Punkt hat der Wollensrelativist recht: Man muss keinen unmittelbar *objektiven* Sinn von Projekten behaupten, den es zu entdecken gälte. Man kann also durchaus argumentieren, dass Sinn immer erfunden oder konstruiert ist. Das heißt aber nicht, dass alles, was der Wille will, schon deshalb gut ist: Denn »gut« oder sinnvoll, erstrebenswert und so fort sind Qualifizierungen,

21 Vgl. Scanlon, »Reasons and Passions«, und Frankfurt, »Reply to Scanlon«.

für die Gründe gegeben und gefordert werden können. Wir haben sowohl im Kapitel zum Begriff der Autonomie wie auch in dem zur Ambivalenz schon gesehen, dass Wünsche *nie* ganz ohne Verweise auf Gründe auskommen, sonst könnte man noch nicht einmal beschreiben, wie Wünsche konfligieren oder gegeneinander gewogen werden können.

Aber man kann hier noch einen Schritt weiter gehen: Denn anhand der Rolle von Gründen und Begründungen kann man sehen, dass Ideen des sinnvollen Lebens immer schon in allgemeinere Narrative eingebettet sind, die den Rahmen darstellen für einzelne, individuelle Vorhaben. Die Projekte, die wir verfolgen und die wir für wertvoll und für sinnvoll halten, sind auf dem Hintergrund und in einem bestimmten Rahmen von starken Bewertungen situiert, wie es bei Charles Taylor heißt, und wir entwickeln und wählen sie immer schon in einem mit anderen geteilten Sinnhorizont.[22] Bei der Frage nach dem Sinn des Lebens und dem unserer Projekte geht es gerade nicht um Wahrheitsfragen, sondern um solche der Behauptbarkeit: Denn es geht hier um die Bedingungen, unter denen wir uns über den geteilten Sinn von Projekten austauschen können, ohne dass wir dabei auf deren *Wahrheits*bedingungen zurückgreifen müssten. Der Sinn und Horizont solcher Vorhaben wird nicht *entdeckt*, sondern ist *erfunden*.[23]

Ein solcher Rahmen und Horizont von geteilten Werten gibt uns Möglichkeiten, das zu wählen, was wir interessant, wichtig und wertvoll finden – zum Beispiel ein Studium der

22 Taylor, *Quellen des Selbst*, S. 15-51; vgl. auch ders., *Multikulturalismus und die Politik der Anerkennung*; vgl. dazu sehr hilfreich Rosa, *Identität und kulturelle Praxis*, S. 92-180.

23 Taylor, *Quellen des Selbst*, S. 29-43; Wiggins, »Truth, Invention, and the Meaning of Life«, S. 127: »[T]he need for making or for autonomous investing [...] is one part of what this philosopher means by cognitive underdetermination. The familiar idea is that we do not discover a meaning in life; we invent one.«

Philosophie, eine gute Arbeit mit Kolleginnen und Kollegen, oder auch die Erziehung von Kindern. Was der *Status* solcher allgemeineren Begründungen, Rahmenerzählungen ist, will ich noch genauer diskutieren, wenn ich nun der Frage nachgehe, wie eine *objektive* Perspektive auf den Sinn des Lebens aussehen könnte.

4. Der objektive Sinn des Lebens

Ein sinnvolles Leben, so behauptet die Philosophin Susan Wolf, ist eines, das *immer zwei Bedingungen* erfüllt: »Sinn entsteht, wenn subjektive Anziehung mit objektiver Attraktivität zusammentrifft.«[24] Und an anderer Stelle schreibt sie: »Ein sinnerfülltes Leben ist [...] im wesentlichen ein Leben, in dem man sich aktiv mit lohnenswerten Vorhaben beschäftigt.«[25] Sie wendet sich gegen einen sogenannten *»Ansatz der Erfüllung«*, der sagt, dass wir ein sinnvolles Leben dann führen, wenn wir unsere eigenen Interessen, Leidenschaften (*passions*) finden und ihnen folgen; einen solchen Ansatz der Erfüllung verteidigt offensichtlich Richard Taylor ebenso wie Harry Frankfurt. Dagegen wendet Wolf ein, dass wir von einem sinnvollen Leben mehr erwarten, als dass es uns nur subjektiv befriedige, ohne eine objektive Bedeutung könne das Leben nicht sinnvoll sein.[26]

24 Wolf, »Glück und Sinn. Zwei Aspekte des guten Lebens«, S. 174.

25 Ebd., S. 170.

26 Obgleich es deutlich ist, dass hedonistische und wollensrelativistische Ansätze nicht aufeinander reduziert werden können (ein Wollensrelativismus muss nicht hedonistisch sein), argumentiert Wolf doch für eine solche Identifizierung: denn ein Wollensrelativismus beruhe nur auf der Frage, wie ein Leben den besten qualitativen Charakter haben könne, und positive Erfahrungen seien, so Wolf, hier das Einzige, was zählt, vgl. ebd., S. 15.

Doch schauen wir erst noch einmal genauer auf die Idee, dass wir Projekte verfolgen müssen, für die wir uns wirklich interessieren und engagieren – denn es sind diese Projekte, die unserem Leben Sinn geben. Diese Idee hat ursprünglich Bernard Williams entwickelt und er zeigt, dass die normative Quelle für unsere Handlungsgründe immer in solchen Projekten liegt – wir entscheiden, handeln und leben im Kontext dieser Projekte, dieser Tätigkeiten und Beziehungen, die für uns wichtig und wertvoll sind. Williams schreibt: »Der Punkt, um den es geht, ist der, daß er [der Akteur, B. R.] sich mit seinen Handlungen identifiziert, weil sie aus Plänen und Einstellungen herrühren, die er in einigen Fällen äußerst ernst nimmt, nämlich als das, worum es in seinem Leben geht [...].«[27]

Dies ist sicherlich richtig: Und es zeigt uns, dass die Gründe, auf deren Basis wir handeln, keineswegs egoistisch genannt werden müssen. Unsere Projekte können sehr verschieden sein, sie können persönliche Beziehungen – eine Ehe, zum Beispiel – umfassen oder ein Engagement für eine Befreiungsbewegung oder auch das Verfassen eines Romans. Deshalb scheint die Dichotomie von Gründen, wie wir sie etwa in der kantischen Tradition finden, unangemessen: Für Kant gibt es nur die auf der einen Seite *selbstinteressierten* und auf der anderen Seite *moralischen* Gründe. Diese Dichotomie stimmt deshalb nicht, weil es ein breites Feld von Gründen gibt, die weder der einen noch der anderen Seite zuzuschlagen sind und die nicht klar von etwa den moralischen Gründen getrennt zu werden brauchen. Sie haben zu tun mit den ganz verschiedenen Rollen, die wir spielen, Identitäten, die wir haben, Projekten, die wir verfolgen: Gründe und Überlegungen, die man mit Jay Wallace *eudaimonistisch* nennen kann.[28]

27 Williams, *Kritik des Utilitarismus*, S. 80; vgl. auch ders., »Personen, Charakter, Moralität«.

28 Wallace, »The Rightness of Acts and the Goodness of Lives«, S. 386,

Diese eudaimonistischen Gründe betreffen nun zwar auch persönliches Glück, aber Projekte werden von uns selbst keineswegs ausschließlich – und nicht einmal vorrangig – mit diesem Glück begründet. Vielmehr begründen wir sie damit, dass etwas interessant, wichtig, eine Herausforderung und so fort ist oder dass es Personen betrifft, die uns wichtig sind, die wir lieben. Deshalb scheint es falsch, diese Gründe (mit Kant) auf Eigeninteresse reduzieren und damit entwerten zu wollen. Sie beziehen sich nicht auf das Streben nach *eigeninteressiertem* Glück und es sind auch nicht notwendig nur *moralische* Gründe, obgleich sie natürlich auch nicht unmoralisch sind. Projekte stehen, wenn wir begründen, warum wir sie wichtig finden, immer schon in einem Netzwerk von Gründen, die Sinn und Eigeninteresse übersteigen und sich intersubjektiv, kulturell, sozial, verorten lassen und verorten müssen. Diese Idee ist grundlegend für die Frage nach dem sinnvollen, aber auch für die nach dem glücklichen und dem gelungenen Leben.

Damit beschreiben wir unsere Projekte jedenfalls implizit nicht nur als subjektiv sinnvoll, sondern auch als objektiv sinnvoll: Wenn man behauptet, dass es interessant, bedeutungsvoll oder wichtig ist, an einem Tischtennisclub teilzunehmen; oder sich für die Rechte von Behinderten zu engagieren; oder auch, in einem Betrieb zu arbeiten; dann behauptet man gleichzeitig, dass es nicht nur für die Person selbst, subjektiv, wichtig oder interessant ist, sondern dass dies Gründe sind, die das

der sehr hilfreich die verschiedenen Sorten von Handlungsgründen im Anschluss an Raz unterscheidet; vgl. ähnlich auch Steinfath, »Werte und Glück«. Auch Susan Wolf kritisiert die Dichotomie von unparteiischen, moralischen und persönlichen, am Glück orientierten Gründen, aber ihr Vorschlag, die dritte Sorte Gründe solche des Sinns (*meaningfulness*) zu nennen, scheint mir nicht plausibel, da wir nicht handeln, *um* unserem Leben *Sinn zu geben*, wie ich argumentiere, vgl. Wolf, *Meaning in Life*, S. 1-4, S. 34-36 und S. 51-53.

persönliche Empfinden und Wünschen übersteigen, schon deshalb, weil sie anderen gegenüber einsichtig – nicht notwendigerweise überzeugend – gemacht werden können.

Susan Wolf kann man also Recht geben mit ihrer Interpretation, dass ein sinnvolles Leben ein solches sei, bei dem sich *subjektive Anziehung* trifft mit *objektiver Attraktivität*. Bei ihr bleibt nun absichtlich unklar, was eigentlich dieses »objektiv« genauer bedeutet. Sie zielt nicht auf eine Metaphysik von objektiven Werten, sondern darauf, dass das, was Menschen meistens über längere Zeit für sinnvoll halten oder gehalten haben, schon deshalb subjektive Werte überschreitet.[29] Dieser Wertepluralismus schließt an das an, was ich vorhin mit Charles Taylor als starke Wertungen oder einen Rahmen und Horizont von geteilten Werten beschrieben habe: Denn auch diese lassen sehr unterschiedliche individuelle Projekte zu, sind eher zu begreifen als Ermöglichungsbedingungen denn als Limitierungen unserer Vorhaben, unserer Entscheidungen und Optionen. Dieser Rahmen von geteilten Werten hat nun zwei relevante Charakteristika: Er ist einerseits konstruiert und andererseits konstitutiv für unsere Bemühungen, unserem Leben Sinn zu geben.

Konstruiert ist er deshalb, weil es für die moderne Ethik – *pace* Kant und Hegel – keinen objektiven Halt mehr gibt

29 Wolf nimmt jedoch die Sache mit den metaphysischen Werten zu leicht, wenn sie schreibt: »Eine angemessene Beschreibung der Objektivität von Werten zu finden […], ist ein *ungelöstes Problem in der Philosophie.*« Wolf, *Meaning in Life*, S. 47 (meine Hervorhebung); man könnte natürlich trotzdem versuchen, dieses Problem zu lösen. Da Wolf einen Taylor'schen Intersubjektivismus, wie ich ihn als Lösung jedenfalls der ethischen Problematik vorschlage, ablehnt, müsste sie einen Vorschlag zur Ontologie von Werten machen. Vgl. noch einmal Taylor, *Quellen des Selbst*; mit einer ähnlichen Argumentation auch *Multikulturalismus und die Politik der Anerkennung.*

in einem Gott oder einer alles erklärenden und begründenden Vernunft. Angesichts des modernen Pluralismus kann man keinen *objektiven* Halt mehr finden, allerdings *intersubjektiv geteilte* Sinnkonstruktionen, die uns helfen, uns in Raum und Zeit zu orientieren. Sie sind nicht objektiv im Sinne von wahr, und ich hatte im vorigen Abschnitt schon auf Wiggins' Theorie der Behauptbarkeit (im Gegensatz zur Wahrheit) verwiesen; er schreibt, »jeder, der meint, dass die Behauptbarkeit von ›Ich muss dies tun‹ oder die Behauptbarkeit eines Satzes wie ›Dies ist für mich das richtige Leben, nicht das‹, dasselbe sei wie die Wahrheit dieser Sätze, macht sich einfach etwas vor«.[30] Es kann also nicht um die Wahrheit eines solchen Rahmens gehen, doch andererseits ist er *konstitutiv*: Ohne einen solchen Rahmen lässt sich nämlich noch nicht einmal beschreiben, was eigentlich selbstbestimmte, sinnvolle Projekte wären, warum Autonomie wertvoll ist, welchen Stellenwert sie in unseren historisch vermittelten kulturellen, politischen, moralischen Erzählungen hat. Personen bestimmen so für ihre möglichen Projekte – wie Bücher schreiben, Autos entwerfen, Kinder großziehen oder Schülerinnen und Schüler unterrichten – immer schon einen Ort auf dem Hintergrund breiterer Wertungen, Hintergrunderzählungen und geteilter Überzeugungen. Auch religiöse Erzählungen oder Glaubensüberzeugungen gehören hierhin: Sie bilden den konstruierten Hintergrund, der nicht deshalb unplausibel genannt werden kann und sollte, weil er konstruiert (oder erfunden) ist, sondern gerade in seiner Konstruiertheit als Interpretation unserer Stellung in der Welt, unserer Identitäten verstanden werden muss.

Diese Interpretationen können inkompatibel sein, genauso wie die individuellen Werte und Normen, denen wir anhängen, und die Projekte, die wir verfolgen, miteinander unvereinbar sein können. Rahmenerzählungen sorgen gerade für

30 Wiggins, »Truth, Invention, and the Meaning of Life«, S. 137.

Wertepluralismus, der subjektiv differente Projekte ermöglicht und der darum nicht auf subjektive Werte reduziert werden kann, sondern übersubjektiv, intersubjektiv, und in diesem Sinne objektiv bleibt. Diese historisch gewachsene Form von Pluralismus bildet auch den Hintergund normativer Theorien in der politischen Philosophie, ich erinnere hier nur an Rawls und seine Ideen der verschiedenen »umfassenden Lehren« und des »kulturellen Hintergrunds«, wie er sie in seinem *Politischen Liberalismus* ausführt.[31] Man kann hier von »gesellschaftlichen Kulturen« sprechen, die mit ihren intergenerationellen Gemeinschaften und verschiedenen Sprachen und Geschichten den Hintergrund bilden für die sinnstiftenden Entscheidungen, Pläne, Vorhaben, die Autonomie ermöglichen und sichern.

Nun hatte ich oben drei verrückte, möglicherweise sinnlose oder unsinnige Projekte unterschieden: die Person, die ihren Goldfisch liebt und mit ihm kommuniziert; der Grashalmzähler bei Rawls; und Mr Casaubon und seinen *Schlüssel zu allen Mythologien*. Nach dem, was ich über die Notwendigkeit der Realität von Erfahrungen gesagt habe, müsste man mit einer Person, die behauptet, ihren Goldfisch zu lieben, darüber ins Gespräch kommen, was sie über die kognitiven Fähigkeiten von Goldfischen denkt. Das ist deshalb nötig, weil wir an einem auf Illusionen beruhenden Leben nicht interessiert sind. Hielte die Goldfischliebhaberin dann immer noch an ihrer speziellen und sinngebenden Beziehung zu ihrem Fisch fest, sagten wir wahrscheinlich, dass zumindest Hinsichten ihres Lebens vergleichsweise sinnlos, verarmt, von ihrer

31 Zum Beispiel John Rawls, *Politischer Liberalismus*, S. 72f. und S. 111f.; hier kann man natürlich auch auf die hegelianischen Theorien verweisen und auf deren Überlegungen zur ›Sittlichkeit‹, vgl. etwa Pippin, *Die Verwirklichung der Freiheit*; vgl. auch Christman, *The Politics of Persons*, S. 196-207, im Anschluss an Will Kymlicka.

sozialen Umwelt enfremdet seien und sie selbst zumindest in einigen Hinsichten irrational sei, es deshalb problematisch sein könne, mit ihr zu kommunizieren. Der Grashalmzähler von Rawls scheint mir jedoch ein anderer Fall zu sein: Er arbeitet als Mathematiker, um sein Geld zu verdienen, und verbringt jede freie Minute damit, die Grashalme auf den gepflegten Rasenquadraten seines Colleges zu zählen.[32] Für Susan Wolf ist dies ein klarer Fall der Abwesenheit von *objektiver Attraktivität.* Doch ich denke, dass die Sache weniger klar ist. Der Grashalmzähler könnte den Plan haben, bis zu seinem Lebensende eine genaue Kartographie der Grashalme seines Colleges zu entwerfen – das ist verrückt, aber nicht schon deshalb sinnlos. Genaue Kartographien haben einen ehrenwerten Platz in unseren allgemeinen Rahmenerzählungen – die Frage ist dann allerdings in der Tat, ob die Sorte Begründung, die der Grashalmzähler anbrächte, verständlich und kontextuierbar ist. Dies gilt natürlich auch für Mr Casaubon: Ein Werk wie *Der Schlüssel zu allen Mythologien* scheint, zumal im 19. Jahrhundert, ein durchaus sinnvolles Unternehmen zu sein mit dem großen Anspruch einer alles erklärenden Entstehungsgeschichte. Aber George Eliot beschreibt Mr Casaubon und sein Buch als so skurril, dass man vor allem auf die irrationale Seite des Projekts und auf die mögliche Selbsttäuschung von Mr Casaubon (der immer nur behauptet, ein Buch zu schreiben, aber nie wirklich damit anfängt) gewiesen wird.

Bei dieser Frage zwischen der subjektiven und der objektiven Seite des Sinns unserer Vorhaben und Entscheidungen geht es um eine schwierige Balance: Denn auf der einen Seite ist die *Kritik an den Subjektivisten* überzeugend, die argumentiert, dass nicht alles, was als subjektiv sinnvoll, als Erfüllung eigener Wünsche erfahren wird, schon – und nur – deshalb

32 Rawls, *Theorie der Gerechtigkeit*, S. 471.

unserem Leben Sinn geben kann. Andererseits muss die *subjektivistische Einsicht* in die Pluralität der Werte, die Personen in ihrem Leben verfolgen können, aufrechterhalten bleiben. Eine nur schwach substantielle Theorie von Autonomie wie die meine, die den anspruchsvollen ethischen Perfektionismus, der genau und objektiv weiß, worin das gute Leben besteht, so weit wie möglich vermeiden will, kann nicht bei der Frage nach dem Sinn des Lebens mit objektiven Sinnvorstellungen anfangen. Doch wenn man einen schwachen Perfektionismus für plausibel hält – so, dass man die perfektionistischen Werte strikt an die Ausübung von Autonomie bindet – dann ist diese Balance leichter zu halten, als man denkt. Die philosophische Pointe, um die es mir hier geht, ist die, dass man gegen Konzeptionen wie die von Harry Frankfurt daran festhalten kann, dass der Sinn des Lebens zwei Seiten hat: die der subjektiven Binnenperspektive und die der intersubjektiven oder objektiven Außenperspektive. Das bedeutet nicht, dass man eine Theorie objektiver Werte haben muss. Wollte man bestimmte individuelle Weisen, das Leben zu leben und gegebenenfalls als sinnvoll zu erfahren, kritisieren, dann würde auch der Verweis auf objektive Werte nicht helfen. Was helfen würde, ist, genauer zu klären, was es bedeutet, selbstbestimmt die eigenen Projekte zu verfolgen, welche Haltung man gegenüber den eigenen Projekten haben sollte und wie überhaupt der Vorgang des »Wählens« zu begreifen ist. Ich nutze also gewissermaßen den Spielraum, der sich zwischen dem metaphysischen Realismus auf der einen Seite und dem Subjektivismus auf der anderen auftut.

Doch damit ist die Frage noch offen: Müssen sinnvolle Projekte moralisch sein? Moralistisch wäre eine Position, die behauptet, dass die Moral immer an erster Stelle steht und in möglichen Konflikten gegen das Glück und den Sinn gewinnen muss. Dies verteidigt beispielsweise Kant: Das moralische Prinzip wiegt immer schwerer als alle anderen möglichen Überlegungen und Gründe. Dagegen argumentiert bekanntlich Bernard Williams in einem mittlerweile klassisch gewordenen Aufsatz, die Verbundenheit mit persönlichen Projekten und persönlichen Beziehungen sei allererst die Vorbedingung dafür, dass wir überhaupt moralisch handeln und uns gegenseitig moralische Gründe geben können.[33] Doch schauen wir auf die Art der Gründe, die hier im Spiel sind: Denn ein Handeln aus moralischen Gründen ist natürlich keineswegs immer im Konflikt mit unserem Glück oder Sinn – im Gegenteil, selbstverständlicher Teil unserer Projekte wird es zumeist sein, dass wir andere Personen respektieren, sie für unsere Ziele nicht allein als Mittel gebrauchen, zumal wir die meisten unserer Projekte ohnehin immer schon gemeinsam mit anderen verfolgen. Die Projekte, die meinem Leben Sinn verleihen, werden solche sein, in denen moralische Überlegungen integriert sind, jedenfalls so, dass sie mit den ethischen nicht (durchgehend) konfligieren. Das heißt natürlich nicht, dass Projekte Moral als Ziel und Sinn haben müssen, sondern nur, dass sie nicht unmoralisch sein dürfen – hier zeigt sich wieder der weite Begriff eudaimonistischer Überlegungen, denen wir folgen, wenn wir darüber nachdenken, was wir mit unserem Leben anfangen sollen, ein Begriff, der deutlich macht, dass die kantische Dichotomie zwischen Eigeninteresse und Moralität zu einfach ist. Wenn wir, wie oben schon beschrieben, zwischen Gründen aus Eigeninteresse, moralischen Gründen und eudaimonistischen – allgemeinen, ethischen – Gründen unterscheiden, dann kann man jetzt sehen, dass die moralischen Gründe ohnehin schon immer verwoben sind mit den ethischen, mit denen, die unsere Identität, unser gutes Leben und unsere Projekte betreffen.

Wie sähe ein Konflikt zwischen dem sinnvollen Leben und der Moral aus? Zunächst einmal scheint es in den meisten Fäl-

33 Williams, »Personen, Charakter, Moralität«.

len nicht so zu sein, dass Personen etwas tun, *um* glücklich zu werden oder *um* ein sinnvolles Leben zu führen – Handlungsgründe sind normalerweise viel spezifischer, so, dass man sagt, man tue etwas, weil man es wichtig oder interessant findet oder weil man jemanden liebt. Das Motiv, ein sinnvolles Leben zu führen, reist, wie Joseph Raz das nennt, »huckepack« auf diesen anderen Motiven, aus denen wir unsere Vorhaben wählen und ausführen.[34]

Auch handeln Personen in den meisten Fällen nicht moralisch, *um moralisch* zu handeln, sondern weil es für sie selbstverständlich ist, andere nicht zu verletzen, sie zu respektieren, weil es also Teil ihrer allgemeinen Projekte ist. So half Mutter Teresa den Armen nicht, um moralisch zu sein, sondern, weil sie dies als ihre Lebensaufgabe erkannt hatte. Echte Konflikte sind häufig sehr vielschichtig und schwierig zu analysieren. Man kann etwa denken an Charlotte in Goethes *Wahlverwandtschaften*: Ist der Konflikt zwischen ihrer Ehe mit Eduard und der Liebe zu Otto, dem Hauptmann, ein Konflikt zwischen Moral und Glück oder Sinn? Charlotte würde wohl auch in der Beziehung zu Otto nicht glücklich, einfach deshalb, weil sie Eduard verlassen müsste. Außerdem müsste man den Konflikt eher interpretieren als einen, in dem sie zwischen der Liebe zum Hauptmann und der liebenden Verpflichtung gegenüber Eduard steht.[35] Auch Eduard, Charlottes Mann, ist übrigens in einem Konflikt zwischen Pflicht und Liebe; er entscheidet sich nur leichter gegen die Pflicht (was ihn auch

34 Vgl. Raz, »Well-being«, S. 282; Steinfath, »Wert und Glück«, S. 15; vgl. zum Glück noch ausführlicher unten, Kap. 6; auch Arpaly argumentiert, dass wir Projekte nicht um des Sinns des Lebens willen verfolgen, Arpaly, »Comments«, S. 90.

35 Goethe, *Wahlverwandtschaften*; Williams etwa diskutiert in diesem Kontext Tolstois *Anna Karenina*; vgl. auch Williams, *Ethik und die Grenzen der Philosophie*, S. 11-39.

nicht glücklich macht). Es gibt in solchen Konflikten keine allgemeine Regel: Man ist – genau wie bei Ambivalenzkonflikten, wie wir gesehen haben – bei der Entscheidung zwischen konfligierenden Werten ganz auf sich selbst gestellt, und diese Konflikte können uns nichts darüber lehren, in welcher Hinsicht Projekte moralisch sein müssen. Solche möglichen Konflikte sagen im Übrigen auch nichts über den objektiven Wert oder Sinn der Projekte. Gerade weil sich der moralische Standpunkt bei Fragen der persönlichen Autonomie nicht immer vollkommen klar von allen anderen Gründen isolieren lässt, ist es möglich, dass wir in Konflikte geraten, in denen wir moralische Überlegungen zwar als Teil und als Limitierung unserer Reflexionen behandeln, sie aber keine klare Linie vorgeben, der gemäß wir handeln müssten.

Allerdings gibt es Grenzfälle: Muss man ein Projekt, *weil und insofern* es unmoralisch ist, *auch* als sinnlos beschreiben? Nehmen wir das Beispiel des Mafioso, der selbst sein Leben als glücklich und sinnvoll empfindet, aber permanent gegen moralische Regeln (beispielsweise Respekt gegenüber anderen) und gegen Gesetze verstößt. Zumindest aus der intersubjektiven Perspektive lassen sich seine Projekte, lässt sich sein Leben als sinnlos beschreiben. Doch die Sache ist hier komplizierter: Kann man sich überhaupt ein *gelungenes* Leben außerhalb der Moral vorstellen? Ich denke, auch Bernard Williams, der gegen die problemlose Vorrangstellung moralischer Gründe argumentiert, behauptet nicht, dass sich das sinnvolle oder gelungene Leben außerhalb der Moral befinden könne.[36]

36 Immerhin muss auch Frankfurt auf ein extremes Beispiel rekurrieren, um die Möglichkeit eines guten unmoralischen Lebens zu illustrieren, nämlich Hitler; allerdings könnte man auch auf die *Sopranos* verweisen (auf die TV-Serie über das Leben einer Mafia-Familie in New York): Zumindest einige der Familienmitglieder (dazu gehört nicht die depressive Hauptperson Tony Soprano) führen aus ihrer eigenen

Alle ethischen Ansätze versuchen, den moralischen Überlegungen und Gründen einen Platz in den allgemeinen Überlegungen zum sinnvollen und gelungenen Leben zu geben und die moralischen, so wie Williams das auch tut, in die eudaimonistischen zu integrieren. Bindet man den Sinn des Lebens an Autonomie, dann heißt das umgekehrt nicht, dass jedes autonome Leben schon deshalb sinnvoll genannt werden muss – man kann es aus ganz verschiedenen Gründen kritisieren. Und eine Klasse unter diesen Gründen kann sich auf die Moral beziehen. Man sollte den Mafioso durchaus auch deshalb kritisieren, weil er ein *falsches* Leben lebt, auch wenn es selbstbestimmt und aus seiner Sicht sinnvoll sein mag.[37]

5. Mills Krise und der subjektive Sinn des Lebens

Ein sinnvolles selbstbestimmtes Leben kann man also als jedenfalls in einem schwachen Sinn objektiv und als intersubjektiv sinnvoll beschreiben. Nun hatten wir vorhin gesehen, dass der reine Subjektivismus allein nicht ausreicht, um dem Leben Sinn zu geben: Aber was, wenn ein Leben objektiv sinnvoll ist, jedoch aus der Binnenperspektive nicht als solches erfahren wird? Ist ein rein objektiv – nur intersubjektiv – sinnvolles Leben vorstellbar? Diese Frage will ich anhand von John Stuart Mill und seinem autobiographischen Bericht über die große Krise in seinem Leben diskutieren. Mill war bekannt-

Perspektive sicherlich ein sinnvolles, wenn auch unmoralisches Leben. Steinfath (»Einführung«, S. 10) behauptet, dass seit der Aufklärung ein gutes Leben »außerhalb der Moral zu einer beinahe selbstverständlichen Möglichkeit« werde; dies halte ich allerdings empirisch ebenso wie normativ für nicht überzeugend.

37 Zur Frage, ob Optionen immer moralisch sein müssen, um von *autonomen* Personen überhaupt gewählt werden zu können, vgl. unten, Kap. 6.

lich vier Jahre alt, als sein Vater begann, ihm Griechischunterricht zu geben. Mit acht hatte er so gut wie alle griechischen Klassiker gelesen und fing an, Latein zu lernen. Daneben bekam er Unterricht in Mathematik, Ökonomie, Geschichte, Politik, und mit sechzehn schrieb er schon substantielle Beiträge zu den politisch-ökonomischen Veröffentlichungen seines Vaters. Objektiv war dieses Leben ausgesprochen sinnvoll: Mill beschäftigte sich mit Dingen, deren allgemeinen Wert niemand in Frage stellen würde, und veröffentlichte Beiträge, die zwar nicht, wie seine späteren Schriften, Klassikerstatus erlangen würden, die aber zu seiner Zeit als durchaus wert- und sinnvoll erfahren wurden.

In seiner Autobiographie beschreibt Mill die »seelische Krise in meiner Lebensgeschichte«, in die ihn dieses Leben und diese Erziehung stürzte. Er hatte gedacht, dass sein Leben als »Reformer der Welt«, das Streben nach Gerechtigkeit und dem Glück für alle, ihn selbst befriedigen und seinem Leben Sinn verleihen würde. Er war es gewöhnt, wie er schreibt, sich selbst zu beglückwünschen zu einem Leben, das ihn schon deshalb auch glücklich machen *müsste*, weil es dem Glück aller Menschen gewidmet war. Doch als er sich die Frage stellt: »Gesetzt, dass alle deine Lebensziele verwirklicht wären, dass alle die Veränderungen in den Einrichtungen und im Geist der Menschen, denen du entgegensiehst, in diesem Augenblick vollständig durchgeführt werden könnten, würdest du froh und glücklich sein?«, ist seine klare Antwort: nein.[38] Er erkennt, dass es nicht der Sinn seines eigenen Lebens ist, der sein Leben bestimmt, sondern nur der objektive Wert, die Welt zum Besseren zu wenden. Seine eigene Analyse der Gründe für diese Krise besteht vor allem darin, dass er in seiner Erziehung nur gelernt habe, seine kognitiven Fähgkeiten zu schulen und anzuwenden, dass jedoch die Seite der Gefühle voll-

38 Mill, *Autobiographie*, S. 107f.

kommen abwesend war. Nur diese emotionale Seite hätte ihn jedoch wirklich dazu bringen können, die Projekte so als seine eigenen zu begreifen, dass sie ihn selbst hätten zufrieden machen können.

Ein durch Freud geschulter Blick erkennt natürlich, dass Mills eigene Interpretation seiner Krise höchstens die halbe Wahrheit ist: Die Rolle, die sein Vater in seinem Leben spielt, sowie die Beziehung zwischen beiden scheint für die Autonomie, den Sinn und das Glück seines Lebens auch nicht unwichtig gewesen zu sein.[39] Doch mir kommt es hier nur auf eines an: darauf, dass ein Leben, sei es aus der objektiven Perspektive auch noch so sinnvoll, ohne die subjektive Perspektive, aus der dieses Leben als das *eigene*, selbstbestimmte und diese Werte als die eigenen verstanden werden können, sinnlos bleibt. Mill führt ein *für ihn selbst* sinnloses Leben, weil er die Projekte, die er verfolgt, nicht als seine eigenen verstehen kann, weil er sie gleichsam ausschließlich aus einer Dritte-Person-Perspektive als sinnvoll beschreiben kann.[40] Erinnern wir uns an Sisyphus, der ganze Tempel baut, die durchaus auch von Nutzen für andere sein können. Solange Sisyphus sich das Motiv des Tempelbauens nicht selbst zu eigen gemacht hat, bleibt es – auch wenn objektiv vielleicht sinnvoll – subjektiv ohne Sinn.

Übrigens geht es hier nicht um das Problem des *Werts von Autonomie*: Dies diskutiert etwa Thomas Hurka, anhand des Beispiels von Mozart, der schon als Kind zum Musizieren und Komponieren gezwungen wurde (was wahrscheinlich fiktiv

39 Vgl. Miller, *J. S. Mill*, S. 6f.

40 Vgl. auch Feinberg, »Absurd Self-Fulfillment«, S. 329; dort bespricht er sehr beeindruckend das Beispiel der alliierten Soldaten, die in der Normandie in den Tod gehen, was objektiv sinnvoll und moralisch ist, aber subjektiv sinnlos (die Soldaten singen ›we're here because we're here because we're here‹ und so fort).

ist, weil Mozart sich offenbar nicht zwingen lassen musste). Hurka will hier den Wertekonflikt zwischen der Autonomie auf der einen Seite und der Kunst Mozarts auf der anderen Seite verdeutlichen: Hätte sein Vater ihn nicht gezwungen, hätten wir die Musik nicht – also kann Autonomie nicht eine Bedingung dafür sein, dass andere Werte überhaupt als solche generiert werden. Es sei ganz unplausibel zu meinen, Autonomie sei »kein Konkurrent anderer Güter, sondern eine Bedingung ihres Wertes«.[41] Dies hieße nämlich, so Hurka, dass gute Dinge ihren Wert verlören, wenn sie durch Zwang zustande kommen, wie etwa die Musik Mozarts (oder die frühen Schriften Mills), was aber natürlich nicht stimme.

Dies ist jedoch tatsächlich ein anderes Problem als das, was ich mit Mill versucht habe zu verdeutlichen: Bei Mill ging es mir darum, zu zeigen, dass sein Leben aus seiner *eigenen* Perspektive *nicht* sinnvoll dadurch wird, dass er etwas an sich – oder mindestens intersubjektiv – Wertvolles erschafft, sondern *nur dadurch*, dass *er selbst* sein eigenes Leben bestimmt und für sinnvoll hält. Bei Hurka dagegen – und bei Mozart – geht es um die Frage, ob Autonomie immer der wichtigere Wert gegenüber allen anderen Werten sein sollte. Im Blick auf den subjektiven Sinn des Lebens ist das zweifelsfrei zu klären: Hier kann es nichts geben, was die Autonomie übertrumpft. Mit Blick auf andere Kontexte ist dies nicht unbedingt *a priori* deutlich: Sonst gäbe es zum Beispiel das Problem des Paternalismus nicht, bei dem es genau darum geht, als wie wichtig die Autonomie von Personen verstanden werden muss und ob man sie gegen andere Werte abwägen sollte – aber dies ist ein anderes Problem als das der Autonomie und des Sinns des Lebens.

41 Hurka, *Perfectionism*, S. 149.

6. Wann entsteht die Sinnfrage?

Damit komme ich zu meinem letzten Schritt: Wann entsteht überhaupt die Sinnfrage? Anders als die Frage, wie ich leben will, was das für mich *gute* Leben ist, entsteht die *Sinn*frage, so will ich behaupten, nur in krisenhaften Ausnahmesituationen. Die Sinnfrage ist grundlegender deshalb, weil sie nicht mehr anzunehmen scheint, dass es übehaupt noch sinnvolle Möglichkeiten zu leben gibt, die es sich lohnte zu wählen. Während es – durchaus häufig – vorkommen kann, dass ich mich fragen muss, wie ich leben will, was das gute Leben für mich wäre, ich mich also zwischen Alternativen entscheiden muss (auch wenn das gegebenenfalls sehr schwierig ist), so entsteht die Sinnfrage angesichts der *Sinnlosigkeit* aller Möglichkeiten. Die Spannung zwischen dem selbstbestimmten und dem immer schon bestimmten Leben, von der ich in der Einleitung sprach, artikuliert sich in der Sinnfrage radikal so, dass ich *keine* Möglichkeit mehr für sinnvoll halte.

Die Suche nach dem Sinn des Lebens hat ihren Ort in individuellen Krisensituationen, wenn die eigene Identität brüchig geworden ist, wenn man nicht mehr weiß, wer man ist und was man tun soll. Diese Konfrontation mit Kontingenzen und Endlichkeit, mit der eigenen Machtlosigkeit bringt uns genau diese zu Bewusstsein und führt häufig dazu, dass das eigene Leben als sinnlos empfunden wird, auch deshalb, weil man nicht mehr selbst in der Hand zu haben scheint, was mit dem eigenen Leben geschieht. Doch es gibt auch allgemeine Zeitkrisen, in denen der *Sinn der Rahmenerzählungen selbst* in Frage gestellt wird – vor allem im 19. Jahrhundert, darauf hatte ich schon verwiesen, treffen wir besondere und existentielle Krisenszenarien an. Ich möchte kurz auf solch ein Krisenszenario eingehen, bevor ich das Beispiel einer individuellen Sinnkrise erläutere, anhand dessen ich den Konnex zwischen Autonomie und Sinn noch einmal verdeutlichen will. Ich hatte schon bei der Diskussion des objektiven Rahmens und Wertehorizontes, in dessen Licht unsere eigenen Projekte situiert werden, auf die konstitutive Funktion eines solchen Rahmens verwiesen. Wie es aussieht, wenn der Rahmen selbst in Frage gestellt wird, beschreibt Nietzsche eindrucksvoll mit seinem »tollen Menschen«:

> »Wohin ist Gott?« rief er, »ich will es euch sagen! Wir haben ihn getötet – ihr und ich! Wir sind seine Mörder! Aber wie haben wir das gemacht? Wie vermochten wir das Meer auszutrinken? Wer gab uns den Schwamm, um den ganzen Horizont wegzuwischen? Was taten wir, als wir diese Erde von ihrer Sonne losketteten? Wohin bewegt sie sich nun?«[42]

Der Sinn dieser Infragestellung von Sinn überhaupt liegt für Nietzsche offenbar darin, dass wir auf diese Weise auf die völlige Konstruiertheit unserer Wertungen und unseres Horizontes gewiesen werden. Nietzsche zeigt, dass es keine absoluten Moral- und Sinnbegründungen mehr gibt, keinen objektiven Halt, dass wir uns den Sinn deshalb selbst erfinden müssen: Ohne einen solchen Sinn finden wir uns nicht zurecht in Raum und Zeit. Horizonterzählungen interpretieren unsere Stellung in der Welt von Endlichkeiten und Kontingenzen und bieten uns so die Möglichkeit, unsere eigenen Projekte zu situieren und ihnen Orientierung zu geben. Das Spektrum von Deutungen und Interpretationen ist veränderbar, hat einen his-

42 Nietzsche, *Die fröhliche Wissenschaft*, S. 125; Taylor, *Quellen des Selbst*, S. 39; im Anschluss hieran bespricht Taylor auch den Unterschied zwischen dem Erfinden und dem Entdecken von Werten oder Bedeutungen; vgl. wieder Rosa, *Identität und kulturelle Praxis*, S. 72-180, zum kulturellen Horizont gelingender Identitäten bei Taylor und zum kulturellen Horizont als Bedeutungsraum; zur Phänomenologie des Fehlens eines solchen Horizonts und Bedeutungsraums vgl. auch Murdoch, »Void«.

torischen und kulturellen Index und bietet uns einen Raum von Möglichkeiten, dessen Ausgestaltung – historisch, kulturell radikal verschieden kodiert – bei uns liegt. Natürlich sind diese Deutungen nun ihrerseits nicht beliebig, folgen Rationalitäts- und Realitätszwängen und stehen in komplizierten wechselseitigen Bedingungsverhältnissen mit den jeweils individuellen Projekten. Ich kann hier nicht mehr tun, als auf diese Problematik zu verweisen – aber dies reicht auch, um die Perspektive auf den Sinn des Lebens deutlich zu machen. In einem letzten Schritt will ich nämlich noch eingehen auf die Frage: Wann entsteht in einem *individuellen* Leben die Sinnfrage? Sie entsteht in persönlichen Krisen, wenn Projekte oder Beziehungen scheitern oder wegen der Erfahrung von Krankheit und Tod anderer; und auch dann, wenn ein selbstbestimmtes Leben aufgrund äußerer Konventionen und Beschränkungen verunmöglicht wird. In welcher Weise ein sinnloses Leben mit der Unmöglichkeit eines selbstbestimmten Lebens zusammenhängt, will ich wiederum anhand eines literarischen Bespiels zeigen, und zwar anhand des Romans *Zeiten des Aufruhrs* von Richard Yates.[43]

Zeiten des Aufruhrs ist ein Roman über die verzweifelten Versuche eines jungen Paares im Amerika der 1950er Jahre, so zu leben, wie sie denken, dass sie leben wollen. Frank und April Wheeler lernen sich in New York noch während ihrer Studienzeit kennen, er ein vielversprechender junger Student und sie eine Schauspielschülerin. Doch ihre Träume und Pläne werden dadurch durchkreuzt, dass April schwanger wird. Sie heiraten, Frank nimmt einen Job in einer Versicherung an und sie ziehen in eine Vorstadt von New York, in ein schönes Haus mit einem großen Garten. Ein zweites Kind besie-

43 Vgl. Yates, *Zeiten des Aufruhrs*; vgl. meinen Aufsatz »Autonomie, Glück und der Sinn des Lebens«, in dem ich im Blick auf April Wheeler noch etwas optimistischer argumentiere.

gelt die konventionelle Situation, aus der sich Frank und April nur befreien können durch die gegenseitige ständige Bestätigung darin, dass dies alles eigentlich provisorisch sei – und diese Distanzierung führt schließlich zu einem konkreten Plan: Sie wollen nach Paris ziehen – Paris, das als das Symbol aller amerikanischen Träume von Freiheit und Selbstbestimmung in den 1950er Jahren gilt. Doch wieder wird April schwanger, wieder droht ihr Traum zu platzen. Das traurige Ende ist, dass April bei dem einsamen Versuch, den Fötus abzutreiben, stirbt.

Gegen Ende des Romans, der Paristraum schon geplatzt und die Beziehung zwischen Frank und April beinahe ruiniert, ergibt es sich, dass April Frank untreu wird, und die ganze verfahrene Situation, in der keiner von beiden mehr weiß, was er oder sie eigentlich tun soll, kulminiert in diesem Betrug, auf dem schäbigen Rücksitz eines Autos. Shep, Aprils Freund und Liebhaber, will ein Gespräch darüber führen, dass er bei ihr bleiben will, er will Pläne machen. April jedoch will schweigen; sie behauptet, nicht zu wissen, wer er wirklich ist, aber vor allem, wer sie selbst eigentlich ist: »Ich weiß wirklich nicht, wer du bist. [...] Und selbst wenn ich's wüßte, sagte sie, würde das leider nichts helfen, weil ich nämlich selbst nicht mehr weiß, *wer ich bin*.«[44]

April weiß nicht mehr, wer sie ist, weil die Idee eines selbstbestimmten Lebens für sie gescheitert ist: Wie kann sie nachdenken darüber, wie sie leben will, wenn sie faktisch keine wirklichen eigenen Wahlmöglichkeiten hat – und wenn sie dadurch die Sicherheit verliert, wer sie eigentlich ist? Selbstbestimmung ist nicht möglich ohne ein ungefähres Wissen, was die eigenen Werte und Ziele sind, und ohne die ungefähre Sicherheit, dass man diese auch leben kann. Die ganze Fragilität eines Lebens, das nicht gelungen gelebt werden kann, weil die

44 Yates, *Zeiten des Aufruhrs*, S. 282 (meine Hervorhebung).

äußeren Umstände und starren Konventionen dies verunmöglichen, aber auch weil die individuellen Akteure in dieser Beziehung nicht aufrichtig genug sind, nicht ausreichend lebensklug, diese ganze Fragilität kommt in Aprils Unvermögen, sich selbst zu kennen, zum Ausdruck. Dieses Unvermögen macht deutlich, wie bedrohlich es ist, wenn man eine Person ist, die sich in ihrem eigenen Leben nicht mehr erkennt, in ihrem eigenen Leben nicht mehr auskennt.

Aprils Krise zeigt zudem, inwiefern für das Gelingen eines selbstbestimmten Lebens auch die äußeren Bedingungen relevant sind: Konventionen oder auch strukurelle Ungerechtigkeiten können das Verfolgen eigener Projekte verunmöglichen und damit den Sinn und das Glück, das April – ob zu Recht oder Unrecht – mit ihrer Idee anstrebte, in Paris zu leben. Das selbstbestimmte Leben und damit das gelungene Leben stellt immer auch eine Leistung dar, die man erbringen muss, die man jedoch viel einfacher erbringen *kann*, wenn man unter sozialen und politischen Bedingungen lebt, die dies erlauben und dazu ermutigen.[45] In liberal-demokratischen Gesellschaften haben wir ein Recht auf Autonomie und darauf, unseren eigenen Sinn und unser eigenes Glück auf unsere eigene Weise zu suchen und eventuell zu finden, wie Mill schreibt. Doch auch wenn wir den Sinn unseres Lebens selbst versuchen können zu bestimmen, so heißt dies noch nicht, dass unser Leben auch glücklich ist; Autonomie bleibt eine notwendige, keine hinreichende Bedingung für das Glück und den Sinn des Lebens.

45 Dass die Möglichkeit eines selbstbestimmten, sinnvollen Lebens nicht *gebunden ist* an solche »entgegenkommenden Lebensformen«, um einen Ausdruck von Habermas zu übernehmen, sondern auch unter solchen gesellschaftlichen Bedingungen möglich ist, die das selbstbestimmte Leben gerade behindern, diskutiere ich ausführlich in Kap. 8.

4
Autonomie, Selbsterkenntnis und Selbsttäuschung

Denn von sich selbst getäuscht zu werden, ist doch das Allerergste. Denn wenn der Betrüger nicht auf ein Weilchen sich entfernt, sondern immer bei der Hand ist, wie sollte das nicht schrecklich sein?[1]

Die analytische Einsicht ist weltverändernd; ein heiterer Argwohn ist mit ihr in die Welt gesetzt, ein entlarvender Verdacht die Verstecktheiten und Machenschaften der Seele betreffend, welcher, einmal geweckt, nie wieder daraus verschwinden kann.[2]

[W]ir sind um so freier, je umfassender wir die Faktoren, die unser Sein und Handeln, unser Wollen und Fühlen bestimmen, erkennen, denn nur, wenn wir sie kennen, können wie sie gegebenenfalls kontrollieren, können wir uns selbständig, überlegend, wählend zu ihnen verhalten, können wir so oder so zu ihnen Stellung nehmen.[3]

1. Selbsterkenntnis und Selbstbestimmung

Elizabeth Bennett, die Protagonistin in Jane Austens Roman *Stolz und Vorurteil*, ist die zweite von fünf Töchtern, deutlich die klügste von allen und der Meinung – gerade weil sie weiß, dass sie klug ist –, dass sie sich selbst genau kennt und versteht. Sie weiß, dass sie gegen Mr Darcy, den sie für stolz,

1 Plato, *Kratylos*, 428 d; zitiert bei Hühn, »Selbsttäuschung«, Sp. 539.
2 Mann, »Freud und die Zukunft«, S. 500f.
3 Tugendhat, *Selbstbestimmung und Selbstbewußtsein*, S. 145.

eingebildet und voreingenommen hält, eine starke Abneigung hat; sie weiß, dass sie Mr Wickham dagegen für klug und freundlich hält, für jemanden, dem übel mitgespielt wurde. Lizzy Bennett glaubt gerne allen schlechten Meinungen über Mr Darcy – und vor allem glaubt sie gerne Mr Wickham, der von diesem Mr Darcy angeblich so skandalös behandelt wurde.

Doch ziemlich genau in der Mitte des Romans kommt es zum Eklat: Elizabeth Bennett beginnt langsam zu erkennen, dass sie unrecht hatte, dass sie sich völlig geirrt hat über Mr Darcy ebenso wie über Mr Wickham, dass sie von ihren Vorurteilen geleitet wurde – und sich vielleicht sogar über ihre eigenen Gefühle gegenüber Darcy geirrt hat. Nicht nur ist Darcy nicht der Schuft, für den sie ihn halten wollte, sondern er macht ihr auch noch einen Antrag: Er liebt sie.

Elizabeth Bennett weiß nicht mehr, was sie von Mr Darcy halten soll. Und mehr noch: Sie weiß nicht mehr, was sie eigentlich fühlt, was sie denken soll, und sie kommt erst langsam dazu, »über ihre eigenen Gefühle [...] einigermaßen Klarheit zu gewinnen«.[4] Vor allem im zweiten Teil des Romans führt Austen vorbildlich vor, wie Elizabeth Bennett versucht, sich selbst zu verstehen, zu erkennen, was sie denkt und was sie will, wie sie versucht, über alle ihre selbstverschuldeten Irrtümer über andere wie auch über ihre Selbsttäuschungen hinwegzukommen. Und wie sich mit diesem Bewusstwerden dessen, was sie denkt und was sie fühlt, auch ihr Verhalten ändert, sie selbst sich ändert.

Nun ist es natürlich an sich nicht sonderlich überraschend, dass wir uns in unseren Interpretationen des Charakters und der Handlungen von anderen Personen irren können, zumal, wenn diese uns gezielt und auf geschickte Weise (wie Mr Wick-

4 Austen, *Pride and Prejudice*, S. 327, *Stolz und Vorurteil*, S. 282, ich habe allerdings die Übersetzung leicht verändert.

ham) in die Irre führen. Phänomene der Selbsttäuschung sind jedoch schwieriger zu erklären und in meinem Kontext der Frage nach dem Zusammenhang von Selbsterkenntnis und Autonomie gerade besonders wichtig. Mir geht es im Folgenden um genau diesen Zusammenhang: Denn wenn eine Person autonom handelt, dann gehen wir davon aus, dass sie weiß, was sie denkt, und dass sie weiß, was sie will – sie muss sich also selbst kennen, um selbstbestimmt handeln und selbstbestimmt leben zu können. Jede Theorie von Autonomie setzt voraus, dass autonome Personen jedenfalls ungefähr, grob wissen, was sie wollen, warum sie etwas tun, dass sie wissen, wer sie eigentlich sind. Aber was genau heißt das?

Die philosophischen Theorien des Selbstbewusstseins und der Selbsterkenntnis sind außerordentlich heterogen und der Begriff der Selbsterkenntnis ist zweideutig.[5] Zum einen kann er sich auf die Frage richten, wie wir Kenntnis haben können von unseren eigenen mentalen Zuständen. Was heißt es, dass ich denke, dass es draußen immer noch regnet? Auf der anderen Seite kann mit Selbsterkenntnis das gemeint sein, worauf das Orakel von Delphi zielt: Erkenne dich selbst, *gnothi seauton* – und dann geht es um mehr und vielleicht um anderes als um die Frage der Kenntnis meiner jetzigen mentalen Zustände. Es geht dann um meinen Charakter, um meine Handlungen, meine Wünsche, meine Absichten, mein Leben. Beide Formen von Selbsterkenntnis sind zwar nicht fundamental

5 Moran, »Psychoanalysis and the Limits of Reflection«, S. 109; vgl. zum Folgenden auch Cassam, *Self-Knowledge for Humans*; Tugendhat, *Selbstbewußtsein und Selbstbestimmung*; Gertler, *Self-Knowledge*; die philosophischen Begriffe *Selbstbewusstsein* und *Selbsterkenntnis* sind zwar nicht unter allen Umständen bedeutungsgleich, aber ich werde im Folgenden eine begriffliche Unterscheidung zwischen beiden nur gelegentlich machen und diese dann anmerken; vgl. etwa Tugendhat, *Selbstbewußtsein und Selbstbestimmung*, S. 12-16; Moran, *Authority and Estrangement*, S. 1-12.

voneinander unterschieden, aber man kann sich die unterschiedlichen Gewichtungen klarmachen anhand der Antworten auf die beiden Fragen »denkst du, dass es regnet?« und »denkst du, dass du mutig bist?«. Der wichtigste Unterschied ist vielleicht der, dass uns die Antwort auf die erste Frage leicht fällt, während das bei der zweiten häufig nicht der Fall ist. Wenn autonom handeln bedeutet, zu wissen, was man will, dann wird es um beide Aspekte der Selbsterkenntnis gehen, und beide Aspekte werden im Folgenden auf verschiedene Weise eine Rolle spielen.

Der Unterschied zwischen beiden Formen des Selbstbezugs ist also keineswegs kategorisch, daher wäre es missverständlich, die eine Form *trivial* und die andere *substantiell* zu nennen, wie etwa Quassim Cassam dies tut.[6] Wir werden noch sehen, in welcher Weise sie miteinander zusammenhängen, können aber jetzt schon festhalten, dass es etwa bei Fällen der Selbsttäuschung nicht unmittelbar klar ist, welcher dieser Aspekte von Selbsterkenntnis eigentlich das Problem ist. Mir geht es in diesem Kapitel um die Form von Selbsterkenntnis, die es uns ermöglicht, ein Leben zu führen, das auf überwiegend wahren Einschätzungen unserer eigenen Wünsche und Überzeugungen, auch unseres eigenen Charakters beruht; und darauf, dass wir eine halbwegs authentische Haltung zu unseren Wünschen und Überzeugungen haben. Dabei verwende ich natürlich absichtlich die Worte »überwiegend« oder »halbwegs«, um deutlich zu machen, dass für die Autonomie im täglichen Leben nicht vollkommene Authentizität und vollkommene Transparenz notwendig ist – wir können ein gelungenes Leben führen, auch wenn wir uns selbst nicht völlig transparent sind, nicht immer authentisch handeln. Und doch kann man zeigen, dass ein Mangel an oder die Abwesenheit von

6 Cassam, *Self-Knowledge for Humans*, etwa S. 28-38.

Selbsterkenntnis mit einem Mangel an Autonomie einhergeht. Wenn also die Selbsterkenntnis, das Wissen von sich selbst, scheitert, dann muss auch Selbstbestimmung scheitern. Und um dies zu zeigen, will ich hier wieder ausgehen von solchen Spannungen und Erfahrungen, wie ich sie oben im einleitenden Kapitel beschrieben habe.

Normalerweise wissen wir genau, was wir denken, wollen und fühlen – und auch, wer wir sind und was uns im Leben wichtig ist. Außerdem können wir uns darüber, *wer* es ist, der oder die denkt, nicht irren. Deshalb heißt es auch, dass wir zu dieser Sorte Wissen einen besonderen – privilegierten – Zugang haben; und normalerweise gilt dieses Wissen als unfehlbar oder jedenfalls als weitestgehend frei von der Möglichkeit, sich zu irren. Diese beiden Aspekte sind deshalb traditionell geradezu die Kennzeichen des Wissens, das wir haben, wenn wir Selbstbewusstsein haben: Unfehlbarkeit und unmittelbare Zugänglichkeit. Gerade wegen dieser Unmittelbarkeit des Wissens haben Personen auch die Autorität, aus der Perspektive der ersten Person zuverlässige und glaubwürdige Aussagen zu machen. Doch ebendiese Beschreibung der Selbsterkenntnis wird mittlerweile häufig in Zweifel gezogen und aus guten Gründen als nicht selbstverständlich begriffen: Wir können uns auch über unsere eigenen mentalen Zustände irren; und das Modell der Introspektion ist kein überzeugendes explanatorisches Modell, deshalb ist die Privilegierung des Wissens, das man von seinen eigenen mentalen Zuständen hat, irreführend.[7] Die Analyse von scheinbar einfachen Fällen – wie dem, dass ich glaube, dass es noch immer regnet – kann

7 Zur Kritik an der Introspektion zur Herstellung von Selbsterkenntnis vgl. Schwitzgebel, »The Unreliability of Naive Introspection«; vgl. auch die empirische Kritik an der Kenntnis unserer eigenen Motive, auf die sich Tiberius sowie Cassam häufig beziehen, bei Wilson, *Strangers to Ourselves.*

dann dazu dienen, die Struktur des Selbstbewusstseins im Ganzen zu erhellen.

Descartes war bekanntlich der Meinung, dass wir uns völlig transparent sind und uns selbst mittels Introspektion erkennen können, das heißt wissen können, was wir denken – was unsere mentalen Zustände sind. Diese Gewissheit ist erst seit dem 19. Jahrhundert wirklich ins Wanken geraten, insbesondere dann durch die Psychoanalyse und durch Freuds »Entdeckung« des Unbewussten, das, obgleich wir keinen direkten Einfluss oder Zugriff darauf haben, unser Verhalten bestimmen kann: Dadurch wurde gewissermaßen der Aufbau unseres Bewusstseins komplizierter.[8] Und wenn die Struktur des Mentalen in Wahrheit so viel komplexer ist, als bis dahin angenommen wurde, ist die Introspektion vielleicht gar nicht mehr die geeignete Methode, um unsere mentalen Zustände kennenzulernen. Das führt dann zu der Annahme, dass auch zur Kenntnis dessen, was ich glaube oder was ich wünsche, möglicherweise ein Moment der Reflexion gehört.

Auch deshalb ist es also nicht sinnvoll, einen kategorischen Unterschied zwischen dieser Selbsterkenntnis und der, die dem Orakel in Delphi nachkommen will, zu machen: Denn wenn man etwa der Meinung ist, dass es auch bei der Kenntnis mentaler Zustände um vergleichbare mentale Aktivitäten geht, die wir anwenden, wenn wir darüber nachdenken, wer wir eigentlich sind und ob wir richtig leben – wenn wir also beginnen zu überlegen –, dann ist der Unterschied zwischen

8 Vgl. zur Geschichte Moran, *Authority and Estrangement*, S. 4-12; siehe auch den von Cassam herausgegebenen Band *Self-Knowledge*; sowie Bilgrami, »Self-Knowledge and Resentment«; auch Bieri, *Wie wollen wir leben*, S. 35-60; und Christman »Autonomy, Self-Knowledge and Liberal Legitimacy«.

beiden Formen der Selbsterkenntnis kein grundsätzlicher.[9] Und beide stehen in einem wichtigen Zusammenhang mit der Autonomie von Personen. Wie eine Person aufgrund eines Mangels an Selbst*erkenntnis* in der Selbst*bestimmung* ihres Lebens scheitern kann, ist also das Thema dieses Kapitels. In einem ersten Schritt will ich das Problem der Selbsttäuschung diskutieren, um danach in einem zweiten Schritt fundamentale Verunsicherungen in der Selbsterkenntnis einer Person zu besprechen und zu zeigen, welche Konsequenzen solche epistemischen Unsicherheiten für die Autonomie einer Person haben können; im Zuge dessen werde ich auch kurz auf das Problem der *mauvaise foi*, also der Uneigentlichkeit, eingehen. Im nächsten Abschnitt werfe ich einen Blick auf die neue Bewegung des *Quantified Self*, deren Motto »Selbsterkenntnis durch Zahlen« (»Self-Knowledge Through Numbers«) lautet, und ich will zeigen, dass sie nicht wirklich etwas zur Erklärung der Beziehung zwischen Autonomie und Selbsterkenntnis beitragen kann; im Schlussabschnitt sollen diese verschiedenen Perspektiven wieder zusammengebunden werden.

9 Cassam postuliert schon in seiner Einleitung einen großen Unterschied zwischen dem banalen Selbstbewusstsein, an dem die zeitgenössischen Philosophen interessiert seien, und dem substantiellen Selbstbewusstsein der Tradition, vgl. vor allem Cassam, *Self-Knowledge for Humans*, S. 28-50 und S. 210-228; kritisch hierzu auch Moran, »I'll have to get back to you«.

2. Wie kann ich mich irren über mich selbst? Selbsttäuschung

> In der menschlichen Natur gibt es gewiss kein unerklärbareres Phänomen, als die Möglichkeit, *sich selber zu täuschen*, gleichsam als ob man ein von sich selbst verschiedenes Wesen wäre, das zweierlei Interesse hätte.[10]

Dies ist eine der frühen Beschreibungen des Phänomens der Selbsttäuschung, die sich in der Literatur findet: Und auch in den zeitgenössischen philosophischen Debatten gilt es vielleicht nicht mehr als unerklärbar, aber doch als schwierig zu verstehendes Phänomen. Schauen wir erneut auf ein Beispiel aus *Stolz und Vorurteil*: Mr Collins, der ziemlich schreckliche Pfarrer, der nicht nur das Domizil der Bennetts erben wird (weil er der nächste männliche Verwandte ist und die Erbfolge keine Frauen vorsieht), sondern der auch Elizabeth Bennett einen Antrag macht, Mr Collins wird von Jane Austen beinahe übertrieben als jemand gezeichnet, der sich selbst täuscht, der sich selbst betrügt. So will er zum Beispiel einfach nicht hören und nicht verstehen, dass Elizabeth seinen Heiratsantrag ablehnt, er kann sich offenbar nicht vorstellen, dass sie ihm so abgeneigt ist, dass sie nicht einmal um des Vorteils willen, das eigene Heim für die Familie zu sichern, seinem Antrag zustimmen will.

Elizabeth antwortet ihm auf seine Frage:

> »Ich danke Ihnen immer wieder für die Ehre Ihres Antrages, aber es ist mir vollkommen unmöglich, ihn anzunehmen.

10 Moritz, »Erfahrungsseelenkunde«, S. 902; Moritz ist der Meinung, der meiste »Selbstbetrug« finde bei »den religiösen Empfindungen statt« (ebd.); offenbar wird der Ausdruck Selbsttäuschung erst wirklich im 18. Jahrhundert gebräuchlich, vgl. Halbfass, »Selbsttäuschung«, Sp. 541.

> Meine Gefühle verbieten es. Kann ich noch deutlicher sprechen? Betrachten Sie mich jetzt bitte nicht als Dame von Welt, die Sie zu quälen beabsichtigt, sondern als ein vernünftiges Wesen, das von ganzem Herzen die Wahrheit sagt.«
> »Sie sind ganz einfach reizend!«, rief er mit einer Miene ungeschickter Ritterlichkeit, »und ich bin überzeugt, dass mein Antrag dennoch annehmbar für Sie sein wird, sobald er sich auf die Autorität Ihrer beiden ausgezeichneten Eltern stützt.« Auf eine derart hartnäckige, freiwillige Selbsttäuschung ging Elizabeth nicht näher ein und verließ schweigend das Zimmer […].[11]

Elizabeth sagt »von ganzem Herzen die Wahrheit«; doch Mr Collins ist ein extremer Fall. Bei ihm sind die beiden kennzeichnenden Aspekte der Selbsttäuschung im Übermaß vorhanden: Er will etwas glauben, das nicht der Fall ist, und er ignoriert konsequent die vorhandene Evidenz, die gegen seine Annahme spricht. Mr Collins ist sich selbst nicht transparent und tut auch alles, um daran nichts zu ändern. Nun ist generell Selbsttäuschung möglich gerade deshalb, weil Personen sich nicht völlig durchsichtig sind; dabei sind die Formen von Selbsttäuschung ganz unterschiedlich und die Theorien entsprechend vielfältig.[12] Selbsttäuschung *scheint* paradox: Wie kann ein und dasselbe Selbst etwas denken oder wollen und zugleich *nicht* denken oder wollen? Wie kann Mr Collins denken, dass Ms Bennett seinen Antrag annimmt, und zu-

11 Austen, *Stolz und Vorurteil*, S. 116.

12 Vgl. zum Folgenden Löw-Beer, *Selbsttäuschung*; McLaughlin/Rorty, *Self-Deception*; Mele, *Self-Deception*; in der an individueller Psychologie so interessierten Jane Austen finden sich viele Beispiele solcher subtilen oder weniger subtilen Formen von Selbsttäuschung, doch auch in der Literatur des viktorianischen England, etwa bei George Eliot in *Middlemarch*, in dem (wie wir im vorigen Kapitel schon gesehen haben) Mr Casaubon sich darüber täuscht, ein Buch zu schreiben (oder vielleicht sogar: schreiben zu wollen).

gleich denken – oder gar wissen –, dass sie dies nicht tun wird? Wie kann er sich so gegen die überdeutliche Evidenz wenden? Schauen wir uns zunächst an, was Selbsttäuschung eigentlich genau ist, dann, wie sie erklärt werden kann, und schließlich, warum sie schlecht oder schädlich ist – und demgegenüber Selbsterkenntnis wertvoll.

Selbsttäuschung kann scheinbar ganz einfach sein und auch einfach beseitigt werden, wenn sie eher als *Irrtum* einer Person über sich selbst zu beschreiben ist – allerdings gibt es hier keine klaren Trennlinien: Denn eine Person kann zum Beispiel fälschlicherweise der Meinung sein, größer oder kleiner zu sein, als sie wirklich ist. Diesen Irrtum kann man gegebenenfalls durch schlichtes Messen beseitigen. Aber solche Daten müssen interpretiert werden: Das kann schwierig sein, schaut man etwa auf die Frage, ob eine Person zu dick oder zu dünn ist – dieses Problem kann bekanntlich nicht durch einfaches Wiegen aus der Welt geschafft werden, weil psychologische Aspekte im Spiel sind, die die Sache nicht nur zu einer des Wiegens und Messens macht. Zur Selbsttäuschung wird eine solche Interpretation dann, wenn man an einer Überzeugung festhält, auch wenn eindeutige Evidenz und gute Gründe gegen diese Überzeugung sprechen und wenn die Überzeugung durch Wünsche oder Emotionen motiviert ist, die sie stützen.[13]

Um besser zu verstehen, wie Selbsttäuschung funktioniert, auch und gerade mit Blick auf Autonomie, möchte ich ein weiteres literarisches Beispiel heranziehen; hier kann man auf eines der bekanntesten Beispiele aus der Literatur verweisen: nämlich auf Hendrik Ibsens Theaterstück *Die Wildente*. Im Zentrum eines ganzen Netzes von Lügen, Selbsttäuschun-

13 Vgl. Marcia Baron, »What is Wrong with Self-Deception?«; vgl. sehr viel detaillierter etwa Kevin Lynch, »Self-Deception and Shifts of Attention«.

gen und den besten Intentionen steht Hjalmar Ekdal, Fotograf, aber vor allem selbstproklamierter Erfinder, der ohne die Lebenslüge »nicht leben kann«.[14] Doch fast alle Figuren täuschen sich, wenn auch in unterschiedlichem Ausmaß; ihre Beziehungen und ihre Überzeugungen und Wünsche scheinen durchweg unaufrichtig. Die einzige Ausnahme ist Hedvig, die Tochter Hjalmars. Gregers Werle, Hjalmars Gegenspieler und früherer Freund, spielt die Rolle des Aufklärers, allerdings aus Motiven, die ihm auch nicht völlig transparent und zugänglich sind. Er leidet, wie es über ihn heißt, »an einem akuten Gerechtigkeitsfieber« und versucht vor allem, seinen alten Freund Hjalmar dazu zu bringen, die Augen zu öffnen über die Situation, in der er lebt. Denn Hjalmar ist kein Erfinder und wird sicherlich nie die große Entdeckung machen; seine Tochter ist vielleicht nicht sein biologisches Kind; und seinem Vater wurde von Gregers' Vater, dem alten Großhändler Werle, übel mitgespielt.[15] Alle Personen malen in gewisser Weise mit an Hjalmars illusionärem Selbstbild, aber vor allem er selbst ist außerordentlich erfolgreich im Entwickeln von Strategien, die es ihm erlauben, immer nur das zu beachten und zu sehen, was zu seiner Täuschung passt, und ihn alles andere, was ihn mit

14 Vgl. Ibsen, *Die Wildente*, S. 106; vgl. Dr. Relling: »Das wäre das Schlimmste, was ihm [Hjalmar] passieren könnte. Wenn Sie einem Durchschnittsmenschen seine Lebenslüge nehmen, so bringen Sie ihn gleichzeitig um sein Glück«, ebd., S. 107. Adorno schreibt in seiner interessanten Interpretation der *Wildente* (in *Probleme der Moralphilosophie*, S. 234-241), Gregers Werle »vertritt also in dem Stück den kategorischen Imperativ«, was bei Adorno kein uneingeschränktes Kompliment ist. Er beschreibt das Drama nicht als eines der Täuschung und Lebenslüge, sondern als eines der übersteigerten Gesinnungsethik (gegenüber einer Verantwortungsethik), der schließlich auch der »wertvollste Mensch«, der »Backfisch« Hedvig, zum Opfer fällt (ebd., S. 235).

15 Ibsen, *Die Wildente*, S. 76; vgl. dazu Martin Löw-Beer, *Selbsttäuschung*, S. 62-64.

der Wirklichkeit konfrontieren würde, abweisen zu lassen – wie etwa die Fragen Gregers'.

Zum Dritten kann man das Beispiel des Woody-Allen-Films *Hannah und ihre Schwestern* heranziehen, das auch deshalb hilfreich ist, weil es hier um den klassischen Fall des Nichtsehenwollens eines Ehebruchs geht. Hannah versucht, sich selbst immer wieder plausible Erklärungen darüber zu geben, warum ihr Mann ein solches Interesse an ihrer Schwester hat und warum dies keineswegs zu bedeuten habe, dass er (und ihre Schwester) Ehebruch begehen.[16]

Diese Beispiele führen uns Möglichkeiten vor Augen, auf welche Weisen man sich selbst täuschen kann, und auch, wie gewöhnlich und alltäglich dieses Phänomen sein kann. Selbsttäuschung bedeutet, dass eine Person bewusst und gegen ihr zugängliche Evidenz oder Überprüfung an falschen Meinungen festhält; Selbsttäuschung betrifft den Prozess des Bildens von Überzeugungen, und jede Theorie von Selbsttäuschungen muss erklären können, in welcher Weise dieser Prozess misslingen kann. Nun ist eine radikale Art, Selbsttäuschung zu interpretieren, die, sie tatsächlich als Paradox zu bezeichnen: So schreibt Sartre, »daß ich als Täuschender die Wahrheit kennen muß, die mir als Getäuschtem verborgen ist. Mehr noch, ich muß diese Wahrheit sehr genau kennen, um sie sorgfältig vor mir verstecken zu können – und zwar nicht in zwei verschiedenen Momenten der Zeitlichkeit, wodurch sich zur Not ein Anschein von Dualität wiederherstellen ließe –, sondern in der vereinigenden Struktur ein und desselben Entwurfs.«[17] Ähnlich radikal ist auch Rüdiger Bittner in einer Kritik an Nietzsches Geschichte vom Sklavenaufstand und

16 Vgl. Marcia Barons Interpretation des Films in »What is Wrong with Self-Deception?«, S. 432.

17 Sartre, *Das Sein und das Nichts*, S. 123. Vgl. Wood, »Self-Deception and Bad Faith«, S. 220-225; Wollheim, *Thread of Life*, S. 162-196.

an dessen Begriff von Ressentiment: »Man versteht schwerlich, warum Menschen unter solchen Umständen eine derartig falsche Geschichte erfinden sollten. Sie wissen, dass es bloß eine Geschichte ist. Denn schließlich haben sie selbst sie erfunden.«[18]

Solche Theorien behaupten also, Selbsttäuschung *müsse* als ein Paradox beschrieben werden: Es entsteht dadurch, dass das eine Selbst oder System gleichsam etwas vor dem anderen versteckt, obgleich es weiß, dass es dieses andere gibt. Diese Theorien setzen auch voraus, dass Selbsttäuschung immer intentional ist: Dann täuscht das eine Selbst oder das eine System das andere absichtlich.[19] Dies ist *einerseits* nicht unplausibel und erklärt nicht nur den starken Eindruck von Irrationalität, den wir bei der Selbsttäuschung anderer häufig haben, sondern auch die (von vielen vermutete) Intentionalität der Selbsttäuschung. Dieses Modell nimmt also an, dass ich (erst) etwas denke, wünsche oder glaube, das ich dann als zu gefährlich, schädlich oder angsteinflößend begreife und das ich deshalb in der Folge vor mir verberge.[20] Doch *andererseits* scheint die Annahme zweier Selbste oder Systeme ebenso wie die Annahme von bewusster Intentionalität schon als Beschreibung von Selbsttäuschung nicht wirklich überzeugend.

Ich will deshalb eine andere Perspektive auf Selbsttäuschung

18 Bittner, »Ressentiment«, S. 130. Vgl. Pippin, »The Psychological Problem of Self-Deception«.

19 Vgl. Finaigrette, »Self-Deception and the ›Splitting of the Ego‹«; Davidson, »Paradoxien der Irrationalität«; vgl. zum Folgenden auch Mele, *Self-Deception*.

20 Man kann unterscheiden zwischen bewusster und unbewusster, intentionaler und nichtintentionaler Selbsttäuschung, vgl. z. B. Loew-Beers Überblick, *Selbsttäuschung*, S. 23-55, zum Paradox S. 23-29; vgl. auch Rorty, »The Deceptive Self: Liars, Layers and Lairs«; diese Problematik hat natürlich noch sehr viel mehr Aspekte als die, die für meine Frage relevant sind.

plausibilisieren. Dabei ist die Grundidee die, dass Selbsttäuschung nicht mit der Hilfe von zwei Systemen oder zwei Selbsten oder Selbstteilen erklärt wird, sondern mittels der Tatsache, dass wir *immer* über verschiedene mögliche Interpretationen verfügen, die wir geben, wenn wir Evidenzen gewichten; dabei kann es dann eben passieren, dass wir *falsch* gewichten, falls wir ausreichend motiviert sind, solche falschen Gewichtungen vorzunehmen. Dies gilt für Interpretationen unseres eigenen Verhaltens und unserer Wünsche und Intentionen, doch zugleich auch für das Verhalten anderer Personen, und zwar nicht nur in Situationen der Selbsttäuschung. Auch Autoren und Autorinnen wie Robert Pippin oder Marcia Baron ebenso wie Alfred Mele lehnen das Modell der gespaltenen, paradoxen Selbststruktur ab und erklären die verschiedenen kontradiktorischen Überzeugungen, die bei der Selbsttäuschung im Spiel sind, mit dem Rekurs auf die Möglichkeit solcher unterschiedlichen Interpretationen. Demnach kann eine Person durch ihre Wünsche und Gefühle so beeinflusst und so auf eine bestimmte Sichtweise der Welt festgelegt werden, dass sie die Realität nicht wahrnimmt oder jedenfalls falsch interpretiert. Bestimmte Tatsachen, Ereignisse, Begebenheiten werden ignoriert oder zu irrelevanten Faktoren erklärt, während andere gerade als richtig und wichtig und besonders zutreffend gesehen werden. Diese Erklärung der Selbsttäuschung kommt ohne verschiedene Selbste aus, und es gibt hier auch keine Paradoxie; denn sie nimmt zu Recht nicht an, dass Selbsttäuschung in einem wie auch immer expliziten Sinn intentional zu sein braucht. Bestenfalls ist die Selbsttäuschung schwach intentional insofern, als die Befürchtungen, Ängste oder starken Wünsche einer Person deren Sicht der Welt und ihrer selbst fundamental bestimmen.[21]

21 Mele, *Self-Deception* unterscheidet zwischen »geradliniger« (*straight*) und »verdrehter« (*twisted*) Selbsttäuschung. Geradlinig ist die, bei

Im Übrigen macht diese Interpretation der Selbst*täuschung* auch deutlich, dass das Modell der Introspektion für die Selbst*erkenntnis* nicht hilfreich ist. Man selbst kann zu der Einsicht, eine eigennützige Selbsteinschätzung sei einfach falsch, nicht kommen, indem man *sich selbst* noch genauer beobachtet, sondern nur dadurch, dass man die *Elemente der Interpretation*, die empirischen Gegebenheiten der Selbsteinschätzung, anders ordnet, anders gewichtet – wie bei Hannah, wenn sie die Hinweise auf den möglichen Ehebruch ihres Mannes anders interpretieren würde. Von Mr Collins würde das zum Beispiel verlangen, Elizabeth und ihrer aufrichtigen Ablehnung mehr Gewicht in seiner Selbstinterpretation zu geben. Allerdings könnte Mr Collins eventuell auch noch als ein anderer Fall beschrieben werden: Die Diagnose der Selbsttäuschung kann in radikalen Fällen übergehen in die Diagnose einer Wahnvorstellung, wenn die Evidenz für p so überdeutlich ist, dass es nur noch als Wahn verstanden werden kann, wenn man dennoch non-p glaubt.[22] Das ist bei Mr Collins vielleicht unklar, aber die normale Selbsttäuschung ist sicherlich nicht so extrem. Jetzt versteht man auch genauer, warum

der ich mich täusche, weil ich will, dass etwas wahr ist, obgleich es offenkundig falsch ist. (Meles Beispiel: Mein Mann betrügt mich, aber ich will es nicht sehen.) Verdreht ist die, bei der ich mich umgekehrt täusche, dass etwas wahr ist, obgleich es offenkundig falsch ist, und ich eigentlich auch nicht will, dass es wahr ist. (Ich fürchte, dass mein Mann mich betrügt, und denke, dass er es tut, obgleich er treu ist.) Vgl. sein Kapitel »Twisted Self-Deception«, S. 94-118; ich gehe auf diese Unterscheidung jedoch nicht weiter ein. Vgl. auch Pippin, »Nietzsche über unsere ›lächerliche Überschätzung und Verkennung des Bewusstseins‹«, S. 16: »Die Bedingung für jede Darstellung von Selbsterkenntnis – dass sie das Ergebnis von Interpretation und nicht von Prüfung ist – führt dazu, dass das Selbsttäuschungsproblem viel leichter handhabbar ist.«

22 Vgl. sehr hilfreich auch Brown, »The Emplotted Self«; vgl. auch Mele, *Self-Deception*, wo er (auf S. 67-70) »extreme Fälle« diskutiert.

Rüdiger Bittners Beschreibung zu einfach ist: Wenn es nämlich bei der Frage von Selbsttäuschung um Interpretationen, Motivationen für diese Interpretationen und um Gewichtungen von Evidenz geht, dann ist es zu einfach, ein vermeintliches Paradox zu konstatieren, das darin besteht, dass ein Selbst das andere betrügt und dass beide Selbste um die Täuschung wüssten. Es ist, wie wir gesehen haben, vielmehr gerade unplausibel, zwei verschiedene, gegeneinander agierende Selbste anzunehmen.

Für eine Erklärung von Selbsttäuschung, die mit Interpretationen, Motivationen und Gewichtungen operiert, spricht auch ihre Anschlussfähigkeit an solche psychoanalytischen Theorien, denen zufolge es sich bei bewussten und unbewussten mentalen Zuständen nicht um zwei kategorisch verschiedene Arten von Zuständen oder Prozessen handelt. Wenn das Unbewusste, wie Jonathan Lear schreibt, nur eine »weitere Form von mentaler Aktivität ist«, dann ist es auch gar nicht mehr so rätselhaft, dass unbewusste mentale Prozesse die bewussten mitbestimmen und psychische Mechanismen wie Abwehr oder Übertragung funktionieren können.[23] Das Unbewusste muss dann gleichsam als eine Ausdehnung des Bewussten verstanden werden, als Vergrößerung eines Bereichs

23 Lear, »The Freudian Sabbath«, S. 236f.; Lear schlägt damit vor, den frühen Freud gegenüber dem späten zu rehabilitieren; vgl. auch Lear, *Freud*, S. 117-143; auch ders., *Open Minded*, Kap. 4, zum Problem der Übertragung; vgl. auch Tugendhat, *Selbstbestimmung und Selbstbewußtsein*, S. 143-145; in diesem Sinn interpretiert auch Pippin den frühen gegen den späten Freud und kritisiert bei Letzterem die Zweiteilung zwischen dem Bewussten und dem Unbewussten, während er bei Ersterem ähnlich wie Lear ein Modell der Verbindung, des Abstufens sieht; siehe Pippin, »Nietzsche über unsere ›lächerliche Überschätzung und Verkennung des Bewusstseins‹«; anders etwa Davidson, »Paradoxien der Irrationalität«; vgl. auch Currie, »Framing Narratives«.

und nicht als ein radikal *anderer* Bereich; auf diese Weise können unbewusste Gründe und Motive herangezogen werden, um unser Handeln zu erklären, weil sie unser Handeln bestimmen. Das bedeutet, dass das Unbewusste nicht als Macht interpretiert werden sollte, die von mir und meinen Handlungen auf unerklärliche Weise Besitz ergreift.[24]

Diese Art, das eigene Handeln und das eigene Denken zu verstehen, ist übrigens nicht anders als die Art, wie wir Beziehungen zu anderen oder überhaupt das Verhalten anderer Personen erklären. Denn auch in Beziehungen zu anderen Personen nutzen wir stets einen gewissen Spielraum, innerhalb dessen wir die Personen und unsere Beziehungen interpretieren. Wir können häufig relativ verschiedene Geschichten erzählen, die das Verhalten des anderen jeweils anders erklären – zum Beispiel freundliche oder weniger freundliche, schmeichelhafte oder weniger schmeichelhafte. Wenn wir davon ausgehen, dass auch zur Selbsterkenntnis ein gewisses Maß an Interpretationen nötig und möglich ist, dann ist es naheliegend, dass, wie Pippin schreibt, »die Ungenauigkeit einer Selbstbeschreibung kein großes Paradox« ist und »dass die Erwartung einer dem eigenen Selbst dienenden und selbsterhöhenden Interpretation vielleicht nicht ganz abwegig ist«.[25]

Dazu kommt, dass Selbsttäuschungen eine gewisse Eigendynamik haben: Denn je länger man sein eigenes Leben darauf ausrichtet, bestimmte Dinge nicht mehr wahrzunehmen, bestimmten Erfahrungen kein Gewicht beizumessen (ob bei-

24 So etwa Wollheim, *The Thread of Life*, S. 130-161; Lear geht dabei vor allem ein auf Freud, »Erinnern, Wiederholen und Durcharbeiten«; vgl. auch Lear, *Freud*, wo er zeigt, in welcher Weise der Begriff der Übertragung helfen kann, die Effekte des Unbewussten zu verstehen und zu analysieren, ohne dass man auf die Verborgenheit des Unbewussten rekurrieren müsste, vgl. S. 117-143.

25 Pippin »Nietzsche über unsere ›lächerliche Überschätzung und Verkennung des Bewusstseins‹«, S. 16-19.

spielsweise, wie bei Woody Allen, Hannahs Mann sie mit ihrer Schwester betrügt oder ob Lizzy Bennett Mr Collins' Antrag annehmen will), desto mehr gewöhnt man sich daran, desto schwieriger ist es, damit aufzuhören.[26] Aus anfangs punktuellen, momentanen Selbsttäuschungen kann sich eine ganze Lebenslüge entwickeln, wie man dies bei der *Wildente* sehen kann.

Nun muss es nicht immer falsch sein, sich selbst zu täuschen: Manchmal kann es hilfreich sein, sich selbst etwas vorzumachen, etwa im Blick auf den Status einer Krankheit, wenn es hilft, mit deren Ausweglosigkeit besser umzugehen. Wir kennen sicherlich Fälle solcher gewissermaßen therapeutischer Selbsttäuschung, die man so begreifen kann, dass ein im Ganzen selbstbestimmteres Leben eher dadurch ermöglicht wird, dass man sich in bestimmten Hinsichten über sich selbst täuscht. Genau aus diesem Grund bestreitet eine Reihe von Theorien, dass Selbsterkenntnis wirklich erstrebenswert und (eventuell auch moralisch) gut sei. Gibt es also Grenzen für den Versuch, sich selbst zu kennen? Kann es falsch sein, sich selbst zu erforschen?

Eine Position, die diese Frage bejaht, verteidigt zum Beispiel Valerie Tiberius. Sie schreibt: »[...] das wachsame und erbarmungslose Streben nach Selbsterkenntnis ist nicht gut für uns«;[27] unser Leben wäre nämlich besser – glücklicher, zu-

26 Vgl. auch Marcia Baron zu diesem »Welleneffekt«, »What is Wrong with Self-Deception?«, S. 439.

27 Tiberius, *Living Well*, S. 110; aber: »Selbsterkenntnis muss Grenzen haben; sich selbst zu kennen ist wichtig, aber es ist möglich, zu weit zu gehen. Das Bemühen um Selbsterkenntnis kann in eine narzisstische Selbstbeschäftigung umschlagen oder in eine ungesunde Gehemmtheit. [...] einige positive Illusionen über einen selbst sind hilfreich.« (Ebd., S. 112f.) »Introspektion bezüglich der Gründe für unsere Vorlieben ist schädlich für uns in einer Vielzahl von Hinsichten« (ebd., S. 114), dadurch z.B. dass diese Introspektion die Befriedi-

friedener –, wenn wir damit aufhörten, uns selbst ständig auf den Grund zu gehen. Zu viel Selbsterforschung sei narzisstisch und könne außerdem von wichtigeren Projekten, mit denen wir beschäftigt sind, ablenken. An die Stelle der Selbsterkenntnis setzt Tiberius die tugendhafte Selbstkenntis (*virtuous self-awareness*), die nicht auf die rationalistische Selbsterkenntnis fokussiert ist und Selbsttäuschungen akzeptiert, wenn sie dem allgemeinen Wohlbefinden förderlich sind. Deshalb argumentiert sie beispielsweise, dass Mr Collins, der Pfarrer aus *Stolz und Vorurteil*, der auch ihr als Beispiel dient, zwar sich selbst betrüge, dass sein Leben aber im Ganzen deutlich schlechter und unglücklicher wäre, täuschte er sich nicht selbst und versuchte man, ihn über sich selbst aufzuklären. Ein anderes Beispiel bei Tiberius ist die romantische Liebe: Ohne jedenfalls ein wenig Illusionen darüber, wie schön und klug der Partner sei, sei wirklich tiefe Liebe nicht möglich. Dies zeigten auch empirische Forschungen: Menschen, die *sich selbst* über ihre Partner und deren Aussehen oder Leistungen täuschten, seien in der Regel glücklicher als andere.[28] Wie weit genau man im Akzeptieren oder sogar Gutheißen solcher Selbsttäuschungen gehen sollte, darüber gehen hier die Meinungen verständlicherweise auseinander und sind ein wenig vage: Das Kriterium an dem man sich orientieren sollte, sei das (subjektive) Wohlbefinden der Personen.

Ich halte diese Position in verschiedenen Hinsichten für unplausibel und will deshalb noch genauer begründen, worin eigentlich der *Wert* der Selbsterkenntnis besteht. Das lässt sich

gung von Personen mit ihren Entscheidungen vermindert, was letztlich dazu führt, dass ihre Fähigkeit, gut zu leben, sich verringert (ebd.).

28 Vgl. wiederum Wilson, *Strangers to Ourselves*, sowie die Diskussion von Ed Dieners *Satisfaction with Life-Scale* bei Tiberius, *Living Well*, S. 36-38.

natürlich schon durch den Verweis auf die Ausgangsfrage dieses Kapitels bestimmen: Denn letztlich sind Selbstbewusstsein und Selbsterkenntnis – und zwar in beiden Fällen, den sogenannten trivialen ebenso wie den substantiellen – notwendig für die Selbstbestimmtheit unseres Lebens. Nur wenn wir wissen, was wir denken und wollen, nur wenn wir wissen, wer wir sind oder sein wollen, können wir auch wirklich ein autonomes und gegebenenfalls gelungenes Leben führen. Ich hatte im Kapitel zum Sinn des Lebens auf die Nozick'sche Erlebnismaschine verwiesen und zu zeigen versucht, warum wir im Prinzip ein nicht auf Täuschungen beruhendes Leben für besser und sinnvoller halten – und auch halten sollten – als ein Leben, das auf Täuschungen und Illusionen beruht. Ein solches Leben, so mein obiges Argument, wäre außerdem auch nicht wirklich autonom. Nicht nur steht die Rationalität einer Person auf dem Spiel, sondern grundlegend die Möglichkeit selbstbestimmter Handlungen: Mr Collins hätte Elizabeth nicht gefragt, wenn er sich nicht selbst konsequent getäuscht hätte; und Hjalmar führt ein Leben, das gewiss nicht *sein eigenes*, autonomes ist. Deshalb scheint es mir auch nicht unangemessen, zwischen der Selbsttäuschung und der Täuschung anderer eine Parallele zu ziehen: So wie ich andere in ihrer Selbstbestimmung beeinträchtige, indem ich sie in manipulativer Absicht täusche, so steht auch meine eigene Autonomie auf dem Spiel, wenn ich mich – strukturell und in relevanten Hinsichten meines Lebens – selbst betrüge. Das muss nicht explizit und intentional sein, wie ich gerade schon gezeigt habe, sondern Intentionalität kann gewissermaßen schwächer verstanden werden, als eine Habitualisierung falscher Verhaltensweisen: Wir gewöhnen uns an bestimmte Ausflüchte, kommen in die falschen Spurrillen.[29] Wenn Autono-

29 So etwa Bittner, »Self-Deception«, S. 548; vgl. Baron, »What is Wrong with Self-Deception?«, S. 436; Baron begreift Manipulation

mie eine Bedingung für das gelungene Leben ist und wenn sie abhängig davon ist, dass wir uns (halbwegs gut) kennen und wissen, was wir denken und wollen, dann ist dies schon ein ausreichendes Argument gegen Selbsttäuschung, auch wenn sie gegebenenfalls manche Personen tatsächlich subjektiv glücklicher macht, wie eventuell Mr Collins.[30] Ich hatte auch schon auf die Möglichkeit verwiesen, dass in bestimmten Fällen Selbsttäuschung so funktionieren kann, dass durch und aufgrund dieser Täuschung die eigene Autonomie geradezu *befördert* werden kann: etwa wenn ich mich täusche über die Ernsthaftigkeit einer Krankheit und nur wegen dieser Täuschung weiterhin so lebe, wie ich es mir vorgenommen hatte. In Ausnahmefällen scheint dies möglich zu sein. Aber dies ist eine andere Argumentation als etwa die von Tiberius: Denn Selbsttäuschung will ich nur in solchen Fällen als sinnvoll und *wertvoll* verstehen, in denen sie der *Selbstbestimmtheit* einer Person helfen kann, nicht in solchen, in denen es um ihr subjektives Wohlbefinden geht.

Bei der Frage nach dem *Wert* von Selbsterkenntnis, also bei der Frage, warum wir sie nicht nur für nützlich, sondern auch für ethisch geboten halten, spielen neben der Selbstbestimmung noch andere Normen eine Rolle: So meinen wir beispielsweise eine Person, die sich strukturell selbst betrügt, sei nicht integer. Denn zur Integrität einer Person gehört schon begrifflich, dass man nicht nur gegenüber anderen, sondern auch gegenüber sich selbst aufrichtig ist oder zumindest versucht, es zu sein. Damit einher geht auch die Idee, dass Selbst-

auch als Schaden für die Person selbst, weil es ihre Handlungsfähigkeit beeinträchtig; vgl. Tugendhat, *Selbstbestimmung und Selbstbewußtsein*, S. 31-32, bei dem die Selbsttäuschung als Aspekt der Wahrheit des praktischen Selbstverhältnisses besprochen wird.

30 Interessant auch zur Frage der Selbstbestimmung und warum Selbsterkenntnis dafür notwendig ist, Bieri, *Wie wollen wir leben*, S. 55-60.

achtung jedenfalls normativ, doch auch begrifflich gebunden ist an den Versuch, sich nicht selbst zu täuschen über die Person, die man ist und die man sein will. Selbsterkenntnis und die Suche danach, sich selbst nichts vorzumachen, ist also verbunden mit einem ganzen Netz von normativen Begriffen, die sich gegenseitig stützen und allesamt mit dem grundlegenden Wert der Autonomie verbunden sind. Es greift deshalb deutlich zu kurz, wenn man den Wert der Selbsterkenntnis (und der Selbsttäuschung) allein an deren Beitrag zum Wohlbefinden bindet und damit übersieht, welche Rolle sie für die Selbstbestimmung einer Person spielen kann.

Offensichtlich ist es *ethisch* erstrebenswert, eine Person zu sein, die ein selbstbestimmtes Leben ohne Selbsttäuschungen führt, aber die *moralische* Verantwortung ist hier auch deshalb unklar, weil ich Selbsttäuschung so erklärt habe, dass sie nicht intentional ist; und weil der Schaden für andere schwer zu bestimmen ist. Doch es gibt Ausnahmen, auch dies kann man von der *Wildente* lernen: Denn hier nimmt sich schließlich Hedvig das Leben.

Ich will noch einen letzten Grund dafür anführen, warum Selbsttäuschung so problematisch sein und uns in unserer Selbstbestimmung behindern kann: Denn die Möglichkeit, sich selbst zu *ändern*, ist grundsätzlich damit verbunden, über sich selbst auf glaubwürdige und wahrhaftige – wahrheitsorientierte – Weise nachdenken zu können. Selbsterkenntnis bedeutet nicht einfach nur ein Erkennen von Fakten, sondern Selbsterkenntnis bedeutet, so über sich nachzudenken, dass man sich im Prozess dieser Überlegungen und als deren Resultat für oder gegen bestimmte Alternativen entscheiden kann.[31]

31 Vgl. Steinfath, *Orientierung am Guten*, S. 201-207, dort auch zu Taylor und zum Problem der Selbstinterpretation als Selbstbewertung und als Transformation; diese Möglichkeit zur Selbsttransformation mache den Kern unseres Personseins aus; vgl. auch Moran, *Authority*

Beim umfassenden Thema der *Selbsttransformation* als Konsequenz der Selbstprüfung ist die Kritik an der Selbsttäuschung und der Wert der Selbsterkenntnis nur ein Aspekt, aber ein wichtiger. Denn nur wenn man ungefähr weiß, wer man ist, und dies artikulieren und reflektieren kann, kann man sich ändern; dass dies über das bloße Beschreiben von Fakten und Messen von Daten hinausgehen muss, weil es einen Prozess des Überlegens einschließt, werden wir auch gleich noch genauer sehen, bei der Diskussion der Ideen des *Quantified Self*.

3. Wie kann Selbsterkenntnis scheitern? Fundamentale epistemische Verunsicherungen

Ich hatte schon gesagt, dass Selbsterkenntnis in den meisten Fällen relativ unproblematisch ist; fast immer wissen wir mühelos und unmittelbar, was wir denken, wünschen, wollen; und normalerweise würde man sagen, dass wir uns ebenso wenig über das *Subjekt* der Selbsterkenntnis irren können wie über deren *Inhalt*. Aber die einfache Introspektion oder Selbstbeobachtung ist vielleicht doch nicht das beste Modell, um erklären zu können, wie Selbsterkenntnis – oder Selbsttäuschung – funktioniert; offenbar spielen hier ganz grundsätzlich auch die mentalen Aktivitäten der Reflexion oder Überlegung eine Rolle. Dies will ich im Folgenden noch genauer ausführen und dabei auch verdeutlichen, dass der Zusammenhang zwischen Autonomie – oder Freiheit – und Selbst-

and Estrangement, S. 59: »Es gibt in der Tat einen dynamischen oder selbsttransformierenden Aspekt der Reflexion einer Person über sich selbst, und dies ist in der Tatsache begründet, dass die Person selber eine Rolle spielt in der Formulierung dessen, was sie denkt und fühlt.«

erkenntnis von zwei Perspektiven aus relevant ist, von der Perspektive der Autonomie aus, die notwendig ist für die Möglichkeit von Selbsterkenntnis, wie auch umgekehrt, von der Perspektive der Selbsterkenntnis aus, die für das selbstbestimmte Leben unabdingbar ist.

Häufig ist diese Reflexion darauf, was ich denke, gewissermaßen selbst schon deliberativ: Dann geht es nicht um die Frage, wie dieses x, das ich hier glaube, denke oder fühle, genau zu beschreiben ist, sondern um die Frage: Was *sollte* ich hier eigentlich denken, glauben, fühlen? Genau diese Frage stellt sich Lizzy Bennett, nachdem sie begriffen hat, dass Mr Darcy gar nicht der Schurke ist, für den sie ihn hielt. Die Frage »Denkst du, dass Mr Darcy ein Schurke ist?« ist plötzlich wieder offen – und muss im Lichte der neuen Informationen erneut beantwortet werden. Erst dann kann sie so etwas sagen wie: »Ich weiß, dass ich denke, dass Mr Darcy ein/kein Schurke ist.« Sie muss erst herausfinden, was sie eigentlich glaubt, wünscht und fühlt, oder vielmehr: was sie glauben und wünschen *sollte* – deshalb ist dies gewissermaßen ein praktisches Problem. Was deshalb im Folgenden noch deutlicher als bisher werden wird, ist dann auch, dass die Selbsterkenntnis, die der Aufforderung *gnothi seauton* folgt, nicht deutlich zu trennen ist und auch nicht getrennt zu werden braucht von der, um die es bei der unmittelbaren Kenntnis der eigenen mentalen Zustände geht: Wenn ich nicht (mehr) weiß, was ich denke, dann kann ich *a fortiori* nicht darüber nachdenken, nicht wissen, wer ich eigentlich bin und wie ich leben möchte. Der Mangel oder die Abwesenheit von Selbsterkenntnis kann also auch aus anderen Gründen als denen der Selbsttäuschung zu einem Problem für die eigene Selbstbestimmung führen. Ich will in einem ersten Schritt anknüpfen an die Diskussion um die konstitutive Funktion von *Selbstachtung* für die Möglichkeit von Autonomie, und zwar deshalb, weil auch bei dieser Frage das Selbstbewusstsein (und hier auch im Sinne von Selbstvertrauen) eine zentrale Rolle spielt, also die Möglichkeit, sich selbst als jemanden zu sehen, die weiß, was sie denkt, und deren Glaubwürdigkeit nicht angezweifelt wird. Im Anschluss daran will ich genauer diskutieren, was es für eine Person bedeutet, wenn ihr jegliches Selbstvertrauen abhandenkommt, weil ihre kognitiven Fähigkeiten, die Möglichkeit ihrer Selbsterkenntnis grundsätzlich in Frage gestellt wird, und was dies für ihre Autonomie bedeutet.

Im Kapitel zum Begriff der Autonomie hatte ich kurz schon erläutert, welche Rolle die Selbstachtung und das dafür notwendige Eingebundensein in soziale Beziehungen der Anerkennung für die Autonomie einer Person spielt.[32] Wenn ich nun vorschlage, dass wir unser Augenmerk noch einmal von dieser Perspektive aus auf die Frage nach der Selbsterkenntnis richten, dann mag dies aussehen wie ein Umweg: Es ist jedoch nur ein schwieriger Weg, aber es ist kein Umweg. Die Idee ist die, dass ich, um selbstbestimmt oder frei leben zu können, wissen muss, was ich glaube und was ich will, dass ich mich also selbst kennen muss. Und diese Selbstkenntnis setzt Selbstachtung voraus – das ist der grundsätzliche Zusammenhang. Mit Paul Benson kann man nämlich argumentieren, dass es ohne Selbstachtung unmöglich ist, autonom zu handeln: Wenn eine Person, von ihrer *eigenen* Perspektive, ihrer eigenen Position aus meint, nicht in der Lage zu sein, wahre Über-

32 Eine Reihe von Autoren und Autorinnen haben diesen Zusammenhang zwischen Autonomie und Selbstachtung auf der einen Seite und deren soziale Voraussetzungen auf der anderen Seite schon beschrieben; vgl. Anderson/Honneth, »Autonomy, Vulnerability, Recognition, and Justice«; vgl. unten das Kapitel zu den sozialen Voraussetzungen von Autonomie; ich verwende übrigens die Begriffe Selbstwert, Selbstachtung und Selbstrespekt hier als bedeutungsgleich; die möglichen begrifflichen Differenzen sind im gegenwärtigen Kontext nicht relevant.

zeugungen bilden und damit den normativen rationalen Standards folgen zu können, die für soziale Interaktionen notwendig sind, dann ist sie *a fortiori* auch nicht in der Lage, selbstbestimmt zu handeln. Benson erläutert diesen Zusammenhang zwischen Selbstrespekt, der Möglichkeit von Selbstbewusstsein und rationaler oder autonomer Handlungsfähigkeit anhand einer Interpretation des Filmklassikers *Das Haus der Lady Alquist* (*Gaslight)* von George Cukor. Ohne *Selbstachtung* keine Möglichkeit der *Selbsterkenntnis* und ohne diese keine *Autonomie*, das ist der grundsätzliche Zusammenhang. Im Film wird die Protagonistin Paula Alquist (gespielt von Ingrid Bergman), eine reiche Erbin, von ihrem Mann Gregory Anton (gespielt von Charles Boyer) systematisch in die Irre geführt im Blick auf ihre Wahrnehmungen und Überzeugungen, im Blick auf die Wahrheit ihrer Äußerungen. Sie meint zu halluzinieren – diese vermeintlichen Halluzinationen sind jedoch das boshafte Werk von Gregory, der an die berühmten Juwelen der ermordeten Tante Paulas dadurch herankommen will, dass er Macht über seine Frau gewinnt. Er treibt sie in die Unzurechnungsfähigkeit, um ungestört nach dem Schmuck suchen zu können. Da ihr Mann planmäßig und gezielt alles in Frage stellt, was sie sagt und was sie glaubt, glaubt Paula Alquist schließlich selbst, dass sie verrückt geworden ist: Sie weiß selbst nicht mehr, was sie denken und glauben soll, hat jedes Selbstvertrauen und Selbstbewusstsein, jede Möglichkeit zur Selbsterkenntnis vollkommen verloren. »Gaslighting« bedeutet, jemandem so vollkommen jegliche Glaubwürdigkeit (zu Unrecht) zu entziehen, dass die betroffene Person grundlegend an ihren eigenen mentalen Kompetenzen zweifelt, also nicht mehr weiß, was sie selbst *denkt*, sich nicht mehr als rationale oder gar autonome Akteurin sehen kann. Benson zieht aus seiner Interpretation des Films zu Recht den Schluss, dass *autonome Handlungsfähigkeit*, die Notwendigkeit, dass den *eigenen Überzeugungen Glauben* geschenkt wird, und schließlich *Selbstwert* unauflöslich miteinander verbunden sind.[33]

Wird auf diese Weise – durch die Zerstörung des Selbstwerts – die Möglichkeit des Selbstbewusstseins oder der Selbsterkenntnis grundsätzlich untergraben, kann man nicht mehr selbstbestimmt handeln, weil man nicht mehr in der Lage ist, zu wissen, was man denkt und was man will. Ich will diesen Zusammenhang noch einmal aus einer anderen Perspektive verdeutlichen und beginne mit einem Zitat aus Simone de Beauvoirs *Memoiren einer Tochter aus gutem Hause*:

> Drei Stunden kämpfte ich mit ihm. Dann mußte ich zugeben, daß ich geschlagen war: im übrigen hatte ich im Laufe der Debatte gemerkt, daß viele meiner Meinungen nur auf Vorurteilen, auf Unaufrichtigkeit oder Oberflächlichkeit beruhten, daß meine Beweisführungen hinkten und meine Ideen verworren waren. ›Ich bin mir dessen, was ich denke, nicht mehr sicher, ja, nicht einmal mehr sicher, überhaupt zu denken‹, schrieb ich völlig entwaffnet in mein Heft.[34]

Was genau passiert hier? Man könnte dies, mit Miranda Fricker, so interpretieren, dass de Beauvoir hier »Wissen verliert« (»loses knowledge«). Fricker meint, dass, wenn einer Person nicht geglaubt oder sie als Argumentierende nicht ernstgenommen wird, dies nicht nur eine »epistemische Beleidigung« darstelle; vielmehr sei hier eine Verunsicherung ihrer intellek-

33 Vgl. Benson, »Handlungsfreiheit und Selbstwert«, S. 148: »Eine Beschädigung unserer Freiheit kann unsere Fähigkeit untergraben, durch unser Handeln zum Ausdruck zu bringen, wer wir sind, sie kann aber auch unser Bewusstsein der eigenen Identität als soziale Geschöpfe beschädigen. Die [...] Bedingung des Selbstwerts ist von Bedeutung, weil sie uns auf diesen sozialen Aspekt des Werts hinweist, den die Freiheit besitzt [...].«

34 de Beauvoir, *Memoiren einer Tochter aus gutem Hause*, S. 496.

tuellen Fähigkeiten am Werk, die mit dem Verlust von wahren Überzeugungen, also von Wissen einhergehe.[35] Ich halte dies für richtig, möchte aber noch einen Schritt weiter gehen, um deutlich zu machen, inwiefern die grundsätzliche kognitive oder intellektuelle Verunsicherung auch einen Verlust an Selbsterkenntnis und damit an Selbstbestimmung bedeutet. Bei de Beauvoir steht mehr auf dem Spiel als der Verlust von Wissen, gleichsam von einzelnen Informationen. »Wissensverlust« würde nämlich nur bedeuten, dass sie nicht mehr ›glaubt, dass p‹, oder nicht mehr sicher ist, ob sie ›dass p‹ glauben soll oder nicht. Doch die zitierte Passage bringt eine grundsätzlichere Gefährdung zum Ausdruck: De Beauvoir scheint nämlich ihren Sinn dafür verloren zu haben, was eigentlich eigene Gründe für eigene Überzeugungen sein könnten, weil genau diese ihre Überzeugungen *systematisch* in Zweifel gezogen wurden. Deshalb ist sie »nicht einmal mehr sicher, überhaupt zu denken«. Wie Paula Alquist verliert auch sie den Glauben an sich selbst; sie verliert ihr Vertrauen in ihre eigene Denk- und Kommunikationsfähigkeit, weil ihr nicht geglaubt wird. De Beauvoir macht selbst den Schritt vom gleichsam nur verwirrten Denken hin zu dem Zweifel daran, dass sie überhaupt denken kann. Es ist diese fundamentale epistemische Verunsicherung, um die es mir geht, im Fall von Paula Alquist ebenso wie in Simone de Beauvoirs Fall.

Um begreifen zu können, was hier genau vor sich geht, muss man bei der Frage beginnen, wie wir eigentlich überhaupt wissen, dass wir glauben, dass p. Wie kommt es, dass de Beauvoir weiß, dass sie der Meinung ist, dass p? Gareth Evans und (im Anschluss an ihn) eine Reihe von zeitgenössischen Theoretikern und Theoretikerinnen haben darauf hingewiesen, dass es nicht plausibel ist zu meinen, wir wüssten, was wir denken,

35 Fricker, *Epistemic Injustice*, S. 49. In meinem Aufsatz »Autonomy, Self-Knowledge, and Oppression« habe ich dies genauer ausgeführt.

weil wir einen introspektiven Zugang haben, um herauszubekommen, was wir denken.[36] Stattdessen schlägt er vor, die Analyse des Satzes ›ich weiß, dass ich denke, dass p‹ parallel zu verstehen zur generellen Frage, ob p: Denn bei der Frage ›denkst du, dass es regnet‹ wenden wir, wie Evans schreibt, den Blick nicht nach innen, sondern nach außen – also nicht nach dem Modell der Introspektion, sondern nach dem, wie Evans es nennt, der Transparenz. Die Transparenzbedingung zeigt, dass es nicht plausibel ist, Selbsterkenntnis so zu beschreiben, als würde man gleichsam innere Zustände aufzeichnen und berichten. Eine solche Wittgenstein'sche Kritik wird in einer Selbsterkenntnistheorie des vernünftigen Überlegens so weitergeführt, dass man nach außen schaut und dann darüber *reflektiert* oder überlegt, ob p stimmt und ob ich deshalb p glaube: Die Frage der ersten Person, ›glaube ich, dass p‹, ist dann ›transparent‹ gegenüber der Aussage, ›dass p‹. Die Gründe, die ich in meiner Antwort auf die Frage nach meinem mentalen Zustand gebe, *sind dieselben* wie die, die ich gebe, wenn ich nach einem Zustand oder Sachverhalt in der Welt gefragt werde.[37]

Hier zeigt sich der genaue Zusammenhang zwischen dem

36 Evans, »Selbstidentifizierung«, S. 524: »Wenn man sich selbst eine Meinung zuschreibt, dann ist der Blick sozusagen, gelegentlich auch buchstäblich, nach außen – auf die Welt – gerichtet. Wenn mich jemand fragt: ›Glaubst du, daß es einen dritten Weltkrieg geben wird?‹, dann muß ich in meiner Antwort auf dieselben äußeren Phänomene achten, auf die ich achten würde, wenn ich die Frage beantworten würde: ›Wird es einen dritten Weltkrieg geben?‹.«

37 Diese Kritik an der Introspektion ist auf den ersten Blick vielleicht kontraintuitiv, auf den zweiten jedoch durchaus überzeugend; ich vereinfache die Sache mit meiner Zusammenfassung natürlich, vgl. genauer Moran, *Authority and Estrangement*, S. 60-65; Byrne, »Transparency, Belief, Intention«; Moran, »Self-Knowledge, ›Transparency‹, and the Forms of Activity«; Bilgrami, »Self-Knowledge and Resentment«.

Wissen, dass p, und der Selbsterkenntnis oder dem *Wissen, dass ich denke, dass p*: Selbsterkenntnis gründet sich auf Reflexion und Überlegung und auf das Ergebnis solcher Überlegungen – bei der Frage des Regens vielleicht nicht sehr ausführlich, aber bei anderen Fragen (etwa bei Evans' ursprünglichem Beispiel, der Frage nach dem dritten Weltkrieg) durchaus. Wenn Selbsterkenntnis analysiert werden muss als gleichsam ein Beschluss, ein Ergebnis von Überlegungen, die ich selbst angestellt habe, also als basierend auf *eigenen* Gründen, kann sie nicht das Ergebnis eines Blicks in mich selbst, das Ergebnis von Selbst*beobachtung* sein. Folglich muss ich mich selbst als eine Person sehen können, die im Prinzip in der Position, also fähig und berechtigt ist (nämlich die Freiheit hat), zu überlegen und zu entscheiden, dass p – sonst kann ich auch nicht nachdenken über p (über das Wetter; oder den dritten Weltkrieg). Wird diese meine Fähigkeit als jemand, die überlegen, nachdenken kann, grundsätzlich in Zweifel gezogen, dann kann ich nicht mehr mit Gewissheit sagen, dass ich glaube, dass p.

Diesen komplexen Zusammenhang muss man begreifen, um begreifen zu können, was genau bei Simone de Beauvoir oder bei Paula Alquist vor sich geht: Beiden wird die Kompetenz abgesprochen, in der Lage zu sein, wirklich darüber nachdenken, überlegen zu können, ob dieses oder jenes der Fall ist, und beide werden grundsätzlich ihrer Fähigkeit beraubt, nicht nur Urteile über p zu fällen, sondern sich selbst zu sehen als *jemand, die das kann und der das zusteht*. Es sind hier also eigentlich drei Aspekte des Modells von Selbsterkenntnis wichtig: zum Ersten der Schritt, einzusehen, dass ich mich überlegend nach außen wende, wenn ich wissen will, ob ich denke, dass p; und zum Zweiten die Einsicht, dass ich mich als eine Person verstehen können muss, die die Fähigkeit hat und berechtigt ist, nachzudenken, zu überlegen und sich zu entscheiden, ob sie p oder non-p glaubt. In dieser Entscheidung, diesem Entschluss liegt, zum Dritten, auch noch ein anderes Element: Denn ich stelle nicht einfach ein Faktum über mich fest (wie etwa im Modell der Introspektion), sondern ich sehe das Resultat meines Überlegens als eine Überzeugung, hinter der ich stehen will und stehen kann und für deren Äußerung ich die notwendige Autorität habe. Die Autorität, zu behaupten, dass ich weiß, dass p, habe ich nur, wenn ich in der Position bin, Gründe zu geben für oder gegen p, wenn ich mich selbst also als jemanden begreife, die dies kann.[38]

Deshalb nennt Moran im Anschluss an Ryle das Ergebnis dieser Überlegungen Bekenntnis (*avowal*). Wenn es tatsächlich meine Sache ist, zu entscheiden, ob ich glaube oder nicht glaube, dass p, dann bedeutet das auch, dass ich diese Überzeugung gutheiße, gewissermaßen hinter ihr, hinter diesem Bekenntnis, stehe – weil ich dafür gute Gründe habe und weil ich selbst es war, die darüber nachgedacht hat. Dann kann ich für meine Entscheidung auch Verantwortung übernehmen – denn genau das kann ich nur dann, wenn ich mich selbst als jemand sehe, die frei und rational entscheiden kann, was sie denkt, wie sie Gründe und Evidenzen gewichtet.[39] In Konfliktfällen, wenn ich etwa überlegen muss, was ich denke, ist

38 Es ist genau diese »Position«, die einem verwehrt oder genommen wird durch (zum Beispiel) Fälle von epistemischer Ungerechtigkeit; vgl. Fricker, *Epistemic Injustice*, vor allem die Kapitel zur »Testimonial Injustice« (S. 9-29) und zur »Hermeneutical Injustice« (S. 147-175).

39 Gegen die mögliche Gefahr des Voluntarismus argumentiert Moran (z. B. in *Authority and Estrangement*, S. 38-55) im Anschluss an Charles Taylor; das Bekenntnis – im Gegensatz zur schieren Beobachtung meiner selbst – drückt eine kognitive Leistung aus, weil ich überlegt habe und mich dann auf eine bestimmte Überzeugung festlege, verpflichte, vgl. ebd., S. 88-99. Einen anderen und weiteren Begriff von Introspektion, der natürlich seine Gültigkeit behält, verwendet Wollheim, *The Thread of Life*, Kap. 6: »The Examined Life«, S. 162-196.

es diese Analyse, die uns zeigt, was es bedeutet, dass eine Person Wissen, Kenntnis ihrer eigenen mentalen Zustände hat. Doch das heißt natürlich nicht, dass diese Form von Überlegung und Bekenntnis der normale, gewöhnliche und alltägliche Fall des Selbstwissens ist; wie ich eingangs schon erklärte, ist dieses Wissen, diese Selbsterkenntnis normalerweise ganz unproblematisch.

Erst jetzt können wir sehen, in welcher Weise Autonomie und Selbsterkenntnis zusammenhängen. Autonom – frei – sein heißt, selbständig Gründe – und zwar die *eigenen* Gründe – gegeneinander abwägen und für das Resultat dieser Abwägung selbst einstehen zu können.[40] Denn genau diese Offenheit gegenüber Gründen macht meine rationale autonome Handlungsfähigkeit aus: Ich weiß, was ich denke, weil es meine eigenen Gründe sind, die mich dazu geführt haben, (etwa) p zu denken; und meine *eigenen* Gründe können es nur dann sein, wenn ich mich verstehen kann als jemand, die die Freiheit hat, ihre Gründe in dieser Frage die entscheidende Rolle spielen zu lassen. Selbsterkenntnis und Selbstbestimmung, die Freiheit, zu überlegen, diese können, als Wechselbegriffe, nicht voneinander getrennt werden. Bei de Beauvoir wird offensichtlich genau dieser Zusammenhang untergraben.

Wir haben also zum einen den Punkt erreicht, an dem deutlich ist, wie Wissen, Selbsterkenntnis und Freiheit oder Autonomie zusammenhängen und wie sie gemeinsam eine überzeugende Theorie darüber bilden, was es heißt, zu wissen, dass man denkt, dass p. Es ist zum anderen auch der Punkt, an dem man sehen kann, wie die sogenannte triviale und die sogenannte substantielle Form der Selbsterkenntnis miteinander verflochten sind: Denn der Aufforderung des delphischen

40 Vgl. Moran, »Self-Knowledge, ›Transparency‹, and the Forms of Activity«, S. 213; vgl. auch ders., *Authority and Estrangement*, S. 138-148, zur Beziehung zwischen rationaler Freiheit und Selbsterkenntnis.

Orakels, *erkenne dich selbst*, kann ich nur nachkommen, wenn ich überhaupt wissen kann, was ich denke – also auch im ganz mundanen Sinn, dass ich wissen können muss, dass ich denke, dass es draußen regnet. Beide Formen der Selbsterkenntnis setzen voraus, dass ich die Freiheit habe und dass ich *weiß* dass ich die Freiheit habe, zu bestimmen, was ich denke. Selbsterkenntnis ist ohne diese Freiheit und dieses Freiheitsbewusstsein nicht möglich.[41]

Deshalb sind Fälle wie der von Simone de Beauvoir oder Paula Alquist so interessant: weil sie deutlich machen können, dass die Zerstörung der Glaubwürdigkeit nicht nur zu allgemeinen Verunsicherungen führen kann, sondern zu der fundamentalen Verunsicherung, nicht mehr wissen zu können, dass man und was man denkt. Die Verbindung der Möglichkeit von Selbst-Wissen, Selbsterkenntnis, der Möglichkeit von Selbstachtung und der der Freiheit erklärt diese Form von epistemischer Ungerechtigkeit, von grundsätzlicher epistemischer Verunsicherung und erklärt zugleich, warum dies in einer Theorie von Autonomie eine solch wichtige Rolle spielen muss (warum ich in diesem Abschnitt also keinen Umweg gemacht habe).

In dieser Theorie der Selbsterkenntnis ist es nicht nur zentral, dass die Selbsterkenntnis gebunden ist an die Fähigkeit des Begründens, sondern auch, dass ich, weil es *meine* Gründe sind, *hinter diesen Gründen, zu diesen Gründen* stehe. Diese Pointe markiert den Unterschied zwischen der Beobachtung der Introspektion und dem Bekenntnis des rationalen Begrün-

41 Auch dies impliziert keinen Voluntarismus, denn auch wenn wir durch Artikulationen Gefühle und sogar Überzeugungen transformieren können, zieht das keine voluntaristische Auffassung von Überzeugungen oder Gefühlen nach sich. Siehe ebd., S. 36-65; zur epistemischen Ungerechtigkeit vgl. auch Wanderer, »Addressing Testimonial Injustice«.

dens. Und es ist diese Pointe, für die ich nun noch ein Beispiel bringen möchte: Es ist ein Beispiel dafür, was es heißt, *weder* die Freiheit *noch* die Verantwortung für das eigene Handeln zu übernehmen, so zu tun, als sei man es gewissermaßen nicht selbst, der oder die entscheidet, was man tut (und also auch, was man denkt – da dieses Denken zu Entscheidungen und diese zu Handlungen führen). Es findet sich bei Knausgård und ich will es zum Abschluss dieses Abschnitts noch interpretieren.

> Also zu handeln oder nicht zu handeln. Das ist doch ein klassischer Hamlet. Teilnehmer oder Zuschauer seines eigenen Lebens zu sein.« »Und du bist?« »Gute Frage.« Es entstand eine Pause. Dann sagte er: »Ich bin wohl eher ein Zuschauer, mit Elementen choreografierter Handlungen. Aber im Grunde weiß ich es nicht. Ich glaube, in mir gibt es vieles, was ich nicht sehe. Und dann existiert es einfach nicht. Und du?« »Zuschauer.« »Aber du stehst hier. Und gestern hast du in Bergen gestanden.« »Ja. Aber das ist nicht das Ergebnis einer Wahl. Es wurde erzwungen.« »Aber ist das nicht womöglich auch eine Art zu wählen? Das Geschehen die Arbeit erledigen zu lassen?«[42]

Hier geht es auf den ersten Blick nur um den Gegensatz zwischen dem Zuschauer und dem Teilnehmer am eigenen Leben: Der Protagonist (der gestern noch in Bergen gestanden hat) weigert sich, sich selbst als Teilnehmer an seinem Leben, als selbstbestimmende Person zu begreifen, und sieht sich als Beobachter, dem die Dinge nur zustoßen, gleichsam schicksalhaft, erzwungen. Dies ist natürlich auch eine Inszenierung: Der Protagonist will sich gerne sehen als jemand, der »das Geschehen die Arbeit erledigen« lässt. Aber dies betrifft genau die Differenz zwischen der Perspektive der ersten und der

42 Knausgård, *Lieben*, S. 208f.

der dritten Person, die auch in einer Theorie des vernünftigen Gründegebens beschrieben wird. Ist dies eine Form von Selbstbetrug, von Selbsttäuschung oder sollte man es als Selbst*entfremdung* bezeichnen? Ich denke, es ist plausibel, diese Form der inszenierten Ablehnung von Selbsterkenntnis als *mauvaise foi* zu verstehen, als Unaufrichtigkeit. Der Protagonist spielt gleichsam mit der Unaufrichtigkeit, die Verantwortung für sein Handeln – die Verantwortung für die Gründe seines Handelns – als Zuschauer des eigenen Lebens nicht übernehmen zu wollen, nicht übernehmen zu können. Er ist es natürlich, der sein Leben lebt, aber er prätendiert oder behauptet, nur Zuschauer zu sein; und zugleich wird er dadurch, dass er diese Rolle des Zuschauers *als die eigene* beschreibt, wiederum *Teilnehmer* an seinem Leben.

Sartre analysiert bekanntlich die Unaufrichtigkeit als besondere Form des Sich-nicht-kennen-Wollens in seinem Kapitel zur Unaufrichtigkeit in *Das Sein und das Nichts.*

> Wer sieht nicht, daß der ehrliche Mensch sich als ein Ding konstituiert, gerade um durch den Ehrlichkeitsakt dieser Dinghaftigkeit zu entgehen? Der Mensch, der sich eingesteht, daß er böse ist, hat seine beunruhigende »Freiheit-zum-Bösen« gegen eine leblose Bosheit eingetauscht: er *ist* böse, er stimmt mit sich überein, er ist das, was er ist. Gleichzeitig aber bricht er aus diesem *Ding* aus, weil er ja der ist, der es betrachtet, weil es ja von ihm abhängt, es vor seinem Blick aufrechtzuerhalten [...]. Er gewinnt aus seiner Ehrlichkeit ein *Verdienst* [...]. So weicht die Wesensstruktur der Ehrlichkeit nicht von der der Unehrlichkeit ab, weil sich ja der ehrliche Mensch konstituiert als das, was er ist, *um es nicht zu sein.* [...] [M]an befreit sich von sich gerade durch den Akt, durch den man sich zum Objekt für sich macht.[43]

43 Sartre, *Das Sein und das Nichts*, S. 149f.; vgl. auch S. 119-161; vgl. zum Beispiel des Kellners S. 139-142.

»Weil sich ja der ehrliche Mensch konstituiert als das, was er ist, *um es nicht zu sein*« – genau diese inszenierte Selbsttäuschung ist es, die sich bei Knausgård findet: Unaufrichtigkeit ist zwar eine Form der Selbsttäuschung, doch ist sie eine Form, in der der Mangel an oder die Abwesenheit von *Verantwortung* für das eigene Verhalten und Handeln im Vordergrund steht und damit die Freiheit zum eigenen Verhalten. Die Differenz dazwischen, *böse zu sein* und *ehrlich zu sein darüber, böse zu sein*, übersetzt sich bei Knausgård in die Differenz zwischen Zuschauer und Teilnehmer: Der Protagonist kann und will die eigenen Entscheidungen (scheinbar) nicht gutheißen, bestätigen, er will zwischen sich und seinem Verhalten eine Differenz bewahren, die ihm die Möglichkeit von Freiheit sichern soll, die ihm aber gerade die Möglichkeit nimmt, sich selbst als freie Person zu verstehen. Der Protagonist verfügt dann jedenfalls nicht über die Kenntnis seiner selbst und die Haltung gegenüber sich selbst, die nötig wäre für seine Autonomie, er sieht nicht oder will nicht sehen, dass er selbst nachdenken, überlegen muss, um frei zu sein, eigene Gründe zu haben und die Autorität der Selbsterkenntnis. Insofern täuscht sich auch Knausgårds Protagonist über sich selbst und ist in dieser Täuschung nicht frei.

4. Das quantifizierte Selbst

»Selbsterkenntnis durch Zahlen« ist das Motto der *Quantified-Self*-Bewegung und ich will hier wenigstens einen kurzen Blick auf diese neue und andere Form der Selbsterkenntnis werfen. Ihrem eigenen Anspruch nach will diese Bewegung mit der Vertiefung von Selbsterkenntnis nämlich auch die Selbstbestimmung befördern: Die Idee der Anhänger des *Quantified Self* (QS) ist, das eigene Verhalten so umfassend wie möglich oder doch in jeweils wichtigen Hinsichten zu vermessen, jedes Detail zu notieren, das quantifiziert werden kann. Auf den Webseiten der QS findet man alles, was man braucht, um sich selbst zu *tracken*. Dabei geht es um Daten, die Auskunft über die Körperbewegung geben (wie viel Schritte pro Tag, wie viel Treppenstufen?), die das Essverhalten notieren, auch solche, in die ich meine täglich gelesenen Seiten eintrage, ebenso wie solche, die mein Schlafverhalten aufzeichnen; und es gibt Apps, die mehrmals am Tag fragen, wie meine Stimmung ist.[44] Die Daten, die diese *wearables* (wie Fitnessarmbänder und so fort) aufzeichnen, können miteinander verbunden und analysiert werden und geben so Einsichten in die gesamten Aktivitäten einer Person.[45]

Auch *Lifelogs* gehören im Übrigen zu diesem Phänomen, das gesamte tägliche Leben messen und notieren zu wollen: Ein *Lifelog* zielt darauf, tatsächlich *alle* Erfahrungen, jede Tätigkeit, jedes Erlebnis einer Person digital (in Bild und Ton) zu erfassen – mit verschiedenen Sensoren –, um so ein Archiv anzulegen, das das ganze Leben speichert. Die ersten *Lifelogger* wie Gordon Bell und Jim Gemmell hatten die Vision, das ganze Leben aufzuzeichnen, übrigens ähnlich wie die Prota-

44 Siehe ⟨http://www.was-ist-quantified-self.de⟩, ⟨http://www.qsdeutschland.de⟩ und für die internationale Bewegung: ⟨http://www.qsinstitute.org⟩ (bei allen letzter Zugriff am 30.12.2016). Beispiele für solche Apps sind FitBit, Zeo, Strava, Autographer, AppleWatch, Foursquare oder auch Affectiva (für die Stimmungen); vgl. sehr interessant und informativ Neff/Nafus, *Self-Tracking*.

45 Um nur ein Beispiel zu nennen: Bestimmte sogenannte *HealthApps* visualisieren alle gesammelten Daten (Bewegungsdaten, aber auch Herzschlag usf.) in verschiedenen Grafiken und Tabellen; diese Apps haben zusätzlich eine Funktion – *insights* –, die die Daten auf verbesserungsfähige Aspekte hin analysiert und die die effiziente Interaktion von *wearable* und Smartphone verdeutlicht; vgl. auch die Webseite *Wareables*, auf der solche Fitnessarmbänder, Brillen mit Apps und vieles andere erstanden werden können, ⟨https://www.wareable.com⟩, letzter Zugriff am 30.12.2016.

gonisten in Dave Eggers' dystopischem Roman *Der Circle*. Gegenüber den *Lifelogs* sind die von den Self-Trackern genutzten Techniken der Selbstbeobachtung in der Regel selektiver: Zumeist geht es ihnen um Daten, die für ihre Gesundheit, ihr Wohlbefinden notwendig sind, aber nicht um eine *allround* Selbstbeobachtung.[46]

Auf das Problem, dass diese Daten zumeist nicht nur mit einer Gruppe von Gleichgesinnten geteilt werden, sondern auch mit den Herstellern der Apps, die dann ihrerseits auf der Grundlage der gesammelten Daten neue Geschäftsmodelle entwickeln können, will ich hier gar nicht eingehen.[47] Was mich interessiert, ist der Anspruch, der im Motto der Bewegung oder Gemeinschaft, wie sie sich selbst nennen, artikuliert wird: *Selbsterkenntnis* durch Zahlen. Mit Hilfe dieser Selbsterkenntnis, das ist die Idee, kann man nicht nur ein gesünderes – und deshalb besseres – Leben leben, sondern auch eines, das selbstbestimmter ist, weil man genauer wissen kann, was man tatsächlich tut, wer man also tatsächlich ist, statt sich auf die eigene subjektive Einschätzung, die natürlich auf Selbsttäuschung beruhen kann, zu stützen. So ließen sich etwa auch lästige Verhaltensweisen, wie das permanente Aufschieben von Aufgaben – Prokrastinieren –, die der eigenen Selbstbestimmung im Wege stehen, mit Hilfe der Selbstvermessung, wenn nicht aus der Welt schaffen, so doch zügeln und reduzieren.[48]

Nun steht diese Form der Selbstbeobachtung natürlich in

46 Vgl. Bell/Gemmell, *Your Life, Uploaded*; Eggers, *Der Circle*; vgl. Allen, »Dredging Up the Past«, S. 48; vgl. ebd., S. 54, zur Herkunft des Begriffs der *sousveillance*; vgl. Lanzing, »The Transparent Self«.

47 Vgl. zum Beispiel Mayer-Schönberger/Cukier, *Big Data*; vgl. für viele interessante Beispiele Lupton »Self-Tracking Modes: Reflexive Self-Monitoring and Data Practices«.

48 Vgl. Anderson/Heath, »Procrastination«.

einer langen Tradition: Kathrin Passig etwa unterscheidet drei Entwicklungslinien, die zu der Selbstbeobachtung des quantifizierten Selbst führen. Sie verweist, zum Ersten, darauf, dass Techniken der empirischen Wissenschaften auch in den Privatbereich vordringen. Zum Zweiten macht sie deutlich, dass in den Praktiken des professionellen ebenso wie des Amateur-Sports schon seit langem Gebrauch gemacht wird von Techniken zum Datensammeln, Vergleichen, Messen. Und zum Dritten schließlich lässt sich, so Passig, die Praxis des quantifizierten Selbst zurückverfolgen zur Tradition der »verwissenschaftlichten Selbstbeobachtung«, für die sie Beispiele findet etwa bei der Einführung des Haushaltsbuches im 19. Jahrhundert.[49]

Diese Selbstbeobachtung kann gewiss ausgesprochen positive Folgen haben, zu einem bewussteren Leben führen und helfen, das eigene Leben besser zu kontrollieren. Aber dies ist nur die eine Seite. Die andere Seite zeigt die eher problematischen Folgen, die diese Form der versuchten Selbsterkenntnis haben kann. Auf eine der Konsequenzen eines Lebens mit dem *Lifelog* weist etwa Anita Allen hin; und dies schließt unmittelbar an an den oben besprochenen Zusammenhang von Selbsterkenntnis und Selbstveränderung, denn es geht ihr um die Frage des Umgangs mit der eigenen Biographie und die Möglichkeit und Fähigkeit, sich selbst zu ändern. Allen argumentiert nämlich, mit den *Lifelogs* werde das Gedächtnis überflüssig: Sie nennt dies »das Einfrieren der Vergangenheit«.[50] Dies sei deshalb so bedenklich, weil unsere Ideen der eigenen Identität und unsere Vorstellungen des guten Lebens *auch da-*

49 Passig, »Unsere Daten, unser Leben«, S. 88; vgl. zu Passig auch meine Ausführungen im nächsten Kapitel.

50 Allen, »Dredging up the Past«, S. 57; vgl. zur moralischen – und ethischen – Bedeutung der Erinnerung Blustein, *Forgiveness and Rememberance.*

von abhängen, wie wir uns ändern können, wie wir in andere Verhaltensweisen, Lebensweisen hineinwachsen können, wie wir tatsächlich vergessen können, was wir einmal wichtig und richtig fanden. Ich habe oben gezeigt, in welch komplexer Weise Selbsterkenntnis, Selbsttransformation und Selbstbestimmung miteinander verbunden sind. Häufig sind wir in diesen Prozessen der Veränderung auch geneigt, unsere Vergangenheit zu re-interpretieren – Perioden, die einmal als schrecklich erlebt wurden, bekommen in der Erinnerung gleichsam einen anderen, milderen Ton (oder umgekehrt). Und es wäre falsch, diese Veränderungen ausnahmslos als Selbsttäuschungen zu qualifizieren: Sie können gerade Kennzeichen des geprüften Lebens sein, sind häufig Resultate von Reifungs- und Lernprozessen, also des Versuchs, das eigene Leben so gut wie möglich zu leben. Mit dem *Lifelog* und den Daten der Self-Tracker wäre dies schwer möglich, denn von den Daten werde ich mit genau der Person, die ich einmal war, mit genau deren Aktivitäten, Verhalten, aber auch mit den Emotionen, Überzeugungen und Wünschen konfrontiert. Es ist gerade die Aufgabe von *Lifelogs*, alles genau zu erinnern, in genau derselben digitalisierten Form – auch wenn diese Daten natürlich immer interpretiert werden müssen. Es wird jedoch nur schwer möglich sein, unterschiedliche Narrative über vergangene Ereignisse zu entwerfen, Erinnerungen ganz neu zu interpretieren und auf diese Weise sich selbst zu ändern.

Ein zweites Problem beim Self-Tracken kann man darin sehen, dass sich diese Form der Selbstbeobachtung fast ausschließlich auf Daten stützt, die mein eigenes Verhalten *von außen* registrieren: Es ist eine Beobachtung des Selbst aus der Perspektive der dritten Person. Das gilt in gewisser Weise auch für die Stimmungs-Apps: denn sie fordern mich natürlich nicht zur Reflexion über meine momentane Stimmung auf, sondern nur dazu, festzuhalten, wie ich mich im Moment fühle. Das handelnde Subjekt, mit der Perspektive der ersten Person, verwandelt sich in eine Beobachterin ihres eigenen Verhaltens. So wird die Idee der Selbsterkenntnis als Imperativ »erkenne dich selbst« modifiziert zur Idee, sich selbst als ein sich im Raum bewegendes Objekt zu sehen. Eine solche Perspektivenverschiebung kann jedoch gerade auch als Selbstentfremdung begriffen werden, da sich das Subjekt nicht mehr durch und von der Perspektive der ersten Person und mit dieser Autorität begreift, sondern mit dem entfremdenden und verdinglichenden Blick von außen. Die Selbsterkenntnis der QS-Bewegung ist eine Selbsterkenntnis allein des quantifizierten und digitalen Selbst und erkennt als Erkenntnis oder Wert nur das an, was sich messen lässt. In diesem Sinne schreibt Christoph Koch, einer der Protagonisten der Bewegung: »[N]iemand (werde) bestreiten, dass wir einen Wert zuerst kennen und messen müssen, bevor wir ihn verändern wollen.«[51] Kennen und Messen werden hier umstandslos miteinander identifiziert, ohne dass dies überhaupt noch erwähnenswert scheint. Aus einer ähnlichen Perspektive kritisiert Alice Marwick in ihrem Kapitel über *Lifestreaming* dieses digitale Selbst: Denn dieses Selbst gehe selbstverständlich schon immer davon aus, dass alles, was es tut, *übersetzbar* sei in ein bestimmtes Datenset. Anschließend könne dieses Datenset der quantifizierten Person genau sagen, wer sie wirklich ist.[52]

Diese Reduktion der Selbsterkenntnis auf das Sammeln von Daten kann auch aus einer anderen Perspektive kritisiert werden: Man kann sie begreifen als Selbstverdinglichung, in der das Subjekt sich und andere sieht als leblose, kommodifizierte Dinge. Das Subjekt versteht sich selbst dann nur noch als eine Ansammlung von Daten und wird auch von anderen

51 Koch, »Die Vermessung meiner Welt«.
52 Marwick, *Status Update*, S. 205-211.

nur als solche wahrgenommen.[53] Dies scheint problematisch, selbst wenn man noch nicht einmal den Blick auf die Vermarktung der eigenen Daten lenkt: Es geht hier auch um eine Kommodifizierung des eigenen Selbst, die Folgen für das eigene Selbstverständnis und die eigene Selbstbestimmung haben kann.[54] Diese Tendenzen, die Perspektive auf das eigene Verhalten zu ändern, sich in Daten wiederzufinden und zu erinnern, sind natürlich im Moment nicht mehr als das, Tendenzen. Aber wie verändern sich damit unsere Begriffe von Selbsterkenntnis, Identität, des Selbst und der Autonomie? Dies sind auch für meinen Kontext wichtige Fragen, weil die mögliche, schleichende Veränderung dieser grundlegenden normativen Begriffe auch aus der Perspektive einer Autonomietheorie kritisiert werden muss – und ich werde hierauf im siebten Kapitel, zur Privatheit, und im letzten Kapitel noch zurückkommen.

53 Wie man im Anschluss an Axel Honneth, *Verdinglichung*, argumentieren kann: Honneth charakterisiert verdinglichte soziale Beziehungen als solche, die ethische Prinzipien verletzen, weil sie andere Personen nicht in ihrer Individualität respektieren; stattdessen werden sie behandelt »als empfindungslose, tote Gegenstände, eben als ›Dinge‹ oder ›Waren‹« (ebd., S. 15). Diese Interpretation wendet er überzeugend auch auf die Beziehung des Subjekts zu sich selbst an: Subjekte können der Selbstverdinglichung nicht entfliehen, wenn sie in verdinglichten sozialen Beziehungen leben (ebd., S. 78-93).

54 Auf die Radikalisierung des *data sharing* bei den neuesten Formen der Selbstbeobachtung – wie in der QS-Bewegung – und darauf, dass diese Form von *sous-veillance* zugleich eine Form der *sur-veillance* sein kann wegen der Firmen, die die Daten sammeln und sie mit anderen Daten verbinden, um genaueste Profile zu erstellen, kann ich hier leider nicht eingehen; vgl. noch einmal Lupton »Self-Tracking Modes: Reflexive Self-Monitoring and Data Practices« und Lanzing, »The Transparent Self«; zum Internet der Dinge vgl. Brey, »Freedom and Privacy in Ambient Technology«, auch Morozov, *To Save Everything, Click Here*.

Damit komme ich zum Schluss. Meine Ausgangsfrage in diesem Kapitel war die danach, in welcher Weise Selbstbewusstsein oder Selbsterkenntnis verbunden sind mit der Möglichkeit von Autonomie, und negativ formuliert, wie der Mangel oder die Abwesenheit von Selbsterkenntnis meine Selbstbestimmung behindern oder verunmöglichen kann. Und auch die umgekehrte Frage habe ich gestellt: In welcher Weise kann Freiheit als Voraussetzung dafür begriffen werden, dass wir sagen können, Selbstbewusstsein zu haben und über Selbsterkenntnis zu verfügen. Ich denke, dass deutlich geworden ist, in welcher Weise die Selbsterkenntnis einer Person notwendig für ihr selbstbestimmtes Handeln ist. Wird sie selbstverschuldet oder jedenfalls selbstmotiviert (wie in der Selbsttäuschung) oder fremdverschuldet (wie im Falle der fundamentalen epistemischen Verunsicherung) daran gehindert, sich darüber klar zu werden, was sie (wirklich) denkt und denken sollte und wie sie (wirklich) handeln will und handeln sollte dann bedeutet dies, dass sie in ihrer Autonomie behindert und eingeschränkt wird. Entscheidend für die Autonomie sind Prozesse der Überlegung, der Reflexion, und der Artikulation – Prozesse, die sich einer auch nur partiellen Reduktion auf Daten, erhoben aus der Beobachterperspektive, entziehen.

5
Autonomie, Selbstthematisierung, Selbstbeobachtung: vom Tagebuch zum Blog

Siehst du, liebes Tagebuch, das Schicksal wird es einfach mit mir haben, weil ich ihm alles vorschreibe.[1]

Tagebücher? Ein Zeichen der Zeit. So viele Tagebücher werden veröffentlicht. Es ist die bequemste, zuchtloseste Form. Gut. Vielleicht wird man überhaupt nur Tagebücher schreiben, da man Alles andere Unerträglich findet. Übrigens wozu verallgemeinern. Es ist die Analyse selbst; – nicht mehr u. nicht weniger. Es ist nicht Kunst. Es solls nicht sein. Wozu viel darüber reden?[2]

1. Selbstbeobachtung, Selbstkontrolle, Reflexion

Eines der grundlegenden Probleme, die mich in diesem Buch beschäftigen, ist das, was es heißt, dass Personen *ihr Leben als ihr eigenes* begreifen, und zwar als ihr eigenes auch mit Blick auf ihre Identität, die sich durch verschiedene Rollen, ver-

1 »You see, dear diary, Fate will have an easy time with me, for I prescribe everything for him.« Tagebucheintrag von Karen Horney am 26. Dezember 1900, siehe Horney, *The Adolescent Diaries of Karen Horney*, S. 19. Sie ist zu diesem Zeitpunkt 15 Jahre alt und hat gerade ihrem Vater eröffnet, dass sie Ärztin werden will. Es gibt von Karen Horneys Tagebuch keine Ausgabe des deutschen Originals, nur englische Übersetzungen; das deutsche Original findet sich in der Bibliothek der Yale University (»Diary – as handed to Rubins, 1900-1903«) vgl. das Findbuch ⟨www.bpsi.org/library/pdf/Horney_FA.pdf⟩, letzter Zugriff am 26. 01. 2017.

2 Musil, *Tagebücher*, S. 10.

schiedene Beziehungen und verschiedene biographische Abschnitte zieht. Wer nach der Autonomie im täglichen Leben fragt, fragt eben auch dies: Wie denkt man darüber nach, wie man leben will? Wie erschließt man sich die Idee des eigenen guten Lebens? Wie ergründen und entwickeln sich die eigene Subjektivität und Individualität? Traditioneller Ort solcher Reflexionen auf das eigene Ich und solcher Befragungen dieses Ichs ist seit ungefähr dem 18. Jahrhundert das Tagebuch.[3] Tagebücher werden, in ihren verschiedenen Formen auf unterschiedliche Weise, sowohl als Chronik des eigenen Lebens verstanden wie auch als Ort der Selbsterforschung, der Selbsterkundung und -beobachtung. Die Geschichte des Tagebuchs lässt sich deshalb auch lesen als Geschichte der Präsentation des Selbstverhältnisses: Ralph-Rainer Wuthenow etwa versteht diese Geschichte als Geschichte der literarischen Konstruktionen des Ichs. Von pietistischen Tagebüchern, wie bei dem Frühaufklärer Haller, über George Eliot, Virginia Woolf, bis zu Max Frisch, Witold Gombrowicz oder Susan Sontag, lassen sich jeweils andere, historisch kontextualisierte Erforschungen der Subjektivität, Selbstbeobachtungen, Selbstkonfrontationen ausmachen.

Doch mir geht es hier um einen spezifischen Blick auf das Tagebuch: Kann man aus Tagebüchern etwas lernen über die Frage, wie das selbstbestimmte Leben gelebt wird? Zeigen die Diaristen, wie sie darüber nachdenken, ihr Leben zu leben? Oder warum oder in welcher Weise ihr Leben *nicht* selbstbestimmt ist? Tagebücher bringen, so will ich argumentieren, in der Tat häufig und auf besonders prägnante Weise zum Ausdruck, wie Personen versuchen, ihr Leben in den Griff zu bekommen und selbstbestimmt so zu leben, dass ihr Leben ein

3 Vgl. zum Folgenden Wuthenow, *Europäische Tagebücher*; vgl. auch die Studie von Rüdiger Görner, *Das Tagebuch*, zu den ersten Tagebüchern S. 13-23; vgl. auch Mallon, *A Book of One's Own*.

möglichst gelungenes wird. Wir werden allerdings sehen, dass es zumeist nur um den Versuch geht, kein allzu schlechtes Leben zu leben: Gescheiterte Pläne, Selbsttäuschung, Entscheidungsprobleme, Willensschwäche – all dies sind Themen, die in Tagebüchern artikuliert werden und die zugleich solche des selbstbestimmten Lebens sind. Dass ich mich bei der Auswahl der Tagebücher an die von Schriftstellern und Schriftstellerinnen gehalten habe, liegt vor allem daran, dass sie besonders artikuliert über die alltäglichen Sorgen und alltäglichen Bemühungen um Selbstbestimmung Auskunft geben können. Das heißt aber nicht, dass andere Personen in Tagebüchern fundamental anders oder anderes schreiben – und Henri-Frédéric Amiel hat keinen Roman veröffentlicht, ist also nur *cum grano salis* ein Schriftsteller. Über das Tagebuchschreiben als Massenphänomen gibt es reichlich Literatur, vor allem soziologische. Mir geht es hier jedoch um eine spezielle Perspektive, die auf Autonomie und das gelungene Leben fokussiert ist, und nicht um ein soziologisches Phänomen.

Tagebücher – auch die von Schriftstellern und Schriftstellerinnen – sind häufig gefüllt mit trivialen Mitteilungen – über den Einkauf, Besuche von Bekannten, Spaziergänge, Berichte über Fortschritte (oder eben keine) der eigenen Arbeit und so fort. Am bekanntesten sind hier natürlich die Einträge von Thomas Mann, von denen sich zahllose anführen ließen, zum Beispiel der vom 20. September 1940: »8 Uhr auf. Mit K. und dem Pudel draußen [...].« Sie können aber *auch dadurch* ein Medium der Selbstreflexion sein, des Nachdenkens, des Berichterstattens darüber, was man mit diesem Tag, dieser Woche, diesem Leben gemacht hat, was man eigentlich machen wollte, und Auskünfte darüber geben, dass dies nicht gelungen ist. Eines der bestimmenden Themen dieser Tagebücher ist dabei die Krankheit, die körperlichen Schmerzen (fast immer des Kopfes), aber auch die seelischen Leiden, die die Schreiber und Schreiberinnen hindern an dem, was sie eigentlich tun wollen – nämlich schreiben. Um nur ein Beispiel zu nennen: Bei Musil heißt es »2.111. Gestern in Wien mit Gustl zusammengewesen. Wieder die gewisse Stimmung feine psychologisierende Liebenswürdigkeit. Während der Hinfahrt wunderbares Wetter. Fühlte mich wohl, der Geist arbeitete leicht. Heute unsagbares, dumpfes Elend. Denke gar nicht mehr an all das von dem ich gestern sprach —— kann nicht schreiben.«[4] Der Diarist beobachtet, so schreibt Wuthenow über Rousseau, »als Meteorologe des Selbst das Klima seines Ich.«[5]

Die methodologischen Probleme im Umgang mit Tagebüchern als Quellen der Selbsterforschung und Schauplatz des Ringens um Selbstbestimmung sind mir natürlich bewusst. Wenn etwa George Eliot festhält, »elendig reizbar und kopfwehig« (»both miserably bilious and headacy«) zu sein, dann lässt sich dies nicht unmittelbar als ein Ringen um Autonomie begreifen.[6] Andererseits könnte man auch sagen: Sie hält genau das fest, was sie daran hindert, ihr Leben so leben zu können, wie sie es – an diesem Tage – wollte. Dass sich in den Texten selbst die Begriffe »Selbstbestimmung« oder »Autonomie« so gut wie nie finden, spricht natürlich nicht dagegen, dass es in ihnen *auch* um die Suche nach einem selbstbestimmten Leben geht. Dies scheint mir eher ein fruchtbarer und nicht ein falscher hermeneutischer Zirkel zu sein. Ich lese also Tagebücher als Zeugnisse des modernen Strebens nach

4 Musil, *Tagebücher*, S. 15 Deshalb kann etwa Jurgensen in *Das fiktionale Ich*, seiner erhellenden Studie zur Form des Tagebuchs (auf S. 16) zu Recht schreiben: »Immer aber liegt [...] [dem] Leiden an der Existenz das eine große Thema aller Tagebuchliteratur zugrunde: Ich weiß nicht, wer ich bin. Im Schreiben findet die individuelle Identität eine ihr gemäße Art der Selbstbestimmung.«

5 Wuthenow, *Europäische Tagebücher*, S. 3.

6 Eliot, *The Journals of George Eliot*, S. 57; Eintrag vom 20. September 1855.

Autonomie, aus denen Elemente des autonomen Lebens *rekonstruiert* werden können, und gerade nicht als Illustrationen oder Falsifikationen einer normativen Idee von Autonomie.

Nun sind Tagebücher einerseits verbunden mit dem Geheimnis, dem Geheimhalten vor anderen (so schreibt Virginia Woolf: »Da ich nicht schreiben kann, wenn jemand anderes im Zimmer ist, und da L. hier sitzt, wenn wir das Feuer anmachen, bleibt dieses Buch geschlossen.«[7]); sie werden versteckt, mit (echten) Schlössern versehen, in für andere kaum verstehbarer verschlüsselter Schrift geschrieben (wie bekanntlich bei Samuel Pepys). Und sie sind doch auf der anderen Seite immer auch an ein Publikum gerichtet: Denn Tagebücher haben fast immer einen Aspekt des für andere Schreibens, nicht nur für sich selbst. So behaupten einige Theoretiker, jedes Tagebuch weise einen »hohen Fiktionalisierungsgrad« auf (Sabine Gruber), während andere nur diejenigen Tagebücher als die eigentlich echten bezeichnen wollen, die sich so konsequent wie möglich nur an sich selbst richten. Gustav Hocke zufolge ist das Tagebuch von Benjamin Constant, der behauptet, »sein Tagebuch wie sein Leben [zu behandeln]«, eines der »echtesten« überhaupt, weil es gerade in keiner Weise für eine Öffentlichkeit geschrieben wurde.[8]

Schauen wir ein wenig genauer auf diese Beziehung zwischen Ich und Ich: Da der Adressat im Tagebuch immer das Ich der Schreiberin selbst ist, muss man es als inneren Dialog beschreiben, der versprachlicht wird – das Tagebuch »kennt

7 »As I cannot write if anyone else is in the room as L. sits here when we light the fire, this book remains shut.« Zitiert bei Seifert, *Von Tagebüchern und Trugbildern*, S. 64.

8 Hocke, *Europäische Tagebücher aus vier Jahrhunderten*, S. 25; vgl. auch die aufschlussreiche Interpretation von Constant bei Wuthenow, *Europäische Tagebücher*, S. 70-73.

[…] zunächst nur einen Leser: den Autor«, wie Wuthenow schreibt. Für ihn ist es konstitutiv für das Tagebuch im eigentlichen Sinn, dass es sich nur an die Schreibende selbst richtet. Mit der Vorstellung, das Tagebuch richte sich an eine Öffentlichkeit, werde, so Wuthenow, eine Grenze überschritten – die zwischen Selbstgespräch und Literatur: »Das Selbstgespräch hat dann plötzlich ein Publikum. Aber ein Selbstgespräch vor dem Publikum ist kein Selbstgespräch mehr, es wird notwendig – Literatur.«[9]

Aber ist das richtig? Sollte man Passagen wie die folgende von Virginia Woolf wirklich so interpretieren?

> Dieses Buch wurde aus der 37 gerettet: ich habe es, zusammen mit ein paar Elisabethanern, aus dem Laden heruntergebracht, für mein Buch, das jetzt »Turning a Page« heißt. Ein Psychologe würde erkennen, dass ich das hier geschrieben habe, während jemand & ein Hund im Zimmer waren. Insgeheim füge ich hinzu: Ich glaube, ich werde jetzt vielleicht weniger weitschweifig sein – aber wenn ich zu viele Seiten schreibe, ist es auch egal. Muss nicht an den Drucker denken, nicht an die Öffentlichkeit.[10]

Ist dies noch Selbstgespräch, wie Wuthenow sagt, oder schon Literatur? Es scheint mir nicht wirklich überzeugend, hier eine solch scharfe Trennlinie ziehen zu wollen, wie er es vorschlägt. Fiktionalisiert ist das Selbstgespräch ohnehin, und die Unterscheidung zwischen dem wahren Ich und dem diarischen Ich oder auch die zwischen dem authentischen diarischen Ich

9 Ebd., S. 198; vgl. Seifert, *Von Tagebüchern und Trugbildern*, S. 70-74.
10 Woolf, *Tagebücher 5*, S. 525, der Eintrag ist vom 1. Januar 1941; vgl. auch den Eintrag vom 19. Januar 1936: »Ein Gefühl für das, was die Öffentlichkeit erwartet, zwingt mich, damit zu beginnen, dass Kipling gestern gestorben ist; & dass der König (George V.) wahrscheinlich heute stirbt.« Ebd., S. 27.

und dem fiktionalisierten Ich gegenüber der Öffentlichkeit kann nicht wirklich eindeutig gemacht werden.[11] Im Übrigen sollte man jedenfalls heuristisch zwei Fragen voneinander trennen: Schreibt die Diaristin immer für ein Publikum? Und schreibt wirklich »sie selbst« oder ein fiktionalisiertes Ich? Anders als Wuthenow bin ich der Meinung, dass man sowohl gleichsam *fiktionalisiert für sich selbst* schreiben kann, wie auch nicht fiktionalisiert *für ein Publikum*. Die Frage nach der Grenze zwischen Selbstgespräch und Literatur kann natürlich ihre Berechtigung haben, wenn es etwa um die ästhetische Beurteilung der Texte geht, doch ist dies hier nicht das Problem.

Man könnte auch argumentieren, ein privates, intimes Tagebuch, das sich doch an einen Adressaten wende, sei ein unlösbarer Widerspruch: Der Widerspruch bestehe darin, dass die Diaristinnen, *dadurch, dass* sie ein *Tagebuch* schreiben, die ganz private Form des Schreibens wählen, andererseits dadurch, dass sie *schreiben*, sich immer schon – manchmal ganz wörtlich (wie etwa bei Anne Frank und Karen Horney) – an einen *Adressaten* wenden. Aber das ist nicht wirklich ein Widerspruch – denn genau dies ist es, was wir mit Selbsterforschung oder auch Reflexion meinen: nachdenken darüber, was der Tag gebracht hat, wie wir uns uns selbst und anderen gegenüber verhalten wollen und sollen, zum Ausdruck bringen, dass es irritierend ist, nicht arbeiten zu können, weil man Kopfweh hat und so fort. Es scheint nicht widersprüchlich, den inneren, auch geschriebenen Dialog als privat oder intim zu bezeichnen und zugleich als immer schon an jemanden – mindestens sich selbst – gerichtet. Dabei gehe ich – sprach-

11 Vgl. Seifert, *Von Tagebüchern und Trugbildern*, S. 64-79; die Idee der Verdoppelung des Ichs im Tagebuch von Max Frisch – fiktionales und direktes Ich – wird hilfreich interpretiert von Görner, *Das Tagebuch*, S. 92-94.

philosophisch nach Wittgenstein, denke ich, vollkommen zu Recht – davon aus, dass sich kein kategorialer semantischer Unterschied findet zwischen dem inneren Dialog und dem Dialog mit anderen.

Das führt uns direkt zu einem weiteren Einwand: Denn wenn ich nach den Reflexionen über das selbstbestimmte Leben im Alltag suche, also gewissermaßen an das ›echte Leben‹ herankommen will, scheint es fatal, Tagebücher (nur) als Inszenierungen des Ichs, eines fiktionalisierten Ich, mit fiktionalisierten Überlegungen zu begreifen. Doch auch dieser Einwand ist nicht überzeugend: Denn selbst wenn sich der Schreiber im Tagebuch *auch* inszeniert, scheint es keineswegs plausibel, einen grundsätzlichen Unterschied zu machen zwischen dem privaten, intimen und deshalb angeblich authentischen Dialog mit sich selbst im echten Tagebuch, gegenüber dem nichtauthentischen Selbst, das für (alle) anderen agiert oder nur gegenüber allen anderen eine Rolle spielt. Die Unterscheidung zwischen dem authentischen und dem inszenierten Ich verwendet ohnehin die philosophisch durchaus umstrittene Idee, dass eine Person gleichsam einen Kern hat, in dem sie wirklich und aufrichtig ganz sie selbst ist – doch Phänomene wie Selbsttäuschung, Selbstbetrug, auch der Irrtum über die eigenen Wünsche und Überzeugungen, Phänomene, wie sie gerade im Kapitel zur Selbsterkenntnis schon zur Sprache gekommen sind, sind mit dieser schlichten Gegenüberstellung sicherlich nicht zu erklären.

Tagebücher können auch dann, wenn sie (implizit oder explizit) zuweilen an ein Publikum gerichtet sein mögen, als Quelle dafür gesehen und verwendet werden, wie jemand *für sich* über sein Leben nachdenkt und was er oder sie damit machen will: also als Quelle für genau jene Form der Reflexion, manchmal auch Selbstbeobachtung, die für das autonome und gute Leben notwendig ist. Im Tagebuch konfrontiert die Schreiberin sich mit ihrem eigenen Ich; und sie tut dies auf charakteristisch unterschiedliche Weise: selbsterforschend, protokollierend, als Chronik oder mit hingeworfenen Gefühlsausdrücken.[12]

Natürlich kann man Diaristen und Diaristinnen immer als besonders verdächtig ansehen: Sie konstruieren und inszenieren sich im Tagebuch, sie lassen Gegebenheiten aus, sie verzerren, sie sagen nicht die Wahrheit. Dies sind klassische Probleme des Tagebuchs – die Frage nach der Wahrheit des Geschriebenen, die Frage nach dem Selbstbetrug oder dem Betrug der Autoren. Es hilft jedenfalls nicht, wenn man, wie Max Brod, mit apologetischen Bemerkungen die Darstellungen des Diaristen gewissermaßen richtigstellen will: »Die falsche Perspektive, die jedes Tagebuch unwillkürlich mit sich bringt, muss überhaupt beachtet werden. Man schreibt, wenn man ein Tagebuch führt, meist nur das auf, was einen bedrückt oder irritiert. Durch solches Schreiben befreit man sich von schmerzlichen negativen Eindrücken.«[13]

Aber ist das ein Problem für die Suche nach dem selbstbestimmten Leben im Tagebuch? Ich denke nicht: Denn man kann natürlich mit guten Gründen sagen, dass *jeder* Versuch, ein selbstbestimmtes Leben zu leben, zu finden, wie man wirklich leben will, immer auch *diesen* Gefahren ausgesetzt ist, den Gefahren der Selbsttäuschung, des (hypochondrischen) Betonens der eigenen Krankheiten, des ungerechten Blicks auf das eigene Leben ebenso wie auf das der anderen und so fort. Insoweit wir Ko-Autoren unseres eigenen Lebens sind,

12 Das Tagebuch wird »geprägt von einer Reflexion auf das Ich, das sich hier zu vergegenwärtigen, zu objektivieren zu erinnern, vielleicht auch zu entwerfen versucht.« Wuthenow, *Europäische Tagebücher*, S. 3; Görner, *Das Tagebuch*, S. 13: »Am Anfang war die Selbsterforschung. Aber sie wurde nicht narzißtisch verstanden, sondern religiös.«

13 Kafka, *Tagebücher 1910-1923*, S. 536.

inszenieren wir das eigene Ich immer in verschiedenen Hinsichten. Daran ändert auch die angeblich authentische Konfrontation des Ichs mit dem Ich im Tagebuch nichts. Diese Kreationen eines fiktiven Selbst, das im Tagebuch geschaffen wird, können deshalb nicht als Argument gegen die Interpretation der Gattung genommen werden: Wir können auch Autoren unseres *Blicks* auf uns selbst sein – jedenfalls dann, wenn wir dabei gewisse Realitätszwänge beachten.[14] Selbstbetrug, Selbsttäuschung kann natürlich durchaus ein Problem für die Autonomie des Subjekts sein, doch auch wenn diese Selbstauskunft, wie das ganze Tagebuch, nicht unbedingt und in jeder Hinsicht vertrauenswürdig ist, wird man sie doch mit der nötigen Vorsicht *auch* gebrauchen und interpretieren können als Selbsterkenntnis und Selbstbeschreibung.

Deshalb kann man also schon hier feststellen, dass sich aus Tagebüchern jedenfalls insoweit etwas über das alltägliche Leben lernen lässt, als die Hindernisse bei der Suche nach dem selbstbestimmten Leben, das Fehlschlagen dieses Lebens deutlich vor Augen geführt werden. In diesem Kapitel will ich einige Passagen traditioneller Tagebücher genauer untersuchen mit Blick auf die Frage, ob und wie sich in ihnen ein Suchen nach dem selbstbestimmten und guten Leben finden lässt. Doch im Titel dieses Kapitels verweise ich noch auf einen anderen

14 Übrigens braucht man für diese These gar nicht eine Verteidigerin des narrativen Selbst zu sein, wie etwa Schechtman, vgl. ihr »The Narrative Self«; Richter (*Das Weblog als modernes Tagebuch*, S. 14 f.) behauptet, dass im literarischen Tagebuch die außerliterarische Identität des Schreibers nicht mehr zu erkennen sei, da das Ich zu stark fiktionalisiert werde. Diese These der Fiktionalität steht als Merkmal des literarischen Tagebuchs also in Opposition zum autobiographischen Wahrheitsanspruch des ursprünglichen Tagebuchs, und ich halte sie, wie aus dem Text deutlich wird, für überzogen. Den Begriff der Ko-Autorschaft autonomer Personen hat Raz bekannt gemacht, vgl. *The Morality of Freedom*, S. 370.

»Datenträger« als den des traditionellen Tagebuchs. Ich will nämlich in einem zweiten Schritt solchen Medien nachgehen, die häufig gleichsam die Rolle von Tagebüchern in der digitalisierten Gesellschaft übernommen haben, nämlich Blogs. Kann man Blogs als weiteren Schritt in der Tagebuchtradition begreifen? Oder führen diese Medien die Idee des Tagebuchs gerade *ad absurdum*, weil sie schon von vornherein nicht auf die einsame Selbstreflexion angelegt, sondern immer auch schon an eine wie auch immer kleine Öffentlichkeit gerichtet sind?

Es scheint naheliegend, zwischen traditionellen Tagebüchern und digitalen Blogs ein Kontinuum zu sehen: So, wie auch traditionelle Tagebücher sich zumindest implizit an ein Publikum richten können und die »echten Tagebücher«, die tatsächlich ausschließlich und deutlich erkennbar nur für die Diaristen selbst bestimmt waren, vielleicht die Ausnahme sind, so kann man bei den Blogs sehen, dass zumindest eine Gruppe von ihnen zunächst auch nur für eine bestimmte Leserschaft verfasst wurde. Dies gilt sicher für eines der bekanntesten Blogs/Tagebücher der letzten Jahre, das mittlerweile auch als Buch veröffentlichte *Arbeit und Struktur* von Wolfgang Herrndorf. Blickt man großzügig auf die Definition des Tagebuchs als ein chronologisches Selbstzeugnis, dann fallen darunter klarerweise auch die digitalisierten Selbstzeugnisse. *Arbeit und Struktur*, obwohl als Blog begonnen, unterscheidet sich von der Art der Reflexion und des Stils her nicht kategorisch von, beispielsweise, den Aufzeichnungen Witold Gombrowicz' – der sein Tagebuch zwar auch als Tagebuch angelegt, es jedoch für eine (bestimmte) Öffentlichkeit geschrieben hat.[15]

15 Ein solches Kontinuum sehen auch van Dijck und Richter; vgl. auch Holm, »Montag Ich«, sowie Tine Nowak, »Vom Blatt zum Blog«; auf die Frage, ob sich der Blick auf uns selbst aufgrund der technologischen Innovationen verändert, komme ich noch zurück.

Ohnehin kann man hier keine genauen Gattungsgrenzen ziehen: Rainald Goetz etwa schreibt, mit seinem *Abfall für alle*, einerseits ein Tagebuch, andererseits ein Blog, außerdem einen Roman – die Grenzen sind fließend, die Praktiken ohnehin hybrid (José van Dijck), und auch wenn ich mich konzentrieren werde auf die möglichst eindeutigen Fälle, denke ich nicht, dass es sinnvoll und notwendig ist, an genauen Grenzen festzuhalten. Im Übrigen ist es offenkundig, dass wir in Tagebüchern – und in Blogs – nur solchen Überlegungen begegnen, die der autonomen Entscheidung *vorangehen*. Die Entscheidung darüber, welcher Wunsch, welche Überlegung handlungswirksam wird, ist dem Tagebuch in der Regel nicht anzusehen – und wenn, dann höchstens beim nächsten Eintrag.

2. Warum Tagebücher? Und welche Tagebücher?

Wir sind hier natürlich schon mitten in der Interpretation von Tagebüchern – und es gibt noch einen anderen Grund, warum sie aus autonomietheoretischer Perspektive so interessant sind: Denn Tagebücher bieten ihren Schreiberinnen und Schreibern häufig einen Halt; sie stützen und unterstützen die Autonomie im täglichen Leben. Es geht hier also auch um das Thema des Tagebuchs als Gerüst, als Stütze für das selbstbestimmte Leben.[16] Man kann im Tagebuch nicht nur finden, welche Begebenheiten den Diaristen und Diaristinnen wichtig sind, welche Schmerzen, Emotionen, Schwierigkeiten sie haben, was sie als Glück oder als Scheitern empfinden, sondern auch Einträge darüber, dass ihnen das Tagebuch selbst zum Instrument wird, das eigene Leben zu stützen. So

16 Vgl. Anderson/Heath, »Procrastination and the Extended Will« zur Idee des *scaffolding autonomy*; vgl. auch Anderson, »Autonomielücken als soziale Pathologie«.

heißt es in einer berühmten Passage bei Thomas Mann (vom 11. Februar 1934):

> Diese Tagebuchaufzeichnungen, wieder aufgenommen in Arosa, in Tagen der Krankheit durch seelische Erregung und durch den Verlust der gewohnten Lebensbasis, waren mir ein Trost und eine Hülfe seither, und gewiß werde ich sie fortführen. Ich liebe es, den fliegenden Tag nach seinem sinnlichen und andeutungsweise auch nach seinem geistigen Leben und Inhalt festzuhalten, weniger zur Erinnerung und zum Wiederlesen, als im Sinn der Rechenschaft, Rekapitulation, Bewußthaltung und bindenden Überwachung [...].[17]

Noch deutlicher wird diese Idee, das Tagebuch gleichsam als Lebenshilfe zu verstehen, bei Kafka: Er schreibt am 25. Februar 1912: »Das Tagebuch von heute an festhalten! Regelmäßig schreiben! Sich nicht aufgeben! Wenn auch keine Erlösung kommt, so will ich doch jeden Augenblick ihrer würdig sein.«[18] Und ähnlich (man könnte viele andere Passagen zitieren) am 16. Dezember 1910: »Ich werde das Tagebuch nicht mehr verlassen. Hier muss ich mich festhalten, denn nur hier kann ich es.«[19] Bei Hebbel heißt es: »Das ganze Leben ist ein verunglückter Versuch des Individuums, Form zu erlangen; man springt beständig von der einen in die Andere hinein und findet jede zu eng oder zu weit, bis man des Experimen-

17 Siehe dazu auch Wuthenow, *Europäische Tagebücher*, S. 185; vgl. auch die Einleitung von Peter de Mendelssohn (in Mann, *Tagebücher 1933-1934*, S. XIII), der darauf hinweist, dass Mann seine bis zum März 1933 geschriebenen Tagebücher im Mai 1945 verbrannt hat; vgl. auch Manns ebenso berühmten Eintrag vom 25. August 1950: »Warum schreibe ich dies alles? Um es noch rechtzeitig vor meinem Tod zu vernichten? Oder wünsche (ich), daß die Welt mich kenne?«

18 Kafka, *Tagebücher*, S. 376.

19 Ebd., S. 131.

tirens müde wird und sich von der letzten ersticken oder aus einander reißen läßt. Ein Tagebuch zeichnet den Weg. Also fortgefahren!«[20] Und schließlich Karen Horney: »2. Januar 1911. Wenn ich mein Tagebuch wieder aufnehme, dann aus dem sehnlichen Bemühen, diese Krankheit endlich zu bezwingen.« Auch dies, das Sich-Fest-Halten, das »bindende Überwachen«, können folglich Gründe sein, ein Tagebuch zu führen, Gründe, die man überraschend häufig in den verschiedenen Tagebüchern findet. Wir können also schon hier sehen, dass es nicht nur um die Frage nach der Selbstbestimmung oder der Reflexion auf das eigene Leben geht, sondern auch um die Frage, inwieweit die mögliche Selbstkontrolle des Tagebuchs dazu beiträgt, genau diese Selbstbestimmung zu erreichen oder zu ermöglichen.

Neben der Funktion des »Gerüsts« gibt es noch eine Reihe von gewissermaßen konventionellen Motiven, die vor allem für Schriftsteller und Schriftstellerinnen gelten, wenn sie ein Tagebuch führen. Auch diese Motive sind autonomietheoretisch aufschlussreich, und zwar einfach deshalb, weil sie darüber Auskunft geben, inwiefern das tägliche oder jedenfalls regelmäßige Notieren mit der eigenen Selbsterkenntnis und Selbstkontrolle zusammenhängen kann. Der wichtigste und häufigste Grund, den die Diaristinnen selbst, aber ebenso die Theoretiker nennen und der in gewisser Weise auf der Hand liegt, lautet: die »Erinnerung unverfälscht zu erhalten«.[21] Das Tagebuch fungiert hier also als Gedächtnisstütze, wie bei Henri-Frédéric Amiel, dem oben schon erwähnten berühmtesten Fall,

20 Hebbel, *Tagebücher*, S. 264.

21 Hocke, *Europäische Tagebücher aus vier Jahrhunderten*, S. 23; vgl. auch ebd., S. 756-764, die Auszüge aus dem Tagebuch von Amiel, sowie Hockes Interpretation, ebd., S. 298-300. Vgl. auch Alex Kurzcaba, *Gombrowicz and Frisch*; und auch Wuthenow, *Europäische Tagebücher*, zu Amiel ausführlich und interessant S. 80-83.

der über 14 000 Seiten Tagebuch hinterließ, ohne je sein eigentliches Ziel, einen Roman zu schreiben, erreicht zu haben; stattdessen suchte er, jede Begebenheit in seinem Leben festzuhalten, zu bewahren.

Joan Didion schreibt zur Funktion des Notierens: »Warum schrieb ich das auf? Natürlich, um mich daran zu erinnern, aber woran genau wollte ich mich erinnern? [...] Warum führe ich eigentlich ein Notizbuch? In allen diesen Hinsichten ist es ein leichtes, sich selbst zu täuschen.«[22] Didion unterscheidet zwar zwischen dem Tagebuch, das in ihren Augen nur das notiert, was die Person tatsächlich gemacht hat (»die Ereignisse eines Tages pflichtschuldig aufzuzeichnen«), und dem Notizbuch, in dem das festgehalten wird, was für die Schreiberin relevant, erinnerungswürdig ist, doch weist sie dem Notizbuch eindeutig tagebuchähnliche Funktionen zu:

> *Erinnere dich, wie es war, du zu sein:* nur darum geht es immer. Und das ist schwierig zuzugeben. Wir werden in dem Ethos erzogen, dass andere, alle andern per definitionem interessanter sind als wir selbst; [...] Doch unsere Notizbücher verraten uns, denn wie pflichtschuldig wir auch aufzeichnen, was wir um uns herum sehen, so ist der gemeinsame Nenner dessen, was wir sehen immer durchsichtig, schamlos, das unerbittliche »Ich«. [...] [W]ir reden hier von etwas Privatem, [...] eine willkürliche und erratische Ansammlung, von Bedeutung nur für ihren Produzenten.[23]

22 Didion, »Gedanken über das Notizbuch«, S. 123. Vgl. auch S. 123f.: »Wer ein Notizbuch führt, ist von einer ganz anderen Art, es sind einsame und widerständige Neuordner der Dinge, angespannte Unzufriedene, Kinder, die anscheinend schon von Geburt an mit einer Vorahnung von Verlust geschlagen sind. [...] Der Sinn meines Notizbuches war also nie und ist es auch heute nicht, ein akkurates Tatsachenprotokoll dessen zu haben, was ich getan oder gedacht habe.«

23 Ebd., S. 126f. Auch bei Joan Didion finden sich die Passagen, die sich bei allen tagebuchschreibenden Schriftstellern finden: die Problema-

Dieses Motiv der Erinnerung – wie war es, ich zu sein? – ist schwer zu trennen von dem Motiv, die Zeit festhalten zu wollen. Es findet sich auf viele verschiedene Weisen, etwa bei Max Frisch (um nur wieder eine berühmte Passage zu zitieren): »Vom Sinn eines Tagebuchs: Wir leben auf einem laufenden Band, und es gibt keine Hoffnung, dass wir uns selber nachholen und einen Augenblick unseres Lebens verbessern können. Wir sind das Damals, auch wenn wir es verwerfen, nicht minder als das Heute – Die Zeit verwandelt uns nicht. Sie entfaltet uns nur.«[24] Mit diesem Festhalten der Zeit geht wiederum das eigene Festhalten am Tagebuch einher; und ich will in diesem Zusammenhang noch ein letztes Motiv nennen. Denn bei der Reflexion auf das Schreiben als Tätigkeit des Festhaltens, des sich selbst Konfrontierens mit den eigenen Gefühlen, Bestrebungen und Misserfolgen geht es immer wieder auch um die Frage, wie man eigentlich als Schriftsteller überhaupt das Leben festhalten kann. Man will das Leben selbst beschreiben, das sich dem Zugriff entzieht: »Man kann alles erzählen, nur nicht sein wirkliches Leben [...].«[25]

tisierung der Frage, wie man sich zum eigenen Leben verhält und wie man dies in Tagebüchern beschreiben sollte. Vgl. auch Mellon, *A Book of One's Own*, Kap. 1, zum Unterschied zwischen Tagebuch, Journal, Notizbuch; vgl. dort auch seine Überlegungen zur Entstehung des Journalismus aus dem Genre des Tagebuchs, zu Samuel Johnson und Samuel Pepys.

24 Frisch, *Schwarzes Quadrat*, S. 25.

25 Ebd., S. 24, Nach einem Zitat aus *Stiller* (dort S. 416) – »*Ich habe keine Sprache für die Wirklichkeit.*« – schreibt Frisch: »Natürlich hat sie niemand, aber der Schriftsteller ist sich bewusst, dass er sie nicht hat, und genau dieses Bewusstsein macht ihn zum Schriftsteller. Das tönt paradox. Ich glaube, in meinem Fall trifft es zu [...].« Frisch, *Schwarzes Quadrat*, S. 29. In diesem Sinne wählte auch Christa Wolf – eine ungewöhnliche Tagebuchschreiberin – als Motto für ihren letzten Roman *Stadt der Engel* ein Zitat von E. L. Doctorow: »Die wirkliche Konsistenz von gelebtem Leben kann kein Schrift-

Nun sind es zwar außerordentlich verschiedene Schriftstellerinnen und Diaristen, die ich hier zu Wort kommen lasse, aber die Themen ähneln sich doch: Es geht, auf dem Hintergrund des Sich-Entziehens des Lebens und dem der Zeit, um die Selbstchronik und Selbsterforschung, darum, ob man wirklich so intensiv, gut, richtig, konsequent lebt, wie man eigentlich will – um meistens festzustellen, dass dies nicht so war; so etwa Pavese am 24. Mai 1938: »Es ist schön, wenn ein junger Mensch – achtzehn, zwanzig Jahre – innehält, um seinen inneren Aufruhr in Ruhe zu betrachten, wenn er die Wirklichkeit zu erfassen sucht und die Fäuste ballt. Aber weniger schön ist, es mit dreißig zu tun, als wäre nichts erfolgt. Und überläuft es dich nicht kalt, wenn du daran denkst, dass du es mit vierzig tun wirst, und dann weiter?«[26]

Festhalten und Beobachten, und in dieser Beobachtung zugleich auf das eigene Leben zu reflektieren, das macht Grundhinsichten des Tagebuchs aus: Der Versuch der Selbsterforschung, der Selbstkontrolle, und des Sich-selbst-Verstehens ist immer wieder ein Versuch, der Forderung des *Erkenne dich selbst* gerecht zu werden. Doch gilt dies vor allem für eine bestimmte Gruppe von Tagebüchern, denn wir haben es hier mit einer

steller wiedergeben.« Wolf, *Stadt der Engel*, S. 9; vgl. auch Wolf, *Ein Tag im Jahr*, S. 73: »Vielleicht ist das Tagebuch in nächster Zeit – Gerd und ich streiten uns, ob im nächsten Jahr oder in den nächsten Jahren oder überhaupt – die einzige Kunstform, in der man noch ehrlich bleiben, in der man die sonst überall nötig oder unvermeidlich werdenden Kompromisse vermeiden kann.«

26 Pavese, *Das Handwerk des Lebens*, S. 109. Vgl. auch Pavese am Ende seines Lebens, 17.8.1950: »In meinem Leben bin ich verzweifelter und verlorener als damals. Was habe ich zustande gebracht? Nichts.« Pavese ist nur ein Beispiel; solche Ängste, das Leben zu vergeuden oder schon vergeudet zu haben, sind ein wiederkehrendes Thema aller Tagebücher – jedenfalls der von Schriftstellern und Schriftstellerinnen.

enormen Vielfalt zu tun: Und Literaturwissenschaftler oder Historikerinnen, die über Tagebücher schreiben, machen ganz unterschiedliche Versuche, in diese Vielfalt eine Ordnung zu bringen. Zumeist beruht diese grob auf dem Inhalt der Geschehnisse, über die die Diaristen und Diaristinnen schreiben. So finden sich etwa bei Thomas Mallon die Chronisten (*Chroniclers*), die Reisenden (*Travelers*), die Erfinder (*Creators*, diejenigen, die vor allem an der Inszenierung des eigenen Ichs interessiert sind) und die Bekenner (*Confessors*).[27] Auch Wuthenow unterscheidet zwischen Reisetagebüchern, dem politischen Tagebuch (das bei Brecht dann die politische Chronik im Arbeitsjournal wird), dem Künstlertagebuch – also nach der versuchten Systematisierung des Inhalts.[28] Für meine Frage nach der Autonomie im Tagebuch liegt es natürlich nahe, sich auf jene Sorte oder Gruppe von Tagebüchern zu konzentrieren, bei der es um genau die auf den Prozess von Autonomie gerichtete Reflexion über das eigene Leben geht. Wuthenow bezeichnet sie als »Zeugnisse angefochtener Subjektivität«,[29] bei Gruber sind dies Tagebücher »als Medium

27 Mallon, *A Book of One's Own*, S. 209-213, beschreibt schön die Gender-Stereotypen: »Es ist immer noch unwahrscheinlich, dass wir Jungen Tagebücher zu Weihnachten schenken. Später, wenn sie angemessen berufstätig und bedeutsam sind, können sie welche beginnen; dann werden es wichtige ›Aufzeichnungen‹ sein. Aber an jedem gewöhnlichen Tag der Kindheit in seinen ›geheimen Freund‹ zu schreiben ziemt sich nicht für einen Jungen: Innenleben sind für kleine Mädchen; Baseball ist für ihre Brüder.« (Ebd., S. 210)

28 Richter, *Das Weblog als modernes Tagebuch?*. Vgl. auch die zitierten Werke von Görner, Hocke, Wuthenow und Jurgensen, die alle unterschiedliche Gruppierungen vorschlagen.

29 Wuthenow, *Europäische Tagebücher*, S. 60; Hocke schreibt über das Thema »Philosophie und Selbsterfahrung im Tagebuch«, hier überwiege »das rasche, meist melancholische Antasten der Grundprobleme der Welt und des In-der-Welt-Seins des Ich« (*Europäische Tagebücher aus vier Jahrhunderten*, S. 369).

der Selbstreflexion«[30] und bei Hocke jene, für die gilt: »Das Selbstgespräch regt zu Selbstauslegung, Selbstplanung und Selbstermunterung an.«[31] Doch natürlich verlaufen die Trennlinien wiederum nicht klar und deutlich: Auch eine Chronik beispielsweise kann auf eine Selbstauslegung weisen. Und wenn George Eliot auf ihren Reisen nach Weimar und Berlin Tagebuch führt und durchaus auch ihre Reise beschreibt, wird daraus noch kein Reisetagebuch – bei vielen Tagebüchern würde man nicht wissen, genau welcher Gruppe sie zuzuordnen wären, gerade weil sie von unterschiedlichen Perspektiven aus immer wieder die eigenen Befindlichkeiten thematisieren und deshalb in verschiedene Gruppen gehörten.

In den unterschiedlichen Tagebüchern, die bisher zur Sprache kamen, habe ich schon zeigen können, in welcher Weise sie die Suche nach dem selbstbestimmten Leben zum Ausdruck bringen und wie das Führen des Tagebuchs selbst zur Unterstützung der Selbstbestimmung beitragen kann. Es wird sich zeigen, dass diese Suche nach dem selbstbestimmten guten Leben manchmal geradezu mit Händen zu greifen ist.

3. Autonomie im Tagebuch: Beispiele

Nun kann natürlich eine Auswahl von Tagebüchern nicht wirklich repräsentativ sein – auch wenn man ungeheuer viel Material versammelt, wie etwa die großen Tagebuchspezialisten Hocke und Wuthenow, bleibt die Auswahl doch immer in gewisser Weise willkürlich, weil die Diversität der Tagebücher zu groß ist, auch wenn man sich auf die von Schriftstellern und Schriftstellerinnen beschränkt. Doch eine Theorie

30 Gruber, *Das Tagebuch*, S. 64.

31 Hocke, *Europäische Tagebücher aus vier Jahrhunderten*, S. 24f.

des Tagebuchs generell ist natürlich gar nicht meine Absicht – mir geht es ausschließlich um die Perspektive der Suche nach Spuren von Autonomie im Alltag des Tagebuchs. Dennoch will ich einige Bemerkungen machen zur kleinen Auswahl der folgenden Passagen: Mir geht es um *verschiedene* Tagebücher – und doch darum, in diesen Tagebüchern jeweils zeigen zu können, wie die Diaristen und Diaristinnen mit ihrem Leben zurechtkommen und welche Hinsichten ihnen wichtig genug sind, um darüber – sich selbst – Rechenschaft abzulegen. Franz Kafka braucht man wahrscheinlich nicht weiter zu begründen – sein Tagebuch ist beinahe auf jeder Seite ein Zeugnis ausführlicher Selbstanalyse. Sylvia Plath schreibt viel ausführlicher als Kafka, viel längere Passagen und zeigt deshalb auch noch intensiver, wie sie an ihrem Leben verzweifelt, wie und ob sie dies bewältigen kann. Frisch ist natürlich deshalb ein anderer Fall, weil seine Tagebücher schon *explizit* für ein Publikum geschrieben wurden, auch wenn dies für die Entwürfe, die ich gleich interpretieren will, nicht in dem Maße zutrifft wie für seine früheren beiden Tagebuchbände. Auch in den sehr kurzen Bestandsaufnahmen ebenso wie in den längeren Abhandlungen Virginia Woolfs kann man ihren kritischen Blick auf sich selbst sehen – im Verhältnis zu dem von Plath erscheint dieser ironisch distanziert. Und schließlich kann George Eliot für eine ganz andere Gruppe von Tagebüchern stehen: die, in denen es vorrangig um die Chronik von Gefühlszuständen geht und nicht so sehr um die ausführliche Reflexion, obgleich sich auch bei Eliot immer wieder längere reflektierende Passagen finden. Und vor allem zeigt sich, dass die scharfe Trennung zwischen diesen Gruppen, wie ich oben schon angedeutet habe, ohnehin nicht hilfreich ist, da auch die Chronik von Schmerzen wichtig ist dafür, wie jemand ihr Leben lebt oder leben muss.

Franz Kafka kann als ein besonders anschauliches Beispiel gelesen werden dafür, wie man um Selbstbestimmung, um das, was man tun will, ringen kann; und wie man hadern kann mit der Enttäuschung darüber, dass man sich an die eigenen Vorhaben nicht gehalten hat.[32] Liest man zunächst noch einmal Passagen bei Kafka, die den beinahe existentiellen Halt, den das Tagebuch bieten soll, thematisieren, dann lässt sich noch besser verstehen, was das Scheitern des selbstbestimmten Lebens und dessen Beschreibung im Tagebuch bedeutet. Ich will, neben denen von 1910 und 1912, die ich oben schon genannt habe, noch eine Passage aus dem Jahr 1913 zitieren: »2 Mai 1913 Es ist sehr notwendig geworden, wieder ein Tagebuch zu führen. Mein unsicherer Kopf, F., der Verfall im Bureau, die körperliche Unmöglichkeit zu schreiben und das innere Bedürfnis danach.«[33]

Vor diesem Hintergrund sind die folgenden Passagen aus der Perspektive der Autonomietheorie besonders aufschlussreich. Ich zitiere länger, lasse aber auch Passagen aus:

32 Es scheint vielleicht ein wenig simpel, Kafkas Tagebücher heranzuziehen, um das Ringen um ein gelungenes Leben zu verdeutlichen, denn natürlich weiß man um die schwierige Geschichte zwischen Kafka und Felice Bauer, die Entlobungen und Wiederverlobungen. Mein *Disclaimer* ist im Übrigen anders als der Wolfgang Hildesheimers, der beteuert: »Ich schreibe kein Buch über Kafka«; er schreibt stattdessen ein Buch über Golch, den bedeutenden Biographen von James Boswell – übrigens seinerseits (tatsächlich) ein beeindruckender Tagebuchschreiber (Hildesheimer, »Ich schreibe kein Buch über Kafka«, S. 18).

33 Kafka, *Tagebücher*, S. 557 (ich zitiere mit der Zeichensetzung der kommentierten Ausgabe, die in der von Brod vereinheitlicht ist); vgl. Jurgensen, *Das fiktionale Ich*, S. 135. Die Einträge in den Heften, die Kafka als Tagebuch verwendete, werden immer wieder von Prosa-Entwürfen – längeren Stücken, manchmal ganzen Erzählungen – unterbrochen; vgl. zu Kafkas Tagebüchern hilfreich Theisohn, »Die Tagebücher«; vgl. zum Frühjahr und Sommer 1914 Stach, *Kafka. Die Jahre der Entscheidungen*, S. 470-493.

5. IV 14 Wenn es möglich wäre nach Berlin zu gehen, selbständig zu werden, von Tag zu Tag zu leben, auch zu hungern, aber seine ganze Kraft ausströmen zu lassen, statt hier zu sparen oder besser sich anzuwenden in das Nichts! Wenn F. es wollte, mir beistehen würde![34]
[...]
6.V 14 Die Eltern scheinen eine schöne Wohnung für F. und mich gefunden zu haben, ich bin nutzlos einen schönen Nachmittag herumgestrichen. Ob sie mich auch noch ins Grab legen werden, nach einem durch ihre Sorgfalt glücklichen Leben.[35]
[...]
28/V 14: Übermorgen fahre ich nach Berlin. Trotz Schlaflosigkeit, Kopfschmerzen und Sorgen vielleicht in einem besseren Zustand als jemals.[36]
29 V 14 Morgen nach Berlin. Ist es ein nervöser oder ein wirklich verlässlicher Zusammenhalt den ich fühle? Wie wäre das! Ist es richtig, dass, wenn man einmal die Erkenntnis des Schreibens erhält, nichts verfehlt werden kann, nichts versinkt, aber auch nur selten etwas übermäßig hoch emporschlägt? Wäre es das Herandämmern der Ehe mit F.? Sonderbarer, mir allerdings in der Erinnerung nicht ganz fremder Zustand.[37]
[...]
6.VI 14 Aus Berlin zurück. War gebunden wie ein Verbre-

34 Ebd., S. 513; vgl. auch ebd., aus dem Frühjahr 1914: »14. II 14 Wenn ich mich töten sollte, hat ganz gewiss niemand Schuld, selbst wenn zum Beispiel die offenbare nächste Veranlassung F.s Verhalten sein sollte.« (S. 636); »17. III 14 Im Zimmer bei den Eltern gesessen, zwei Stunden lang in Zeitschriften geblättert, ab und zu vor mich hingesehn, im ganzen nur gewartet, bis es zehn Uhr wird und ich mich ins Bett legen kann.« (ebd. S. 511); »27. III 14 Im ganzen nicht viel verschieden verbracht.« (ebd. S. 511)

35 Ebd., S. 514.

36 Ebd., S. 524.

37 Ebd., S. 526.

> cher. Hätte man mich mit wirklichen Ketten in einen Winkel gesetzt und Gendarmen vor mich gestellt und mich nur auf diese Weise zuschauen lassen, es wäre nicht ärger gewesen. Und das war meine Verlobung und alle bemühten sich mich zum Leben zu bringen und, da es nicht gelang, mich zu dulden wie ich war.[38]
> […]
> 3 VIII 14 Allein in der Wohnung meiner Schwester. […] Sonst vollendete Einsamkeit. Keine ersehnte Ehefrau öffnet die Tür. In einem Monat hätte ich heiraten sollen. Ein schmerzhaftes Wort: Wie du es wolltest, so hast du es. Man steht an der Wand, schmerzhaft festgedrückt, senkt furchtsam den Blick, um die Hand zu sehen, die drückt, und erkennt mit einem neuen Schmerz, der den alten vergessen macht, die eigene verkrümmte Hand, die mit einer Kraft, die sie für gute Arbeit niemals hatte, dich hält. Man hebt den Kopf, fühlt wieder den ersten Schmerz, senkt wieder den Blick und hört mit diesem Auf und Ab nicht auf.[39]

Diese Passagen ließen sich mühelos um weitere mit ähnlichem Inhalt ergänzen, aber ich kann nicht das ganze Elend dieses Frühjahrs und Sommers zitieren, wie Kafka es im Tagebuch festhält. Viel deutlicher lässt sich kaum machen, was das Thema meines Kapitels, was die Suche nach Autonomie im Tagebuch ist. Denn Kafka, der im Tagebuch Halt sucht, ringt mit sich und seinem Vorhaben, sucht danach, das Richtige zu tun, scheitert immer wieder an sich selbst, an seinen tiefgehenden Ambivalenzen, aber auch an den äußeren Umständen. »Wie du es wolltest, so hast du es« – dies ist natürlich keineswegs ironisch. Es ist die »eigene verkrümmte Hand«, die ihn festhält, ein grauenvolles Bild, das geradezu fühlbar macht, in welcher Weise Überlegungen zur Selbstbestimmung scheitern

38 Ebd., S. 528f.
39 Ebd., S. 544.

können. Nicht, weil man nicht getan hätte, was man wollte – sondern, weil man damit hadert, dass es eventuell wirklich dies war, was man wollte, und weil es dann vielleicht doch ein selbstbestimmtes Handeln war, aber eines, das sich aus der späteren Perspektive als verfehlt herausstellt. Wie ich oben schon geschrieben habe, geben Tagebücher vor allem Aufschluss über das Scheitern von Selbstbestimmung – Autonomie im Alltag muss jedoch nicht heißen: gelungene Autonomie im Alltag, sondern vor allem: angestrebte, versuchte Autonomie.

Mein zweites Beispiel ist Sylvia Plath. Sie schreibt im Sommer 1953 einen Brief an sich selbst:

> Brief an ein über-altertes, über-behütetes, ängstliches, verwöhntes Kind:
> Jetzt, in diesem Moment, muß eine Entscheidung gefällt werden: Gehe ich zur *Summerschool* nach Harvard oder nicht. In diesem Moment muß einem weder der Appetit vergehen, noch muß man sich leer fühlen oder alle anderen in der Welt beneiden, weil sie glücklicherweise als sie selbst geboren wurden und nicht als du. Es ist der Moment, das Finanzielle abzuwägen, die ernsten Probleme, die Ziele und Pläne für die Zukunft, und zu entscheiden, wie wichtig sie sind.[40]

40 Plath, *Tagebücher*, S. 119f. Ich habe die Übersetzung leicht verändert; im englischen Original heißt es *Summerschool*, während die deutsche Übersetzung daraus ein Sommersemester macht, vgl. das Original Plath, *Unabridged Journals*, S. 546. Die deutsche Ausgabe der Tagebücher ist die Übersetzung der gekürzten ersten Ausgabe der Tagebücher von 1982, vgl. zur Editionsgeschichte Seifert, *Von Tagebüchern und Trugbildern*, S. 145-171; dort belegt sie ausführlich die außerordentlich eingreifenden Kürzungen der ersten Ausgabe der Tagebücher durch den Herausgeber Ted Hughes. Übrigens ist Plath tatsächlich nicht zu dieser *Summerschool* gefahren, allerdings nicht, weil sie sich nicht beworben hätte, sondern, weil sie für den Schreibkurs bei

Plath zählt dann eine Reihe von Problemen auf, finanzielle Probleme, zu viele Ausgaben für Kleider, kommt auch zu sprechen auf ihren Plan, Stenographie zu lernen, weil das ihre Chancen erhöhen würde, einen Job zu bekommen. Doch dann schreibt sie:

> Dann habe ich mich doch aus mehreren Gründen für die Harvard *Summerschool* entschieden: Frank O'Connors Schreibkurs wollte ich belegen, weil ich dachte, ein paar von den Geschichten, die ich dafür schreibe, ließen sich verkaufen.[41]

Weiteres Abwägen folgt, ein wirklich beispielhaftes Deliberieren darüber, was sie tun soll – über vier Seiten hinweg, handschriftlich wahrscheinlich noch mehr. Am Ende steht tatsächlich:

> Ich werde nicht zur Harvard *Summerschool* gehen. Ich werde Steno üben und Maschinenschreiben und werde schreiben und lesen und schreiben und lesen und mit mir selbst über Einstellungen reden [...] und werde versuchen, herauszufinden und zu begreifen, was ein Leben interessant macht und was das Wichtigste ist, und darüber werde ich mein verdammtes egozentriertes Ich vergessen. [...][42]

Plath versucht, sich einen halbwegs vernünftigen Plan zu machen und sich daran zu halten; sie versucht, diesen Abschnitt ihres Lebens selbst zu bestimmen. Sie argumentiert und über-

Frank O'Connor gänzlich unerwartet eine Ablehnung erhalten hatte; diese Ablehnung war offenbar einer der Gründe, warum Plath in jenem Sommer wegen massiver psychischer Probleme in eine psychiatrische Klinik aufgenommen werden musste; vgl. Stevenson, *Bitter Fame*, S. 34-58.

41 Ebd., S. 120.

42 Ebd., S. 123.

legt ausführlich, wie man dies in Tagebüchern nicht oft findet. Sie beschreibt nicht nur, was sie fühlt, sondern sie versucht, sich selbst gegenüber Rechenschaft abzulegen, auch dadurch, dass sie sich Gründe gibt für den einen oder anderen möglichen Handlungsverlauf. Im Gegensatz zu ihrer gewöhnlichen Lebenshaltung, die sie gleich eingangs beschreibt: Es sei jetzt nicht der Zeitpunkt, »den Appetit zu verlieren, sich leer zu fühlen« und neidisch zu sein auf jeden, der das Glück hatte, in einem anderen Selbst leben zu dürfen als sie – im Gegensatz zu dieser Einstellung müht sie sich, sachlich, vernünftig zu überlegen, was sie tun soll.

Allerdings liegt hier, bei Plath ebenso wie bei Kafka, ein Einwand auf der Hand: Denn kann man – auch auf dem Hintergrund der oben skizzierten Diskussion darüber, dass das Ich im Tagebuch immer schon ein fiktionalisiertes Ich ist – überhaupt Schlussfolgerungen ziehen aus den Passagen von Plath und Kafka? Zeigen Plath oder Kafka hier wirklich etwas von ihren tatsächlichen Überlegungen, sagen sie wirklich etwas aus über im Alltag gelebte Autonomie oder nur darüber, wie sich der Schriftsteller oder die Schriftstellerin gerne sähen und wie sie sich als selbstbestimmte, rationale im Tagebuch inszenieren?

Mit Blick auf Plath kann man sicherlich zwei gegensätzliche Interpretationen vorschlagen: Einerseits könnte man behaupten, dass sich Plath höchstwahrscheinlich als rational abwägende Person tatsächlich nur *inszeniert* habe – wenn sich daraus auch immerhin schließen lässt, dass Plath es *erstrebenswert* fand, sich als rational und selbstbestimmt zu inszenieren. Andererseits könnte man Plath so interpretieren, dass sie sich hier, in diesem Moment des Briefschreibens an sich selbst, tatsächlich *genau so sieht*, dass es deshalb keine relevante Differenz zwischen dem inszenierten und dem direkten Ich gibt – auch dieser Brief bringt Züge ihrer Persönlichkeit zum Ausdruck, die ebenso zu ihr gehören wie die, die sich in den rauen, emotionalen, verzweifelten Passagen zeigen, die ihre Tagebücher dominieren. Denn von Plath könnte man natürlich vollkommen andere Passagen zitieren:

> Gestern furchtbar depressiv. Stellte mir vor, wie mein Leben in einem matschhirnigen Stumpfsinn versickerte, weil es nie dran kommt. Angewidert von der 17-Seiten-Geschichte, die ich gerade abgeschlossen habe […].[43]
> Reiß dich zusammen, damit dieser Sommer *was* bringt. Eine *verkaufte Geschichte:* würde schon helfen. Tu was dafür. Vormittags. Im Moment bist du krank im Kopf … Du Dummi – du hast Angst, allein zu sein mit deinem eigenen Hirn. Krieg erstmal raus, wer du selber bist und wie man klare Entscheidungen trifft, eh es zu spät ist.[44]

Auch hier zeigt sich Plath auf der Suche nach der Person, die sie ist oder die sie sein will. Dasselbe gilt für Kafka: Ich hatte oben die apologetischen Äußerungen von Max Brod zitiert, der die verzweifelten Seiten des Tagebuchs dadurch relativieren will, dass er meint, man schreibe eben Tagebuch besonders dann, wenn es einem schlecht gehe. Abgesehen davon, dass sich dies nicht verallgemeinern lässt – Brigitte Reimann ist ein überzeugendes Gegenbeispiel[45] –, heißt es nicht, dass

43 Ebd., S. 424.

44 Ebd., S. 124; vgl. auch *Journals*, S. 502 »Versuche eine Geschichte aus der Perspektive der ersten Person und vergiss John Updike und Nadine Gordimer. Vergiss die Erfolge, die Märkte. Liebe nur das, was du tust und machst. Lerne Deutsch. Lass nicht Trägheit, Vorbote des Todes, die Führung nehmen. Genug ist passiert […].« In der deutschen Übersetzung fehlt diese Passage, vgl. die *Tagebücher*, S. 425.

45 Zum Beispiel: »Hoy, 10.4. [1961] Am Sonntag kam Daniel heim, mittags. […] Ich war so glücklich, Daniel wieder zuhause zu haben; er sieht ein bisschen besser aus als vorher. Es tat mir auf einmal gar nicht mehr leid um mein Junggesellenleben. Abends wieder an seiner Schulter einzuschlafen – es gibt nichts Schöneres. […] Ich schlafe

Passagen wie die zitierten nicht tatsächlich *auch* Überlegungen sind, die ihre eigene Wahrheit bei Kafka haben. Und ihre eigene Wahrheit bei Plath.

Max Frisch, zu dem ich nun kommen möchte, ist deshalb ein anderer Fall, weil er bekanntlich seine beiden zu Lebzeiten veröffentlichten Tagebuchbände tatsächlich für ein Publikum geschrieben und entsprechend redigiert hat. Dies gilt jedoch nur in eingeschränktem Maße für die *Entwürfe zu einem dritten Tagebuch*, deren Veröffentlichung unter Wissenschaftlern und Wissenschaftlerinnen und vor allem unter Max-Frisch-Verehrern denn auch umstritten ist. Doch dieses implizite Schreiben für ein Publikum verschärft allenfalls die Problematik, der wir gerade auch schon bei Kafka und Plath begegnet waren, nämlich die der Unterscheidung zwischen dem fiktionalen und dem direkten Ich, die Problematik des Ichs, das also nicht das alltägliche ist oder jedenfalls das alltägliche nur mit Nachbesserungen.[46]

Die Einträge von Frisch sind, vor allem in den letzten Entwürfen und auch im *Berliner Journal*, gekennzeichnet durch das Festhalten dessen, was ihn an einem selbstbestimmten Leben hindert: Häufig ist sein Gesundheitszustand Thema, doch auch andere Zwänge, wie etwa der Alkohol, und generell der körperliche Abbau. Das posthum edierte *Berliner Journal*, mit dem ich beginnen will, mutet wegen der chronologisch angeordneten Einträge an wie ein Tagebuch, doch sind diese häufig – nicht durchgehend – recht lang und ich zitiere immer nur kurze Ausschnitte.[47]

gut, seit er wieder bei mir ist; vorher lag ich oft stundenlang wach, schweißüberströmt und voll Angst.« Reimann, *Ich bedaure nichts*, S. 175f.

46 Zu Frisch vgl. Jurgensen, *Das fiktionale Ich*; Görner, *Tagebuch*, S. 83-90; Kurczaba, *Gombrowicz and Frisch*, S. 133-167.

47 Frisch, *Aus dem Berliner Journal*, nach Ablauf der 20-jährigen Sperr-

> Hier kein Kopfweh; schon das spricht für Berlin, die leichtere Luft; anders als in Berzona und in Küsnacht, wo es zwischen Müdigkeit und Müdigkeit nur wenige Stunden sind, die meinen Tag ausmachen. Sagen wir: die Luft.[48] Betreffend Alkohol: ich besitze nicht einmal mehr den Willen, ehrlich zu sein, nicht einmal mir selbst gegenüber.[49]

Doch genau diese Ehrlichkeit wird immer wieder Thema – kaum überraschend angesichts der bei Frisch immer zugrundeliegenden Frage der Publizität des Tagebuchs:

> Seit ich die Notizen, die anfallen, in ein Ringheft einlege, merke ich schon meine Scham; ein Zeichen, dass ich beim Schreiben schon an den öffentlichen Leser denke, gleichviel wann es dazu kommen könnte. Und mit der Scham gleichzeitig auch die Rücksicht auf andere, die auch tückisch sein kann, verhohlen, vorallem doch wieder ein Selbstschutz; ich schreibe nicht: Paul ist ein Arschloch. Punkt. Damit wäre ich ja ungerecht.[50]

Hier sieht man natürlich auch, wie Frisch mit der Inszenierung von Scham und Öffentlichkeit spielt – denn er *schreibt* ja über Paul genau das, was er angeblich nicht schreibt. Frisch

frist, die Frisch für seinen Nachlass bestimmt hatte, herausgegeben und mit einem sehr lesenswerten Nachwort versehen von Thomas Strässle. Das *Berliner Journal* berichtet über den Aufenthalt in Berlin 1973/74, über die Freundschaften mit Grass und Johnson, über den Stand seiner Ehe, doch auch politische Überlegungen kommen immer wieder zur Sprache. Trotz des Titels *Journal* hat es eindeutig Tagebuchcharakter, ist allerdings auch kein »Sudelheft« (S. 176); vgl. zum Unterschied Strässles Nachwort.

48 Frisch, *Aus dem Berliner Journal*, S. 26.

49 Ebd., S. 21.

50 Ebd., S. 38.

reflektiert auch immer wieder aus anderen Perspektiven seine Inszenierungen:

> Ich weiss jetzt, dass ich nicht schreibe, weil ich andern irgendetwas zu sagen habe. Meistens weckt mich der Fluglärm um sieben Uhr, spätestens um acht Uhr stehe ich zur Verfügung, gewaschen, gekleidet, ausgestattet mit der ersten Pfeife. Ich schreibe, um zu arbeiten. Ich arbeite, um zuhause zu sein.[51]

In seinem Nachwort zu *Entwürfe zu einem dritten Tagebuch* schreibt Peter von Matt, dass alle Texte »einen Prozeß der Reduktion und Verdichtung hinter sich [haben]«, es also keine einfach hingeworfenen Tagebuchnotizen sind – das sind sie natürlich nie bei Frisch: »Das Dauerhafte und das Flüchtige – es sind Kategorien, die für Frisch eine fast furchtbare Bedeutung haben.«[52] Der Streit darum, ob die Entwürfe nicht hätten veröffentlicht werden sollen, weil Frisch es nicht selbst getan hat und weil sie eine gewisse »Ermüdung« (Adolf Muschg) zeigen, ist für unseren Kontext nicht wichtig – oder wenn, dann nur so, dass die Tatsache, dass Frisch diese Texte wahrscheinlich weniger sorgfältig als für seine beiden großen Tagebuchbände redigiert hat, für die Suche nach dem selbstbestimmten Leben in solchen Dokumenten gerade hilfreich ist.

Thema in den späten Entwürfen ist immer wieder das Altern (Frisch war 1981 72 Jahre alt). In manchmal perfekten Aphorismen (»Ich bin nicht krank oder ich weiss es nicht. Was ist bloss mit den Wörtern los? Ich schüttle Sätze, wie man eine kaputte Uhr schüttelt, und nehme sie auseinander;

51 Ebd., S. 40.

52 Frisch, *Entwürfe zu einem dritten Tagebuch*; Peter von Matt hat die Entwürfe 2010 herausgegeben und ein ebenfalls sehr lesenswertes Nachwort geschrieben, ich zitiere aus den Seiten 185 und 196.

darüber vergeht die Zeit, die sie nicht anzeigt.«[53]) denkt Frisch nach über die Begrenzungen des Lebens, aber auch über Ambivalenzen und über Träume, die er hatte und von denen er sich nicht trennen kann.

> Wenn ich in der Nacht nicht weiss, woher ich morgen den Mut nehmen soll, und dann schlafe ich nochmals ein – er steht auf, spätestens wenn ich den Kaffee koche, wie ein treuer Hund, der neben dem Bett geschlafen hat: der Mut! das Telefon abzunehmen und später in die Stadt zu gehen und mit freundlichen Leuten zu reden und alles zu vergessen, was man in der Nacht gewusst hat, und die Zukunft nicht zu sehen, geführt wie von einem Blinden-Hunde. Heute wäre ich am West-Broadway fast von einem Truck überfahren worden.[54]

> Gymnastik jeden Morgen. Oder fast jeden Morgen. Die eine oder andere Übung geht eigentlich schon nicht mehr.[55]

> Dass ich Alkoholiker sei, habe ich früher schon gesagt. Jetzt ist es keine Koketterie mehr. Ich bin Alkoholiker. Nur in einer Klinik gelingt der völlige Entzug.[56]

In diesen Zitaten steht die Auseinandersetzung mit dem eigenen Altwerden im Vordergrund, mit der Angst vor dem Greis-Sein (»Ich werde ein Greis. Man wird ein Greis, wenn man sich zu nichts mehr verpflichtet fühlt, wenn man nicht meint, irgendjemand in der Welt irgend etwas zu schulden […]«[57]

53 Frisch, *Entwürfe zu einem dritten Tagebuch*, S. 29.
54 Ebd., S. 54.
55 Ebd., S. 69.
56 Ebd., S. 71.
57 Ebd., S. 85.

»Hänge ich am Leben? Ich hänge an einer Frau. Ist das genug?«[58]). Ich will gar nicht behaupten, dass diese Zitate allesamt sehr aussagekräftig im Blick auf die Biographie von Frisch selbst seien; denn worum es mir geht, ist die Frage, inwieweit man aus diesen Notaten lesen kann, was Frisch für sein eigenes Leben als wichtig, was als unwichtig begreift, wichtig also für die Eigenständigkeit seines Lebens. Solche Überlegungen aus dem selbstbestimmten Leben finden sich bei Frisch auch in der Auseinandersetzung mit dem Tod, im Kontext des Sterbens seines Freundes Peter Noll.

> Das Bewusstsein, dass ich noch drei oder vier Jahre habe, brauchbare Jahre; aber es wird kein Alltagsbewusstsein, daher immer wieder Erschrecken. Vorallem beim Erwachen. Darüber ist mit niemand zu sprechen.[59]

Frischs Suche nach dem *eigenen* Leben, und seien es nunmehr nur noch Träume, ist von Ambivalenzen durchzogen: Wo soll man wohnen? Wie sollte das Haus aussehen? Und auch: Wie sehr bedauert man sich als Kranken? Oder in den Reflexionen über seine Beziehung zu einer sehr viel jüngeren Frau.

> Mein Wohlgefallen an dieser Frau, auch wenn sie ab und zu die Grazie verliert und ihre Geduld mit mir, meine Geduld aus Verständnis dafür, dass es schwer ist für sie, zum Beispiel wenn am Strand die jungen Männer gehen, meine gelassene Zuneigung auch dann, wenn ich meinerseits das eine oder andere vermisse, wenn ich als Europäer befremdet bin, wenn sie Tolstoi nur aus einem Film kennt und Shakespeare kaum und wenn Fragen, die mich bewegen, ihr im Grunde gleichgültig sind, so dass es nicht zum Gespräch kommt – dieses fast bedingungslose Wohlgefallen

58 Ebd., S. 14.
59 Frisch, *Aus dem Berliner Journal*, S. 12.

(Dankbarkeit für ihre Gegenwart) ist ein Zeichen fortgeschrittener Senilität.[60]

Und über das Wohnen in Berzona, Zürich und New York schreibt er:

> Manche finden das beneidenswert und schick, dass einer da und dort wohnt; manchmal finde ich es unterhaltsam, manchmal nur umständlich (wo sind die Bücher, die man grad braucht, oder Notizen, ein Dokument usw.) und im Grund erlebe ich es als Zeichen eines verfehlten Lebenslaufes.[61]
>
> Cafe Fanelli. Heute habe ich keinen Tisch, Arbeiter von der Baustelle nebenan haben sich niedergelassen, sie tragen ihre Schutzhelme und trinken Bier. Es ist laut. Ich hocke an der Bar (Alice hat ihre Probe in der Loft) und ich zeichne den Grundriss der hölzernen Villa mit den dreizehn Zimmern – Früher war ich Architekt. Ich trinke zu viel, ich weiss.[62]
>
> Was ich mir also wünsche: – so ein älteres Haus, meinetwegen aus Holz (weiss gestrichen) wie die Häuser in New England, eine ehemalige Villa mit dreizehn Zimmern etwa und einer Veranda.«[63]

Es sind ebensolche Ideen, in denen sich das selbstbestimmte Leben oder der Versuch, das Leben selbstbestimmt zu leben, *artikuliert.* Vorstellungen darüber, in welcher Stadt, in welchem Haus man leben möchte, welche Beziehungen wichtig sind, was das Altern bedeutet und wie unfähig man ist, damit

60 Frisch, *Entwürfe zu einem dritten Tagebuch*, S. 152f.

61 Ebd., S. 74.

62 Ebd., S. 142.

63 Ebd., S. 144; die Beschreibung dieser Villa geht über mehr als drei Seiten.

umzugehen – all dies sind Ideen, die Frisch für so wichtig hält, dass er sie notiert, die nicht mehr zeigen, als dass es häufig um genau solche sehr alltäglichen Fragen geht, wenn wir versuchen, unserem Leben (selbstbestimmt) Form zu geben. Die Suche nach dem selbstbestimmten Leben kann gegebenenfalls recht gewöhnlich sein – es muss nicht immer um große Schicksalsfragen gehen. Das Lapidare der Beobachtungen und Notate von Frisch hilft gerade zu verstehen, was eine Suche nach Selbstbestimmmung im Alltag bedeuten kann.

Dieser Alltäglichkeit des Gewöhnlichen will ich nun noch mit einem kurzen Blick auf eine der profiliertesten Schriftstellerinnen und Tagebuchschreiberinnen des 20. Jahrhunderts nachgehen: Virginia Woolf. Rüdiger Görner schreibt: »Wer sich seiner selbst sicher ist, wird kaum geneigt sein, Tagebuch zu führen; eher jener, der sich seiner selbst vergewissern will.« Dazu zitiert er gleich ein Beispiel, nämlich Virginia Woolf, ihr ginge es um »Selbstschau (von ihr ›introspection‹ genannt), Erinnerung und Beobachtung.«[64] Da Woolf in einem Eintrag geradezu wörtlich *ablehnt*, »Selbstschau« zu betreiben, ist das nicht ganz richtig – obgleich ich Görner darin zustimmen würde, dass Woolf in der Tat um Selbsterkenntnis bemüht ist, auch wenn sie selbst meint, dass sich dies nur aus einer Außenperspektive, gewissermaßen als Beobachtung ihres eigenen Selbst, bewerkstelligen ließe.

64 Görner, *Das Tagebuch*, S. 70; Görner nennt Woolf übrigens ganz vertraulich »Virginia« (etwa: »ein wichtiger Impuls für Virginia ein Tagebuch zu führen«, S. 72), wie er auch Cosima Wagner »Cosima« (S. 67-69) nennt – während Kafka nie Franz, Benjamin nie Walter, Musil natürlich nie Robert und Jünger schon gar nicht Ernst ist. Nur Männer dürfen ihre Nachnamen behalten: Es ist interessant und doch auch ein wenig ärgerlich, dass diese Sorte Sexismen auch in guten Büchern immer wieder und immer noch zu finden ist. Sehr aufschlussreich zu Woolf ist Seifert, *Von Tagebüchern und Trugbildern*, S. 81-131.

> Samstag 8. März […] Nein: ich will keine Introspektion. Ich vermerke Henry James' Satz: Beobachte fortwährend. Beobachte das nahende Alter. Beobachte die Gier. Beobachte meine eigene Mutlosigkeit. Dadurch wird sie brauchbar. Hoffe ich zumindest. Ich bestehe darauf, diese Zeit bestmöglich zu nutzen. Ich werde mit fliegenden Fahnen untergehen. Das grenzt, wie ich sehe, an Introspektion; paßt aber nicht richtig. […] Beschäftigung ist wesentlich. Und jetzt stelle ich vergnügt fest, daß es sieben ist; & ich muß Dinner kochen. Schellfisch & Wurstfleisch. Es stimmt, glaube ich, dass man eine gewisse Macht über Wurst & Schellfisch bekommt, indem man sie aufschreibt.[65]

Die Macht über Wurst und Schellfisch – also die Macht über das alltägliche, eigene Leben – bekommt man, wenn man Tagebuch führt. Dieser Aspekt des täglichen Notierens, der den Diaristinnen Stütze, Halt gibt in ihrem Versuch, das Leben im Griff zu halten, er wird bei Woolf besonders deutlich: Introspektion ist nämlich »brauchbar« für die Literatur, für ihr eigenes Schreiben (und also für ihr eigenes Leben) dann, wenn sie als Beobachtung des eigenen täglichen Lebens verstanden wird. Dies wird auch deutlich in ihren Reflexionen über das eigene Schreiben:

> Dienstag, 22. August […] Die Methode, um sich ins Schreiben zurückzuschaukeln, geht folgendermaßen. Als erstes sanfte Übungen an der frischen Luft. Als zweites die Lektüre guter Literatur. Es ist ein Irrtum zu glauben, Literatur könne aus dem Nichts entstehen. Man muß aus dem Leben heraustreten – ja, deshalb gefiel mir so gar nicht, daß Sydney bei uns eindrang – man muß sich externalisieren; sich sehr, sehr sammeln, in einem einzigen Punkt,

65 Woolf, Virginia, *Tagebücher 5*, S. 534f. (Eintrag aus dem Jahr 1941); zu Wurst & Schellfisch vgl. John Bayleys Rezension der Tagebücher in »Superchild«.

> und darf sich nicht auf die verstreuten Teile seines Charakters stützen, man muß ganz im Kopf leben. Sydney kommt herein & ich bin Virginia; wenn ich schreibe, bin ich nur Empfindung. [...].[66]
>
> Dienstag 23. Juni Ein guter Tag – ein schlechter Tag – so geht es weiter. Kaum jemand wird das Schreiben so sehr als Folter empfinden wie ich. Höchstens Flaubert. Doch sehe ich es jetzt, als ein Ganzes: ich glaube ich kann es zustande kriegen, wenn ich nur Mut & Geduld habe: mir jede Szene ruhig vornehme: komponiere: dann wird es vielleicht ein gutes Buch. Und dann – oh, wenn es fertig ist! Nicht so klar heute, weil ich beim Zahnarzt war & dann einkaufen. Mein Hirn ist wie eine Waage: ein Gran zieht es hinunter. Gestern war es ausbalanciert: heute senkt es sich.[67]

Der Eintrag vom 21. Juni beginnt »Nach einer Woche intensiven Leidens – nämlich Vormittage der Folter – & ich übertreibe nicht – Schmerzen im Kopf – ein Gefühl vollkommener Verzweiflung & des Versagens – [...].« Doch hier schreibt sie sich, wie dann am 23. Juni, in eine vergleichsweise nicht unglückliche Stimmung – »Ich lerne mein Handwerk in den wildesten Zuständen« –, nicht unzufrieden immer dann, wenn sie halbwegs die in sie selbst gesetzten Erwartungen (die selbstbestimmten Erwartungen) erfüllen kann, wenn sie sich gegen die Entfremdung und Enttäuschung von ihrem eigenen Leben auflehnen kann.[68] Wiederum wird deutlich, dass bei Woolf

66 Woolf, *Tagebücher 2*, S. 284 (Eintrag aus dem Jahr 1922).

67 Woolf, *Tagebücher 5*, S. 51 (Eintrag aus dem Jahr 1936).

68 Ebd., S. 50f. (Eintrag aus dem Jahr 1936). Am letzten Tag des Jahres 1932 schreibt Woolf sehr ausführlich eine Zusammenfassung nicht nur des Jahres, sondern eine Beurteilung ihres Lebens; es ist ein Eintrag, der von ihrem Mann bei der Herausgabe des Tagebuchs brutal gekürzt wurde, offenbar auch, um alle persönlichen Aspekte, die nichts mit ihrem Schreiben zu tun hatten, zu streichen, da er sie als

das Ringen um Selbstbestimmung immer ein Ringen um das Schreibenkönnen ist, die Depressionen häufig unmittelbar mit der Unfähigkeit des Schreibens zusammenhängen.

Ich hatte oben darauf verwiesen und will nun zum Schluss dieses Abschnitts darauf zurückkommen, dass Wuthenow die Tagebücher, in denen vor allem das eigene Selbst thematisiert wird, »Zeugnisse angefochtener Subjektivität« nennt, auch wenn diese Zeugnisse vor allem die Form von Chroniken haben, wie etwa bei Eliot. Wenn man von der Perspektive der Frage nach alltäglicher Autonomie schaut, was kann man dann lernen von diesen Zeugnissen? Neben sehr deutlichen und tiefsinnigen Explorationen des eigenen Lebens, des eigenen Ich zeigt sich auch, dass die Suche nach dem selbstbestimmten Leben im Alltag häufig banal ist – Unfähigkeit zu arbeiten, versuchte Entscheidungen, keine Entscheidungen, simple Berichte über Ereignisse, die auch aus der Sicht der Diaristin selbst vielleicht nicht sonderlich bedeutend waren – aber eben doch bedeutend genug, um sie aufzuschreiben. Das Ringen um das selbstbestimmte Leben bringt sich manchmal nur im Notieren von Kopfschmerzen zum Ausdruck, wie George Eliot auf beeindruckende Weise vorführt.[69] Zu allen

eine nur aufs Schreiben fokussierte Schriftstellerin inszeniert; vgl. den Eintrag samt Streichungen bei Seifert, *Von Tagebüchern und Trugbildern*, S. 84-86.

69 Die folgenden Zitate stammen aus der schönen und sorgfältig edierten Ausgabe der Tagebücher von Eliot von Harris und Johnston (Eliot, *Journals*); vgl. auch die beiden von ihrem zweiten Mann John Cross herausgegebenen Bände *Life as Related in Her Letters and Journals*, die wunderbar zeigen, wie Eliot Tagebuch geführt und wie unterschiedlich sie sich in den verschiedenen Phasen ihres Lebens im Tagebuch zu sich selbst verhalten hat. Häufig benutzt sie das Tagebuch, um vor allem frühere Krankheiten damit zu vergleichen, wie sie sich heute fühlt; manchmal führt sie es über Seiten wie ein Haushaltsbuch, notiert akribisch die Einnahmen usf. Dann wieder schreibt sie außerordentlich persönliche und intime Einträge, etwa nach dem

Zeiten ihres Lebens, in denen sie Tagebuch führt, notiert sie beinahe täglich so etwas wie: »Am Abend grausame Kopfschmerzen« (S. 55); »Dienstag. Schreckliche Kopfschmerzen begannen.« (S. 61) »Schreckliche Kopfschmerzen [...].« (S. 107) »Fühle mich krank in Körper und Geist.« (S. 167) Eliots – insgesamt sehr unregelmäßig geführtes – Tagebuch ist bemerkenswert auch wegen der Spannung zwischen diesen Notaten im Tagebuch und der tatsächlich geleisteten Arbeit – denn trotz des Kopfwehs und der Arbeitsunfähigkeiten entstehen unter anderem *Adam Bede* (1859), *Die Mühle am Floss* (1860) und *Middlemarch* (ab 1871). Wenn wir davon ausgehen, dass, *wenn* sie schon Tagebuch schreibt, dies auch die wichtigen Aspekte ihres Tages sind, werden zwar ihre Tage vor allem durch körperliche Schmerzen bestimmt, dennoch wird das eigene Leben offenbar keineswegs nur als heteronom erfahren.

Ich denke, dass es nicht falsch ist zu sagen, dass schon *die Beschäftigung des Tagebuchschreibens selbst* Artikulation der Suche nach einem selbstbestimmten Leben ist. So zeigen die Tagebücher auch, dass Schriftsteller häufig versuchen, die Bedeutung ihres Lebens durch die Chronik dieses Lebens zu bestimmen, durch das Notieren oder auch durch die Reflexion auf das eigene Dasein, so dass es für sie offenbar konstruktiv ist, Tagebuch zu schreiben. Das Tagebuch wird empfunden als ein Gerüst für die eigene Autonomie, in dem es um Überlegungen zu einer selbstbestimmten Existenz geht, die einem helfen sollen, das eigene Leben besser zu verstehen und damit das eigene Leben besser zu leben.[70] Sollte man diese Thesen

Tod ihres Mannes George Henry Lewes (im Dezember 1878), oder einfach nur klassische Reiseberichte ohne sehr viel Reflexionen über das Erlebte (»Liszt speist mit uns«); vgl. auch Henry, *The Life of George Eliot*.

70 Übrigens könnte man dies wahrscheinlich nicht nur an Tagebüchern,

und Überlegungen noch einschränken, weil es hier um die Problematik der Selbstbestimmung von Künstlern und Künstlerinnen geht, für die es natürlich in ganz ausgezeichneter Weise wichtig ist, arbeiten zu können, schreiben zu können, und für die die Unfähigkeit zu schreiben immer gleich ins Herz der Unfähigkeit zu leben trifft? Sicherlich ist die Verbindung zwischen dem Schreiben im Tagebuch und dem Schreiben als Beruf eine andere, direktere, intensivere als die zwischen dem Tagebuchschreiben und anderen täglichen, beruflichen Tätigkeiten. Doch wirklich fundamentale Unterschiede lassen sich nicht erkennen. So schreibt Thomas Mallon über sein Buch über Tagebücher: »Dies ist ein Buch über Menschen und die Tagebücher, die sie schreiben. Es ist bevölkert von Schriftstellern, Tänzern, Verrückten, Staatsmännern, Liebenden, Meuchelmördern, Philosophen, Hausfrauen, Soldaten und Kindern.« Bemerkenswert sind die historischen Differenzen, so Mallon, nicht so sehr die zwischen den sozialen Milieus oder den professionellen und nichtprofessionellen Schreibern und Schreiberinnen.[71]

sondern auch an Selbstporträts zeigen – paradigmatisch etwa an den Selbstporträts von Max Beckmann aus ganz verschiedenen Epochen seines Lebens, vgl. Beckmann, *Self-Portrait in Words*; Beckmann bietet sich an, weil er auch ein Tagebuch geführt hat und seine Kunst immer in direktem Zusammenhang mit dem Streben nach Freiheit und Selbsterkenntnis gesehen hat. Außerdem wäre sein Tagebuch ebenfalls eine interessante Quelle für die Suche danach, wie man sein Leben leben soll – besonders aufschlussreich etwa Beckmanns Ringen mit der Frage, ob er in die USA ausreisen, auswandern soll, vgl. Beckmann, *Tagbücher*, S. 195-201 (Juli bis September 1947); vgl. auch die parallelen Tagebucheinträge von Anfang September 1947, die bei Beckmann ebenso wie bei Thomas Mann deren Begegnung auf der *Westerdamm* bei der Überfahrt nach New York beschreiben.

71 Mallon, *A Book of One's Own*, S. XVII; vgl. auch Hocke, *Europäische Tagebücher aus vier Jahrhunderten*, S. 9-15.

4. Blogs und die neuen Technologien der Selbstbeobachtung

Es ist ein ziemlich großer Sprung, wenn wir jetzt von den Tagebüchern zu den neuen sozialen Medien kommen, obgleich verschiedene Autoren, wie José van Dijck oder Kathrin Passig, eine Kontinuität behaupten zwischen dem traditionellen Tagebuch und den digitalisierten Tagebüchern wie dem Blog (oder auch dem Vlog) und von diesen aus dann wieder zu den neuen und neuesten Techniken der Selbstbeobachtung, den Technologien des quantifizierten Selbst. Ich denke, man sollte einer solchen breit angelegten Kontinuitätsthese eher kritisch gegenüberstehen, und will im Folgenden zeigen, warum.

Blogs gibt es in außerordentlich unterschiedlichen Formen, aus diversen Motiven heraus und in einer großen Vielfalt von Ausdrucksweisen. Viele von ihnen gehen auf das Bedürfnis zurück, Begebenheiten, Ereignisse und Erlebnisse in chronologischer Ordnung regelmäßig festzuhalten. In dieser Hinsicht ähneln sie klassischen Tagebüchern. Der erste auf der Hand liegende Unterschied betrifft jedoch die Frage, *für wen* man schreibt und mit wem man das Geschriebene teilt. Darüber hinaus muss man ohnehin, wie ich im vierten Kapitel gezeigt habe, *Lifelogs* und Apps, die das eigene Verhalten dokumentieren, anders konzeptualisieren, nämlich auf eine Weise, die mit der Tradition des Tagebuchs bricht. Ich komme auf diese Unterschiede gleich genauer zurück.

Was ist ein Blog? Es ist basiert auf einer Software, »die bewirkt, dass es für die Tageseinträge vorgefertigte Fenster gibt, die man mit Text füllen kann. Diese werden dann automatisiert mit Datum versehenen und chronologisch auf einer Startseite veröffentlicht. Jeder einzelne Text hat […] zudem eine eigene Internet-Adresse und kann dadurch besser verlinkt werden.«[72] Die Software folgt also sehr wohl der Idee des Tagebuchs – auch wenn das Blog anders als dieses immer und *per definitionem* an eine Öffentlichkeit gerichtet ist, und sei sie noch so klein.

Doch die meisten Blogs beschäftigen sich mit ganz anderen Dingen als mit dem eigenen Leben und dem eigenen Alltag und haben auch eine ganz andere Funktion: Schon ein kurzer Blick auf einige verschiedene Blogs zeigt deren Variationsbreite. Es gibt Reiseblogs, politische Blogs, Mommy-Blogs (aus dem Leben gestresster Mütter), Blogs, die Filme rezensieren, und solche, die Restaurants kritisieren. Im Netz finden sich Blogs zu praktisch jedem Thema – zum Beispiel: *The Blog. Home for the Heteronomous* – und mit einem extrem variablen Leserkreis.[73] In den meisten Blogs geht es sicherlich nicht um die Frage nach dem selbstbestimmten Leben, obgleich man eventuell solche Blogs wie die Mommy-Blogs (von denen es auch eine kaum zu überblickende Anzahl gibt) so interpretieren könnte, dass sie in gewisser Weise an Tagbücher anknüpfen, weil sie sich mit den alltäglichen Erfahrungen aus dem Mutterleben beschäftigen – aber dann doch anders gewendet, denn es geht gerade um den *Austausch* mit anderen (Müttern) über das Medium des Blogs.[74]

72 Nowak, »Vom Blatt zum Blog«, S. 51. Vgl. Thiel, »Blogs in der Philosophie«; vgl. zur Geschichte des Blogs und des Bloggens allgemein z. B. hilfreich Nowak, »Vom Blatt zum Blog«, vgl. auch ihr Aufsatz »Im Testgebiet der Blogosphäre«. Siehe auch Dean, *Blog Theory*, sowie Richter, *Das weblog als modernes Tagebuch*. Rainald Goetz gilt als einer der ersten Blogger, vgl. *Abfall für alle*; siehe auch Grodzinsky/Tavani, »Applying the ›Contextual Integrity‹ Model of Privacy to Personal Blogs in the Blogosphere«, die gegenüber der These, Blogs seien privat, kritisch sind.

73 Vgl. Dean, *Blog Theory*, bes. S. 60-66; vgl. auch Hunter, »Monetizing the Mommy«.

74 Morrison, »Autobiography in Real Time«, S. 3, bietet eine übersicht-

Übrigens kann man auch nicht behaupten, dass andere soziale Medien wie Twitter, Pinterest, Instagram und so fort in der Tradition des Tagebuchs stehen, obwohl sie häufig in Bild und/oder Schrift aus dem täglichen Leben Auskunft geben, durchaus auch aus der Perspektive der ersten Person. Nun werden jedoch gerade auf Twitter häufig peinliche Banalitäten mit einem prinzipiell uneingeschränkten Leserkreis geteilt: Auch diese Banalitäten berichten zwar aus dem täglichen Leben, haben aber mit der *Reflexion darüber* nichts zu tun. Twitter kann natürlich neben dieser Rolle des *Self-promoting* oder *Self-branding* (Marwick) auch ein außerordentlich hilfreiches und wichtiges politisches Medium sein, wenn es tatsächlich zum Mitteilen und Austauschen von Nachrichten gebraucht wird, die anders gar nicht oder viel langsamer oder nur unter sehr erschwerten Bedingungen in die Öffentlichkeit(en) kämen. Aber auch dann steht es außerhalb der Tradition des Tagebuchs. Vlogs, also Video-Blogs, sind, denke ich, eine Zwischenform: Sie ähneln zwar manchen Blogs in ihrer Form der täglichen oder regelmäßigen Chronik, sind auch immer noch aus der Erste-Person-Perspektive gefilmt, aber doch mit dem dokumentierenden Kamerablick von außen. Sie zielen nicht wirklich, wie jedenfalls einige Blogs noch, auf die Reflexion des jeweils Erlebten, sondern sind eher das, was José van Dijck mit dem Begriff der »hybriden Praxis« beschreibt.[75]

liche Einteilung von ganz privaten passwortgeschützten Blogs bis hin zu öffentlichen, auch kommerziellen Blogs. Sie beschreibt die Mommy-Blogs als Rettung für Mütter, die zu Hause an ihre Kinder und die Hausarbeit gebunden sind; man kann dies durchaus vergleichen mit den Müttergruppen der 1970er Jahre, nur dass diese Form des Austauschs früher offline war; vgl. auch noch ⟨https://www.workingmother.com/Blogs⟩ und etwa ⟨http://www.sheBlogs.nl⟩, beides letzter Zugriff am 30.12.2016.

75 van Dijck, »Composing the Self«, S. 13; vgl. van Dijck, *The Culture*

Was also kann das Blog noch zu tun haben mit dem traditionellen Tagebuch? Schaut man genauer auf die Literatur und die Theorien, die eine eindeutige Kontinuität erkennen, so geht es doch hier eigentlich immer um die Kontinuität der *Form*: die tägliche Routine, sich über irgendetwas aus dem eigenen Leben zu äußern. Es scheint mir eine unzulässige Verallgemeinerung zu sein, wenn etwa van Dijck schreibt:

> So wie das Schreiben von Papiertagebüchern ist das Bloggen ein Prozess, der dabei hilft, Gedanken durch Rituale auszudrücken und zu ordnen, und der dadurch das Selbstgefühl (*sense of self*) im Bezug auf Andere definiert. [...] Obwohl Stift und Papier allmählich durch (vernetzte) Computer ersetzt werden, spiegelt die multimediale Materialität weiterhin die Persönlichkeit und Individualität wider, die zuvor durch die Handschrift und Papierobjekte zum Ausdruck kam.[76]

Dieser ausschließlich auf die Technik gerichtete Blick ist natürlich interessant, aber für meine Fragestellung nicht sehr hilfreich: Denn mit Selbstbestimmung oder der Reflexion auf den eigenen Alltag hat dies nichts zu tun. Von der allgemeinen These der Kontinuität sollte man sich also verabschieden und nur auf solche Blogs genauer schauen, die tatsächlich

of Connectivity, S. 68, dort auch zu anderen gleichartigen Medien; vgl. einen der in den Niederlanden bekanntesten Vlogger Enzo Knol ⟨https://www.youtube.com/user/EnzoKnol⟩, letzter Zugriff 26.10.2016.

76 van Dijck, »Composing the Self«, S. 11; ihre Identifizierung von Blogs und *Lifelogs* scheint mir auch ein Missverständnis zu sein. Vgl. auch Holm, »Montag Ich«, S. 10-13, die Blogs und Tagebücher relativ problemlos miteinander identifiziert, weil ohnehin auch die ursprünglichen Tagebücher für ein impliziertes Publikum geschrieben seien; vgl. zum *lifelogging* Bell/Gemmell, *Your Life, Uploaded*, und den letzten Abschnitt von Kap. 4.

den Anspruch haben, aus dem eigenen Leben, tagebuchähnlich und reflektierend zu berichten.[77] Dass die Technologie Einfluss auf den Inhalt des Geschriebenen hat, gerade wenn man an eine Schriftform anschließen will, die ursprünglich der intimen Konfrontation des Ichs mit dem Ich gewidmet war, ist dann nicht weiter überraschend. Versucht man, auf Blogs zu schauen, die anschließen an die traditionellen Tagebücher, so stößt man zum Beispiel auf Wolfgang Herrndorf – sicherlich einer der interessantesten Blogger, zumal für jemanden wie mich, die auf der Suche nach Selbstbestimmung, nach Reflexionen auf das eigene Leben im Tagebuch oder Blog ist. Ich werde Herrndorf deshalb als (einziges) Beispiel für das tagebuchähnliche Bloggen hier vorstellen und interpretieren.[78]

Herrndorf erfährt im Frühjahr 2010, dass er einen Gehirntumor, ein Glioblastom, und nicht mehr lange zu leben hat – wie lange genau, ist zunächst nicht klar. Es werden gut drei Jahre, bis er sich am 26. August 2013 das Leben nimmt, an einem der letzten Tage, wie seine Herausgeber Marcus Gärtner und Kathrin Passig schreiben, an denen ihm das noch möglich war.[79] Herrndorf beginnt seinen Blog zunächst nur für eine kleine Gruppe von Freunden, weitet den Lesekreis

77 ⟨http://techniktagebuch.tumblr.com⟩; ziemlich komisch ist die ›Bloggisierung‹ von Pepys: ⟨http://www.pepysdiary.com⟩; immer noch einer der bekanntesten Blogger ist Scalzi: ⟨http://whatever.scalzi.com⟩ (alle letzter Zugriff am 30.11.2016). Übrigens läuft man hier Gefahr, dass im Moment des Schreibens das Geschriebene schon wieder durch die Entwicklung der neuen Technologien überholt wird.

78 Blogs, die das eigene Leben thematisieren, findet man in endlosen Varianten, zumeist eher wenig aussagekräftig; vgl. eine zufällige Auswahl: ⟨http://www.inboxjournal.com⟩; ⟨http://www.heise.de/ix/artikel/We-blog-506232.html⟩, letzter Zugriff bei beiden am 26.10.2016.

79 Herrndorf, *Arbeit und Struktur*, S. 445.

jedoch bald wegen des großen Interesses an seinem Blog aus und hat nach einiger Zeit eine unüberschaubare Zahl von Leserinnen und Lesern. Dieses Interesse hat sicherlich verschiedene Gründe: zum einen die Tatsache, dass Herrndorf todkrank war und solche Ereignisse immer eine gewisse Zahl von Voyeuren anziehen. Zum Zweiten die Tatsache, dass er schon ein relativ bekannter Schriftsteller war, bevor er mit dem Bloggen anfing, und nach der Veröffentlichung seines Romans *Tschik* im Herbst 2010 in extrem kurzer Zeit berühmt wurde. Doch drittens und meines Erachtens am wichtigsten ist sein Blog mit dem Titel *Arbeit und Struktur* außerordentlich gut geschrieben, streckenweise amüsant, tiefsinnig, durchaus auch bewegend – und interessant: Herrndorf reflektiert nämlich durchgehend, explizit oder implizit, darüber, was es heißt, selbstbestimmt zu leben angesichts der Tatsache, dass er nicht mehr viel Leben vor sich hat. Was heißt dann noch Selbstbestimmung, was heißt es noch, dass das Leben gelingen kann?

Herrndorf schreibt am 30.4.2010, er brauche eine Exitstrategie: Er will die Beruhigung haben, sich selbst das Leben nehmen zu können, wenn er den Eindruck hat, völlig die Kontrolle zu verlieren. Am Ende des Eintrags heißt es: »[…] am 21. Juni ist das erste MRT. Bis dahin brauche ich was hier. Ob ich die Disziplin habe, es am Ende auch zu tun, ist noch eine ganz andere Frage. Aber es geht, wie gesagt, um Psychohygiene. Ich muss wissen, dass ich Herr im eigenen Haus bin. Weiter nichts.«

Herr im eigenen Haus zu sein – auch gegen die freudschen Assoziationen – ist natürlich eine Chiffre für das selbstbestimmte, kontrollierte Leben. Schon im Titel seines Blogs, *Arbeit und Struktur*, wird keineswegs ironisch auf das Bedürfnis verwiesen, das eigene Leben im Griff zu haben und bestimmen zu können. Ich will noch eine andere Passage zitieren:

8.6.2010 Nachmittags lege ich mich müde hin. Als ich wieder aufstehen will, ist die Welt weg oder verschwommen. Linkes Auge, rechtes Auge: verschwommen. Ich gerate nicht in Panik, ich habe keine Angst, es ist nur riesengroße Gleichgültigkeit: so geht das also los. Ich kann die Schrift am Computer nicht mehr lesen. Ich stelle sie doppelt so groß und arbeite noch dreißig Sekunden, dann kann ich auch das nicht mehr lesen. Soll ich die Notfallnummer des Onkologen anrufen? Irgendjemanden anrufen? Ich nehme mein Handy und ein Handtuch, gehe raus und lege mich in die Sonne neben das große Kinderplanschbecken in der Eichendorffstraße. Sie haben die Wassersprenger wieder angeschaltet, wie jeden Sommer. Mitte-Väter schwenken ihre Kinder an Armen und Beinen durch die Luft, Mütter liegen neben Kinderwagen und lesen Zeitung. Neben mir ins Gras setzen sich vier junge Männer. Sie unterhalten sich über die Begriffe Zweck und Absicht bei Kant und Hegel, und es ist eine grauenvolle Unterhaltung, ein grauenvoll verfehltes, sinnloses Leben, während um sie herum alles in schönster Blüte steht. Nach einer Weile ist mein Auge wieder da. Ich ziehe die Mensacard aus dem Portemonnaie, um zu gucken, ob ich die Schrift darauf lesen kann, und gehe zurück an die Arbeit. Auf dem Weg schleppe ich einen Getränkekasten in den vierten Stock.[80]

Herrndorf hält so weit wie irgend möglich unerschütterlich fest an seinem Vorhaben, dem Schreiben, setzt es durch auch gegen Einbrüche der Krankheit und berichtet darüber in seinem Blog auf eine Weise, die noch nicht einmal sehr subtil die Gegensätze zwischen dem in seiner Perspektive richtigen und dem falschen Leben versinnbildlich. Das »grauenvoll verfehlte« Leben, das sinnlose Leben wohl deshalb, weil es den vier jungen Männern um nicht viel zu gehen, weil ihr Gespräch eine Inszenierung zu sein scheint, weil sie den Kontext miss-

80 Ebd., S. 63f.

achten, weil sie die Zukunft und die Freiheit, die sie haben, auf eine (nach Herrndorf) sinnlose Weise nutzen.

> Ich kann sagen, dass ich in meinem Leben nichts getan habe, was ich nicht wollte. Wenn ich unfreiwillig etwas getan habe, weil ich Geld verdienen musste zum Beispiel, habe ich mir immer Arbeiten gesucht, die keinen Geist erforderten, rein körperlich waren. Lieber habe ich am Existenzminimum rumgekrebst, als etwas zu tun, was mit Unfreiheit verbunden war.[81]

Herrndorf beschreibt sich als jemanden, für den die Selbstbestimmung über das eigene Leben und die Freiheit, die er darin sieht, unabdingbare Bedingung in *allen* Hinsichten seines Lebens ist. Wegen des Verlustes genau dieser Kontrolle trifft ihn die Krankheit auf ganz spezifische, brutale Weise. Die Tatsache, dass man Herrndorf so lesen kann, als schließe er an die Tradition des Tagebuchs an, in der durch die Konfrontation mit dem eigenen Leben die Problematik der Selbstbestimmung deutlich wird, zeigt jedenfalls, dass es in Blogs auch diese Tradition gibt. Herrndorf, den ich hier als *Exemplar* gebrauche und lese, macht sich das Medium, die neue Technologie so zu eigen, dass er sie für genau die Art der Selbstreflexion und Selbstbestimmung verwenden kann, die er für angemessen hält. Damit haben wir zwar noch keinen Nachweis für die Kontinuität von Tagebuch und Blog, aber es macht doch deutlich, wie eine solche Kontinuität aussehen könnte. Dazu kommt natürlich, dass Herrndorfs Schreib- und Denkstil auch seiner Persönlichkeit geschuldet sind und nicht nur dem Medium, das er verwendet. Sicherlich muss man hier, gegen die Kritiker, die diesen neuen Technologien ablehnend oder zweifelnd

81 Ebd., S. 432; aus den Fragmenten, die keinem genauen Tag zugeordnet werden können.

gegenüberstehen, festhalten, dass das Medium des Blogs offensichtlich *nicht* prinzipiell *verhindert*, dass jemand sich seiner als Ausdruck oder Artikulation der Überlegungen zum autonomen Leben bedient. Es geht in den neuen Medien folglich *auch* um Selbstbestimmung, auch wenn sich hier häufig andere Ausdrucksformen und andere Schwerpunkte zeigen.

Bevor ich zum letzten Abschnitt dieses Kapitels komme, will ich noch kurz auf die Frage eingehen, ob man auch Techniken der Selbstbeobachtung, wie etwa die der *Quantified-Self*-Bewegung (QS-Bewegung) oder der *Lifelogs*, in dieser Tradition der Tagebücher sehen sollte. Die QS-Techniken der Selbstbeobachtung waren schon ausführlich Thema im vorigen Kapitel, ich will hier jedoch aus einer anderen Perspektive noch einmal kurz darauf zurückkommen. Während *Lifelogs* beziehungsweise *Lifelogger*, das habe ich bereits beschrieben, wirklich alles, jede Tätigkeit und jedes Erlebnis, festhalten wollen, machen Personen, die sich selbst *tracken*, eine Auswahl hinsichtlich der Daten, die sie aufnehmen und speichern wollen. Insofern könnte man meinen, dass sie den Techniken des Tagebuchs vergleichbar sind. Doch das stimmt nicht: *Lifeloggen* ebenso wie die QS-Techniken der Selbstbeobachtung funktionieren wesentlich anders und haben andere Ziele als das traditionelle Tagebuch und auch noch Blogs; die Selbstbeobachtung stützt sich auf Daten, mit denen ausschließlich *von außen* mein eigenes Verhalten notiert wird, hat deshalb mit der Perspektive des Tagebuchs nichts mehr zu tun. Die Chronik im Tagebuch – und gegebenenfalls die im Blog, wenn es wie der von Herrndorf angelegt ist – bleibt eine aus der Perspektive der ersten Person. Auch der oben zitierte »Meteorologe des Klimas des Ich«, bleibt einer, der gewissermaßen sein eigenes Klima beschreibt und sich darauf konzentriert. Demgegenüber heißt das Motto der *Quantified-Self*-Bewegung gerade nicht: Erkenne dich selbst, sondern: »Selbsterkenntnis durch Zahlen«. Und in welcher Weise dies auch entfremdend wirken kann, habe ich schon im Kapitel zur Selbsterkenntnis zu zeigen versucht.

Aber könnte man nicht einwenden, dass zumindest bestimmte Aspekte des Tagebuchschreibens sich auch in den *Lifelogs* und den QS-Apps wiederfinden, wie zum Beispiel das Schreiben, um sich besser erinnern zu können, um die Zeit und das Leben gleichsam festhalten zu wollen? Die Funktion der Gedächtnisstütze ist eine wichtige Motivation für *Lifelogs*, ähnlich wie Joan Didion dies über ihr Notizbuch festgestellt hat und auch George Eliot in ihrem Tagebuch notiert, wenn sie beschreibt, wie sie frühere Phasen der Niedergeschlagenheit vergleicht mit ihrem heutigen Zustand. Ähnliches könnten auch QSler tun, denn, auch dies hatte ich schon erwähnt, es gibt Apps zur Aufzeichnung von Stimmungen.[82] Dennoch sind die Unterschiede hier wichtiger. Denn im Tagebuch wird natürlich nicht alles notiert, Diaristen sind, wie wir gesehen haben, sehr selektiv, und es ist gerade *diese selbstinterpretierende Auswahl*, die Tagebücher zu interessanten und aussagekräftigen Dokumenten machen kann. Deshalb ist das Datensammeln in den modernen Technologien der Selbstbeobachtung *qualitativ anders* als die wie auch immer rudimentäre oder schlichte Form der Konfrontation mit dem eigenen Ich, die Praktiken der Selbstvergewisserung im Tagebuch. Schon beim Blog fällt es ziemlich schwer, eine Kontinuität zum Tagebuch herzustellen; für die Apps der QS-Be-

82 Eliot, *The Journals of George Eliot*, S. 148: »31. Dezember (1877). Heute sage ich ein letztes Lebwohl zu diesem Büchlein, das die einzigen Aufzeichnungen meines persönlichen Lebens enthält, die ich seit mehr als sechzehn Jahren festgehalten habe. Es hat mir oft geholfen, in ihm nachzuschlagen und frühere mit gegenwärtigen Zuständen der Verzagtheit, aufgrund schlechter Gesundheit oder anderer offenkundiger Ursachen, zu vergleichen. Auf diese Weise hat eine frühere Verzagtheit sich verwandelt in einen jetzigen Zustand der Hoffnung.«

wegung gilt dies noch mehr. Was Didion mit Blick auf den Inhalt ihres Journals beschreibt, trifft nicht mehr zu auf die Daten, die die Apps sammeln: »[W]ir reden hier von etwas Privatem, [...] eine willkürliche und erratische Ansammlung, *von Bedeutung nur für ihren Produzenten.*«[83] Die Bedeutung, die die Daten haben, ist natürlich keine *private* Bedeutung mehr für die quantifizierte Person; gerade deshalb haben die Daten, die durch die Apps gesammelt werden, einen so großen ökonomischen Wert.

5. In welchem Rahmen steht Autonomie?

Dass sich die Form des Tagebuchschreibens und damit auch der Inhalt unter dem Einfluss von modernen Kommunikationstechnologien verändert hat und weiterhin ändert, ist nicht weiter erstaunlich. Bei der Suche nach der alltäglichen Autonomie im Tagebuch und in den neueren Kommunikationstechnologien treffen sich ganz unterschiedliche Themen. Zunächst das der Unterscheidung zwischen privat und öffentlich: Gilt das Tagebuch als ein genuin privates Medium, so sind Blogs ebenso wie die meist sofort geteilten Daten von *Lifelogs* und QS zwar privat in einer Hinsicht, öffentlich jedoch in einer anderen. Die Praxis des Bloggens ist in der allgemeinen Wahrnehmung eine öffentliche Praxis, auch wenn Tagebuch-Bloggen genealogisch zurückverfolgt werden kann auf das traditionelle Tagebuch (das es natürlich auch immer noch gibt).[84]

Was also hat es auf sich mit der *Selbstbestimmung*, um die es

83 Didion, »Gedanken über das Notizbuch«, S. 127 (meine Hervorhebung).

84 Vgl. noch einmal den Band von Gold u. a., *Absolut privat?*, in dem verschiedene (kurze) Aufsätze zur Geschichte vom Tagebuch zum Weblog versammelt sind.

mir im Tagebuch ging? Kann man sagen, der Umgang mit der Frage nach der eigenen Selbstbestimmung habe sich unter dem Einfluss der neuen Kommunikationstechnologien entscheidend geändert? Wenn sowohl Tagebücher wie auch Blogs als Praktiken der Selbstvergewisserung und Selbstbeobachtung begriffen werden sollen, dann stellt sich die Frage, ob und gegebenenfalls wie sich der Blick auf uns selbst durch technologische Transformationen verändert: Geht es dann um einen tatsächlich anderen Begriff von Autonomie oder wird Autonomie nur anders verstanden? Man muss nämlich, wenn man im Tagebuch die *Tätigkeit des Schreibens selbst* als Suche nach der Bedeutung und der Bestimmung des eigenen Lebens begreift, auch fragen, ob sich diese Suche nach Autonomie aufgrund der neuen Technologien selbst substantiell verändert. Nun hat die Bereitschaft, die Reflexionen über das eigene Leben öffentlich mit unbestimmten anderen zu teilen, zweifelsohne Konsequenzen für die Art der Reflexion, zumal dann, wenn sie sich nicht auf *ein* digitales Medium beschränkt, sondern ihren Ausdruck in verschiedenen sozialen Medien findet. Mit ein bisschen Übertreibung könnte man sagen, dass die technologische Entwicklung bis hin zur QS-Gemeinschaft zeigt, dass Personen heute nicht mehr so sehr Interesse haben an der Möglichkeit des privaten, eigenen, geheimnisvollen Lebens, sondern dass sie sich für anderes interessieren: Nicht mehr psychologische Selbsterforschung ist das Mittel bei der Suche nach der eigenen Identität, sondern der Austausch mit anderen und das Sammeln von Daten, die das eigene Leben quantifizierbar machen.

Genau dies wird durch die neueren Technologien ermöglicht und zugleich nahegelegt (»Affordanz« heißt der neue, hier relevante Begriff). Und auch die Idee der Selbstvermarktung (*Self-branding*) passt nur auf Formen der Selbstdarstellung, die mit den neueren Technologien ermöglicht wurden – ein Begriff, den man geradezu als Gegenbegriff verstehen kann zu dem der Selbstvergewisserung im Tagebuch. Deshalb hat auch die Statusangst, die beispielsweise Alice Marwick beschreibt, die Angst, im Vergleich mit anderen schlechter dazustehen, gerade wegen der Quantifizierbarkeit des Lebens viel mehr Macht als in den vordigitalen Zeiten.[85] Dies sind folglich die beiden unterschiedlichen Aspekte der neuen Technologien: einerseits die *Öffentlichkeit* der Blogs und anderer sozialer Medien, andererseits die *Quantifizierbarkeit der Selbstbeobachtung*. Beides sagt zunächst nur etwas über die Technologisierung unserer Alltagswelt und damit auch unserer Formen der Kommunikation. Hat dies auch einen veränderten Begriff von Selbstbestimmung zur Folge? Und einen veränderten Begriff der Idee des gelungenen Lebens? Man kann hier zwei ganz verschiedene Perspektiven einnehmen, eine eher pessimistische und eine eher optimistische. Die erste behauptet in foucaultscher Tradition die historische und soziale Bedingtheit und Bestimmtheit unseres Selbstverständnisses und unserer normativen Begrifflichkeit, gerade angesichts der neueren Informations- und Kommunikationstechnologien. Diesen wird eine transformierende und determinierende Kraft attestiert, die unsere Subjektivität formt und die deshalb Autonomie oder Individualität als nicht mehr möglich erscheinen lässt. Andrew Keen etwa behauptet angesichts dieser technologischen Entwicklungen: »Was alle Kritiker unserer zunehmend transparenten und sozialen Epoche beklagen, ist der Verlust der Privatperson, das Verschwinden von Verschwiegenheit und Geheimnis, den Primat des Likens über die Liebe, den Sieg von Benthams Utilitarismus über Mills individuelle Freiheit und vor allem den kollektiven Gedächtnisverlust darüber, was es wirklich heißt, ein Mensch zu sein.«[86] Mit ganz

85 Vgl. Marwick, *Status Update*.

86 Keen, *Digital Vertigo*, S. 185; vgl. auch Floridi, der (in *Die vierte Revolution*, S. 91) betont, dass »die Mikronarrative, die wir produzieren

ähnlichen Worten klagt auch Bernard Harcourt über den Verlust des klassischen humanistischen Begriffs des Individuums und der Individualität in der neuen Welt der Transparenz der Kommunikationstechnologien.[87] Damit wollen beide auf die Änderung unserer *normativen Begriffe* – und damit auch der Selbstbestimmung – hinweisen, die mit der Änderung unserer Praktiken unter dem Einfluss dieser neueren Kommunikationstechnologien einhergehen.

Man kann auch eine zweite Perspektive einnehmen, eine optimistische, eher a-historische und a-soziale (vermeintlich) kantische Perspektive:[88] Sie behauptet, dass wir über Autonomie *immer* und prinzipiell als vernunftmäßige Wesen auf dieselbe Weise in allen möglichen sozialen oder Modernisierungsumständen verfügen können. Deshalb meint sie, dass diese Autonomie auch unter eher ungünstigen Bedingungen, wie sie etwa durch die neuen Informations- und Kommunikationstechnologien geschaffen worden sind, unverändert gelebt, gemeistert werden kann. Nun scheint mir jedoch, das dürfte nach meinen bisherigen Überlegungen zum Autonomiebegriff deutlich sein, weder die kulturpessimistische noch die unhistorische Interpretation überzeugend: Die Artikulation von Selbstbestimmung ist immer auch bestimmt von den sozialen, kulturellen, politischen Bedingungen, unter denen wir leben, da wir autonom nie isoliert, sondern immer mit anderen sind. Auf welche Weise sich dann die Suche nach Selbstbestimmung und das Nachdenken über das selbstbestimmte Leben zum Ausdruck bringt, kann sich historisch ändern,

und konsumieren, auch unser soziales Selbst [verändern] und damit, wie wir uns selbst verstehen«.

87 Vgl. Harcourt, *Exposed*, S. 173-183, auch wenn er im letzten Teil Formen des Widerstands diskutiert, vgl. S. 262-284.

88 Wie etwa bei Pauen/Welzer, *Autonomie*, etwa S. 21-50 und S. 280-285.

wird aber nicht unbedingt unmöglich, dies haben wir auch bei der Diskussion von Blogs gesehen. Allerdings war auch schon im vorigen Kapitel deutlich geworden, dass die Transformation unserer normativen Begrifflichkeit als prinzipielle Gefahr auch vom Standpunkt einer Autonomietheorie begriffen werden muss; ich werde in den folgenden Kapiteln hierauf zurückkommen.

Dieses Kapitel hatte ich begonnen mit der Frage nach der Autonomie im täglichen Leben und mit der, ob diese alltägliche Autonomie im Tagebuch zu finden und theoretisch fruchtbar zu machen ist. Anhand solcher Aufzeichnungen lässt sich tatsächlich deutlich machen, wie wir und dass wir im täglichen Leben reflektieren und danach streben, so selbstbestimmt wie möglich zu leben. Und in den neuen Medien geht es *auch* um Selbstbestimmung, selbst wenn sich hier häufig andere Ausdrucksformen und andere Schwerpunkte zeigen. Man kann, auch das bringen Tagebücher ebenso wie – einige – Blogs zum Ausdruck, an diesem Anspruch des selbstbestimmten Lebens scheitern; aber das heißt nicht, dass dieser Anspruch, auch und gerade an sich selbst gestellt, in unserem täglichen Handeln und Leben nicht nachweisbar ist.

6
Autonom wählen und das gute Leben

Ach, die Tür des Glücks, sie geht nicht nach innen auf, so daß man, indem man auf sie losstürmt, sie aufdrücken kann; sondern sie geht nach außen auf, und es bleibt einem daher nichts zu tun.[1]

Wenn wir das vorgängige Werk der Aufmerksamkeit außer Acht lassen und nur die Leere des Entscheidungsmoments zur Kenntnis nehmen, werden wir wahrscheinlich Freiheit mit der äußeren Bewegung identifizieren, da es sonst nichts anderes gibt, mit dem sie identifiziert werden könnte. Aber wenn wir bedenken, wie das Werk der Aufmerksamkeit beschaffen ist, wie unaufhörlich es vonstatten geht und wie unmerklich es Wertstrukturen um uns herum errichtet, dann werden wir nicht überrascht sein, dass in ausschlaggebenden Entscheidungsmomenten das Geschäft des Sichentscheidens schon größtenteils erledigt ist. Das bedeutet nicht, dass wir nicht frei sind, ganz gewiss nicht.[2]

»Wie ich sehe, hältst du bei deinen Sachen Ordnung«, sagte ich. »Ich halte überall Ordnung«, erwiderte er. »Wirklich überall. In meinem Leben gibt es nichts, was ich nicht geplant oder berechnet hätte.« »Das hört sich furchterregend an«, sagte ich und sah ihn an. Er lächelte. »Ich persönlich finde es furchterregend, einem Menschen zu begegnen, der mit einem Tag Vorlauf nach Stockholm umzieht.«[3]

1 Kierkegaard, *Entweder – Oder*, S. 32.
2 Murdoch, »The Sovereignty of Good«, S. 37.
3 Knausgard, *Lieben*, S. 207.

1. Die Frage nach dem guten Leben und der Perfektionismus

Die Frage nach dem guten Leben ist die Grundfrage der Ethik: Wie zu leben gut sei, ist die Frage der aristotelischen ebenso wie der sokratischen Ethik – und sie unterscheidet sich von der kantischen nach den moralischen Pflichten –, jedoch auch die, die wir uns stellen, wenn wir sie uns als autonome Personen stellen mit dem Ziel, selbstbestimmt unser Leben zu leben. Wir stellen sie uns vielleicht nicht täglich, weil wir zumeist nicht mit Situationen konfrontiert werden, die es notwendig machen, grundsätzlich über das gute Leben nachzudenken, aber wir stellen sie uns sicherlich dann, wenn wir relevante Entscheidungen zu treffen haben, und dann erscheint sie keineswegs als ungewöhnlich oder überraschend und ist jedenfalls weniger radikal als die Frage nach dem *Sinn* des eigenen Lebens.

Autonomie begreife ich in diesem Buch als Vorbedingung des guten, gelungenen Lebens; deshalb kritisiere ich solche Theorien, die das gute Leben als eines beschreiben, das ohne die Idee der Selbstbestimmung auskommen kann. Und gerade deshalb ist meine Theorie zumindest schwach perfektionistisch – sie setzt voraus, dass man jedenfalls schwache allgemeine Aussagen machen kann über das gute Leben für *alle* Personen. Perfektionismus im weitesten Sinn bedeutet bekanntlich zweierlei: zum einen die Annahme, dass es überhaupt möglich ist, bestimmte Ideen des je individuellen guten Lebens gegenüber anderen auszuzeichnen; und zum Zweiten die Annahme, dass der Staat bestimmte Ideen des guten Lebens fördern und vorziehen sollte. Die zweite Annahme betrifft die politische Problematik der Neutralität des liberalen Staates; die erste die ethische nach der Möglichkeit einer objektiven oder jedenfalls nicht nur subjektiven Beschreibung des individuellen guten Lebens. Deshalb hat die Frage nach dem guten Leben in der Philosophie zwei Seiten: die der Ethik und die der Politik.

Mich interessiert in diesem Kapitel nur das erste dieser beiden Themen, auch wenn sie aufeinander verweisen. Denn ich kann dafür argumentieren, dass bestimmte Entwürfe des guten Lebens besser sind als andere, ohne zugleich verlangen zu müssen, dass der Staat diese unterstützen oder auf besondere Weise fördern müsse. Wenn ich jedoch mehr behaupten will, als dass dies in *meinen* Augen der bessere Entwurf ist, und zurückgreifen will auf objektive – intersubjektive – Kriterien, die meinen Entwurf besser machen als andere, dann liegt es nahe, die staatliche Neutralität in Frage zu stellen. Umgekehrt setzt natürlich ein staatliches Eingreifen in Lebensentwürfe voraus, dass diese Eingriffe mindestens intersubjektiv begründet werden können und zustimmungsfähig sind. Doch die Frage nach der staatlichen Neutralität ist eine, die ich nicht explizit diskutieren und beantworten werde, weil die Problematik des liberalen Staates hinsichtlich des *Schutzes* individueller Autonomie eine andere ist als die des Konzeptualisierens der individuellen Autonomie und ihrer Gelingensbedingungen selbst. Es wird dennoch unvermeidlich sein, hin und wieder auf die Rolle des Staates zu verweisen, gerade auch in den beiden noch kommenden Kapiteln zur Privatheit und zu den sozialen Voraussetzungen von Autonomie. Doch dort ebenso wie hier steht im Zentrum nur die individuelle Autonomie selbst.

Ich möchte, wie angekündigt und wie auch schon bisher in diesem Buch, einen *schwachen Perfektionismus* verteidigen: eine Form des Perfektionismus, die Autonomie als ein Gut beschreibt, ohne dabei die liberale Gesellschaft so in Frage stellen zu müssen, dass man nicht mehr sinnvoll von einem Faktum des Pluralismus sprechen kann. Das bedeutet, dass ich problematisieren muss, ob mit der Voraussetzung von Autonomie schon *substantielle* Annahmen mit Blick auf das gute

Leben verbunden sind. Dabei berühren sich bestimmte Fragen, die ich hier diskutiere, mit solchen, die ich schon oben im dritten Kapitel zum Sinn des Lebens besprochen habe. Eines dieser Themen ist etwa das Problem der intersubjektiv gültigen Kriterien für den Sinn unserer Projekte – müssen solche Vorhaben oder Optionen intersubjektiv sinnvoll und *gut* sein, um Personen ein autonomes Leben zu ermöglichen? Doch mir geht es, anders als im dritten Kapitel, hier nicht um die radikale Frage nach dem Sinn, sondern um die mehr alltägliche Frage nach dem guten Leben und danach, wie ich ein möglichst autonomes und gelungenes Leben leben kann.

Schauen wir erst genauer auf die Problematik der Theorien des guten Lebens. Das gängige philosophische Narrativ hinsichtlich des guten Lebens lautet folgendermaßen: Die Frage nach dem guten Leben und damit auch das Problem des Perfektionismus ist eigentlich seit und mit Kant aus dem Bereich der liberalen Philosophie verbannt. So schreibt Ernst Tugendhat im Anschluss an Kant, dass die seit ihm übliche *Trennung* zwischen der ethischen, antiken Frage danach, »was jeweils für den einzelnen gut ist«, gegenüber der modernen, die die intersubjektiven Normen betrifft, und damit die danach, »was ist es, was ich mit Bezug auf die anderen soll«, immer noch gültig sei.[4] Diese Grundidee, dass die genaue Bestimmung des glücklichen, des guten Lebens kein Thema der Phi-

4 Tugendhat, »Antike und moderne Ethik«, S. 43f.; Kant sagt bekanntlich, dass »Glückseligkeit [die] Befriedigung all unserer Neigungen [sei] (sowohl extensive, der Mannigfaltigkeit derselben, als intensive, dem Grade, als auch protensive, der Dauer nach).« *Kritik der reinen Vernunft*, A 806; vgl. auch ders., *Kritik der praktischen Vernunft*, A 225: Glückseligkeit sei »der Zustand eines vernünftigen Wesens, dem es, im Ganzen seiner Existenz, alles nach Wunsch und Willen geht [...].« Vgl. Wolf, *Die Philosophie und die Frage nach dem guten Leben*, S. 12-15, zur Kritik an der Trennung zwischen Ethik und Moral; außerdem dies., »Zur Struktur der Frage nach dem guten Le-

losophie sein könne, findet sich wieder in John Rawls' Idee des vernünftigen Pluralismus von ganz unterschiedlichen »umfassenden Lehren«, wie auch in Jürgen Habermas' Idee der ethischen Enthaltsamkeit gegenüber differenten Lebensentwürfen. Seit der Aufklärung geht klassischerweise die liberale Philosophie davon aus, dass eine klare Trennung möglich ist zwischen Ethik und Moral, zwischen dem, was gut ist für mich, und dem, was gut, also gerecht, ist für andere. Damit ließe sich die Frage nach dem guten Leben nur noch *formal* beantworten, nicht mehr *inhaltlich*.[5]

Doch auf der anderen Seite kann man seit ungefähr der Mitte des letzten Jahrhunderts eine deutliche Renaissance der Philosophien des guten Lebens ausmachen: Für diese Renaissance gibt es eine Reihe unterschiedlicher Gründe. Als Erste – auch historisch – muss man hier sicherlich Elizabeth Anscombe nennen und ihre Kritik an der kantischen wie auch der utilitaristischen Prinzipienethik, der sie ihre Begründung der Tugendethik entgegensetzt. Mit einem anderen Argument zeigt Iris Murdoch, dass aufgrund der Komplexität moralischer Situationen das moralische Gutsein nicht reduzierbar ist auf ein moralisches Regel- oder Prinzipienwerk.[6]

ben«. Zur Trennung zwischen Ethik und Moral auch Forst, *Das Recht auf Rechtfertigung*, S. 100-126.

5 So etwa Steinfath, »Einführung«, S. 17-23; vgl. zum Folgenden auch den von Steinfath herausgegebenen Band *Was ist ein gutes Leben?* sowie den von Guignon, *The Good Life*. Siehe auch Seel, *Sich bestimmen lassen*, S. 196-212.

6 Anscombe, »Die Moralphilosophie der Moderne«; Foot, *Die Natur des Guten*; vgl. bes. Tugendhat, *Vorlesungen zur Ethik*, Kap. 11; vgl. Murdoch, »The Sovereignty of Good«. Hier kann man auch verweisen auf die kommunitaristische Kritik, die dem liberalen Begriff der Person vorwirft, er sei leer und könne nicht einmal seine eigenen formalen Voraussetzungen klären; deshalb müsse man auf aristotelische (oder hegelianische) Theorien des guten oder richtigen Lebens zu-

Und schließlich lässt sich in derselben Argumentationslinie eine kritische Perspektive auf die universalistische Moral und ein erneuerter Bezug auf die Ethik des guten Lebens dort ausmachen, wo es um die Frage der Motivation zum moralischen Handeln geht: Warum man überhaupt den universalistischen Normen oder Regeln folgen sollte, hat zu tun mit dem eigenen guten Leben, so argumentiert etwa Bernard Williams.[7] Die kantische wie die utilitaristische Ethik könnten die Bedeutung, die ethisches Handeln im Leben einer Person hat, nicht beschreiben, weil dies nämlich immer schon Personen mit Charakter und *Identität*, mit *Projekten* betreffe. Solche Projekte gehen gleichsam dem kategorischen Imperativ voraus, da sich anders nämlich dieser moralische Imperativ nicht als relevant für das persönliche Leben einer Person und für ihr moralisches Handeln beschreiben lässt. Dies muss nun keineswegs als ein Argument gegen eine universalistische Moral als solche begriffen werden (kontra Williams), sondern kann auch als Argument dafür interpretiert werden, dass selbst eine universalistische Moral immer schon eine zumindest minimale Idee des individuellen guten Lebens berücksichtigen muss – also wiederum als Korrektur an der Idee der strikten Trennung zwischen diesen Fragen.[8] Andererseits ist diese Trennung jedenfalls so weit notwendig, als der liberale Staat das Faktum des Pluralismus akzeptieren und diesem normativ gerecht wer-

rückgreifen, wie etwa MacIntyre und Sandel vorschlagen, vgl. MacIntyre, *After Virtue*, und Sandel, *Liberalism and the Limits of Justice*.

7 Vgl. Williams, »Personen, Charakter, Moral«; vgl. dazu Wolf, »Zur Struktur der Frage nach dem guten Leben«.

8 Vgl. Williams, *Ethik und die Grenzen der Philosophie*, S. 11-38. So kann man auch Raz verstehen: er argumentiert dafür, dass die Trennung der beiden Fragen – der Moral von der Ethik – gar nicht möglich sei, weil die Unterscheidung selbst immer schon eine ethische sei, vgl. etwa Raz, *The Morality of Freedom*, S. 214f.

den muss, und daran will ich festhalten. Es gibt also eine von Murdoch und Anscombe ausgehende Argumentationslinie gegen die scharfe Trennung von Ethik und Moral, die interessiert ist am Ausformulieren des individuellen gelingenden Lebens; und es ist diese Linie, die ich weiterverfolgen will – auch wenn man dies gerade nicht als strikte Alternative zur kantischen Moralphilosophie und sicher nicht als antiliberal begreifen muss.

Ein schwacher Perfektionismus der Autonomie widerspricht dem Perfektionismus der menschlichen Natur schon deshalb, weil Autonomie keine natürliche menschliche Eigenschaft ist, die es nur zu entwickeln gälte. Autonomie ist eine normative Fähigkeit, die wir erlernen müssen. Die Spielart des Perfektionismus, das gute Leben als dasjenige Leben zu begreifen, in dem sich die menschliche *Natur* auf die höchste und beste Weise zum Ausdruck bringt, vertritt etwa Thomas Hurka, und diese Spielart wird zumeist als stärkste Form des Perfektionismus der menschlichen Natur verstanden.[9] Geht man davon aus, dass Autonomie kein in diesem Sinn natürlicher, sondern ein normativer Begriff ist, dann ist diese starke naturalistische Form des Perfektionismus von der Perspektive der Autonomie her nicht plausibel, denn wir haben schon mehrfach gesehen, dass kein Leben für eine Person *gut* sein kann, das nicht ihr eigenes, *selbstbestimmtes* ist. Ein solcher essentialistischer Perfektionismus ist folglich aus der Sicht eines autonomieorientierten Ansatzes mit der Idee des guten und des ge-

9 Hurka, *Perfectionism*, S. 9-37; man kann also eine starke von einer schwächeren perfektionistischen Position unterscheiden; Perfektionismus der menschlichen Natur als eine Form von essentialistischem Perfektionismus findet man auch bei Foot, *Die Natur des Guten*; einen Perfektionismus, der sich auf normative Begriffe bezieht, verteidigen etwa Raz, *The Morality of Freedom*, und Wall, *Liberalism, Perfectionism, and Restraint.*

lungenen Lebens geradezu unvereinbar.[10] Auf der anderen Seite ist, weil und insofern Autonomie *mehr* ist als nur subjektive Wunschbefriedigung, auch die These, dass Autonomie eine Vorbedingung des guten Lebens sei, mit einem gewissen Anspruch auf Objektivität oder zumindest intersubjektiver Gültigkeit verbunden.

Das autonome Leben ist eine Bedingung für das gelungene Leben – diese Idee von Autonomie, wie ich sie verteidige, darf nicht verstanden werden als *umfassende Lehre* im Rawls'schen Sinne, also als eine Lebensform, die spezifisch wäre in dem Sinn, dass sie eine *inhaltlich* substantielle Form des guten Lebens verteidigte. Außerdem handelt es sich bei Autonomie natürlich auch nicht um ein »Gut«, wie etwa das Golfspielen ein Gut ist – man kann Autonomie nicht auf derselben Ebene ansiedeln wie andere Ziele, Projekte oder Vorlieben, die Personen in ihrem Leben haben.[11] Autonomie ist insofern eine substantielle Vorbedingung des guten Lebens, als mit ihr bestimmte Lebensweisen ausgeschlossen werden, die sich entweder selbst prinzipiell und strukturell der Autonomie entziehen oder andere dieser grundlegenden Autonomie berauben wollen. Dabei bleiben allerdings auch solche Lebensweisen, die Autonomie für sich reklamieren, selbst kritikfähig, und es gibt nicht die eine beste autonome Lebensform. Die Gründe dafür, warum Autonomie als wertvoll begriffen werden muss und nicht einfach ersetzt werden kann, hatte ich bereits oben im Kapitel zum Sinn des Lebens genannt. Diese Gründe beziehen sich auf die Idee, dass Personen ihr Leben nur dann als gut, gelungen und sinnvoll verstehen, wenn es tatsächlich ihr eigenes

10 Vgl. ebd., S. 125-182; vgl. Parfit zur Liste objektiv guter und wichtiger Dinge: *Reasons and Persons*, S. 493-502.

11 Vgl. Raz zum Golfspielen, *The Morality of Freedom*, S. 390; Hurka, *Perfectionism*, S. 148, zu den drei Ebenen von Autonomie und Perfektionismus.

Leben ist, wenn ihre Entscheidungen respektiert werden, wenn sie sich also nicht in grundlegenden Hinsichten gegen ihre eigenen Wünsche und Überzeugungen verhalten und entscheiden müssen.

Das gute Leben wird häufig als gleichbedeutend mit dem glücklichen Leben begriffen. Deshalb will ich im nächsten Schritt zunächst einmal genauer auf die Frage nach dem Glück im Leben eingehen: Was heißt es, dass wir ein glückliches Leben anstreben? Und wie ist das Verhältnis zwischen dem glücklichen, dem guten und dem gelungenen Leben zu beschreiben? Weil Autonomie grundlegend ist für das gute – und das gelungene – Leben und weil der hierfür zentrale Begriff der der Wahl ist, will ich anschließend genauer fragen nach den Bedingungen einer autonomen Wahl und dabei fokussieren auf die *Wahl* selbst: Was heißt es, sich für etwas zu entscheiden? *Wer* ist es, der oder die wählt? Was kann man aus der Perspektive der Autonomie sagen über die *Optionen*, die für eine autonome Wahl zur Verfügung stehen müssen? Und was über die Haltung der autonomen Person *zu* diesen Optionen und *zu* ihren Entscheidungen? Diese Fragen scheinen mir auch deshalb so wichtig, weil ich im Zuge ihrer Beantwortung zeigen möchte, dass die Trennungsthese, die besagt, dass nur das *Wie*, nicht mehr jedoch das *Was* des Wollens, normativ theoriefähig ist, schon an der Interpretation des Vorgangs der autonomen Wahl scheitern muss. Um erklären zu können, was genau eine autonome Wahl bedeutet (das *Wie* der Wahl), muss man auf ein reicheres Vokabular zurückgreifen, als es einem die formellen Prozeduren erlauben, und deshalb auf inhaltliche Bestimmungen der Wahl. Entscheiden sich Personen für das für sie gute Leben, sind es immer schon Personen mit einer bestimmten Identität – auch dies will ich im Folgenden genauer ausführen.

Zum besseren Verständnis möchte ich hier noch einmal an meine Bemerkungen zur Terminologie am Ende der Einleitung erinnern: Das *gelungene* Leben ist anders als das gute Leben immer autonom. Das gute Leben wird häufig in der philosophischen Literatur zu diesem Thema auch beschrieben als eines, das gerade nicht selbstbestimmt ist, und deshalb möchte ich auf diesem Unterschied zwischen dem guten und dem gelungenen Leben insistieren: So argumentieren etwa Thomas Hurka oder auch Serene Khader, beide von einer perfektionistischen Perspektive aus, für die Möglichkeit des guten, »gedeihenden« (*flourishing*) Lebens, das gegebenenfalls nicht selbstbestimmt zu sein braucht oder nicht einmal selbstbestimmt sein kann. Das halte ich für irreführend und werde noch deutlich machen, warum. Das autonome Leben muss im Übrigen auch nicht glücklich sein.

Doch wird die Frage nach dem guten Leben häufig als die Frage nach dem Glück verstanden – denn eigentlich seien wir auf der Suche nach dem glücklichen Leben und nicht unbedingt nach dem guten oder sinnvollen. Nun spielt Glück natürlich für das gute ebenso wie für das sinnvolle Leben eine wichtige Rolle. Deshalb will ich hier die Frage nach dem Glück und was es bedeutet noch explizit stellen.

2. Glück, Autonomie und Sinn

Über das Glück wird bekanntlich in der Philosophie auf verschiedene Weisen geschrieben. Wenn ich hier – und auch bisher schon – vom Glück und vom glücklichen Leben spreche, dann meine ich nicht das Glück, das momentan ist und einzelnen unmittelbaren glücklichen Erfahrungen geschuldet.[12] Ich meine auch nicht primär das Glück, von dem wir sprechen, wenn wir sagen: »In diesen Ferien war ich sehr glück-

12 Vgl. zum Folgenden Thomä, *Vom Glück in der Moderne*, vor allem Teil 1, S. 21-58; Seel, *Versuch über die Form des Glücks.*

lich.« Sondern ich meine die Perspektive auf vielleicht nicht immer gleich das ganze Leben, aber doch auf lange Perioden, biographische Abschnitte, in ihren für uns wichtigen Hinsichten (also so, wie auch Robert Nozick die drei Bedeutungen voneinander unterscheidet).[13] Denn stellt man sich die Frage, wie man leben will, was das für einen selbst gute Leben ist, dann geht man über den Anspruch hinaus, ein nur in manchen Phasen eher angenehmes als unangenehmes Leben leben zu wollen. Fragt man grundsätzlich, dann mit dem Bezug auf das ganze Leben; und auf die eine oder andere Weise kann unser Leben immer als eine Antwort auf diese Grundfrage, auch wenn wir sie nicht explizit stellen, begriffen werden. Verstünde man sein eigenes Leben nicht als solch eine Antwort, dann hieße dies, von sich selbst zu denken, nur einfach durchs Leben zu stolpern, ohne jegliche Selbstbestimmung und ohne den *Versuch* zur Selbstbestimmung.[14] Wir haben zwar schon gesehen, dass auch autonome Personen – häufig – begreifen müssen, dass sie das eigene Leben nicht immer bestimmen können, aber dies kann nicht als die Regel gelten, wenn Autonomie überhaupt einen Sinn haben kann. Wenn ich also mein Leben auf die richtige Weise selbst bestimme, dann ist es auch ein sinnvolles Leben; und ich kann hoffen, dass es auch ein jedenfalls halbwegs glückliches Leben ist. Das selbstbestimmte Leben bietet keine Garantie für Glück und Sinn, ist aber deren notwendige Voraussetzung.

Über den Sinn des Lebens hatte ich oben schon geschrieben und will nun, ausgehend von der Frage nach dem Glück,

13 Vgl. Nozick, *The Examined Life*, S. 99-111; Seel, *Versuch über die Form des Glücks*, S. 54-74.

14 Wie etwa der *wanton*, der »Getriebene«, bei Harry Frankfurt, dieses Getriebensein ist gut beschrieben von Bieri, vgl. *Handwerk der Freiheit*, S. 84-125; vgl. Steinfath, »Wert und Glück«; siehe auch Waldron, »Moral Autonomy and Personal Autonomy«.

noch einmal erkunden, was eigentlich der Unterschied zwischen Sinn und Glück ist und wie man sie zusammen verstehen könnte. Wenn man sich die philosophische Literatur zum Glück und zum Sinn des Lebens anschaut, so sieht man, dass sich beide nicht wirklich signifikant voneinander unterscheiden. Ich hatte ausgeführt, dass sich mit dem Begriff des *gelungenen Lebens* beide Aspekte, das Glück und der Sinn, zusammenbinden lassen: Als gelungen erfahren wir ein Leben dann, wenn es sowohl sinnvoll als auch – meistens – glücklich ist. Nun kann ein autonomes Leben jedoch sinnvoll sein, ohne glücklich zu sein, und das liegt daran, dass das Glück des Lebens sehr viel stärker als der Sinn des Lebens von äußeren Umständen abhängt. Jemand kann Projekte haben, die er sinnvoll, interessant und wichtig findet – und doch kann sein Leben vergleichsweise unglücklich sein, beispielsweise wegen der Erfahrung von Krankheit und Tod anderer. Das muss nicht dazu führen, dass die Person ihr ganzes Leben als sinnlos erfährt, obwohl das natürlich nicht unmöglich ist, aber es macht doch deutlich, dass Glück weniger als Sinn in den Händen der Person selbst liegt. Auch das Glück, das wir beispielsweise durch Kinder erfahren können, können wir nicht berechnen – sie können unser Leben glücklich machen, ohne dass wir das selbst geplant hätten.

Und damit kommen wir noch zu einem anderen Aspekt: Glück ebenso wie Sinn streben wir nicht einfachhin an, sondern sie gehen immer einher mit anderen Motiven und mit anderen Projekten. Man kann vielleicht sagen, dass man eine Reise unternehmen, ein Buch schreiben, eine Ausbildung beginnen will, um glücklich zu werden. Aber das Glück oder der Sinn lassen sich nicht direkt, nicht unmittelbar anstreben. Das macht deutlich, dass es sich hier immer um *Motive auf dem Rücken von anderen Motiven* handelt. Was heißt das? *Glücklich* sind wir dann, wenn unsere Projekte oder Beziehungen das halten, was sie versprechen. Eine Person kann glücklich sein, weil eine Aufgabe, die sie erfüllen muss, sich als wirklich so interessant herausstellt, wie sie es erhofft hatte – aber erfüllt man Aufgaben, *um* glücklich zu werden? Als *sinnvoll* erfahren wir unser Leben dann, wenn das, was wir tun, sich als so interessant, befriedigend, eben sinnvoll, herausstellt, wie wir es wollten, wie wir es gewählt haben, das habe ich oben schon im dritten Kapitel gezeigt. Doch auch hier würde man nicht sagen, dass man etwas direkt und unmittelbar deshalb tut, um dem eigenen Leben Sinn zu geben (schon in der Formulierung wird deutlich, dass dies nicht wirklich möglich ist). In beiden Fällen reisen die Motive des Glücks und des Sinns auf dem Rücken von anderen Motiven. Denn beide können nicht ohne andere, ihnen zugrunde liegende Vorhaben zur Geltung kommen, artikuliert oder auch realisiert werden. Das Motiv, etwas zu tun – eine Reise zu unternehmen, eine Ausbildung zu beginnen – ist, dass etwas vielversprechend, interessant, gut oder wichtig, hilfreich oder notwendig zu sein scheint, wichtig also meist nicht nur für mich, sondern auch für andere; und außerdem etwas, das ich zumeist selbst gewählt habe. Das eigentliche Motiv liegt also in der selbstbestimmten Verfolgung eigener Projekte, es sind diese Projekte, die mich zum Handeln motivieren.[15] Die normative Kraft liegt, wie Raz schreibt, im Grund dafür, ein Vorhaben auszuführen, nicht im Glück selbst.

Zwischen dem Glück und dem Sinn unseres Lebens geht es dann nur um Akzentverschiebungen: Beide, Glück und Sinn, reisen »huckepack« auf unseren Projekten, die uns – immer wieder und aufs Ganze gesehen – glücklich machen, die

15 Vgl. wiederum Raz, »The Role of Well-Being«, S. 282: »Daher hat möglicherweise das Wohlergehen keine normative Kraft, die unabhängig von der Kraft des Grundes wäre, der es huckepack trägt.« Siehe auch Steinfath, »Wert und Glück«, S. 17; vgl. oben die Ausführungen im Kapitel zum Sinn des Lebens.

sinnvoll sind im doppelten Sinn von subjektiv und objektiv und für die deshalb Autonomie als notwendige Voraussetzung und das autonome Leben als notwendiger Kontext erscheint. Die Frage nach dem guten Leben ist als Frage nach den für eine Person richtigen, guten Vorhaben und Projekten, nach den guten, richtigen, gewissermaßen passenden Beziehungen auch eine, von deren Antwort man annimmt, dass sie zu einem glücklichen, sinnvollen und deshalb gelungenen Leben führt. Dennoch stellt sich das Glück – ebenso wie der Sinn – gleichsam nebenbei ein; natürlich nicht zufällig, aber doch nicht als eigentliches Ziel.

3. Die Bedeutung des Wählens: Bedingungen einer autonomen Entscheidung

Wenn nur das autonome Leben als das eigene Leben begriffen werden kann, dann bedeutet dies, dass die wichtigen Entscheidungen, die ich fälle, meine eigenen Entscheidungen sein müssen. Deshalb sind der Vorgang des Wählens und die autonome Wahl selbst so bedeutungsvoll für Personen. Sie wollen selbst entscheiden, abwägen, überlegen, was sie tun, wie sie leben wollen, und sind nicht nur am bestmöglichen Resultat interessiert. Thomas Scanlon beschreibt dies so:

> Ich möchte die Möbel für meine Wohnung aussuchen, die Bilder für die Wände auswählen und sogar meine eigenen Vorlesungen schreiben, obwohl diese Dinge vielleicht besser von einem Raumausstatter, Kunstexperten oder talentierten Doktoranden erledigt würden. In jedem Fall möchte ich, dass diese Dinge Resultat und Ausdruck meines eigenen Geschmacks, meiner Vorstellungskraft und meiner Vermögen, zu unterscheiden und zu analysieren, sind. Noch wichtiger ist mir dies bei Entscheidungen, die mein Leben

> in grundlegender Hinsicht betreffen: Welchen Beruf ich wähle, wo ich arbeite, wie ich leben soll.[16]

Scanlon bringt hier auf den Punkt, warum die symbolische Bedeutung des Wählens nicht auf das Ergebnis der Wahl reduziert werden kann: Solche Entscheidungen sind Ausdruck meiner eigenen Anstrengungen und Überlegungen und haben deshalb besonderen Wert für mich. Wüssten wir beispielsweise, dass wir hypnotisiert worden wären, führte eine solche Hypnose zu einem Gefühl der Entfremdung gegenüber den eigenen Handlungen, auch wenn wir am Ergebnis selbst nichts auszusetzen hätten. Genau diese Differenz zwischen dem Resultat und dem selbstbestimmten Prozess des Wählens ist entscheidend für die Bedeutung von Autonomie. Gehen wir nun von einer solchen Bedeutung des Wählens aus, dann stellt sich die Frage, ob mit einer Wahl bestimmte inhaltliche Vorgaben verbunden sind, ob es also eine richtige Wahl oder ein richtiges Wählen gibt. Ich will in einem ersten Schritt deutlich machen, dass und warum perfektionistische Annahmen nicht stärker sein dürfen und auch nicht stärker zu sein brauchen als die Annahme *der autonomen Entscheidung selbst.* Weder die Benennung einer Liste von Elementen für das gute Leben noch die substantielle Bestimmung von Optionen machen die autonome Entscheidung und die Bedeutung des Wählens überflüssig oder entwerten sie.

Man kann nun anhand der Theorie von Martha Nussbaum diskutieren, warum objektive Theorien des guten Lebens interessant sind: Sie ist sicherlich die bekannteste zeitgenössische Philosophin des guten Lebens und ihr sogenannter aristotelischer Essentialismus ist eine der am meisten diskutierten objektiven Theorien. »Objektiv« muss diese Theorie deshalb genannt werden, weil Nussbaum argumentiert, dass

16 Scanlon, »The Significance of Choice«, S. 157.

es bestimmte menschliche Fähigkeiten gibt, deren Realisierung erst jedes menschliche Leben gut machen. Ihre berühmte Liste, die sie in Anlehnung an Aristoteles entwickelt, beschreibt diese spezifischen Fähigkeiten so, dass sie einerseits universell für alle Menschen gelten müssen, andererseits die unterschiedlichen Kulturen und Lebensweisen, in denen diese Fähigkeiten sich je realisieren, berücksichtigen können. Nussbaum nennt dies bekanntlich eine »dichte vage Theorie des Guten«. Diese Theorie muss nur behaupten, dass die sozialen und politischen Bedingungen allen Personen die Möglichkeiten geben müssen, diesen Fähigkeiten nachgehen zu *können*; sie werden autonom in jedem einzelnen Leben gewissermaßen in einer individuellen Mischung realisiert.[17]

Deshalb spielt auch bei Nussbaum Autonomie eine ausgezeichnete Rolle: Personen müssen selbst entscheiden, welche Fähigkeiten sie realisieren, welche Pläne sie machen wollen. Außerdem ist mit der zentralen Rolle, die der praktischen Vernunft auf Nussbaums Liste zukommt, genau dieses Moment der Autonomie aufgenommen: »[F]ähig zu sein, sich eine eigene Auffassung des Guten zu bilden und sich auf kritische Überlegungen zur Planung des eigenen Lebens einzulassen«; und in anderer Perspektive »[f]ähig zu sein, das eigene Leben und nicht das von irgend jemand anderem zu leben«.[18] Deshalb billigt Nussbaum der *choice* (übersetzt immer als *Entscheidung*, nicht als Wahl) eine solche Bedeutung zu: Auch sie argumentiert, dass nur solche Entscheidungen, die meine eigenen sind, auch Wert oder Bedeutung für mich haben können. Nussbaum betont durchgehend, dass sie sich mit dieser Idee von Autonomie nicht kategorisch von Rawls' liberaler Theorie unterscheidet – auch deshalb, weil sie wie Rawls an

17 Nussbaum, »Menschliches Tun und soziale Gerechtigkeit«.
18 Ebd., S. 207 und S. 214f.

der Neutralität des liberalen Staates festhalten will.[19] Anders als in Rawls' idealer Theorie sind Autonomie oder die Fähigkeiten der praktischen Vernunft bei Nussbaum jedoch immer schon eingebunden in soziale, kulturelle Kontexte, in soziale Beziehungen. Das bedeutet im Übrigen auch, dass Autonomie oder praktische Vernunft für Nussbaum keineswegs an die ideale Gesellschaft der liberalen Demokratie gekoppelt ist: Autonom können Personen in eingeschränkter Weise auch sein, wenn sie nicht unter politischen Bedingungen leben, die Autonomie garantieren oder als Wert verteidigen. Ich interpretiere Nussbaum hier als nur in einem schwachen Sinn perfektionistisch und will an diese Form des Perfektionismus anschließen: Auch wenn die Liste als objektive angelegt und gemeint ist, bleibt Autonomie notwendig. Autonomie ist die grundlegende Fähigkeit, die auf die Ausübung von praktischer Vernunft in funktionierenden sozialen Beziehungen angewiesen ist und die grundlegend Teil eines jeden guten Lebens ausmacht.

Die weitere Frage, die eine solche schwach perfektionistische Theorie beantworten muss, ist die, inwieweit man über das autonome gute Leben noch genauere inhaltliche Aussagen machen kann als die, dass es eine *formale Voraussetzung* für jedes gute Leben ist. Dies ist die Frage nach der Substantialität von Optionen. Eine Person ist, so argumentiert etwa Raz, erst dann wirklich autonom, wenn sie auch die richtigen, die wertvollen und sinnvollen Optionen wählt: »Aber das Autonomieprinzip ist ein perfektionistisches Prinzip. Ein autonomes Leben ist nur dann wertvoll, wenn es dem Verfolgen annehmbarer und wertvoller Projekte und Beziehungen dient.«[20] Annehm-

19 Rawls, *Politischer Liberalismus*, S. 266-311; vgl. ebd., S. 155-158, zum Begriff der vollen Autonomie (politisch ebenso wie ethisch).

20 Raz, *The Morality of Freedom*, S. 417; auch S. 381f.; vgl. zu Raz Pauer-Studer, *Autonom leben*, S. 230f.; vgl. auch Mulhall/Swift,

bar und wertvoll, das ist deutlich bei Raz, sind nur moralische Projekte: Autonomie wird hier also *inhaltlich* an *bestimmte* Projekte und Beziehungen gebunden. Aber ist es sinnvoll, den Begriff von Autonomie so substantiell zu interpretieren und zu definieren, dass Personen von vornherein in ihren Entscheidungen auf eine bestimmte, eine gute Wahl festgelegt werden? Kann man hier noch von Autonomie sprechen?

Prima facie würde ich sagen: Nein. Wenn Personen nicht *wirklich wählen* können, nicht wirklich selbst ihre *eigenen* Entscheidungen treffen können, dann kann man bei ihnen nicht mehr von Autonomie sprechen. Aber so einfach ist die Sache nicht: Raz argumentiert, sein Autonomiebegriff sei deshalb vereinbar mit dem Faktum des Pluralismus, weil es viele verschiedene Weisen gebe, moralisch richtige Optionen und wertvolle Projekte zu wählen und zu leben. Pluralistisch sind nämlich die Moralvorstellungen selbst. Der Pluralismus wird folglich von der Ebene der Autonomie verschoben auf die der Moral; aber ein Pluralismus bleibt er. Auf diese Weise argumentiert Raz also gewissermaßen umgekehrt, nämlich vom Begriff der Autonomie her für einen moralischen Pluralismus: »Autonomie wertzuschätzen führt dazu, einen moralischen Pluralismus zu vertreten.«[21]

Deshalb bleibt auch hier die Idee der Wahl und des Wählens zentral. Denn soll das Faktum des Pluralismus mit Blick auf verschiedene Ideen des guten Lebens bedeutungsvoll bleiben, können Personen nicht *begrifflich* vorab auf bestimmte

Liberals and Communitarians, S. 312; vgl. sehr erhellend auch Flickschuh, *Freedom*, S. 149-157, sowie zum Problem der moralischen Entscheidungen und zur Qualität der Optionen ebd., S. 163f.

21 Raz, *The Morality of Freedom*, S. 399; auch Autorinnen wie Iris Murdoch und Susan Wolf gehen in ihren Theorien davon aus, dass wir uns stets in moralisch imprägnierten Kontexten befinden, in denen wir Pläne machen, Vorhaben ausführen, Beziehungen pflegen usf.

inhaltliche Entscheidungen festgelegt werden. Autonomie *muss* bedeuten, dass der individuellen Person noch Raum für reflektierte Entscheidungen bleibt hinsichtlich der Frage ihres eigenen guten Lebens, auch wenn sie dabei in ihrer Autonomie an eine bestimmte Bandbreite qualifizierter Optionen gebunden ist. Doch Raz scheint hier gerade einen Schritt zu weit zu gehen, einen Schritt, den er eigentlich nicht zu gehen braucht. Wenn er schreibt, »Autonomie ist nur dann wertzuschätzen, wenn sie im Streben nach dem Guten ausgeübt wird«, dann kann man das nämlich – wohl gegen Raz selbst – auch so interpretieren, dass Autonomie nicht *wertgeschätzt* wird (*valuable*), wenn man autonom schlechte oder wertlose, sinnlose Optionen verfolgt.[22] Und dies ist sicher nicht unplausibel. Ich hatte in Kapitel 3 gezeigt, dass nicht jedes autonome Leben schon deshalb sinnvoll genannt werden muss, weil es autonom ist – und dasselbe gilt für die Frage nach dem guten Leben: Ein Leben kann autonom sein, aber nicht gut und gerade auch nicht *moralisch* gut. Dass Autonomie eine Vorbedingung für das gelungene Leben ist, bedeutet nämlich nicht umgekehrt, dass jedes autonome Leben deshalb schon gut, wertvoll oder gelungen genannt werden könnte. Lebensentwürfe können aus ganz verschiedenen Gründen kritisiert werden, unter anderem deswegen, weil sie – oder Aspekte von ihnen – *unmoralisch* sind. Es ist, mit anderen Worten, weder notwendig noch sinnvoll, die Entscheidung über die Frage des guten oder gelungenen Lebens *in den Begriff der Autonomie* selbst zu legen.[23] Man kann dann daran festhalten, dass Autonomie nur auf die richtige Weise geschätzt wird, wenn man sein Leben nicht damit verbringt, wertlose Optionen zu wählen oder unmoralischen Entscheidungen anzuhängen. Was

22 Ebd., S. 381.

23 Ich denke auch, dass es nicht falsch ist, Raz so zu interpretieren; vgl. jedoch anders Waldron, »Autonomy and Perferctionism«.

wertlos – sinnlos – genannt werden kann, ist natürlich auch in liberalen Gesellschaften außerordentlich vielfältig interpretierbar. Aber die Kritik an autonomen Entscheidungen gehört genauso zur liberalen Gesellschaft und Lebensform wie die Autonomie selbst. Die Spannungen, über die ich in der Einleitung gesprochen habe, betreffen dabei auch die unterschiedlichen Möglichkeiten, dem eigenen autonomen Leben Gestalt zu geben. Ob es beispielsweise zum eigenen guten Leben gehört, sich streng an moralische Standards – auch in persönlichen Beziehungen – zu halten oder dies gerade nicht zu tun, ist eine der Fragen, die gewiss auch *innerhalb* eines Spektrums von guten und wertvollen Optionen auftauchen wird.[24]

Wo stehen wir jetzt? Entscheidend für das autonome gute Leben ist die Idee, dass wir *die Wahl haben*, eine Wahl, für deren erfolgreiche Ausübung wir über die notwendigen Fähigkeiten der praktischen Vernunft verfügen und die richtige Auswahl zwischen guten möglichen Optionen, Projekten haben müssen. Doch auch für eine schwach perfektionistische Theorie des guten Lebens muss nicht vorab festgelegt sein, *wie* wir uns entscheiden, weil die Wahl selbst es ist, die wertvoll ist. Bevor ich nun noch genauer zeige, in welcher Weise Personen die für sie richtigen *Projekte* wählen und was dies für das für sie richtige *Verfolgen* der Projekte bedeutet, will ich noch einen genaueren Blick werfen auf die *Person*, wenn sie wählt, und auf den *Kontext*, in dem sie wählt.

24 Auch Raz hält im Übrigen an *einer* Differenz zwischen Ethik und Moral fest, auch wenn er skeptisch gegenüber der Auffassung ist, man könne einen signifikanten Unterschied machen zwischen Urteilen über die eigene Lebenskunst und solchen über die Rechte von anderen, vgl. etwa *The Morality of Freedom*, S. 214, und Mulhall / Swift, *Liberals and Communitarians*, S. 316; sehr kritisch zu Raz hier wiederum Waldron, »Autonomy and Perfectionism«.

4. Wer wählt eigentlich und in welchem Kontext?

Es ist auch hinsichtlich des guten Lebens immer eine konkrete Person, mit einer konkreten Geschichte und Identität, die etwas wählt; und dabei befindet sie sich immer schon in einem bestimmten kulturellen, historischen und biographischen Kontext. In welcher Weise dies wichtig ist, um zu verstehen, was die Autonomie einer Wahl bedeutet – und was nicht –, will ich jetzt erläutern mit Hilfe einer kurzen kritischen Diskussion von Ernst Tugendhats Überlegungen zum ethischen Wollen.

Tugendhat beschreibt auf der Basis der psychoanalytischen Analyse von zwanghaftem Verhalten die Idee des wahrhaften, des richtigen Wollens. Zwanghaftes Verhalten hindert uns nämlich daran, wirklich das zu wählen, was wir selbst wollen; es ist eine Einschränkung des Verfolgens unserer eigentlichen Ziele, unseres eigentlichen guten Lebens. Tugendhat schreibt: »Als Wollende im Sinn von frei Wählenden wollen wir allemal in *unserem freien Wählen nicht eingeschränkt* sein.« Und er fährt fort, dass »nur das etwas wahrhaft Gewolltes ist, was ich wirklich will in dem Sinn, daß ich es frei wähle«. *Autonom* sind wir also dann, wenn wir auf diese richtige Weise frei wählen.[25] Doch was heißt *wahrhaftes wollen*? Ich denke, dass Tugendhat hier einen in zwei Hinsichten naiven Begriff der Wahl verwendet und deshalb auch einen verkürzten Begriff von Autonomie und vom guten Leben. Die *eine* Hinsicht betrifft das Ausblenden der *intersubjektiven* Dimension des Wählens als Prozess (mit wem überlege ich? an wem orientiere ich mich?) ebenso wie der Optionen: Welche Projekte sind gut für mich? Welche Optionen kommen nicht in Frage? Welche haben Sinn

25 Tugendhat, »Antike und Moderne Ethik«, alle Zitate auf den Seiten 55 und 56 (meine Hervorhebungen); vgl. auch sein *Selbstbewußtsein und Selbstbestimmung*, S. 241 und S. 276.

und Wert in meiner Kultur oder Gemeinschaft? Die *andere* Hinsicht betrifft die wählende Person, ihre Identität und ihre Beziehung zum Gegenstand ihrer Wahl.

Schauen wir erst auf den Kontext und die intersubjektiven Bedingungen, in die eine Person immer schon verwoben ist, wenn sie wählt. Ich will hier noch einmal daran erinnern, dass Personen, wenn sie selbstbestimmt über ihr Leben nachdenken und (wichtige ebenso wie unwichtige) Entscheidungen fällen, eingebunden sind in soziale, kulturelle, auch politische Kontexte. Denn schon mein Nachdenken darüber, was ich eigentlich tun, wie ich handeln will, ist angewiesen auf einen Kontext intersubjektiv vermittelter, geteilter, gewissermaßen gültiger Werte. Diese Werte brauchen nicht objektiv in einem metaphysisch-realistischen Sinn oder perfektionistisch zu sein so, dass sie ganz unabhängig von den Zielen von Menschen als gut beschrieben werden könnten, als verbunden mit der menschlichen Natur. Diese Werte und Ziele haben einen kulturellen und historischen Index – und lassen sich trotzdem nicht auf einen Subjektivismus reduzieren.[26] Auch die sogenannte formale Antwort auf die Frage nach dem guten Leben – die nur das *Wie des Wollens* betrifft – ist ihrerseits also immer schon eingebettet in soziale Kontexte, von denen man sich zwar distanzieren kann, die man aber *nicht hintergehen* kann.

Formal kann dann nur heißen: Ich gebe mir selbst die Gründe dafür, wie ich entscheiden, wie ich leben will, und ich brauche keine inhaltlichen Vorgaben zu akzeptieren; ich folge bei meinen Entscheidungen bestimmten Prozeduren und Regeln, aber ich lasse mir nicht konkret vorgeben, für welches Vorhaben, für welche Beziehung ich mich entscheiden soll.

26 Vgl. Taylor, *Quellen des Selbst*, S. 15-51; vgl. auch Rosa, *Identität und kulturelle Praxis*, S. 98-165; ich habe dies bereits in Kap. 3 genauer ausgeführt.

Auf der anderen Seite bedeutet dies gerade nicht eine *Beliebigkeit* der für mich jeweils möglichen Entscheidungen. Denn autonom bin ich nie ganz *ohne* einen sozialen Kontext. Diese sozialen und biographischen Kontexte, die es ermöglichen, dass ich mich als autonome Person entscheiden kann, können zugleich die Grenzen meines Entscheidens sein. Die Kontexte determinieren meine Wahl nicht, aber machen es schwierig (nicht unmöglich), sich von ihnen zu distanzieren oder ganz zu lösen.

Dieser entscheidende Punkt – dass wir nie ohne andere, nie ohne soziale Kontexte autonom sind – wird noch deutlicher beim *zweiten Aspekt*. Er betrifft das Verhältnis der wählenden Person zu dem Gegenstand ihrer Wahl selbst – als sei dieser etwas der Person zunächst vollkommen Äußerliches, der dann erst durch die Wahl zu »ihrem« Gegenstand wird. Doch Personen wählen stets mit einer bestimmten praktischen Identität, als bestimmte Persönlichkeit: Diese Identität begrenzt die Wahl und wird auf der anderen Seite durch die verschiedenen Projekte der Personen, durch die Entscheidungen, die sie treffen, ihrerseits konstituiert.[27] Denn im und durch den Prozess des Wählens muss ich auch die Einheit, die Identität zwischen mir, den verschiedenen Rollen, die ich einnehme, und meinen Vorhaben immer wieder neu herstellen, mich immer wieder aufs Neue – so weit wie möglich – mit den Entscheidungen identifizieren, die ich getroffen habe. Dies ist es, was Christine Korsgaard beschreibt, wenn sie von der »vereinenden Aktivität der Akteurin selbst« redet: Denn »deine Identität ist nie bloß etwas Gegebenes«.[28] Meine Vorhaben bestim-

27 Vgl. auch Betzler (»Warum sollen wir Ziele verfolgen?«, S. 243f.), die auf denselben Zusammenhang verweist.

28 Korsgaard, »Self-Constitution and Irony«, S. 79; vgl. auch dies., »Personal Identity and the Unity of Agency«, S. 371f.; ein ähnliches Argument zum Verhältnis zwischen der Person und ihren Projekten, auf

men meine Identität nicht nur deshalb und dadurch, dass ich mich als genau diejenige begreife, die dieses Leben leben will, die sich für dieses und nicht für ein anderes Vorhaben entscheidet. Sondern sie bestimmen zugleich die Einheit meiner Person über die Zeit hinweg. Deshalb kann man nicht von einem vorab gegebenen Gegenstand der Wahl sprechen, den sich die wählende Person dann aneignet. Die möglichen Gegenstände sind bestimmt durch die wählende Person und haben immer schon eine Beziehung zu ihr.

Handelt jemand nun ganz gegen seine eigene Geschichte, gegen seine eigenen (bisherigen) Werte, gegen seine »Identität«, wirft er also seine eigenen Pläne über den Haufen, dann scheint dies so interpretiert werden zu müssen, dass dies »eigentlich nicht er selbst ist«, weil scheinbar kein Narrativ, keine Erklärung zur Verfügung steht, die diese Entscheidungen als seine eigenen, autonomen begründet. Doch diese Interpretation ist *prima facie* nicht sehr einleuchtend; deshalb liegt es näher, ein Narrativ zu entwickeln, das sein bisheriges Leben als entfremdet, als misslungen beschreibt (auch wenn dies gegebenenfalls schwierig ist) und seine neuen Kontexte und Werte als die, für die er sich tatsächlich entschieden hat. Das heißt: Unsere Kontexte, unsere Werte, unser Hintergrund, unsere Identitäten verunmöglichen nicht, dass wir gewissermaßen aus der Rolle fallen; aber sie machen es kompliziert, eine plausible Begründung zu geben für die Autonomie – und Authentizität – eines solchen Rollenwechsels.

Beide Aspekte machen deutlich, dass es naiv ist, von einem einfachen »wahrhaften Wollen« auszugehen, das sozial nicht situiert, durch und durch formal und inhaltlich unterbestimmt

das ich oben in Kap. 2 auch hingewiesen habe, findet sich in Williams' *Kritik des Utilitarismus*, S. 80; vgl. aber Lear gegen einen übertriebenen Begriff von Einheit, etwa in *A Case for Irony*, S. 94-102.

ist.[29] Das wahrhafte Wollen ist immer schon eingebunden in soziale Kontexte und Bedingungen, die ein solches autonomes Wollen wertschätzen und ermöglichen oder gegen die man sich gerade durchsetzen muss. Und es sind immer schon bestimmte Persönlichkeiten, die etwas wahrhaft wollen, die auch ein bestimmtes Verhältnis zu dem möglichen Gegenstand ihrer Wahl haben. Das bedeutet gerade nicht, dass wir uns nicht von unseren Rollen, Kontexten und so fort distanzieren und uns reflektierend zu ihnen verhalten können; aber eine solche Distanznahme ist nicht gleichzusetzen mit einer völligen Ausblendung dieser Kontexte und dieser Identität. Aufgrund unserer sozialen Identitäten hat das Wählen von Optionen für uns auch ein Moment des Erkennens; und gerade deshalb versuche ich beide Momente, das der Eingebundenheit in soziale Kontexte und das des autonomen Wählens, miteinander zu vereinbaren.[30]

Mit dem Fokus auf dem *Wie* des Wollens kommen wir also nicht weit genug, um wirklich das autonome Wählen in all seinen Hinsichten beschreiben zu können, wir brauchen einen reicheren Begriff, der uns mehr sagt über das eigene gute Leben, den eigenen Hintergrund, aber auch darüber, in welcher

29 Vgl. zu den verschiedenen möglichen Interpretationen von Handlungen und Verhaltensweisen auch Currie, »Framing Narratives«; vgl. zum Problem der praktischen Notwendigkeit für die je eigene Persönlichkeit auch sehr hilfreich Bauer, »Practical Necessity and Personality«.

30 Zum »Erkennen« der richtigen Optionen, statt sie zu wählen, vgl. Appiah, *Ethische Experimente*, S. 177; vgl. MacIntyre und seine (nicht überzeugende) fundamentale Kritik am Wählen überhaupt in *After Virtue*, S. 205; vgl. auch die eingangs zitierte Passage von Murdoch und dazu sehr erhellend Moran, »Iris Murdoch and Existentialism«; vgl. auch Kierkegaards Kritik an der Idee des Wählens und seine Ausführungen zur Möglichkeit und Unmöglichkeit des Wählens, *Entweder – Oder*, S. 704-915, bes. S. 711f.

Weise wir mit unseren Entscheidungen – Vorhaben, Optionen, Beziehungen – eingebunden sind in soziale Kontexte, intersubjektive Wertehorizonte, soziale Interaktionen, das heißt, in welcher Weise unsere Autonomie immer auch bestimmt wird durch unsere soziale Existenz.

Bisher habe ich nur die Idee genauer entfaltet und interpretiert, die durchgehend die Leitidee dafür ist, was Autonomie und das gelungene Leben heißt: dass es *mein* Leben sein muss, das ich lebe, dass ich also mit meiner Wahl, mit meinen Entscheidungen jedenfalls so eins sein muss, dass ich sie wirklich als meine verstehen kann. Das bedeutet nicht, dass wir nicht gegenüber bestimmten Entscheidungen oder auch Eigenschaften von uns selbst ambivalent sein können; aber Ambivalenz ist, wie wir oben gesehen haben, keine Bedrohung von Einheit und Autonomie, wenn sie akzeptiert und verstanden werden kann. Zwar habe ich jetzt, in diesem Kapitel, den normativen Rahmen zum guten autonomen Leben abgesteckt und erläutert, aber zu den möglichen Spannungen zwischen der Vorstellung vom guten Leben und dem tatsächlichen, alltäglichen, autonom gelebten guten Leben habe ich noch nichts gesagt. Im Folgenden will ich deshalb noch konkreter der Frage nachgehen, was es heißt, dass ich mich für Vorhaben entscheide, die wirklich meine eigenen sind – und was es heißt, wenn gerade dies misslingt. Was hieße es – umgekehrt –, wenn ich den Eindruck hätte, dies sei nicht *mein* Leben, diese Entscheidung sei nicht meine, dieses Projekt mir eigentlich fremd? Der Begriff der Entfremdung soll dazu dienen, die *Abwesenheit* der Erfahrung, dass dies mein Leben sei, zu charakterisieren. In einem zweiten Schritt will ich erkunden, ob das gute autonome Leben einhergehen muss mit einer bestimmten *Haltung zu* den einmal gewählten Projekten: Wie loyal müssen wir gegenüber den eigenen Projekten sein? Es sind also zwei Aspekte des guten Lebens, die sich hier im Verhältnis zwischen Person und Projekt auftun: Projekte können als entfremdet erscheinen; und Projekte müssen aktiv verfolgt werden.[31]

5. Entfremdung (und Authentizität)

Entfremdung bedeutet immer die eine oder andere Form von Entzweiung: Etwas ist keine Einheit, wo eigentlich eine Einheit herrschen sollte. Entfremdung bedeutet so viel wie Abstand, Nicht-eins-Sein, und ist natürlich deutlich negativ konnotiert. Nun haben schon eine Reihe von neueren Autoren und Autorinnen die Begriffe der Entfremdung oder Selbstentfremdung im Zusammenhang mit dem der Freiheit oder Autonomie diskutiert; denn auch wenn eine Person ihre Projekte, ihre Aktivitäten selbst gewählt hat, kann sie sich als entfremdet von sich selbst, als nicht völlig eins mit den Projekten begreifen, sich nicht wirklich mit ihnen verbunden fühlen, das Gefühl oder die Überzeugung haben, dass sie sie vielleicht doch zurückweisen sollte.[32] Nur das nichtentfremdete Leben ist jedoch das der autonomen Person, nur das Leben, hinter dem sie stehen kann, ohne sich von ihm entfremdet zu fühlen.[33]

31 Vgl. auch Raz, *The Morality of Freedom*, S. 382: »Um autonom zu sein, muss man sich mit seinen Entscheidungen identifizieren und man muss ihnen gegenüber loyal sein.«

32 Christman, *The Politics of Persons*, S. 143f.; vgl. zur Problematik der Entfremdung insbesondere in der Beziehung zur Freiheit das kleine, aber aufschlussreiche Buch von Schmitt, *Alienation and Freedom*; auch Schmitt kontrastiert Entfremdung mit dem Begriff der Authentizität, vgl. dazu unten noch; vgl. auch Schacht, *Alienation*; Jaeggi, *Entfremdung*, bes. S. 238-256.

33 Vgl. Christman, *Politics of Persons*, S. 153: »Die Idee ist, dass, wenn eine Person im Laufe der Zeit und in einer Vielzahl von Umgebungen und Kontexten über eine Eigenschaft oder ein Vorhaben nachdenkt und dabei das Ergebnis niemals Entfremdung oder Zurück-

Dies ist sicherlich deshalb überzeugend, weil das *gänzlich* entfremdete Leben nicht mein eigenes gutes Leben sein kann. Allerdings darf man hier auch nicht zu weit gehen: Schwache Formen der Entfremdung von bestimmten Aspekten unseres Lebens halten wir zumeist für durchaus normal. Pläne, Projekte oder Beziehungen können zu einem guten autonomen Leben gehören, auch wenn wir sagen würden, von bestimmten Beziehungen oder auch Projekten in gewisser Weise oder zeitweise entfremdet zu sein. Die strikte Einheit der Person, die Autoren häufig für die autonome Handlungsfähigkeit postulieren, scheint mir aus diesem Grunde zu anspruchsvoll zu sein. Gegenüber der eigenen Familie, gegenüber Freunden und Freundinnen, aber auch gegenüber der eigenen Arbeit können wir solche Formen der Entfremdung erleben; doch das bedeutet nicht zugleich, dass es nicht die Beziehungen sind, nicht die Arbeit, die Familie ist, die wir eigentlich gutheißen, die wir eigentlich für unser selbstbestimmtes Leben für richtig halten. Mit Blick auf diese Einheit haben wir immer einen gewissen Spielraum, so dass man vielleicht besser von einer ambivalenten Einheit sprechen sollte. Schon in Kapitel 2 hatten wir gesehen, dass es hier eine ganze Bandbreite von Einstellungen zu einem selbst gibt, von Möglichkeiten des Sich-zu-sich-Verhaltens, die nicht völlig identifizierend sein müssen, sondern anerkennend, akzeptierend, in Kauf nehmend sein können. Nur eine wirkliche innere Abweisung – eines Vorhabens, einer Beziehung – würde auf völlige Entfremdung weisen und könnte nicht mehr als Teil des guten autonomen Lebens begriffen werden.

Die Idee ist also, dass ich zu meinem Leben ein bestimmtes Verhältnis der Zustimmung, Bestätigung oder Identität haben

weisung ist, dann weist eine solche Reflexion auf die Art von beständigem Charakter, der autonome Handlungsfähigkeit manifestiert.«

muss; ich muss sie mir immer wieder als meine eigenen aneignen, wenn ich ein möglichst nichtentfremdetes Verhältnis zu meinen Vorhaben haben will. Diese Aneignung verläuft horizontal über mein jetziges Leben in all seinen verschiedenen Rollen und Aspekten. Aber sie gilt auch über die Zeit hinweg: Ich treffe Entscheidungen, überlege, wie ich handeln, leben möchte, immer auch im Blick auf eine solche Einheit. Dieser Hintergrund, diese Einheit ist als Rahmen von Werten und Vorstellungen auch deshalb so wesentlich, weil es die Projekte sind, die für das Glück und den Sinn des Lebens einer Person sorgen. Denn wie wir gesehen haben, reisen die Motive des Sinns und des Glücks auf dem Rücken von Projekten. Diese können jedoch Sinn und Glück nur dann vermitteln, wenn sie wirklich als die je eigenen für die Person bedeutungsvoll sind. Es geht folglich um die Frage, welches das richtige Verhältnis von ihr zu ihren Projekten – Rollen, verschiedenen praktischen Identitäten – ist. Das nichtentfremdete Leben wäre dann eines, in dem man selbst die Einheitlichkeit und die Selbstbestimmtheit des Lebens in dieser Aneignung des Lebens sähe (und empfände). Ich möchte nun anhand kurzer Beispiele aus der Literatur deutlich machen, was eine solche Einheit und ihre Abwesenheit konkreter bedeuten kann.

Mein erstes Beispiel soll zeigen, was es heißt, dass das eigene Leben nicht mehr als selbstbestimmt, als eigenes empfunden werden kann und warum es überhaupt sinnvoll ist, hier als Gegenbegriff auf den Begriff der Entfremdung zu verweisen. Es ist also ein Beispiel für die Gegenüberstellung von selbstbestimmtem und entfremdetem Leben. Colm Tóibín beschreibt in seinem Roman *Brooklyn* das junge irische Mädchen Eilis Lacey aus der Friary Street in Enniscorthy, das wegen der Aussichtslosigkeit des Lebens in Irland aufbricht nach Brooklyn. Dort soll Eilis Arbeit in einem Warenhaus bekommen, dort soll sie Geld verdienen und vielleicht irgendwann einmal nach

Hause zurückkehren können. Doch ihr geht es nicht gut in Brooklyn, zumindest anfangs nicht. Tóibín schreibt:

> Hier war sie niemand. Es lag nicht nur daran, dass sie hier keine Freundinnen und Verwandten hatte; eher war sie ein Gespenst, in diesem Zimmer, auf den Straßen auf dem Weg zur Arbeit, im Kaufhaus. Nichts hatte irgendeine Bedeutung. Die Zimmer des Hauses in der Friary Street, dachte sie, gehörten zu ihr; wenn sie sich dort aufgehalten hatte, war sie wirklich da. Wenn sie in der Stadt zum Laden oder zur Berufsschule ging, waren die Luft, das Licht, der Boden unter ihren Füßen fest und ein Teil von ihr, selbst wenn sie niemand Bekanntes traf. Hier war nichts ein Teil von ihr. Alles war unecht, dachte sie, leer.[34]

Dieser Gegensatz, die Spannung, zwischen dem Gefühl, dazuzugehören, und demjenigen, mit dem eigenen Leben nicht eins zu sein oder, vielleicht besser: das *eigene* Leben als *fremdes* leben zu müssen, auch ein solcher Gegensatz, eine solche Spannung kann Teil des selbstbestimmten Lebens sein. Wird dieser Gegensatz zu tief, die Entfremdung zu stark, das Leben zu hoffnungslos, dann kann es auch nicht mehr als das eigene, selbstbestimmte – und sinnvolle – Leben verstanden werden, wie dies bei Eilis wohl der Fall ist. Entfremdung, das wird hier deutlich, muss grundsätzlich als Gefährdung des selbstbestimmten, gelungenen Lebens verstanden werden, selbst wenn sie – in schwacher und vielleicht gedämpfter Form – auch zu einem selbstbestimmten und auch durchaus zu einem gelungenen Leben gehören kann. Mit Eilis haben wir ein Beispiel dafür, dass es gegebenenfalls außerordentlich schwierig sein kann, die Grenze zwischen dem, was man an Entfremdung noch ertragen will und kann, und dem Prinzip der Selbstbestimmung zu ziehen.

34 Tóibín, *Brooklyn*, S. 85.

Schauen wir auf ein Beispiel, das die Spannung in einer anderen Form zum Ausdruck bringt. Stefan Thome beschreibt in seinem Roman *Fliehkräfte* eine kurze Szene, in der der Freund des Protagonisten eine Erinnerung an seinen Vater erzählt:

> »Beharrungskräfte, hab ich gesagt.« Bernhard hat die Hemdsärmel aufgerollt und weiches Abendlicht im Gesicht. »Darin hat Breugmann mich an meinen Vater erinnert. Kultivierte Männer, richtige Bildungsbürger. Kennen ihre Klassiker oder können sie jedenfalls zitieren. Mein Vater war kein Kirchgänger, aber am Sonntag hat er seinen Schlips getragen, auch zu Hause. Dann gab's Wein zum Mittagessen und feine Kuchen zum Dessert. Als Kind fand ich das normal, jetzt kommt es mir bemerkenswert vor: die Übereinstimmung. Er hat sein Leben getragen wie einen maßgeschneiderten Anzug. Oder umgekehrt, das Leben ihn, keine Ahnung. Jedenfalls war er genauso, wie er sein musste.«[35]

Dies ist jedenfalls die Wahrnehmung des Sohnes – ob es sich aus der Perspektive des Vaters auch so dargestellt hätte, kann man natürlich offenlassen. Thome lässt seinen Protagonisten ein Ideal formulieren, das sich als Ideal des einheitlichen, zu einer Einheit geformten Lebens versteht. Dies genau scheint die Idee zu sein des nichtentfremdeten, guten Lebens, das der Vater sich selbst gewählt hat. Wunderbar klar wird hier, was genau die Einheit der Person mit ihrem Leben bedeuten kann. Es ist ein Bild, das dem von Eilis Lacey genau entgegengesetzt ist.

Aber ist dies wirklich das Ideal des guten, autonomen Lebens? Ist dies das Gegenbild zur Entfremdung, die das gute Leben verhindert? Ich denke, dass gerade mit diesem Bild deutlich werden kann, dass das nichtentfremdete Leben nicht notwendigerweise das Leben aus einem Guss sein muss (wo-

35 Thome, *Fliehkräfte*, S. 198.

bei Thome selbst natürlich offenlässt, ob dies ein Idealbild sein soll, eines des Vaters oder eines des Sohnes). Auch im Kapitel zur Ambivalenz war klar geworden, dass wir hinter unseren Vorstellungen, Wünschen, Plänen nicht immer voll und ganz stehen. Wir haben normalerweise kein völlig ungebrochenes Verhältnis zu uns selbst, unserem Leben, unseren praktischen Identitäten. Unser Leben passt uns nicht wie ein maßgeschneiderter Anzug, wir sind, wie Moran es beschreibt, keine Personen, »die [...] selbstzufrieden ihre praktischen Identitäten bewohnen, als ob dies etwas sei wie die schlichte Mitgliedschaft in einer Gruppe«.[36] Wir können unser Verhältnis zu unseren Projekten und Rollen – zu unserem Leben – als eines von harmonischer Einheit häufig nur noch ironisch gebrochen beschreiben: Und trotzdem bleibt diese Einheit, dieses in keiner Hinsicht entfremdete Leben, das Leitbild, an dem wir uns orientieren, wenn wir unsere praktischen Identitäten formen, wenn wir uns autonom für Projekte entscheiden.

Mein drittes Beispiel stammt von Alice Munro, und auch hier geht es zunächst um einen Vater, der wie bei Thome der Meinung ist, man solle sich im Leben mit dem zufriedengeben, was man hat. Doch bei Munro ist die Mutter der Protagonistin das Problem:

> Mein Vater, der bei den Leuten wesentlich beliebter war als meine Mutter, war ein Mann, der daran glaubte, dass man sich mit dem abfinden musste, was einem zugeteilt wurde. Nicht so meine Mutter. Sie war von ihrem Leben als Farmerstochter aufgestiegen und Lehrerin geworden, aber das war nicht genug, es hatte ihr nicht die gesellschaftliche Stellung oder die Freundinnen gebracht, die sie gerne in der Stadt gehabt hätte. Sie wohnte am falschen Platz und hatte nicht genug Geld, und sie eignete sich ohnehin nicht dafür.

36 Moran »Psychoanalysis and the Limits of Reflection«, S. 107.

> Sie konnte Whist spielen, aber nicht Bridge. Sie war entsetzt, wenn sie eine Frau rauchen sah. Ich glaube, die Leute fanden sie streberhaft und gespreizt. Sie gebrauchte Ausdrücke wie ›dergleichen‹ oder ›in der Tat‹. Sie hörte sich an, als wäre sie in einer merkwürdigen Familie aufgewachsen, die immer so redete. Was nicht stimmte. Draußen auf ihren Farmen redeten meine Onkel und Tanten wie alle anderen. Außerdem mochten sie meine Mutter nicht besonders.[37]

Mir geht es nicht um den kritischen, leicht distanzierten Blick der Tochter auf ihre Mutter, sondern um die Frage, was man hier über die Autonomie der Mutter und ihr gutes Leben lesen kann. Was beschreibt Munro, was geschieht mit der Mutter der Protagonistin? Sie ist offensichtlich von ihrer Herkunft entfremdet und versucht, in ein anderes Leben zu kommen, andere Rollen zu leben, ambitioniertere Projekte zu wählen als die, die ihr zugedacht waren. Jedenfalls aus der Perspektive der Tochter hat die Mutter auch zu ihrer Familie kein sonderlich harmonisches Verhältnis mehr. Zudem ist sie nun keineswegs in den sozialen Zirkeln zu Hause, für die sie ihre Familie gewissermaßen hinter sich gelassen hat. Doch Munro suggeriert nicht, dass das Leben der Mutter nicht autonom sei und kein gutes Leben. Im Gegenteil lässt die gewisse Prätention, mit der sie ihre soziale Rolle offenbar spielt, durchaus annehmen, dass sie sie so spielen, so einnehmen *will*; dass dies ihrer Meinung nach zu dem Leben gehört, das sie nun leben will. Dass sie sich für den Beruf der Lehrerin entschieden hat, dass sie weg von der Farm und der Familie wollte, bedeutet, dass sie nicht nur vom sozialen Kontext ihrer Herkunft, sondern auch von dem neuen ihres Berufslebens in gewisser Weise entfremdet ist – sie gehört nicht dazu. Trotzdem impliziert Munro, dass dies für die Mutter die *richtige* Entscheidung war. Die

37 Munro, »Stimmen«, S. 332.

Distanz zwischen der Mutter und ihrer neuen Rolle muss man nicht als *mauvaise foi*, als Unaufrichtigkeit, interpretieren, denn sie lebt die Rolle so, wie sie sie versteht, so, wie sie sie anstrebt, und nicht unbedingt mit einer Distanz der Unaufrichtigkeit.

Bei Thome zeigt das Leben des Vaters sicher eine größere Einheit, Harmonie, ist also weniger entfremdet als das Leben von Eilis in Brooklyn und wohl auch als das der Mutter bei Munro. Aber das *gute* Leben muss nicht vollkommen integriert sein, solange nicht grundlegende Aspekte oder Rollen wirklich abgelehnt werden. Deshalb versuchen wir immer wieder, diese nötige Einheit zwischen unserem Selbst und unseren Projekten in unserem Leben herzustellen, uns diese eigenen Projekte immer wieder anzueignen, die Rollen, die wir einnehmen, als die eigenen zu spielen. Das muss nicht unbedingt heißen, die Rolle *gut* zu spielen, so wie sie traditionell als gut verstanden wurde: So argumentiert zwar MacIntyre, dass das gute Leben für eine Tochter das ist, eine gute Tochter zu sein – also die traditionelle Rolle der Tochter so gut wie möglich auszufüllen.[38] Aber das gute Leben der Tochter kann gerade eines sein, das sich von der traditionellen Rolle distanziert oder von ihr entfremdet ist und versucht, sie auf neue Weise zu füllen. Auch Munros Beispiel zeigt, wie historisch und kulturell umstritten die Rolle etwa der Mutter sein kann.

Die autonome Entscheidung – und das Leben, das damit einhergeht –, die ich oben in den ersten Abschnitten dieses Kapitels besprochen habe, kann sich im konkreten, alltäglichen, autonomen Leben als spannungsvoll, zwiespältig, heikel und kompliziert herausstellen. Solche Entscheidungsprozesse sind nämlich nicht einfach und nicht eindimensional. Die Entfremdung von alten Rollen, die Aneignung neuer Rol-

38 MacIntyre, *After Virtue*, S. 205, vgl. überhaupt das ganze Kap. 15, S. 190-209.

len und Selbstbilder, die Frage, was die autonome Wahl hier bedeutet (hat der Vater bei Thome autonom gewählt? Sich wenigstens autonom sein Leben angeeignet?), all dies verweist auf komplizierte Entwicklungsprozesse, denen Personen ausgesetzt sein können und die sie selbst autonom initiieren; doch die Komplexität dieser Prozesse kann gerade zum guten, autonomen Leben und der stets wieder neuen Überwindung von Entfremdungen gehören. Vor allem aus der Literatur können wir lernen, dass wir als menschliche Wesen nie vollständig in die Rollen, die Identitäten passen, die unsere soziale Existenz von uns verlangt.[39]

Häufig wird in diesem Zusammenhang als Gegenbegriff zu dem der Entfremdung der Begriff der *Authentizität* genannt: Die Einheit, um die es geht, die Identität, die unsere Rollen zusammenhält, ist die authentische, die, die wir wirklich und nichtentfremdet sind und immer wieder herstellen. Der Begriff der Authentizität spielte schon bei der ersten Bestimmung von Autonomie eine wichtige Rolle. Denn nur wenn eine Person sich mit den Überzeugungen und Vorhaben identifiziert, wenn sie aufgrund dieser Identifikationen aus eigenen Gründen handelt, kann sie auch als autonom bezeichnet werden. Diese Identifikation bedeutet, dass sie authentisch handelt (oder jedenfalls so authentisch wie möglich und nötig). Ist diese Identifikation nicht möglich, kann sie nicht authentisch sein; und kann sie nicht hinter ihren eigenen Überzeugungen

39 »Es ist ein Zeichen des Menschlichen, dass wir nicht recht in unsere eigene Haut passen. Das heißt, wir passen nicht ohne Rest in sozial verfügbare praktische Identitäten.« Jonathan Lear, zitiert bei Moran, »Psychoanalysis and the Limits of Reflection«, S. 104; deshalb ist die Metapher der Kleidung so anschaulich und wird so häufig verwendet, vgl. etwa auch Enright, *Rosaleens Fest*, S. 208: »Es war, als trüge sie den Mantel einer anderen, der mit ihrem identisch war – genau gleich, bis zu Marke und Größe –, aber es war nicht ihr Mantel, sie wusste, dass es nicht ihrer war. Er sah nur so aus.«

und Vorhaben stehen, dann kann sie nicht autonom handeln. Diese mangelnde Identifikation ist nicht unter allen Umständen in gleicher Weise problematisch, aber die Identifikation bleibt doch erstrebenswert.

Der Begriff der Authentizität wird also herangezogen, um die positive Einheit zwischen mir und meinen verschiedenen Projekten oder Rollen zum Ausdruck zu bringen.[40] Ich denke, es ist plausibel, den Begriff der Authentizität hier zu verwenden – jedenfalls dann, wenn man ihn tatsächlich als *Gegenbegriff* zu dem der *Entfremdung* versteht und ihn nicht allzu sehr überfrachtet und existentialisiert. Selbst*bestimmung* muss gerade nicht, wie etwa bei Charles Taylor, als Konkurrenz zum eigenen Selbst, das gefunden werden muss, verstanden werden – diese Opposition zwischen Autonomie und Authentizität scheint mir ein normatives Missverständnis zu sein.[41] Ein Missverständnis ist dies, weil die Opposition nur

40 Trilling, *Ende der Aufrichtigkeit*, S. 103-126; vgl. zu Taylor Rosa, *Identität und kulturelle Praxis*, S. 195-212, der differenziert auf die Gegenüberstellungen von Authentizität, Autonomie und Entfremdung eingeht.

41 Dieses Missverständnis findet sich auch etwa bei Ferrara, *Reflective Authenticity*, S. 1-21 und S. 127-147; oder Menke, *Tragödie im Sittlichen*, S. 192-204; vgl. Varga, *Authenticity as an Ethical Ideal*, der ebenfalls in der Tradition der Gegenüberstellung von Autonomie und Authentizität argumentiert; im Übrigen denkt auch er, dass man im Blick auf die Theorie des guten Lebens nur formale Bedingungen angeben könne, vgl. etwa S. 3: »[...] die Frage hinsichtlich der formalen Bedingungen des ›guten Lebens‹ kann auf zwei Weisen beantwortet werden: im Vokabular der Autonomie oder im Vokabular der Authentizität.« Vgl. auch ebd., S. 61-85, zu den verschiedenen Modellen von Authentizität. Einen ähnlich nüchternen Begriff von Authentizität wie ich vertritt beispielsweise Feinberg, »Autonomy«, S. 32: »Eine Person ist authentisch in dem Maße, in dem [...] sie ihre Meinungen und Vorlieben einer rationalen Überprüfung unterziehen kann und unterzieht. Sie ist authentisch in dem Maße, in dem

dann entsteht, wenn man Autonomie rein als moralische (kantische) versteht, nicht als persönliche, wenn man folglich einen zu engen Begriff von Autonomie hat. Dann heißt dies, dass man das Vokabular der Autonomie mit dem der Authentizität kontrastiert und das Ideal der Authentizität – wie im berühmten Polonius-Ratschlag *This above all: to thine own self be true* – als Konkurrenz begreift gegenüber dem der Autonomie.[42]

Versteht man demgegenüber Autonomie breiter, dann kann Authentizität ein *Ausdruck* der autonomen Person sein und deshalb als Gegenbegriff gegenüber dem der Entfremdung dienen. Dann kann das autonome auch gerade das authentische Leben sein – und autonom bleiben, wenn es nicht immer vollkommen authentisch ist, wenn beispielsweise Entfremdungen dazu führen, dass man sich nicht mehr mit bestimmten Aspekten des eigenen Lebens identifizieren kann. Bindet man Authentizität an Autonomie, dann heißt das auch, dass man ganz grundsätzlich fragen kann nach der Authentizität der eigenen Wünsche; denn dann betrifft die Authentizität das eigene Wollen und die Frage, wie ich leben will, ebenso grundsätzlich wie die Frage nach der Autonomie. Dies ist in gewisser Weise ein nüchterner Begriff von Authentizität, der nicht unterstellen muss, dass es ein eigentliches Selbst gibt, dem wir in einem Ideal der Authentizität zum Ausdruck verhelfen müssten oder das wir verfehlen könnten; der Begriff spielt bei mir also nur die Rolle, anzuzeigen, dass es bei unserem Streben nach dem guten, gelungenen autonomen Leben darum geht, das *eigene* Leben leben zu wollen, mit Beziehungen und Projek-

sie ihre Überzeugungen aufgrund eigener Gründe ändern kann und ändert, und dies ohne Schuld- oder Angstgefühle tun kann.«

42 Der Polonius-Ratschlag stammt aus der dritten Szene des ersten Aufzugs von Shakespeares *Hamlet* und lautet in der deutschen Übersetzung von Schlegel: »Dies über alles: sei dir selber treu.«

ten, von denen wir uns nicht (oder so wenig wie möglich) entfremdet fühlen, und das wir auch mit Ambivalenzen und Unsicherheiten als eigenes gutheißen können.

Um autonom zu sein, müssen wir uns mit unseren Entscheidungen, unseren Projekten identifizieren und versuchen, möglichst nichtentfremdet zu leben; und wir müssen hinter unseren Projekten stehen, ihnen gegenüber loyal sein und sie nicht vorschnell aufgeben. Auf die Frage, was diese Loyalität bedeutet, will ich noch eingehen, um so den Bogen der Frage nach dem guten Leben zu Ende zu führen.

6. Tugend und Charakter

Was heißt es, Projekte aktiv zu verfolgen, loyal gegenüber den eigenen Entscheidungen zu sein? Warum ist es erstrebens- und lobenswert, an den eigenen Projekten festzuhalten? Zunächst einmal kann man sagen, die Tatsache, dass ich nichtentfremdet, sondern tatsächlich mit guten Gründen und authentisch gehandelt und mich zu einem Vorhaben entschieden habe, zeige sich auch daran, dass ich, wenn ich auf Widerstand stoße, dennoch an meinen Projekten festhalte. Und mehr noch *erfordert* diese eigene Entscheidung für ein Vorhaben es auch, dass ich ein solches Vorhaben nicht leichtfertig aufgebe, mich gegebenenfalls an meine Grundsätze halte. Dies mag vielleicht moralistisch klingen; aber mir geht es nicht um eine moralische Verpflichtung, an meinen Projekten, Werten oder Beziehungen festzuhalten, sondern um die ethische Idee, dass mein Leben besser ist, wenn ich eine gewisse Beständigkeit in meinen autonom gewählten Vorhaben demonstriere. Wir haben mehrfach gesehen, dass solche Vorhaben nicht nur die Identität und Einheit einer Person deshalb und dadurch bestimmen, dass sie sich als genau diejenige begreift, die dieses Leben und nicht ein anderes leben will, die sich für dieses und nicht ein anderes Vorhaben entscheidet. Sondern diese Projekte bestimmen zugleich die Einheit der Person über die Zeit hinweg.[43] Auch deshalb ist es zwar nicht logisch oder moralisch, aber doch ethisch wesentlich, sich an die eigenen Projekte zu halten und nicht beim kleinsten Widerstand aufzugeben.

Wenn die Tatsache des autonomen, nichtentfremdeten, des guten – des gelungenen – Lebens zumindest zum Teil auf die eigenen Fähigkeiten und Anstrengungen zurückgeführt werden kann, dann heißt dies, dass wir diese Fähigkeit, ein autonomes Leben als gutes Leben zu führen, auch entwickeln und leben müssen. Eine Person wird also, wenn sie ein gutes Leben führt, bestimmte allgemeine persönliche Tugenden haben: eine gewisse Selbstdisziplin beim Durchführen ihrer Projekte, Mut und auch Geduld. So ungefähr hatte ich dies auch am Ende des Begriffskapitels ausgeführt, in meiner Interpretation des Charakters von Michael Beard in Ian McEwans Roman *Solar*.[44]

Tugenden beruhen nun einerseits – in der aristotelischen Tradition, an die auch zumeist neuere Tugendethiker anknüpfen – auf bestimmten Habitualisierungen; sie können aber auch kantisch verstanden werden: Tugend bedeutet für Kant »das Vermögen und der überlegte Vorsatz, einem starken, aber ungerechten Gegner Widerstand zu tun«, wenn es sich bei dem Gegner um einen der »*sittlichen Gesinnung in uns*« handelt.[45]

43 Bratman, »Reflection, Planning, and Temporally Extended Agency«; Christman, *Politics of Persons*, S. 133-164; Steinfath, *Orientierung am Guten*, S. 298-302.

44 Vgl. Tugendhat, *Vorlesungen zur Ethik*, S. 226-238; vgl. Joan Didion, »On Self-Respect«, S. 111: »Nichtsdestotrotz, Charakter – die Bereitschaft, die Verantwortung für das eigene Leben zu akzeptieren – ist die Quelle, aus der die Selbstachtung entspringt.«

45 Kant, *Die Metaphysik der Sitten*, Tugendlehre, A 4; vgl. zu den Tugenden Tugendhat, *Vorlesungen zur Ethik*, S. 219f. und S. 227f.;

Wenn dieser »Gegner« uns also von unseren selbstgewählten Projekten abhalten will, dann brauchen wir Tugenden. Was heißt es, autonom zu sein, wenn es darum geht, hinter den eigenen Projekten, Entscheidungen zu stehen in Situationen, in denen der Sinn dieser Projekte und ihre Berechtigung in Frage gestellt werden – von mir oder von anderen, die mich überzeugen wollen, also von einem kantischen »Gegner«? Wenn ich etwas autonom beschlossen habe und tun *will*, ist es (jedenfalls meistens) auch besser, es wirklich zu *tun*. Die Tugend, um die es hier vor allem geht, ist folglich eine bestimmte Haltung oder auch ein Charakterzug, die oder der es uns ermöglicht und uns hilft, beständig, konsequent zu sein. Wegen des kantischen Tugendbegriffs nennt Erik Wielenberg diese Haltung »kantische Beständigkeit« (*Kantian consistency*): »Eine Person besitzt kantische Beständigkeit hinsichtlich einer gegebenen Versuchung in dem Ausmaß, in dem sie disponiert ist, in Übereinstimmung mit ihren Werten (welche auch immer dies sein mögen) zu handeln, wenn sie der fraglichen Versuchung begegnet.«[46] Was heißt es, loyal zu sein zu den eigenen Plänen, wie viel kantische Konsistenz ist notwendig?

Ein Beispiel dafür, was es bedeutet, sich nicht an die eigenen Pläne zu halten, ist Willensschwäche, und ich will auf dieses Problem wenigstens einen kurzen Blick werfen. Willensschwäche bedeutet nämlich, dass man nicht das tut, was nach eigenem Überlegen und eigenen Abwägungen in dieser Situation das Beste für einen wäre – man handelt gegen das bessere Wissen und gegen das, was man sich eigentlich – autonom – vorgenommen hatte. Man hält also in einer bestimmten Situation an etwas nicht fest, obgleich man der gut begrün-

Tugendhat argumentiert im Übrigen, die Tugenden ergänzten die universalistische Ethik.

46 Wielenberg, »Saving Character«, S. 464.

deten Meinung ist, dass man es eigentlich tun sollte. Wenn man Willensschwäche nach dem Alltagsverständnis beschreibt, dann so: Normalerweise handele ich aus Gründen, und die besten Gründe münden in ein Urteil darüber, was in dieser Situation für mich zu tun das Beste wäre. Tue ich dies dann nicht, ist es irrational, es widerspricht dem, was das Beste für mich wäre, es zeigt meine Willensschwäche.[47]

Bekanntlich gibt es demgegenüber jedoch eine Tradition, die mit Sokrates behauptet, dass es Willensschwäche nicht gibt, nicht geben könne, da man ohnehin immer das tue, was in einer bestimmten Situation das Beste ist – es ist das Beste, weil ich es tue. Ähnlich argumentiert Robert Pippin gegen die Möglichkeit der Willensschwäche, da sich nämlich immer erst im Handeln zeige, was man wollte, als welche Person man gehandelt hat (und aus welchen Gründen).[48] Eine andere Möglichkeit ist, die *Irrationalität* von Willensschwäche zu bezweifeln, so dass man die Relevanz des Urteils »dies wäre die beste Handlung für mich in dieser Situation« gegenüber anderen Überzeugungen der handelnden Person zurückweist – dann kann es nämlich sein, dass eine Person in einer Situation das *eigentlich* und *wirklich* Beste für sie tut, auch wenn das ihrer erklärten Absicht widerstreitet. Dann ist ihre Handlung jedoch keineswegs irrational, so argumentiert beispielsweise Nomi Arpaly.[49]

Doch ganz unabhängig davon, wie man Willensschwäche beschreibt und ob man die Handlungen, die gegebenenfalls als willensschwach bezeichnet werden, rational oder irrational nennt: Man muss doch einsehen, dass bestimmte Handlun-

47 Vgl. Buss, »Weakness of Will«; Davidson, »Wie ist Willensschwäche möglich?«, Stroud/Tappolet (Hg.), *Weakness of Will and Practical Irrationality*.

48 Pippin, »On ›Becoming Who One Is‹ (and Failing)«.

49 Arpaly, »On Acting Rationally Against One's Better Judgment«.

gen nicht autonom sind. Autonomie bedeutet mindestens, dass eine Person darüber nachdenkt, was sie tun will, und das dann auch aus guten Gründen tut – nur so kann man sagen, dass ihre Handlungen tatsächlich ihre eigenen sind. Sie kann ambivalent sein, sie kann auch vielleicht zeitweise entfremdet sein von ihren Vorhaben, doch wenn sie einmal weiß, was die besten Gründe für sie wären, zu handeln, sich aber dann gegen diese Handlung entscheidet, dann handelt sie in diesem Fall nicht autonom. Wenn ich sage, willensschwache Handlungen seien nicht autonom, dann bedeutet dies natürlich *nicht*, dass wir Personen ihre Autonomie völlig absprächen, nur weil sie sich in bestimmten Situationen gegebenenfalls willensschwach verhalten. Das wäre ganz unplausibel. Ich will hier nur dafür argumentieren, dass willensschwache Handlungen sicherlich zu den Spannungen beitragen, um die es mir immer wieder geht: Spannungen zwischen dem normativen Selbstverständnis, der Idee und der Absicht, autonom zu handeln einerseits und dies doch andererseits – aus ganz unterschiedlichen Gründen – häufig oder vielleicht auch nur hin und wieder nicht zu tun. Handelt eine Person nicht so, wie sie sich eigentlich vorgenommen hatte, und hatte sie keine guten Gründe, von ihrem Vorhaben abzuweichen, dann empfindet sie im Nachhinein Reue, macht sich Selbstvorwürfe, hadert gegebenenfalls mit sich. Dies sind deutliche Hinweise darauf, dass sie selbst der Meinung ist, dass sie anders hätte handeln sollen und vor allem anders hätte handeln *können*. Doch eine Person verliert nicht gleich ihre Autonomie als ganze Person, wenn sie in der einen oder anderen Hinsicht nicht autonom handelt – auch dann nicht, wenn sie sich dessen bewusst ist, dass willensschwache Handlungen nicht zu ihrem guten oder gelungenen Leben beitragen.

Im Großen und Ganzen halten wir (eine gewisse) Charakterstärke, Willensstärke, die Tugend der Beständigkeit oder der Selbstkontrolle gegenüber den eigenen Projekten für lobenswert – ethisch, moralisch ebenso wie psychologisch.[50] Und normalerweise halten wir uns an unsere Vorhaben, auch deshalb, weil wir sie aus guten Gründen gewählt haben und sie Teil unseres sinnvollen und gegebenenfalls glücklichen Lebens, unseres guten und gelungenen Lebens sind. Wenn eine Beschäftigung, ein Vorhaben mühselig wird, geben wir nicht sofort auf. Man sollte jedoch nicht die simple Gleichung aufstellen, dass eine Person, je beständiger sie ist, auch desto autonomer ist: Denn man kann sich von den eigenen autonom gewählten Vorhaben distanzieren, ohne dass dies auf Willensschwäche oder fehlender Beständigkeit beruhen muss – man denke etwa an die Renegatenliteratur. Es gibt manchmal gute Gründe, sich von den eigenen Projekten zu verabschieden.[51]

Ich möchte im Folgenden kurz drei Beispiele für die komplexe Problematik diskutieren, was es heißt, sich nicht – oder gerade doch – an die eigenen Vorhaben zu halten, zunächst eines aus der sogenannten wirklichen Welt. Dieses Beispiel betrifft einen konstruierten Fall, nämlich die Milgram-Experimente, spezifischer: Es betrifft Gretchen Brandt, die man hier als ein Vorbild für die kantische Konsistenz, die Tugend

50 Watson, »Skepticism About Weakness of Will«, S. 321f.: »Nach meiner Auffassung ist also die Tugend der Selbstkontrolle die Fähigkeit, widerspenstiger Motivation entgegenzuwirken, d. h. Motivation wider das eigene bessere Urteil.« Vgl. Ekstrom, »Autonomy and Personal Integration«, S. 153, wo sie ebendiese Idee beschreibt in ihrer Interpretation des Verhaltens von Jane Eyre gegenüber Mr Rochester; vgl. kritisch Velleman, »The Way of the Wanton«; ich meine dies übrigens nicht in dem Sinn, wie Baumeister/Vohs/Tice argumentieren (»The Strength Model of Self-Control«): Mir geht es nicht um den gesellschaftlichen Erfolg von Projekten und um die Selbstkontrolle, wie sie für einen solchen Erfolg wichtig wäre; mir geht es um die *ethische* Problematik, nicht um den Gradmesser des gesellschaftlichen Nutzens.

51 Interessant zur Diskussion um Abtrünnige oder Abweichler ist Wald, *The New York Intellectuals*, bes. S. 267-310.

der Beständigkeit, anführen kann. Obgleich die Milgram-Experimente zu Recht grundlegend kritisiert wurden, vor allem wegen ihres manipulativen Aufbaus und der Irreführung der Versuchspersonen hinsichtlich der anderen beteiligten Personen, ist es doch nicht uninteressant, Milgrams Bericht zu lesen.[52] Gretchen Brandt, eine der Versuchspersonen, sagt, als sie sich weigert, weiterzumachen: »Ich glaube, daß wir hier aus freiem Entschluß sind. Ich will nicht dafür verantwortlich sein, wenn der Mann einen Herzfehler hat, wenn ihm irgendwas passiert.« Sie ist eine der wenigen, die es – nach einer Weile – schlicht abweisen, an dem Experiment weiterhin teilzunehmen, und die sich klar an ihre eigenen Grundsätze halten. Ist sie deshalb autonomer als die anderen Versuchspersonen, die sich – wie ihre Reaktionen nach dem Experiment, das Hadern mit sich, die Selbstvorwürfe zeigen – in dem Konflikt zwischen den eigenen Vorstellungen und dem Bedürfnis, sich an die Richtlinien des Experiments zu halten, *gegen* die eigenen Vorstellungen dessen, was gut ist und wie sie sich eigentlich verhalten wollen, entscheiden? Hat sie ein besseres Leben?

Um diese Frage zu beantworten, möchte ich noch ein weiteres Beispiel nennen, das, nur weil es aus der Literatur stammt, nicht weniger dramatisch ist.[53] Es handelt sich um Atticus

52 Milgram, *Das Milgram-Experiment*, das folgende Zitat auf S. 101; problematisch sind auch die leicht sexistischen Beschreibungen von Milgram (die »attraktive« Versuchsperson, S. 104; Äußerungen »voll weiblicher Reminiszenzen«, S. 101; »ihre Stimme verrät beständige Demut«, S. 96); vgl. Wielenberg, »Saving Character«, S. 467-479; kritisch zum Milgram-Experiment auch Schmid, *Moralische Integrität*, S. 17-103.

53 Lee, *Wer die Nachtigall stört*; das folgende Zitat findet sich auf S. 354; vgl. allerdings zum (rassistischen) Mythos des weißen Retters Mancini, *Racism in Harper Lee's To Kill a Mockingbird.*

Finch, den Protagonisten in Harper Lees Roman *Wer die Nachtigall stört*, der als Rechtsanwalt in einer kleinen US-amerikanischen Südstaatenstadt in den vierziger Jahren des letzten Jahrhunderts bei der Verteidigung eines zu Unrecht angeklagten Schwarzen (Tom Robinson) unbeirrbar an seinen Grundsätzen festhält. Erzählt aus der Perspektive von Atticus' Tochter Jean Louise, genannt Scout, zeigt Atticus, was es heißt, ein guter Rechtsanwalt zu sein, der auch unter widrigen Umständen seine Prinzipien nicht aufgibt. Dies macht er Scout zum Beispiel dadurch deutlich, dass er ihr und ihrem Bruder Jem erlaubt, an der Gerichtsverhandlung teilzunehmen, in der die Geschworenen trotz der eindeutigen Beweislage gegen Tom Robinson stimmen und ihn schuldig sprechen. Während dieser Verhandlung erklärt Atticus Finch in seinem Plädoyer die Rolle der Gleichheit: Trotz vieler natürlicher Ungleichheiten zwischen den Menschen

> »gibt es ein Gebiet in diesem Land, auf dem die Gleichheit aller Menschen unbestreitbar ist. Es gibt eine Institution, die aus dem Armen den Gleichberechtigten eines Rockefeller, aus dem Dummen den Gleichberechtigten eines Einstein [...] macht. Diese Institution, meine Herren, ist das Gericht. [...] Unsere Gerichte haben ihre Unzulänglichkeiten wie jede andere menschliche Institution, aber in diesem Lande sind sie die großen Gleichmacher, und vor ihnen sind alle Menschen gleich.«

Dieses Plädoyer für die gleichen Rechte eines Schwarzen im rassistischen Südstaatenamerika zeigt, was es heißt, an seinen Plänen und Grundsätzen (ein guter Rechtsanwalt sein zu wollen) festzuhalten in einer Umgebung, die diesen Plänen und Grundsätzen außerordentlich feindlich gegenübersteht. Es ist auch an Scout gerichtet und sie begreift dies als genau das, was es ist: als kantische Beständigkeit – nicht nur weil es gute Grundsätze sind und ein gutes Vorhaben, sondern weil diesen auf eine gute, richtige, beständige Weise gefolgt wird.[54] Ist man autonomer, wenn man so aus guten Gründen an den eigenen Grundsätzen festhält? Und ist es ein besseres Leben, wenn man dies tut? Nach allem, was ich bisher ausgeführt habe, muss man beide Fragen bejahen. Doch um nicht nur Beispiele zu nennen, in denen das Festhalten an den eigenen Projekten auch moralisch gut ist, will ich noch kurz verweisen auf einen dritten Fall. Denn die kantische Beständigkeit, so wie ich sie verstehe, ist nicht darauf reduzierbar, dass Personen an ihren moralisch guten Vorhaben und Prinzipien festhalten und nicht der (unmoralischen) Versuchung nachgeben. Ein solches Beispiel findet sich etwa im Leben von Vincent van Gogh: Denn van Gogh hielt in kantischer Beständigkeit an dem Projekt seiner ganz eigenständigen Kunst fest, obgleich er nur wenig künstlerische und gar keine finanzielle Anerkennung erhielt. Allen Widerständen zum Trotz und allen Verführungen, anders und anderes zu malen oder gar einen anderen Beruf zu ergreifen, hielt er stand. Dies ist eine ethische Beständigkeit, nicht wirklich ein Festhalten an moralischen Grundsätzen.[55]

Loyalität gegenüber den eigenen Projekten, das Festhalten an ihnen auch angesichts widriger Umstände, ist also wichtig für ein autonomes und ein gutes Leben – und wiederum muss man daran erinnern, dass Personen Autonomie in unterschiedlichen Graden zukommen kann.[56] Perfektionistisch

54 Insofern erweist sich Atticus Finch als ein Schüler von Ralph Waldo Emerson, dessen berühmte letzte Sätze seines Essays »Selbständigkeit« lauten: »Nichts kann dir Frieden bringen, außer du selbst. Nichts kann dir Frieden bringen, als der Triumph von Grundsätzen.« (Ebd., S. 73)

55 Zu van Gogh vgl. Naifeh/Smith, *Van Gogh: Sein Leben*, S. 232-265; vgl. auch die Kapitel zu seinen Auseinandersetzungen mit Gauguin (S. 858-909).

56 Vgl. zu den verschiedenen möglichen Graden von Autonomie Meyers, »Intersectional Identity and the Authentic Self«.

ist dieser Ansatz auch, weil für das gute autonome Leben nicht nur das *Wie* des Wollens ausbuchstabiert wird, sondern weil dies nicht möglich scheint, ohne zugleich auf die je bestimmten Inhalte des Wollens und die Art und Weise, wie die gewählten, gewollten Projekte dann ausgeführt werden, Bezug zu nehmen. Mit dem Fokus auf der Form des Wollens ist es nicht möglich, das *autonome Wählen* in all seinen Hinsichten beschreiben zu können. Denn was wir wollen, ist nicht reduziert auf diese Formen und Prozeduren zu beschreiben; es ist immer schon die Wahl einer spezifischen Person in bestimmten sozialen Kontexten. Deshalb brauchen wir einen reicheren Begriff des Wählens, der uns mehr sagt über die wählende Person, über das gute Leben und darüber, in welcher Weise Personen mit ihren Entscheidungen – mit ihren Projekten – verbunden sind, zu ihnen stehen; und darüber, in welcher Weise sie in Beziehungen, soziale Kontexte, intersubjektive Wertehorizonte eingebunden sind, die die autonomen Entscheidungen ermöglichen und die Wahl (mit)bestimmen.

Ich versuche hier also wieder, wie schon in den Kapiteln zuvor, in verschiedenen Hinsichten die Spannungen hervorzuheben und doch eine Balance zu halten: zwischen der autonomen Wahl von Projekten und Beziehungen und der Tatsache, dass wir durch die eigene Identität und den sozialen Kontext festgelegt sind; zwischen der Authentizität und der Entfremdung des autonomen Lebens; zwischen der Beständigkeit und der Wechselhaftigkeit oder dem Aufgeben; zwischen der Einheit und der Ambivalenz oder der Zerrissenheit; zwischen der Gewissheit der sozialen Existenz und dem Versuch, sich von genau diesem sozialen Kontext zu befreien. Zu diesen Widersprüchen oder Spannungen kommt eine weitere Komplikation: Ich will noch einmal daran erinnern, dass das beständige Festhalten an eigenen Vorhaben in solchen Fällen von Ambivalenz, bei denen es auch um Konflikte der eigenen Identität geht, besonders schwierig wird: Ich will erinnern an Siri Hustvedts *Die gleißende Welt*, in der die Künstlerin Harriet Burden ganz verschiedene, gegensätzliche Rollen spielen muss und Vorhaben verfolgen will, von denen jedes für sich zwar sinnvoll ist und von ihr gutgeheißen wird, die jedoch zusammen das zerrissene Leben von Harriet Burden charakterisieren. Auch diese Zerrissenheit kann ein autonomes Leben zum Ausdruck bringen.[57]

Es ist wichtig zu verstehen, dass all dies *keine theoretische Unentschiedenheit* bedeutet. Auch wenn ein rein idealer Begriff von Autonomie und damit ein Leben unter idealen Umständen möglich wäre und keine dieser Widersprüchlichkeiten, dieser Spannungen enthielte, so sind sie doch gerade kennzeichnend für einen Begriff, der dem nichtidealen, spannungsreichen Alltag und dem Streben nach dem gelungenen Leben gerecht wird, der diese Spannungen aufnehmen und interpretieren und ihre Grenzen – und damit die Grenzen der Autonomie – beschreiben kann. Doch auch mit diesen Spannungen und mit dieser Widersprüchlichkeit bleibt diese Theorie des autonomen Lebens eine schwach perfektionistische – Autonomie, wie unvollkommen lebbar sie auch immer sei, bleibt die Voraussetzung für das gelungene Leben. Aber muss ein solcher schwacher ethischer Perfektionismus auch einen politischen Perfektionismus zur Folge haben? Autonomie und eine schwach perfektionistische Theorie des guten Lebens, wie ich sie entwickelt habe, stellen die Neutralität – Unparteilichkeit – des liberalen Staates nicht in Frage. Was wichtig ist hinsichtlich der Gerechtigkeit und Neutralität, ist nicht vollkommene Neutralität, sondern die Frage, inwieweit der Staat in seiner Politik Autonomie als Wert und Recht unterstützen und dennoch dem Faktum des Pluralismus Rechnung tragen kann. Ich will hier jedoch nur darauf verweisen,

57 Vgl. zu Harriet Burden Hustvedt, *Die gleißende Welt*, und oben, Kap. 2.

dass die Problematik des neutralen Staates und die Frage nach der Rolle, die der Staat bei der Unterstützung von individueller Autonomie und den Ideen des guten Lebens spielen muss oder darf, andere sind als die der Bedingungen der Autonomie aus der Perspektive der ersten Person selbst. Zwar werden in den folgenden Kapiteln auch Fragen der Gerechtigkeit noch wichtig werden, aber immer nur aus der Perspektive der persönlichen Autonomie, auch dort werde ich die (vermutete) Neutralität des Staates nicht direkt diskutieren. Ich werde – und kann – mich damit begnügen, die Richtung anzugeben, in die man gehen müsste, wollte man hier ausführlicher argumentieren.

7
Das private Leben

vreemde ogen dwingen[1]

Einmal reisen wir nach Klagenfurt; sie zeigt mir den Brunnen mit dem Lindwurm, berühmt durch ihren Text; ich bin (so sagt sie) der erste Mann, dem sie das zeigt, und sie zeigt mich der Familie. Dann wieder, in Rom, scheidet sie Vergangenheit und Gegenwart, plötzlich bleibt sie stehen, wie von einem Ziegel getroffen, und hält den Handrücken vor ihre steile Stirn: Bitte, nein, laß uns nicht durch diese Gasse gehen, nein, bitte nicht! Ich frage nicht. Man vergibt sich mit seinen Geheimnissen. Das ist wahr. Eine Versammlung aller, die je in unser Leben hineingespielt haben oder eines Tages hineinspielen könnten, das ist eine schreckliche Vorstellung: ihre Kenntnisnahme gegenseitig, ihre Übereinkunft nach dem Austausch widersprüchlicher Kenntnisse, ihr Verständnis für einander, das wäre das Begräbnis unseres Selbstverständnisses.[2]

1. Warum Privatheit?

Warum muss ein Buch über Autonomie überhaupt die Idee und den Wert von Privatheit thematisieren? Ich möchte in diesem Kapitel zeigen, dass der Schutz der individuellen Privatheit von Personen zu den externen Bedingungen der Mög-

1 Holländisches Sprichwort (*Die Augen von Fremden nötigen uns*).
2 Frisch, *Montauk*, S. 147f.; Frisch beschreibt dies nur lapidar, kommentiert es nicht weiter und fährt fort in seinem Bericht über die Wohnungssuche mit Ingeborg Bachmann in Rom.

lichkeit des autonomen Lebens gehört. Denn ein freies, autonomes und gelungenes Leben ist angewiesen auf Dimensionen des Privaten, und wir können und wollen uns in modernen Gesellschaften ein Leben, das nur in der Öffentlichkeit geführt wird, nicht vorstellen. Eine Gesellschaft wäre erstickend und unfrei, wenn in ihr der Schutz des Privaten nicht mehr respektiert würde; sie wäre keine Gesellschaft mehr, in der wir leben wollten und frei leben könnten – für dies alles will ich im Folgenden argumentieren. In diesem Kapitel soll es also um die *ethische* ebenso wie um die *politische* Frage nach der Notwendigkeit des Schutzes individueller Privatheit für die Möglichkeit des autonom gelebten Lebens gehen. Denn Privatheit ist nicht nur notwendig für die individuelle Autonomie, sondern hat irreduzibel auch Bedeutung für das Gelingen der demokratischen Gesellschaft.

Dabei schützt das Private *individuelle* Autonomie in verschiedenen Hinsichten: So schützt es die Möglichkeit, in bestimmten Kontexten und gegenüber bestimmten Anderen sagen zu können, dies gehe sie nichts an, dies sei privat. Es schützt die Entwicklung der Persönlichkeit, auch die physische und psychische Integrität. Das Private schützt die Möglichkeit, dass wir selbst kontrollieren können (zumindest ungefähr), wer was über uns weiß; und es schützt das private Leben zu Hause, allein oder mit anderen, jedenfalls an einem geschützten Ort.

In der letzten Zeit steht eine bestimmte Form von Privatheit und deren Gefährdung im Mittelpunkt der gesellschaftlichen Debatten: die informationelle Privatheit. Sie wird deshalb im Folgenden ausführlich diskutiert werden, und ich werde hier vor allem nach der Veränderung von Privatheit fragen, wie wir sie in Beziehungen in den sozialen Medien finden, und danach, was solche technologischen Veränderungen für unsere Autonomie bedeuten können. Andererseits interessiert mich jedoch die *häusliche* Privatheit und hier besonders die Frage, inwieweit die Ermöglichung von gleicher Freiheit, also gleicher Autonomie von Frauen und Männern, mit dem Schutz des Privaten im Streit liegen und wie ein falsch verstandener Schutz von Privatheit Autonomie geradezu verunmöglichen kann. Schließlich werde ich wenigstens noch kurz auf die Rolle des Privaten in liberalen Demokratien und den Wert für diese eingehen. All diese Aspekte sollen zusammengenommen ein Bild ergeben, das uns deutlich vor Augen führt, warum wir den Schutz des Privaten brauchen, um ein autonomes Leben leben zu können, und welchen sehr unterschiedlichen Gefahren das Private ausgesetzt ist. Ich nehme hier also auch die Perspektive der sozialen Gerechtigkeit auf die Problematik individueller Autonomie ein: Wir werden noch sehen, inwieweit diese gesellschaftlichen Bedingungen tatsächlich *notwendig* sind, um einer Person individuelle Autonomie zuschreiben zu können, oder ob sie gewissermaßen nur *wichtig* sind – dies werde ich auch im nächsten Kapitel noch ausführlich diskutieren. Dabei steht gerade nicht die Frage nach den Aufgaben staatlicher Politik im Vordergrund, sondern die nach der Verbundenheit, der Interdependenz von Autonomie und sozialer Gerechtigkeit.

2. Dimensionen des Privaten

Anfangen will ich mit einer vortheoretischen Perspektive auf das Private, die zeigt, welche Bedeutung und welchen Wert das Private für viele Menschen eigentlich im täglichen Leben insbesondere in der Offline-Welt hat. Denn Personen beschreiben normalerweise ihre Privatheit nicht im Rekurs auf Begriffe wie Freiheit, Autonomie oder Datenschutz oder jedenfalls nicht nur. Im Privaten geht es ihnen um die Frage, was heute Abend gegessen werden soll oder ob die Kinder ihre Schulaufgaben gemacht haben. Es geht um Geldsorgen, um die Sorge um kranke Angehörige, es geht um die Frage, wann man sich mit den Freunden treffen kann, die man schon lange nicht mehr gesehen hat, wie das mit Arbeit oder auch Familie zu vereinbaren ist, wer am Samstag einkaufen geht. Privat ist für die meisten von uns: Wie organisieren wir unser tägliches Leben, nicht nur zu Hause, sondern auch mit anderen, in der Öffentlichkeit, im Kino, im Café – also durchaus auch im öffentlichen Raum. Dieses Dickicht des Privaten scheint auf den ersten Blick unberührt von Sicherheitsgesetzen, Datenspeicherungen und Kamerabeobachtungen zu sein. Es ist dabei auch ein Sinnbild der Spannungen im alltäglichen autonomen Leben, die ich in der Einleitung beschrieben habe.[3]

Nun werden wir jedoch in den letzten Jahren mit ganz neuen Technologisierungen der Lebenswelt konfrontiert, die genau in die Erfahrungen dieses Dickichts einschneidende Veränderungen gebracht haben: Denn das private Leben findet immer mehr auch in der Online-Welt statt. In dieser Online-Welt werden die Gefährdungen des Privaten immer konkreter, immer deutlicher und greifbarer und die Diskussionen, nicht erst seit den Enthüllungen von Edward Snowden, haben uns vor Augen geführt, wie prekär die informationelle Privatheit mittlerweile geworden ist. Vor allem junge Erwachsene machen zumeist keinen kategorischen Unterschied mehr zwischen ihrem Offline- und ihrem Online-Leben – deshalb werden Gefährdungen der Datensicherheit zunehmend zu Gefährdungen des privaten Lebens allgemein.

Häufig ist jedoch unklar, warum solche Entwicklungen eigentlich für unsere Autonomie bedrohlich sind. Darum wird

3 Dies ist sicherlich eine vergleichsweise bürgerliche Beschreibung des Privaten, die milieuspezifisch different wäre; und natürlich sind die privaten Sorgen und Erfahrungen stark geschlechtsspezifisch kodiert; doch diese Aspekte sind für das Folgende zunächst nicht wichtig.

eine Aufgabe dieses Kapitels sein, Erfahrungen der Verletzung von Privatheit als Verletzung von Autonomie zu rekonstruieren und zu interpretieren, so dass diese Perspektive des Zusammenhangs zwischen Autonomie und Privatheit plausibel wird. Schauen wir jedoch erst auf die Definition von Privatheit: Was ist privat? »Privat« ist etwas dann, wenn eine Person dazu in der Lage und prinzipiell berechtigt ist, den Zugang – zu Daten, zu Wohnungen, zu Entscheidungen oder Handlungsweisen – zu kontrollieren.[4] Dieser Zugang kann auch metaphorisch oder symbolisch gemeint sein, etwa dann, wenn es um »Zugang zu« im Sinne von »Einspruchsmöglichkeiten gegen« Entscheidungen geht; er kann aber auch ganz wörtlich gemeint sein, als Zugang eben zu Daten oder zu einer Wohnung. Mit dieser Definition des Privaten wird auch sofort der Konnex zwischen Privatheit und Autonomie deutlich: denn in den Theorien, die diesen Zusammenhang konzeptualisieren, ist die grundlegende Idee die, dass Privatheit in liberal-demokratischen Gesellschaften genuin mit den Begriffen Freiheit und Autonomie verknüpft ist. Und es ist ebendiese Verknüpfung, die das Private für uns schätzenswert und schützenswert macht.[5] Im Übrigen ist mit dieser Bedeutung von

4 Diese Definition findet sich klassisch bei Alan Westin, aber beispielsweise auch in den Konzeptionen von Anita Allen, Jean Cohen, Jeff Rosen und ist zwar immer wieder kritisiert worden, kann aber noch stets als die in der Literatur am meisten überzeugende begriffen werden; ein genauer Überblick über die verschiedenen Definitionen -findet sich in meinem Buch *Der Wert des Privaten*, S. 16-26; auch im EU-Recht spielt diese Definition die zentrale Rolle, vgl. die neue Datenschutzgrundverordnung der EU vom 27. April 2016 (2016/679).

5 Vgl. zum Folgenden Allen, *Uneasy Access*; Schoeman, »Privacy and Intimate Information«; Reiman, »Driving to the Panopticon«; Cohen, »Redescribing Privacy«, vgl. auch Rössler, *Der Wert des Privaten*; ich greife im Folgenden auch auf Überlegungen aus diesem Buch zurück.

»privat« auch die Trennung zwischen Öffentlichkeit und Privatheit und damit auch die Neutralität des Staates verbunden: Denn klassischerweise werden Religions- ebenso wie Meinungsfreiheit als liberal-demokratische Grundrechte mit dieser Trennung begründet und damit, dass der neutrale Staat sich aus den privaten – gegebenenfalls auch öffentlich stattfindenden – Angelegenheiten herauszuhalten habe.[6]

Man kann nun drei Dimensionen unterscheiden, die jeweils unterschiedliche Aspekte der Privatheit sowie Aspekte dessen, wie sie mit Autonomie verbunden ist, zum Ausdruck bringen. Bei Daten über eine Person, also generell darum, was andere über sie wissen, geht es um die *informationelle* Privatheit. Private Entscheidungen und Handlungen (mit wem will man zusammenleben, welchen Beruf will man ergreifen, in welche Kirche will man gehen) fallen unter die *dezisionale* Privatheit. Steht die Privatheit der Wohnung zur Debatte, kann man dies *lokale* oder häusliche Privatheit nennen. Dass es zwischen diesen drei Dimensionen Überschneidungen gibt, versteht sich von selbst.[7] Diese Dimensionen des Privaten will ich hier zunächst nur kurz erläutern: In der *lokalen* Privatheit wird der Schutz von Freiheit als der Schutz eines Rückzugsraums beschrieben, der nötig sei, damit Personen sich von ihren unterschiedlichen gesellschaftlichen Rollen gleichsam er-

6 Allerdings ist die Trennung zwischen dem Privaten und dem Öffentlichen hier nicht unkompliziert, denn Meinungsfreiheit ist ein genuin öffentliches Phänomen, während im Blick auf die Religionsfreiheit (m. E. zu Unrecht) häufig behauptet wird, dass sie, gerade weil es hier um private Überzeugungen gehe, durch öffentliche Einschränkungen gar nicht tangiert werden könne, vgl. Holzleithner, »Emanzipatorisches Recht«.

7 Kritisch dazu Solove, *Understanding Privacy*, der eine allgemeine Definition für unmöglich hält. Vgl. auch Nissenbaum, *Privacy in Context*; Reiman, »Driving to the Panopticon«.

holen können. So schreibt zum Beispiel Jeffrey Rosen: »[...] um ordentlich funktionieren zu können, brauchen wir alle einen Ort, an dem wir Dampf ablassen und unsere Gedanken sammeln können.«[8] Die lokale oder häusliche Privatheit ist das, was Personen meistens als Erstes nennen, wenn sie vom Privaten oder vom privaten Leben reden, das haben wir gerade schon gesehen – und häufig wird dieser Privatheit ein intrinsischer Wert zugesprochen, so dass die Verbindung mit der individuellen Autonomie nicht offenkundig wird. Es geht hier jedoch nicht nur um die Privatheit des Hauses oder eines Ortes, sondern viel umfassender um das private Leben im Ganzen, auch gegebenenfalls im öffentlichen Raum. Im Übrigen ist es auch dieser Sinn, der bei der allgemeinen Erklärung der Menschenrechte im Vordergrund steht, wenn sie den Schutz des *privaten Lebens* formuliert. Die verschiedenen Rechtstexte werden uns später noch beschäftigen.[9]

Insofern kann man hier auch Überschneidungen mit der *dezisionalen* Privatheit feststellen, bei der der Schwerpunkt auf der Freiheit differenter Lebensweisen liegt; ich zitiere wiederum Rosen: »Privatheit schützt einen Raum zum *Aushandeln legitim voneinander abweichender Auffassungen vom guten Leben* und befreit die Menschen so von der beständigen Last,

8 Rosen, *The Unwanted Gaze*, S. 207.

9 Ich werde nachher vor allem auf die Rechtsprechung des EGMR eingehen, doch die Unterschiede zwischen dem US-amerikanischen und dem europäischen Ansatz mit Blick auf Privatheit haben zu viel Diskussionen geführt; so argumentiert etwa Whitman, dass das US-amerikanische Recht von einem negativen Freiheitsbegriff ausgehe, während im europäischen Recht der positive Begriff der Würde orientierend sei, vgl. James Q. Whitman, »The Two Western Cultures of Privacy«; vgl. zum Unterschied auch Zwick/Dholakia, »Contrasting European and American Approaches to Privacy in Electronic Markets«, und Busch, »The Regulation of Transborder Data Traffic«.

ihre Unterschiede zu rechtfertigen.«[10] Hier wird wieder die allgemeinere Idee des privaten Lebens sehr deutlich; die dezisionale Privatheit hat jedoch vor allem in den US-amerikanischen Debatten noch eine ganz spezifische Bedeutung: Denn es ist dieser Begriff des Privaten, mit dem das Recht von Frauen auf eine Abtreibung begründet wird, es ist dieser Begriff, der überhaupt in den gesellschaftlichen und juridischen Debatten um die Frage nach sexueller Selbstbestimmung und sexueller Identität im Vordergrund steht. Ein Recht auf Abtreibung wird zwar in der europäischen Rechtsprechung nicht an ein Recht auf Privatheit gekoppelt, aber bei Fragen der sexuellen Identität, ebenso etwa wenn es um religiös motivierte Kleiderordnungen geht, spielt der Rekurs auf das private Leben auch in der Rechtsprechung des Europäischen Gerichtshofs für Menschenrechte (EGMR) eine wichtige Rolle, weil und insofern es hier um Autonomie und selbstbestimmte Entscheidungen geht.[11]

Bei dem Schutz der *informationellen* Privatheit schließlich geht es um die Beschränkung von Informationen, die andere – Personen oder Institutionen – über eine Person haben (können): Ohne diese Form der Zugangskontrolle können Personen nämlich über ihre »Präsentationen des Selbst«, wie Goffman dies genannt hat, nicht selbst bestimmen und sind damit in ihrer Autonomie entscheidend eingeschränkt. Es ist diese Form des Privaten, die gegenwärtig im Mittelpunkt der De-

10 Ebd., S. 24; vgl. auch Solove, *Understanding Privacy*, S. 89-100, zu den sozialen Dimensionen des Privaten.

11 Hughes, »The Social Value of Privacy, the Value of Privacy to Society and Human Rights Discourse«; Marshall, »*S. A. S. v France*: Burqa Bans and the Control or Empowerment of Identities«; Johnson, »An Essentially Private Manifestation of Human Personality«. Vgl. Marshall, »Conditions for Freedom?«.

batten steht und auf die ich gleich noch ausführlich zu sprechen kommen will.[12]

Diese drei Hinsichten individueller Privatheit schützen nun nicht einfach nur die individuellen Personen, haben nicht nur für diese Wert: Denn gerade in den gegenwärtigen Diskussionen und vor allem seit den Enthüllungen von Edward Snowden über die Tätigkeiten der Geheimdienste (nicht nur des amerikanischen, sondern auch europäischer Dienste) ist deutlich geworden, dass der Schutz des Privaten für die Gesellschaft ebenso wichtig ist wie für das Funktionieren von Demokratie.[13] Privatheit schützt Personen in Beziehungen, und es sind diese Beziehungen, diese sozialen Praktiken, die ohne diesen Schutz nicht möglich wären.

12 Ich verwende den Begriff der Dimensionen also einerseits zur Beschreibung der verschiedenen Aspekte des Privaten, die das Individuum schützen, andererseits, um die soziale Einbettung dieser Privatheit und die Relevanz für die Gesellschaft deutlich zu machen. Im Übrigen lassen sich die unterschiedlichen Aspekte des Privaten natürlich auch anders typologisieren. So schlagen etwa Koops et al. eine Differenzierung in acht unterschiedliche Hinsichten des Privatheitsschutzes vor, während Solove keine einzige Systematisierung für möglich und plausibel hält, sondern nur pragmatisch verschiedene Bedeutungen und Funktionen des Privaten – basierend auf deren »Familienähnlichkeiten« – im Blick auf ihren jeweiligen Sinn und Nutzen für die Gesellschaft unterscheiden will, vgl. Koops u. a. »A Typology of Privacy«; und Solove, *Understanding Privacy*, S. 1-12.

13 Zu Snowden und dem Problem des Whistleblowers vgl. Scheuermann, »What Edward Snowden Can Teach Theorists of Conscientious Law-Breaking«.

3. Informationelle Privatheit, soziale Beziehungen und Autonomie

Die rasante Entwicklung der neuen Informations- und Kommunikationstechnologien in den vergangenen 20 Jahren setzt auch die informationelle Privatheit immer wieder neuen und nicht vorhergesehenen Gefahren aus. Entsprechend versucht die Theoriebildung Schritt zu halten und ist ihrerseits ungeheuer komplex geworden.[14] Dass sie dies versucht, ist nicht überraschend: Die Theoriebildung und Rechtsprechung zur informationellen Privatheit wurde immer motiviert und vorangetrieben durch fundamentale technologische Neuerungen, die in die Alltagswelt eindringen und sie unwiderruflich verändern. So kann man relativ unumstritten behaupten, dass die Rechtsprechung zur informationellen Privatheit mit dem Artikel von Samuel Warren und Louis Brandeis beginnt, der sich dem Ärger Warrens (und des Bostoner Bürgertums) über jene Reporter verdankt, die die Hochzeit seiner Tochter gegen seinen Willen fotografierten und die Fotos veröffentlichten.[15]

Wenn es also beim Schutz des Privaten allgemein darum geht, in verschiedenen Hinsichten den »Zugang« zur eigenen Person kontrollieren zu können, dann muss dies bei der Frage nach der informationellen Privatheit als Kontrolle darüber verstanden und interpretiert werden, was andere über die Person wissen können und wissen sollten. Eine Person hat es in vielen Hinsichten (zumindest ungefähr) in der Hand, in an-

14 Ich verweise aus der Fülle der Literatur nur auf Morozov, *To Save Everything, Click Here*, Schönberger/Cukier, *Big Data*, und Greenwald, *No Place to Hide*, die jeweils unterschiedliche Perspektiven auf die Problematik einnehmen.

15 Vgl. Warren/Brandeis, »The Right to Privacy«, und zur Entstehung Prosser, »Privacy«.

deren Hinsichten kann sie zumindest abschätzen, was andere Personen jeweils über sie wissen: Sie kann folglich *gut begründete Annahmen* darüber haben, welche Informationen Personen oder Institutionen, mit denen sie zu tun hat, über sie haben; und sie kann gemäß diesen Annahmen und Erwartungen handeln und sich in ihren verschiedenen Rollen bewegen. Tatsächlich sind jedoch genau diese Annahmen in den letzten Jahren grundlegend verunsichert worden, weil nicht mehr klar ist, *welche* Institutionen – Unternehmen, Personen – eigentlich *was* über eine Person wissen.[16] Normatives Problem der informationellen Privatheit ist dann also die Frage, wie sich begründen lässt, warum wir es für ein allgemeines, nach Kontexten je verschieden spezifizierbares *Recht* oder jedenfalls doch für einen gut begründeten moralischen Anspruch halten, nicht gegen unseren Willen und (oder) ohne unser Wissen beobachtet oder belauscht zu werden, das Maß an Informationen, die andere über uns haben, kontrollieren oder doch zumindest überschauen zu können; und was die Folgen sind, wenn diese Ansprüche ins Leere laufen.

Nun könnte man hier einwenden, dass, wenn man Personen beobachtet, belauscht oder über sie redet, man sie doch offenbar nicht in irgendeinem freiheitsrechtlich relevanten Sinn an irgendetwas hindert, zumindest *prima facie* ihre Freiheit gar nicht einschränkt. Die aktuelle Variante dieses Einwands lautet: Wer nichts zu verbergen hat, braucht auch keine Beobachtung zu fürchten – weder die Beobachtung durch Amazon und Facebook noch die durch BND oder NSA. Doch dies ist ein grundlegendes Missverständnis: Der Schutz

16 Dies analysiert etwa Nissenbaum mit Hilfe der Idee der angemessenen Informationsflüsse – angemessen im Blick auf die Beziehung oder die Institution; verändern sich diese Strukturen, dann kann dies die Privatheit von Personen verletzen, vgl. Nissenbaum, *Privacy in Context*.

informationeller Privatheit ist deshalb so wichtig für Personen, weil es für ihr Selbstverständnis als *autonome Personen* konstitutiv ist, (in den ihnen bekannten Grenzen) Kontrolle über ihre Selbstdarstellung zu haben, also Kontrolle darüber, wie sie sich wem gegenüber in welchen Kontexten präsentieren, inszenieren, geben wollen, als welche sie sich in welchen Kontexten verstehen und wie sie verstanden werden wollen, darum also auch, wie sie in welchen Kontexten handeln wollen.

Denn ein Aspekt unserer Autonomie besteht bekanntlich darin, dass wir die Möglichkeit haben, selbstbestimmt in verschiedenen sozialen Kontexten und Beziehungen auch verschiedene Rollen leben zu können – als Freundin, Mutter, Kollegin und so fort. Genau dies ist es, was das Bundesverfassungsgericht in seinem berühmten Urteil zum Volkszählungsgesetz von 1983 als *informationelle Selbstbestimmung* bezeichnet und folgendermaßen begründet hat: »Wer nicht mit hinreichender Sicherheit überschauen kann, welche ihn betreffenden Informationen in bestimmten Bereichen seiner sozialen Umwelt bekannt sind, und wer das Wissen seiner Kommunikationspartner nicht einigermaßen abzuschätzen vermag, kann in *seiner Freiheit* wesentlich gehemmt werden, aus eigener Selbstbestimmung zu planen und zu entscheiden.«[17] Würden alle Personen, denen ich in meinen unterschiedlichen Rollen begegne oder je begegnet bin, alles über mich wissen oder im Prinzip wissen können, dann gäbe es keine solche Rollendifferenz mehr und damit keine Möglichkeit der differenten Inszenierungen, also auch keine Handlungsfreiheit in verschiedenen Beziehungen mehr. Es ist auch diese Idee des Schutzes von Privatheit, auf die Max Frisch in der eingangs zitierten Passage zielt: Es wäre ein »Begräbnis unseres Selbstverständnisses«, könnten wir nicht die Beziehungen, die wir leben, un-

17 BVerfGE 65,1 (43); vgl. auch die neueren Urteile, die dieses Prinzip stärken: BVerfGE 120, 274-350; BVerfGE 120, 378; BVerfGE 125, 260.

terschiedlich gestalten und Geheimnisse oder Erinnerungen mit der einen Person teilen, mit anderen gerade nicht. Frisch beschreibt dies nicht aus einer theoretischen Perspektive, doch die zugrunde liegende Idee – oder Angst – ist die gleiche. Ohne den Schutz unserer Selbstdarstellung vor jeweils anderen in jeweils anderen Kontexten ist ebendies, das je differente Selbst, das wir anderen zeigen, nicht mehr möglich. Und dies ist ein Grund genau dafür, warum wir im Alltag mit Spannungen oder Widersprüchen zwischen unserem Selbstverständnis als autonome Personen und den Möglichkeiten, diesem Selbstverständnis nachzukommen, konfrontiert sein können.

Jetzt kann man auch sehen, in welcher Weise der Wert des Privaten immer in soziale Beziehungen, soziale Kontexte eingebettet ist. Dies ist in den letzten Jahren zunehmend als der *soziale Wert* des Privaten in den Vordergrund gerückt: Denn so wie autonome Personen immer schon *Personen in Beziehungen* sind, so ist der Schutz des Privaten immer schon ein Schutz sowohl *in* Beziehungen als auch *von* Beziehungen. Es sind diese Beziehungen, in denen wir uns selbst darstellen, in denen wir Autonomie leben und in denen wir verschiedene Rollen, Identitäten ausprobieren. Bei der Analyse und Interpretation der informationellen Privatheit und ihrer Gefährdungen geht es folglich um den Zusammenhang zwischen Informationskontrolle, Autonomie, Selbstdarstellung und Identität.

Es sind vor allem drei Formen der Gefährdung informationeller Privatheit, die sich hier unterscheiden lassen, und damit drei Formen der Gefährdung von selbstbestimmtem Leben: zum einen die staatliche Überwachung durch Geheimdienste; zum andern die Konsumentenüberwachung – das Sammeln, Analysieren, Wiederverwenden und Verkaufen von persönlichen Daten durch Online-Firmen, zu denen auch diejenigen gehören, die vom »Internet der Dinge« profitieren; und drittens die freiwillige Herausgabe, das Teilen (»sharing«) von persönlichen Informationen und Konversationen in den sozialen Netzwerken. Zu dieser letzten Form der Gefährdung kann man auch die noch relativ neuen technologischen Möglichkeiten rechnen, die unter dem Titel »quantifiziertes Selbst« firmieren. Ich habe oben, im vierten und im fünften Kapitel, schon ausführlich diskutiert, was es mit dieser neuen Form der Selbstvermessung auf sich hat, und werde hier nur noch am Rande, aus der Perspektive der Privatheit, darauf zurückkommen. Alle drei (oder vier) Formen können auf unselige Weise kombiniert werden – so, wenn Facebook oder Google ihre Daten an die NSA weitergeben –, sind also nicht klar voneinander zu trennen, arbeiten sich gegenseitig zu (ohne dass dies den Nutzern und Nutzerinnen bewusst ist): und genau dies macht die Bedrohung von Privatheit so massiv und gleichzeitig so komplex. Dies bleibt bisher noch relativ abstrakt. Ich will diese Gefährdungen greifbarer machen mit Hilfe einer Diskussion der digitalen Transformation unserer sozialen Beziehungen und Praktiken durch die und in den sozialen Medien. Doch hierfür muss zunächst einmal der Konnex zwischen sozialen Beziehungen und dem Schutz des Privaten allgemein verdeutlicht werden.

Essentiell an den Normen des Privaten ist nämlich nicht nur die Sicherung der Freiheitsspielräume für Individuen, sondern damit zugleich die Konstitution und Regulierung von sozialen Beziehungen. Schon James Rachels und Charles Fried haben gesehen, dass das Private einen sozialen Wert hat: Beziehungen können nur geschützt werden, wenn sowohl *in* diesen Beziehungen als auch *für* diese Beziehungen bestimmte Privatheitsnormen gelten.[18] Dies betrifft auch die informatio-

18 Vgl. meinen gemeinsam mit Dorota Mokrosinska herausgegebenen Band *Social Dimensions of Privacy*; zum Folgenden vgl. Rachels, »Why Privacy is Important«; Fried, »Privacy«; Steeves, »Reclaiming the Social Value of Privacy«; Hughes, »The Social Value of Privacy, the Value of Privacy to Society and Human Rights Discourse«,

nelle Privatheit, denn diese regelt, wie wir gesehen haben, das Wissen, das andere von mir und über mich haben, und bedeutet deshalb die selbstbestimmte Kontrolle von Informationen über mich. Die unterschiedlichen Normen informationeller Privatheit *regulieren* nun nicht bloß unsere verschiedenen sozialen Beziehungen und Rollen, die wir im Leben führen und haben, sondern *ermöglichen* sie auch. Mein Apotheker weiß anderes über mich als meine Freunde, meine Familie weiß anderes über mich als meine Kolleginnen. Deshalb schreibt Irwin Altman: »Privatheit ist nicht bloß eine Frage des Ausschließens oder Hereinlassens; sie beinhaltet auch eine Synthese dessen, mit anderen in Kontakt zu stehen und mit anderen *nicht* in Kontakt zu stehen.«[19]

Mit der Ausweitung der Perspektive auf die soziale Dimension des Privaten gewinnt auch die Definition der Privatheit als individueller Zugangskontrolle eine andere Bedeutung. Denn obgleich es mir überlassen bleibt, wie ich die je spezifische Rolle mit Leben fülle – ob ich viel oder wenig von mir preisgebe, zum Beispiel –, bestimmt doch auch die Funktion der Rolle selbst, welche Informationen wie geteilt werden, etwa in Freundschaften anders als in Arbeitsbeziehungen. Soziale Normen schützen und ermöglichen nicht nur ein bestimmtes Verhalten – das der Person, um deren Privatheit es geht –, sondern *fordern* auch ein bestimmtes Verhalten, nämlich von den Personen oder Institutionen, die die Privatheit respektieren müssen. Entsprechend schützen Privatheitsnormen die informationelle Privatheit in verschiedenen Kontexten auf verschiedene Weise, denn der Schutz von Informationen

S. 226; vgl. auch van Dijck/Poell, »Understanding Social Media Logic«.

19 Altman, *The Environment and Social Behavior*, S. 23: »Privacy is not solely a ›keep out‹ or ›let in‹ process; it involves a synthesis of being in contact with others and being out of contact with others.«

kann je nach Kontext eine andere Bedeutung haben. Soziale Normen der Privatheit haben folglich ihre eigene Ordnung, Integrität und Dynamik, auch wenn die soziale Praxis, die sie konstituieren, von den Teilnehmerinnen an dieser Praxis (in Grenzen) interpretiert werden kann.[20] Soziale Normen sind immer auch umstritten und im Wandel, dies gilt für die Privatheitsnormen vielleicht in ganz besonderer Weise.

Wenn wir den sozialen Wert, die soziale Bedeutung des Privaten in den Vordergrund stellen, so kann man zwar sehen, dass die Autonomie der individuellen Person immer noch der Bezugspunkt bleibt, es aber stets autonome Personen *in Beziehungen* sind, um die es geht. Wenn sich etwa unter dem Einfluss von Informations- und Kommunikationstechnologien die Beziehungen ändern, so heißt das auch, dass soziale Normen neu bestimmt und ausgehandelt werden müssen: Diese Veränderungen sind Thema des folgenden Abschnitts.

4. Autonome Personen in Beziehungen (1)

Die neuen sozialen Medien haben zu massiven Verbesserungen – oder jedenfalls Erweiterungen – der Kommunikationsmöglichkeiten nicht nur junger Erwachsener geführt und außerordentlich viele neue Interaktionsformen geschaffen (unter diesen auch politische), die einen essentiellen Beitrag zur Ermächtigung autonomer Personen darstellen.[21] Um nur ein

20 Vgl. Rössler/Mokrosinska, »Privacy and Social Interaction«; im Folgenden stütze ich mich auch auf Überlegungen aus meinem Beitrag »Wie wir uns regieren«.

21 Ich will betonen, dass ich mich keineswegs am allgemeinen Facebook- und Social-Media-Bashing beteiligen will, wie dies etwa bei Pauen/Welzer, *Autonomie*, zu finden ist, vgl. etwa S. 283: »Soziale Netzwerke (wie immer sie heißen) sind keine sozialen Netzwerke, sondern Produktionsstätten von informationeller Macht über Sie.«

Beispiel zu nennen: die emanzipatorischen und enttabuisierenden Filme, die die jungen feministischen Publizistinnen Hannah Witton oder Ashley Mardell ins Netz stellen und die endlos kommentiert werden, führen die zahllosen Möglichkeiten vor Augen, solche Internetforen für befreiende kulturelle, soziale und politische Ziele zu benutzen.[22] Bei aller sozialen Kritik an den Folgen der sozialen Medien sollte man diese emanzipatorischen Aspekte nicht vergessen. Gerade deshalb ist es jedoch so wichtig, die Kritik an diesen Medien, die sich auf den Verlust von Privatheit und Autonomie und damit auf die Transformation von Beziehungen gründet, genauer herauszuarbeiten.

Schauen wir erst einmal auf die Architektur, das Design von sozialen Medien wie Facebook: Sie machen es den Nutzern und Nutzerinnen immer noch extrem schwer, die verschiedenen Rollen, die Personen im Offline-Leben spielen, die verschiedenen sozialen Kontexte und die damit einhergehenden Selbstpräsentationen voneinander zu trennen. Obgleich Facebook die Architektur seiner Website in den letzten Jahren immer wieder verändert und angepasst hat, ist es vor allem für Jugendliche häufig schwierig, mit Blick auf die unterschied-

Vgl. auch S. 222: »In Zeiten von Facebook, Google und NSA gibt es nichts Privates und daher keine Möglichkeit zur Konspiration mehr. Heute weiß man alles über alle, die jemals als juristische Personen, als Konsumenten, als Nutzer von Kommunikationsmitteln in Erscheinung getreten sind.« Solche Thesen sind natürlich übertrieben, zu einfach und deshalb m. E. nicht sonderlich hilfreich.

22 Siehe ⟨https://www.youtube.com/user/hannahgirasol/videos⟩ und ⟨https://www.youtube.com/user/HeyThere005/videos⟩, letzter Zugriff bei beiden am 01. 09. 2016; in gewisser Weise kann man sagen, dass dies eine Fortführung oder Variante der *consciousness raising groups* der 1970er Jahre ist, ähnlich wie die Blogs, die der Kommunikation von jungen Frauen mit Kindern dienen (die mommyblogs, die oben in Kap. 5 Thema waren).

lichen Öffentlichkeiten, in denen sie sich online (und offline) bewegen, die für sie wichtigen und angemessenen Trennlinien zu ziehen. Soziale Normen des Schutzes von Privatheit sollen die verschiedenen Selbstpräsentationen und damit die unterschiedlichen Formen sozialer Interaktion regeln und garantieren, und genau diesem Bedürfnis kommt Facebook – wie andere soziale Netzwerke – nicht entgegen; und auch dies erschwert die Autonomie im täglichen Leben.

In einer mittlerweile schon beinahe 10 Jahre alten, aber immer noch äußerst interessanten und aufschlussreichen Rezension des Films *The Social Network* bemerkt die Schriftstellerin Zadie Smith, dass es offenbar Mark Zuckerberg nie in den Sinn gekommen sei, die »grundlegende ethische Frage« zu stellen, nämlich: »Warum? Warum Facebook? Warum dieses Format? Warum so? Warum nicht anders?« Smith zufolge verwendet Zuckerberg

> das Wort »verbinden« so wie Gläubige das Wort »Jesus«, als wäre es an sich schon heilig. [...] Verbindung ist das Ziel. Die Qualität dieser Verbindung, die Qualität der Information, die durch sie fließt, die Qualität der Beziehung, die diese Verbindung erlaubt – nichts davon ist wichtig. Dass eine Menge Social-Networking-Software die Menschen explizit dazu anregt, schwache, oberflächliche Verbindungen untereinander zu knüpfen, und dass das vielleicht keine gänzlich positive Sache ist, scheint ihm nie in den Sinn gekommen zu sein.[23]

Ihre Pointe ist, dass die Architekturen solcher Websites nie neutral sind: Facebook bestimmt deshalb geradezu die Möglichkeiten, wie wir über Beziehungen nachdenken und diese auffassen. Die Ideologie heißt »Verbindung« (*connection*) oder

23 Smith, »Generation Why«; vgl. zur Idee und zur Ideologie von »Konnektivität« van Dijck, *The Culture of Connectivity*.

»Teilen«, wie es bei Dave Eggers heißt: *»Sharing is caring«* (»Teilen bedeutet Fürsorge«) und *»secrets are lies, privacy is theft«* (»Geheimnisse sind Lügen, Privatheit bedeutet Diebstahl«).[24] Die Standardeinstellung ist immer: Teilen. Jedes Trennen, jedes Nichtverbinden, jedes Nichtöffentlichmachen, jedes Zurückhalten, jede Einschränkung dieses Teilens muss als besondere Leistung begriffen werden, die die Nutzer erbringen müssen, wenn sie gegen die Ideologie verstoßen wollen. Deshalb ist die Idee, dass wir die Websites einfach nur benutzen, wie wir es wollen, naiv und illusorisch. Wenn man nicht schnell und effektiv unterscheiden kann zwischen engen Freundinnen, Freundinnen und schlichten Bekanntschaften (wie wir dies in der Offline-Welt zumeist anstrengungslos tun), dann hat dies klarerweise Konsequenzen für die Art und den Inhalt der Kommunikationen; wenn man sich nicht verletzbar machen will, sollte man bestimmte Themen und bestimmte Vertraulichkeiten, wie sie zwischen guten Freunden üblich sind – wie sie gute Freundschaften konstituieren –, vermeiden. Deshalb sind die Bekenntnisse oder Offenbarungen, die wir auf Facebook finden, häufig inszeniert, unter dem Druck von Statusangst, die auch dazu führt, dass man, anders als in Offline-Freundschaften, vor allem Erfolge vermeldet, nicht aber Misserfolge – auch wenn viel geklagt wird.[25] Dies führt dazu, dass sich die Kommunikationsformen einander angleichen und mehr und mehr gängigen Konventionen gehorchen. Überdies bedeutet dies für die Rezipienten, dass sie sich weniger vepflichtet fühlen müssen, angemessen auf Mitteilungen zu reagieren – wenn ich nicht die einzige Adressier-

24 Eggers, *Der Circle.*

25 Vgl. Marwicks Untersuchungen zum Status in *Status Update*; diese Kommunikationsformen können gerade für Jugendliche oder junge Erwachsene außerordentlich belastend sein, vgl. auch boyd, *It's Complicated.*

te bin, fühle ich mich auch weniger verantwortlich, als wenn die Mitteilung nur mir gegolten hätte. Verpflichtungen werden egalisiert. Loyalitäten, Parteilichkeiten, Vertrauen, Engagement – all die Haltungen, die wir als konstitutiv für Offline-Freundschaften halten, werden tendenziell eingeebnet und haben auf Online-Freundschaften keine oder nur eine reduzierte Anwendung.

Warum ist dies relevant für unsere Autonomie? Ich hatte oben darauf verwiesen, dass Privatheitsnormen (wie alle sozialen Normen) immer zwei Seiten haben und in zwei Richtungen wirksam sind: Sie ermöglichen individuelle Selbstpräsentation, Autonomie in der Verschiedenheit der sozialen Rollen und Kontexte. Und sie fordern ein bestimmtes, rollenkonformes Verhalten. Wenn sich die Normen ändern, ändern sich diese Forderungen ebenso wie das eigene Verhalten – und haben deshalb Einfluss auf unsere Autonomie. Und es ist genau dies, was sich bei den Normen informationeller Privatheit und ihrer Geltung für die Beziehung der Freundschaft beobachten lässt. Andererseits werden so gut wie alle Facebook-Nutzer und -Nutzerinnen zumeist noch traditionelle Offline-Freunde und -Freundinnen haben.[26] Zudem sind Jugendliche häufig kompetent, sich trotz der Schwierigkeiten ihre eigenen Gruppen und auch innerhalb größerer Gruppen ihre eigenen Schutzmechanismen und geheimen Sprachen aufzubauen. Das zeigen sowohl Alice Marwick als auch danah boyd in ihren Interviews.[27] Sehr erhellend sind in diesem Kontext auch die Studien, die unter der Leitung von Valerie Steeves mit kanadischen jungen Erwachsenen durchgeführt wurden. Sie machen deutlich, dass die Regelung dessen, was privat und was

26 Zu Online- und Offline-Freundschaften vgl. auch Antheunis u. a., »The Quality of Online, Offline, and Mixed-mode Friendships Among Users of a Social Networking Site«.

27 boyd/Marwick, »Social Privacy in Networked Publics«.

»geteilt« ist, in den sozialen Medien nicht einfach vorgegebenen Normen folgt, sondern dass Jugendliche (versuchen zu) lernen, in diesen sozialen Kontexten so zu navigieren, dass sie trotz der Architektur der Websites immer noch ihre Privatheit schützen können, etwa gegenüber aufdringlichen Eltern, aber auch gegenüber Anderen in Peergroups.[28]

Autonomie und die für die informationelle Privatheit notwendige Kontrolle persönlicher Daten werden jedoch nicht nur durch das Design der Websites gefährdet und durch die damit einhergehende Homogenisierung von Beziehungen. In gleicher Weise bedrohlich ist die Kommerzialisierung: Denn die auf den Plattformen geteilten Daten werden gespeichert, wiederverwendet, analysiert und vor allem an Dritte verkauft. Die auf diesen Daten beruhende personalisierte Werbung ist ein zentraler Aspekt der Kommunikation in den sozialen Medien. Profitabel werden die Daten vor allem durch das (sogenannte) »behavioral targeting«: Je feinkörniger die Profile von Personen – je mehr Daten über sie vorliegen –, desto effizienter die »vorhersagenden Analysen« (*predictive analytics*) und desto höher die Wahrscheinlichkeit, dass Kunden tatsächlich nicht nur klicken, sondern auch kaufen.[29] Auf sozialen Me-

28 Gerade hier muss man also vorsichtig sein mit der allgemeinen These, dass traditionelle Normen des Privaten vor allem in der Kommunikation zwischen Jugendlichen gar keine Rolle mehr spielen und Privatheit nicht mehr als schützenswert begriffen werde, vgl. Steeves, »Privacy, Sociality and the Failure of Regulation«. Übrigens hat die Problematik der Standardeinstellung des Bewahrens und Speicherns nicht erst das (allerdings umstrittene) Urteil des europäischen Gerichtshofs zum »Recht, vergessen zu werden« erhellt. Es ist auch ein alltägliches Problem im Gebrauch sozialer Medien, wenn sich beispielsweise herausstellt, dass bestimmte peinliche Postings nicht mehr zu entfernen sind; siehe EuGH, C-131/12, vgl. dazu Kulk/Zuiderveen Borgesius, »*Google Spain v. González*: Did the Court Forget about Freedom of Expression?«.

29 Der klassische Fall ist der der Warenhauskette Target und der schwan-

dien folgen wir deshalb nicht einfach nur kommunikativen, sondern auch ökonomischen Imperativen.

Ich will noch einmal Zadie Smith zitieren:

> Wenn ein Mensch zu einem Datensatz auf einer Website wie Facebook wird, wird er oder sie reduziert. Alles schrumpft. Individueller Charakter. Freundschaften. Sprache. Sensibilität. In gewisser Weise ist es eine transzendente Erfahrung: Wir verlieren unsere Körper, unsere unordentlichen Gefühle, unsere Begierden, unsere Ängste. Es erinnert mich daran, dass diejenigen von uns, die sich angewidert von dem abwenden, was wir für ein übertriebenes liberalbürgerliches Selbstbild halten, vorsichtig damit sein sollten, was sie sich wünschen: Unser entblößtes vernetztes Selbst sieht nicht freier aus, sondern bloß mehr wie ein Besitz.[30]

Smith beschreibt genau den Zusammenhang zwischen der Reduktion auf Daten und der Ökonomisierung der Beziehungen, auf den es mir hier ankommt. Die Gefährdungen für die selbstbestimmte Gestaltung von Beziehungen in den sozialen Medien liegen nicht nur in deren Konventionalisierung,

geren Kundin, vgl. Hill, »How Target Figured Out a Teen Girl Was Pregnant Before Her Father Did«, vgl. Zuiderveen Borgesius, *Improving Privacy Protection in the Area of Behavioural Targeting*. Deutlich wird hier, wie in Zeiten von Big Data Daten in Kontexten verwendet werden, die nicht erwartbar oder verständlich waren, als die Daten abgegeben und gesammelt wurden. Zur Problematik der *emergent information* vgl. auch Mayer-Schönberger/Cukier, *Big Data*.

30 Smith, »Generation Why«; vgl. auch van Dijck/Poell, »Understanding Social Media Logic«; auch Harcourt ist, in der Tradition Foucaults, äußerst kritisch gegenüber nicht nur der Form der sozialen Medien und deren Konsequenzen, sondern auch gegenüber den Benutzern und Benutzerinnen von sozialen Medien, die aus Benthams Panoptikon eine »expository society« machen, vgl. sein *Exposed*, z.B. S. 117, S. 173-175 und S. 233.

sondern auch in der *Manipulation*, die die zielgenaue personalisierte Werbung bedeutet – die manipulativer (und erfolgreicher) ist, als nicht personalisierte Werbung, weil sie viel spezifischer zugeschnitten ist auf die Bedürfnisse der einzelnen Konsumenten und Konsumentinnen. Warum dies so fatal ist, zeigt auch Luciano Floridi in seiner Analyse der Beziehung zwischen der Person und ihren persönlichen Daten:

> Man könnte noch dafür argumentieren, dass eine handelnde Person ihre Informationen »besitzt« [...], aber nur in genau dem Sinne, in dem sie ihre Informationen *ist*. Das »Mein« in »meine Informationen« ist nicht dasselbe »Mein« wie in »mein Auto«, sondern dasselbe »Mein« wie in »mein Körper« oder »meine Gefühle«: Es drückt ein Verständnis von konstitutiver *Zugehörigkeit* aus, nicht von externer *Eigentümerschaft*, ein Verständnis, dem zufolge mein Körper, meine Gefühle und meine Informationen Teil von mir sind, aber nicht mein (rechtliches) Eigentum.[31]

Personen bringen sich also mit ihren persönlichen Daten auf eine Weise zum Ausdruck, die über ein bloßes Besitzverhältnis hinausgeht. Umso einsichtiger ist es, dass diese Manipulation und Kommodifizierung von Daten die soziale Beziehung nicht unberührt lassen: Personen können nicht mehr kontrollieren, was mit ihren persönlichen Daten passiert und wie sie ihre Beziehungen gestalten wollen – und es ist wichtig, dies *auch* als Verletzung von Privatheit zu begreifen. Auf dieser Grundlage kann man jetzt leicht sehen, warum und wie sich die Beziehungen selbst ändern, wenn sich im Zuge dieser Verselbständigung von persönlichen Daten die Normen informationeller Privatheit verändern und verschieben. Und wie sich deshalb die Idee der selbstbestimmten Beziehungen und

31 Floridi, »The Ontological Interpretation of Informational Privacy«, S. 195.

der Selbstdarstellung in Beziehungen verändert: Autonomie kann im medialen Alltag durch die Gefährdungen des Privaten selbst gefährdet werden. Doch ich will noch auf eine andere Kategorie des Privaten zu sprechen kommen, auf die lokale oder häusliche Privatheit: Auch hier kann man nämlich sehen, wie soziale Beziehungen, Autonomie und Privatheit miteinander verbunden sind – problematisch auch hier, aber problematisch aus anderen Gründen.

5. Autonomie und häusliche Privatheit: Autonome Personen in Beziehungen (II)

Die Geschichte der häuslichen Privatheit ist eine andere als die der informationellen Privatheit: Hatten wir oben gesehen, dass die Geschichte und Theorie der informationellen Privatheit in der Auseinandersetzung mit den jeweiligen technologischen Entwicklungen geschrieben werden muss, so wird die Theorie und Geschichte der häuslichen Privatheit in der Auseinandersetzung mit der Emanzipation von Frauen verfasst. Die Autonomie von Frauen, die *gleiche* Autonomie von Frauen kann zwar auch aus der Perspektive der informationellen Privatheit problematisch sein: So lassen sich auch hier deutlich geschlechtsspezifische Stereotypen und Klischees erkennen, etwa weil junge Frauen sich in den sozialen Medien anders verhalten als junge Männer, weil sie gegebenenfalls ängstlicher sind, belästigt zu werden, im Ganzen verletzbarer sind. Doch die im vorigen Abschnitt beschriebenen Gefährdungen informationeller Privatheit betreffen offenbar Frauen nicht mehr als Männer.[32]

Ganz anders liegen die Dinge bekanntlich bei der häus-

32 Vgl. zum geschlechtsspezifischen Gebrauch des Internets Wawra, »Digital communication and privacy«; Steeves, »Privacy, Sociality

lichen Privatheit. Die Unterdrückung von Frauen im und durch den Bereich des Privaten ist häufig analysiert und kritisiert worden; die traditionelle Unterscheidung zwischen einem öffentlichen und einem privaten Lebensbereich wurde geradezu als das Fundament der Unterdrückung von Frauen gesehen. So schreibt etwa Carole Pateman: »Letztlich geht es in der feministischen Bewegung grundlegend um die Dichotomie von öffentlich und privat«; und Catharine MacKinnon argumentiert, dass die Trennung zwischen den beiden Bereichen oder Dimensionen wegen ihres repressiven Charakters Frauen gegenüber als ganze zurückgewiesen werden muss.[33]

Diese Unterscheidung bezieht sich also wesentlich auf den Schutz einer Sphäre – und damit zugleich auf eine maßgebliche Organisationsform unserer Gesellschaft als ganzer: auf die geschlechtsspezifische Arbeitsteilung. Sie betrifft deshalb die Autonomie von Personen noch einmal in einer anderen, fundamentalen Weise.

Ging es bei der informationellen Privatheit und deren Verletzung um den Schutz von Autonomie als Möglichkeit, sich eigenständig und nach je unterschiedlichen Ideen in Beziehungen und verschiedenen Rollen selbst zu präsentieren, das heißt um Fragen der Identität und Persönlichkeitsentwicklung, so stehen bei der Verletzung der häuslichen – lokalen – Privatheit Fragen der sozialen Gerechtigkeit im Zentrum und die Grundfrage lautet: Wie lässt sich der Anspruch auf Schutz des Privaten um des Schutzes gleicher Autonomie willen am besten formulieren? Dies lässt sich auch erläutern mit dem Rekurs auf Rawls und seine Überzeugung, dass es aus der Perspektive der Gerechtigkeit keinen Unterschied zwischen dem Privaten

and the Failure of Regulation«; Herring, »Communication Styles Make a Difference«.

33 Vgl. die mittlerweile klassischen Texte von Pateman, *The Disorder of Women*, und MacKinnon, *Toward a Feminist Theory of the State*.

und dem Öffentlichen, also keinerlei Einschränkung des Anwendungsbereichs der Grundrechte und -freiheiten gibt: »Wenn die sogenannte Privatsphäre ein Raum sein soll, in dem die Gerechtigkeit keine Geltung hat, dann gibt es eine solche Sphäre nicht.«[34] Rawls versteht also (zumindest in seinen späteren Schriften) die Familie und das private Leben gerade nicht als vorpolitisch oder als einen Bereich, der gegenüber öffentlicher Kontrolle und staatlicher Eingriffe immun wäre.

Ich werde zunächst noch einmal kurz die wichtigsten Thesen der feministischen Kritik erläutern und dabei auch auf Veränderungen und Entwicklungen innerhalb der letzten Jahre und Jahrzehnte eingehen. Im Anschluss daran will ich einen Blick auf die relevanten Rechtstexte werfen, die den Schutz des privaten Lebens garantieren, insbesondere auf die Allgemeine Erklärung der Menschenrechte, aber auch auf andere europäische und internationale Abkommen, in denen dieser Schutz garantiert wird.

Geschichte und Theorie der feministischen Kritik am traditionellen Begriff des Privaten sind in der feministischen Forschung gut aufgearbeitet.[35] Schaut man auf die Unterscheidung zwischen den Sphären von einer gerechtigkeitstheoretischen Perspektive, wird deutlich, dass die geschlechtsspezifische Arbeitsteilung nicht nur bedeutet, dass Frauen zuständig sind für die häuslichen Arbeiten, für die Reproduktionsarbeiten, also die Erziehung der Kinder, Männer hingegen für die Er-

34 Rawls, *Gerechtigkeit als Fairneß*, S. 257.

35 Vgl. Pateman, *The Disorder of Women*; Okin, *Justice, Gender and the Family*; vgl. auch Cohen, »Redescribing Privacy«; Wagner DeCew, »The Feminist Critique of Privacy«; auch Phillips, *Geschlecht und Demokratie*; Frasers Aufsatz »Sex, Lügen und die Öffentlichkeit: Überlegungen zur Bestätigung des Bundesrichters Clarence Thomas« ist immer noch eine der besten Analysen der sexistischen und rassistischen Funktionalisierung der Zuschreibung dessen, was als privat und als öffentlich zu gelten hat.

werbsarbeit und die Politik. Sie bedeutet auch, dass sich *außerhalb* der privaten Sphäre dieselben Zuteilungen und Stereotypisierungen finden, etwa in einem geschlechtsspezifisch segregierten Arbeitsmarkt, aber auch in der selbstverständlichen Zuschreibung von Kompetenzen der Sorge und Nähe an Frauen in *jedem* sozialen Kontext.

Diese normative, stereotypisierende Zuschreibung auf der materiellen ebenso wie auf der symbolischen Ebene ist immer noch gültig, auch wenn sich diese Normen in den letzten dreißig Jahren verändert haben. Dies lässt sich etwa an der steigenden Partizipation von Frauen an der Erwerbsarbeit ablesen, wie auch an der zunehmenden Sichtbarkeit von Frauen in der gesellschaftlichen wie politischen Öffentlichkeit. Dennoch sind die grundlegenden Stereotypen beharrlich, deutlich etwa an der mangelnden Versorgung mit Kitaplätzen, deutlich auch am steuerlichen Ehegattensplitting.[36] Aufgrund dieser Hartnäckigkeit muss man immer noch, im Anschluss an Rawls, vom *ungleichen Wert* der Freiheit sprechen, über die Frauen und Männer in unseren liberal-demokratischen Gesellschaften verfügen; die Frage, wie sich dies auf die Autonomie von Personen auswirkt, werde ich genauer im folgenden Kapitel beantworten.[37]

36 Ich habe dies genauer gezeigt in Rössler, »Frauen verzweifelt gesucht«.

37 Rawls, *Theorie der Gerechtigkeit*, S. 232f., macht einen Unterschied zwischen den gleichen Freiheiten, über die alle Personen in der gerechten Gesellschaft verfügen müssen, und dem eingeschränkten Wert, den Freiheiten haben können. Deshalb ist »die Grundstruktur so zu gestalten, daß der Wert des gesamten Systems der Freiheiten, das für alle da ist, für die am wenigsten Begünstigten möglichst groß wird«. Man könnte auch argumentieren, dass Personen eben *nicht* die gleichen Freiheiten haben, wenn sie sie nicht wahrnehmen können, aber ich finde es hilfreich, Diskriminierungen so zu verstehen, dass der *Wert* der Freiheit eingeschränkt wird, obgleich Personen die *gleichen*

Nun wurden jedoch in der feministischen Theorie seit ungefähr den achtziger Jahren des letzten Jahrhunderts Konzeptionen des Privaten entwickelt, die darauf zielen, die private Sphäre als *gleichwertigen Schutzraum* für Frauen und Männer zu begreifen und so zumindest in den normativen Überlegungen zu verdeutlichen, was ein gleicher oder fairer Wert der Freiheit oder Autonomie bedeuten könnte. Dazu gehört, dass Gerechtigkeitskriterien auch innerhalb des häuslichen Bereichs angewendet werden; dazu gehört auch, dass die geschlechtsspezifische Arbeitsteilung grundlegend und in all ihren Konsequenzen kritisiert wird; dazu gehört weiterhin, dass die sexuelle Selbstbestimmung auch als Ausdruck des Rechts auf Privatheit von Frauen begriffen wird. Dass dies zugleich mit gesellschaftlichen Emanzipationsgewinnen einherging, zeigt sich beispielsweise im Recht auf Abtreibung, das in Deutschland zwar eine unruhige Geschichte, aber doch immer noch Gültigkeit hat. Es bleibt jedoch wichtig zu sehen, dass diese lokale oder häusliche Trennung zwischen dem privaten und dem öffentlichen Bereich nicht nur Autonomie ermöglichende Effekte hat, sondern dass sie Autonomie geradezu verhindern oder jedenfalls doch erschweren *kann*. Diese Doppelseitigkeit des Schutzes von Privatheit lässt sich noch aus einer anderen Perspektive erläutern, nämlich im Kontext der *Rechtstexte*, die ebendiesen Schutz garantieren.

Prominent erscheint die Idee des Schutzes des Privatlebens in der Allgemeinen Erklärung der Menschenrechte von 1948. Dort heißt es in Artikel 12:

Freiheiten haben. Ich gehe also von Rawls' Idee des Werts der Freiheit aus und weite diese auf die egalitaristische Idee des *gleichen Werts der Freiheit* aus; zum (gleichen) Wert der politischen Freiheiten vgl. ebd., S. 251-258; kritisch zu solch einem Versuch etwa Forst, *Das Recht auf Rechtfertigung*, S. 270-276.

> Niemand darf willkürlichen Eingriffen in sein Privatleben, seine Familie, seine Wohnung und seinen Schriftverkehr oder Beeinträchtigungen seiner Ehre und seines Rufes ausgesetzt werden. Jeder hat Anspruch auf rechtlichen Schutz gegen solche Eingriffe oder Beeinträchtigungen.

Im Internationalen Pakt über bürgerliche und politische Rechte von 1966 lautet die Formulierung in Artikel 17 Absatz 1:

> Niemand darf willkürlichen oder rechtswidrigen Eingriffen in sein Privatleben, seine Familie, seine Wohnung und seinen Schriftverkehr oder rechtswidrigen Beeinträchtigungen seiner Ehre und seines Rufes ausgesetzt werden.

Worin liegt hier die Doppelseitigkeit? Natürlich muss man einerseits den bürgerlichen Freiheitsgewinn konstatieren, der im *Recht* auf Schutz der privaten Freiheit vor staatlichen Eingriffen zum Ausdruck kommt und hier historisch in dieser Formulierung zum ersten Mal behauptet wird.[38] Doch zum anderen ist der geschlechtsspezifische Subtext in der Formulierung nicht zu übersehen: das Privatleben, die Familie, die Ehre und der Ruf – hier haben die Autoren an Familienväter gedacht, an deren Privatleben, deren Familie und deren Ehre und Ruf, und nicht an den gleichen Anspruch von Frauen auf all dies. Dies ist jedoch schon in der Europäischen Menschenrechtskonvention von 1950 anders, dort lautet der entsprechende Artikel 8:

> Jede Person hat das Recht auf Achtung ihres Privat- und Familienlebens, ihrer Wohnung und ihrer Korrespondenz.

38 Vgl. zur Geschichte Richardson, *The Right to Privacy*; interessant auch Diggelman/Cleis, »How the Right to Privacy became a Human Right«; vgl. auch Sloot »Privacy as Personality Right«.

Ehre und Ruf tauchen nicht (mehr) auf, und die Forderung nach gleicher Freiheit für Frauen und Männer, nach dem gleichen Recht auf Schutz *des* Privatlebens und *im* Privatleben ist sicherlich mitgemeint, wie auch natürlich in der Allgemeinen Erklärung und dem Internationalen Pakt. Doch lässt sich an genau solchen Formulierungen die feministische Kritik festmachen, die in den Menschenrechtstexten ein männliches Vorurteil am Werk sieht, da liberale Abwehrrechte gegen den Staat immer solche für den Schutz der Rückzugsräume von Männern gewesen seien: Bekanntlich wurde das Verbot der Vergewaltigung in der Ehe explizit erst 1997 ins bundesdeutsche Strafrecht aufgenommen.[39]

Der Schutz der Freiheit oder Autonomie von Frauen gilt normativ jedoch für die lokale Privatheit ebenso wie für die informationelle. Deshalb ist es – ausschließlich – aus feministischer Perspektive nicht einmal sehr hilfreich, den Datenschutz (die informationelle Privatheit) vom Schutz des privaten Lebens zu trennen, wie es in der im Jahr 2000 verabschiedeten Charta der fundamentalen Rechte der Europäischen Union geschieht. Zusätzlich zum Artikel über den Schutz des privaten Lebens (der in der Charta zu Artikel 7 wird) wurde der gegenüber allen früheren Internationalen (auch Europäischen) Erklärungen neue Artikel 8 eingeführt, in dem es um den »Schutz personenbezogener Daten« geht: »Jede Person hat das Recht auf Schutz der sie betreffenden personenbezogenen Daten.« Wenn die Charta diesen gesonderten Artikel einführt, so ist dies natürlich für die Sicherung des Rechts auf informationelle Privatheit ganz außerordentlich nützlich.[40] Doch dies

39 Vgl. Holzleithner, »Feministische Menschenrechtskritik«.

40 Vgl. kritisch Geminn/Rossnagel, »›Privatheit‹ und ›Privatsphäre‹ aus der Perspektive des Rechts – ein Überblick«, S. 708; zum Verhältnis von informationeller Privatheit und einem lokalen Verständnis des Privaten siehe auch Griffin, *On Human Rights*, S. 225-230.

hilft eben nur der informationellen Privatheit: Es ist kein Schritt in die Richtung, den geschlechtsspezifischen Subtext des Rechts auf ein privates Leben zu problematisieren.

Dabei bezieht sich diese feministische Kritik, wie ich gezeigt habe, nicht auf den Rechtscharakter als solchen – im Gegenteil hat die Eroberung von gleichen Rechten in der Geschichte der Frauenemanzipation immer eine fundamentale Rolle gespielt, deutlich etwa am Kampf um das Recht auf Abtreibung. Die Kritik bezieht sich auf die soziale und politische Konstruktion von Rechten und deren Interpretation in der Rechtsprechung und darauf, dass die Formulierung von Rechtstexten immer und selbstverständlich Ausdruck von Kultur und Politik der jeweiligen Zeit ist. Schon deshalb muss man beim oben zitierten Artikel 12 der Allgemeinen Erklärung den kulturellen und politischen Hintergrund mit den damit einhergehenden Konnotationen und Typisierungen berücksichtigen, auch wenn dies ganz offensichtlich *nicht* heißt, dass der Artikel als solcher nur patriarchale Lesarten zuließe.

Interessanterweise zeigt nämlich die Geschichte der *Rechtsprechung* vor allem zu Artikel 8 der EMRK, dass die Formulierung des Rechts gerade *nicht* zu einer Diskriminierung von Frauen geführt hat. Sie macht im Gegenteil deutlich, in welcher Weise dieses Recht auf ein privates Leben zur Emanzipation und zur Unterstützung der gleichen Autonomie von Frauen beigetragen hat, wie dieses Recht geradezu als Ausgangspunkt für den Kampf um gleiche Rechte begriffen wird. Außerdem zeigt diese Rechtsprechung, wie ungeheuer wichtig der Schutz des Privaten war und ist, wenn es um Entscheidungen hinsichtlich der sexuellen Identität oder religiöser Kleidungsvorschriften geht, und in welcher Weise dieser Schutz hier emanzipatorischen Charakter haben *kann*.[41] Dennoch

41 Holzleithner, »Emanzipatorisches Recht«; Marshall, »Personal Freedom through Human Rights Law?«; vgl. auch Hughes, »The Social

bleibt es notwendig, den geschlechtsspezifischen Subtext der Rechtstexte und Formulierungen zu kritisieren, gerade weil der Schutz des Privaten immer auch für Beziehungen gelten kann, die repressiv und diskriminierend sein können.

Die lokale oder häusliche Privatheit soll, ebenso wie die informationelle und die dezisionale, ein autonomes Leben ermöglichen. Dies ist zumeist ein Leben von autonomen Personen in Beziehungen: Privatheit zu respektieren und zu schützen heißt also, die Beziehungen zu respektieren und zu schützen, in denen Personen selbstbestimmt leben wollen.[42] Wenn nämlich Privatheit auch geschützt werden muss, weil in privaten Beziehungen und im privaten Rückzugsraum praktische Identitäten erprobt und gebildet, Selbstdarstellungen ausprobiert, Persönlichkeiten (in der Familie) geformt werden, dann betrifft dies das alltägliche private Leben in allen seinen Dimensionen. Die Gerechtigkeitsperspektive, die ich gerade mit Blick auf die häusliche Privatheit entwickelt habe, soll dabei zum Ausdruck bringen, dass es beim Schutz des Privaten nicht nur schlicht um die Ermöglichung von Autonomie geht, sondern auch um die Ermöglichung des *gleichen Werts* von Autonomie und Freiheit für Frauen und Männer. Deshalb ist es so wich-

Value of Privacy«, S. 232: »In seinen Urteilen führt das Gericht eine Reihe von ›allgemeinen Prinzipien‹ an, die die Natur des Rechts weiter ausbuchstabieren. Dabei spricht es viele der Argumente an, die in der Forschung zur Privatheit vorgebracht wurden; so bezieht sich das Gericht zum Beispiel auf die ›physische und psychische Integrität‹ und das ›Recht auf Identität und persönliche Entwicklung‹.« Vgl. auch van Dijk/Hoof u. a., *Theory and Practice of the European Convention on Human Rights*, S. 663-750; vgl. auch Koops u. a., »A Typology of Privacy«, S. 985 f., zum enormen Einfluss des EGMR auf die Sicherstellung eines allgemeinen Verständnisses eines Rechts auf Privatheit durch die Rechtsprechung zu Artikel 8.

42 Steeves, »Reclaiming the Social Value of Privacy«, redet deshalb von sozialen Verhandlungen über die Regeln und Normen des Privaten, wenn diese sich ändern.

tig, auch den *sozialen* Wert des Privaten zu begreifen: Denn soziale Normen können kritisiert und verändert werden, wenn sie Autonomie verhindern oder ein autonomes Leben erschweren, statt dies zu ermöglichen oder zu befördern.

6. Privatheit und die demokratische Gesellschaft

Wir haben in den bisherigen Abschnitten gesehen, dass und wie der Schutz des Privaten notwendig ist für die individuelle Autonomie, in welcher Weise die informationelle Privatheit andere Aspekte dieser Autonomie ermöglicht als die lokale oder häusliche und inwieweit Gerechtigkeitsüberlegungen im Blick auf den gleichen Wert der Freiheit hier eine Rolle spielen müssen. Dies sind keine abstrakten normativen Überlegungen, die in den Kontext täglich gelebter Autonomie erst übersetzt werden müssten: Sowohl die Gefährdungen informationeller Privatheit in unserem Gebrauch des Internets und der sozialen Medien wie auch das private Leben mit seinem ganz eigenen Dickicht konfrontieren uns jeden Tag wieder mit den Begrenzungen von Autonomie. Zwei wichtige Fragen sollen noch kurz zur Sprache kommen, bevor ich zum Schluss gewissermaßen wieder zum Anfang zurückkehre und überlege, was der völlige Verlust von Privatheit für die Gesellschaft und die individuelle Autonomie bedeuten würde. Die erste Frage lautet: Wäre es sinnvoll, in unseren Gesellschaften eine Pflicht zur Privatheit einzuführen? Und die zweite: Welche Rolle spielt der Schutz der Privatheit für das Gelingen von demokratischer Politik?

Wenn Privatheit tatsächlich so unabdingbar für das eigene autonome und gelungene Leben ist, dann sollte man eine Pflicht zur Privatheit einführen, so argumentiert die Juristin und Philosophin Anita Allen: In den sozialen Netzwerken könne man sehr gut sehen, wie vor allem Jugendliche ihre eigene Privatheit missachten und sich deshalb eigener Freiheitsspielräume berauben, die sie vielleicht zu einem biographisch späteren Zeitpunkt in Anspruch hätten nehmen wollen. Allen nennt auch den Fall von Anthony Weiner, (damaliges) Mitglied des US-amerikanischen Kongresses, der über seinen Twitter-Account Fotos seines nur leicht verhüllten erigierten Penis verschickt hat.[43] Anhand solcher Beispiele plädiert Allen dafür, den Schutz des Privaten *vorzuschreiben*: »Wir müssen die Entscheidungsmöglichkeiten einschränken. Wenn nicht per Gesetz, dann auf eine andere Weise. Achtung vor dem Recht auf Privatheit und die *Zuschreibung von Privatheitspflichten* müssen beide Teil des Bildungsprojekts einer Gesellschaft zur Formung ihrer Bürgerinnen und Bürger sein.« Und weiter: »[...] eine gewisse Privatheit sollte nicht optional, aufgebbar, veräußerbar sein [...].«[44]

Beispiele wie das von Weiner oder auch die immer populärer werdenden *Lifelogs* zeigen, so argumentiert Allen, dass vielen Personen nicht mehr bewusst ist, warum der Schutz der eigenen Privatheit für ihr Leben, für ihre Freiheit und Autonomie so wichtig ist. Die Erfahrungen von Privatheit und Intimität seien jedoch so wesentlich für ein gelungenes, gutes (*flourishing*) Leben, dass es als ethische Pflicht verstanden

43 Weiner musste zurücktreten; vgl. den Dokumentarfilm *Weiner* (2016) von Josh Kriekman und Elyse Steinberg über ihn und seine – wegen wiederholter *sextings* – erfolglose Bewerbung für den Posten des Bürgermeisters von New York; vgl. auch Allen, »An Ethical Duty to Protect One's Own Information Privacy?«, S. 849.

44 Allen, *Unpopular Privacy*, S. 172; vgl. auch Allen, »An Ethical Duty to Protect One's Own Information Privacy«, S. 863, wo sie dies mit einem an Kant angelehnten Begriff der Pflichten gegenüber sich selbst begründet; in ihrem Artikel, »Dregding Up the Past«, S. 71-74, ist Allen allerdings sehr viel vorsichtiger hinsichtlich ihrer rechtlichen und moralischen Beurteilungen von *Lifelogs* und anderen Formen der *sousveillance*-Technologien.

werden müsse, diese eigene Privatheit zu schützen. Allen argumentiert hier ganz bewusst mit perfektionistischen und paternalistischen Prinzipien, wenn sie meint, dass nicht die Individuen selbst, sondern die Gesellschaft oder der Staat am besten wüssten, was für das gute Leben von Personen notwendig sei. Nun ist dies natürlich an sich noch nicht sehr umstritten: Im liberal-demokratischenen Staat wird bekanntlich häufig mit paternalistischen Prinzipien argumentiert, etwa im Blick auf die Gesundheit der Bürgerinnen und Bürger oder auf deren Verkehrssicherheit. Allen geht dann auch keineswegs so weit, dafür zu plädieren, diese Prinzipen und diese ethischen Pflichten per Gesetz durchsetzen zu wollen. Auch wegen dieser juridischen Enthaltsamkeit kann man ihr aus der Perspektive einer Theorie der Autonomie und des guten Lebens in vielem sicherlich zustimmen.

Doch ist die Sache komplizierter, als Allen sie präsentiert, denn die Grenze zwischen kritikwürdigem *oversharing* einerseits und der durchaus autonomen und gelungenen Darstellung oder auch Zurschaustellung intimer Privatheit andererseits ist nicht immer einfach zu ziehen. Ein Beispiel hierfür ist die Fotoserie der Künstlerin Rupi Kaur, in der sie Fotos ihrer Menstruation online stellt. Die Enttabuisierung der Regelblutung durch eine solche durchaus sehr persönliche, wenn auch ästhetisierende mediale Präsentation lässt sich sicherlich nicht einfach als Verletzung einer ethischen Pflicht zum Schutz der eigenen Privatheit kritisieren, sondern muss gerade als Ausdruck von Autonomie beschrieben werden.[45] Das Gleiche gilt im Fall der dänischen Journalistin Emma Holten, die Nacktfotos von sich gemacht und ins Netz gestellt hat: Nachdem ihr Computer gehackt worden war und gegen ihren Willen Nacktfotos von ihr – zusammen mit anderen persönlichen Informationen über sie – on-

45 ⟨http://www.rupikaur.com⟩, letzter Zugriff am 01. 09. 2016.

line zugänglich gemacht wurden, sah sie in dieser *Selbstpräsentation* der eigenen Nacktheit und Intimität die Möglichkeit, ihre Autonomie zurückzugewinnen.[46]

Allen hat recht mit ihrer Insistenz auf dem konstitutiven Zusammenhang zwischen Privatheit und Autonomie, auch wenn sie mit ihrer Forderung nach der *Verpflichtung*, die eigene Privatheit zu schützen, über das Ziel hinausschießt. Doch die öffentliche, gesellschaftliche Debatte über die Folgen des *oversharing* und die Gefahren, die von der Aufgabe von Privatheit für die eigene Autonomie ausgehen, ist aus der Perspektive der individuellen Autonomie ebenso wie aus der der Demokratie notwendig. Debatten zu führen und auf Rechte und deren Inanspruchnahme hinzuweisen ist jedoch etwas anderes als die Propagierung von Pflichten, zumal ganz unklar ist, wie man deren Verletzung überhaupt sanktionieren könnte.

Was nun an Allens Überlegungen sicherlich auch richtig ist – und damit komme ich zu meiner zweiten Frage –, ist die Idee, dass der Schutz des Privaten auch für das Funktionieren der demokratischen Gesellschaft notwendig ist.[47] Ich will deshalb die Rolle des Schutzes *individueller* – und insbesondere informationeller – *Privatheit für die Demokratie* noch kurz thematisieren. Ohne den Schutz des Privaten können Bürger und Bürgerinnen ihre demokratischen Freiheiten nicht wahrnehmen: Schon das Bundesverfassungsgericht verweist in seinem oben zitierten Urteil zum Volkszählungsgesetz auf diesen Zusammenhang zwischen Privatheit und demokratischer Partizipationsfähigkeit. Das Recht auf Selbstbestimmung sei auch für das Gemeinwohl notwendig, »weil Selbstbestimmung eine elementare Funktionsbedingung eines auf Hand-

46 ⟨https://www.theguardian.com/commentisfree/video/2015/jan/21/naked-pictures-this-is-what-i-did-revenge-porn-emma-holten-video⟩, letzter Zugriff am 01.09.2016.

47 Vgl. auch Lever, *On Privacy*.

lungs- und Mitwirkungsfähigkeit seiner Bürger begründeten freiheitlich demokratischen Gemeinwesens ist«.[48]

Auf den Konnex zwischen dem Schutz des Privaten, verstanden als Schutz individueller Autonomie, und dem Schutz der Demokratie haben Theoretiker immer wieder verwiesen:[49] Hughes etwa spricht von der Privatheit als einem »Bollwerk gegen den Totalitarismus« und Spiros Simitis beschreibt das Recht auf Privatheit als ein »konstitutives Element einer demokratischen Gesellschaft«. Die wahrscheinlich bekannteste Verfechterin des Privaten mit Blick auf die Demokratie ist Ruth Gavison. Sie argumentiert, der Schutz individueller Privatheit sei notwendig für eine demokratische Regierung, weil dieser Schutz der Privatheit die moralische Autonomie der Bürger und Bürgerinnen unterstütze und ermutige, die eine wesentliche Voraussetzung demokratischer Gesellschaften sei.[50] Ohne informationelle Privatheit keine demokratische Selbstbestimmung: Deshalb wird der staatliche Einsatz für die Sicherheit seiner Bürgerinnen und Bürger zur demokratiegefährdenden Ideologie, wenn er nicht mehr die Freiheit der Einzelnen zum Ziel hat, wenn Bürger und Bürgerinnen zu Objekten gemacht und vom Staat nicht mehr als demokratische Subjekte behandelt werden. Außerdem ist mit dieser generellen Überwachung die rechtsstaatliche Unschuldsvermutung in Gefahr,

48 BVerfGE 65, 1 (43); BVerfGE 115, 166, Rn. 87.

49 Goold, »How Much Surveillance Is Too Much?«, S. 42f., argumentiert: »[...] es ist schwer, sich vorzustellen, dass man in der Lage wäre, zum Beispiel Meinungsfreiheit, Vereinigungsfreiheit oder Religionsfreiheit zu genießen, ohne irgendein damit einhergehendes Privatheitsrecht.«

50 Hughes, »The Social Value of Privacy, the Value of Privacy to Society and Human Rights Discourse«, S. 228; Simitis, »Reviewing Privacy in an Information Society«, S. 732; vgl. Gavison, »Privacy and the Limits of Law«, S. 455; vgl. auch Solove, *Understanding Privacy*, S. 98-100 und S. 171-197.

die gerade davon ausgeht, dass nicht jeder *verdächtig* ist, sondern *unschuldig*. Und mit beidem wird schließlich das Vertrauen in demokratische Institutionen untergraben.

Die Freiheitsräume, die wir brauchen, um auch in der gesellschaftlichen Öffentlichkeit autonom und authentisch agieren zu können, wären unter permanenter (potentieller) Beobachtung und sozialer Kontrolle nicht möglich und auch schon dann nicht mehr, wenn wir uns einfach nicht mehr sicher sein können, welche Daten eigentlich über uns gesammelt werden und in welche Hände sie geraten können. Kann man sich nicht mehr sicher sein, nicht beobachtet und kontrolliert zu werden, so kann man auch nicht mehr *selbstbestimmt* und offen gegebenenfalls kritische Positionen mit anderen debattieren.[51] Kontrolle und Normierung/Normalisierung sind bekanntlich zwei Seiten derselben Medaille, gerade dies macht die Kontrolle auch so attraktiv. Ich hatte eingangs Jeffrey Rosen zitiert, der auf denselben Punkt verweist, wenn er schreibt, Privatheit schütze den Raum, in dem über unterschiedliche legitime Ideen des guten Lebens verhandelt werden kann. Mit der Institutionalisierung der Kontrolle und Beobachtung sozialen und politischen Verhaltens änderte sich folglich die Voraussetzung dafür, in einer gut funktionierenden und von ihren Bürgerinnen und Bürgern unterstützten Demokratie zu leben – und damit zugleich die politischen und moralischen Strukturen unserer Gesellschaft selbst.

Ich glaube, es ist deutlich geworden, wie sich ein völliger Verlust von Privatheit auswirken würde. Er hätte fatale Folgen für unsere individuelle Autonomie, für unsere sozialen

51 Vgl. Stahl, »Indiscriminate Mass Surveillance and the Public Sphere«; auf die Konsequenzen dieser Überwachungen für die demokratische Öffentlichkeit und den öffentlichen Raum kann ich hier nicht genauer eingehen; thematisieren müsste man in diesem Kontext auch ein mögliches Recht auf Anonymität.

Praktiken und für unsere demokratischen Gesellschaften: und deshalb auch für das Gelingen unseres Lebens. Eine solche vollkommen transparente Gesellschaft wird in einer Reihe von dystopischen Romanen beschrieben, von George Orwells *1984* bis zu Dave Eggers' *Der Circle*. »Man vergibt sich mit seinen Geheimnissen«, so hatte ich eingangs Max Frisch zitiert – man braucht Geheimnisse, um sich allererst vergeben, bloßstellen zu können. Gehen wir noch einen Schritt weiter, dann sehen wir, dass zu uns immer auch »Biographiestücke« gehören, die, wie Erving Goffman schreibt, »für niemanden der Erinnerung wert waren«. »Alibi« nennt Goffman ein solches Stück, wenn es plötzlich aktiv geworden ist und wiederauftaucht, obgleich es eigentlich zu den vielen, endlosen Episoden gehört hatte, die vergessen werden durften. »Ein Alibi ist praktisch ein präsentiertes Stück Biographie, das unter gewöhnlichen Umständen überhaupt kein Teil von jemandes aktiver Biographie geworden wäre.«[52] Wenn jedoch alle Spuren plötzlich »der Erinnerung wert« sind, einfach deshalb, weil sie aufbewahrt, zugänglich, transparent, mitteilbar sind, würde diese Unterscheidung zwischen aktiven und passiven Stücken unserer Biographie ebenso verschwinden wie die zwischen unseren Geheimnissen und unserem präsentierten Selbst. Wir bräuchten dann auch keine Alibis mehr, weil wir ohnehin nicht mehr unbeobachtet wären, ohnehin nicht mehr allein gelassen würden. Dies hätte eine völlige Transformation der sozialen, moralischen und politischen Textur nicht nur unseres Zusammenlebens zur Folge, sondern auch derjenigen Begriffe, aus denen diese Textur gewebt ist: Autonomie, Freiheit, Geheimnis, Demokratie, das gelungene Leben.

52 Goffman, *Stigma*, S. 89.

8
Soziale Voraussetzungen von Autonomie

Später, wenn er Leuten die Geschichte erzählt, werden sie es nicht verstehen. Warum lief er nicht weg? Sein Freund hatte eine geladene Waffe. Er wird immer wieder erstaunt sein, wie schlecht alle ihre Kindheit erinnern, wie sie ihr erwachsenes Selbst zurück in die ausgeblichenen Fotos, die Sandalen, die winzigen Stühle projizieren. Als ob Wählen, als ob Entscheiden, als ob Nein-*Sagen einfach Fähigkeiten wären, die man lernen könnte wie Schnürsenkelbinden oder Fahrradfahren. Die Dinge stießen einem zu. Wenn man Glück hatte, bekam man eine Schulbildung. Wenn man Glück hatte, wurde man nicht von dem Typen missbraucht, der das Fußballteam leitete. Wenn man sehr viel Glück hatte, gelangte man irgendwann an einen Punkt, an dem man sagen konnte:* Ich werde Buchhaltung studieren … Ich würde gerne auf dem Land wohnen … Ich möchte den Rest meines Lebens mit dir verbringen.[1]

»Warum immer bloß Randall, Randall? Warum tust du nicht ausnahmsweise einmal das, was du willst? Oder hast du vergessen wie?« »Vielleicht habe ich es vergessen«, sagte sie langsam. »In gewisser Weise sehe ich mich nicht. Ich sehe ihn. Es ist nicht so, dass ich selbstlos wäre. Er ist *einfach zu viel.«*[2]

1 Haddon, »The Gun«, S. 173.
2 Murdoch, *An unofficial Rose*, S. 249.

1. Was sind soziale Bedingungen?

Autonom sind wir nie allein: Wir sind autonom immer in sozialen und politischen Kontexten, autonome Bürger und Bürgerinnen in Gesellschaften, immer im Zusammenspiel mit anderen. Diese Überzeugung ist in diesem Buch schon mehrfach zur Sprache gekommen, doch ich möchte in diesem Kapitel genauer fragen, was dies eigentlich bedeutet und in welchem genauen Zusammenhang Autonomie und ihre sozialen Bedingungen stehen. Welche moralischen Bedingungen der Gerechtigkeit oder Anerkennung müssen herrschen, um Personen zu ermöglichen, autonom zu sein? Und wie viel Sozialität braucht eine autonome Person? Damit knüpfe ich direkt an die Gerechtigkeitsperspektive des vorigen Kapitels an, in dem von der Problematik der Privatheit aus die Frage nach dem gleichen Schutz von Autonomie diskutiert wurde.

Da die Möglichkeiten individueller Freiheit oder Autonomie immer und direkt abhängig sind von den sozialen und politischen Umständen und Institutionen, in denen diese Freiheit gelebt werden kann, lässt sie sich geradezu als soziale oder politische Freiheit begreifen. Ich will jedoch an der begrifflichen Differenz festhalten, um Missverständnisse zu vermeiden. Denn individuelle Freiheit kann nicht auf ihre sozialen Bedingungen reduziert werden, Autonomie bedeutet gerade, sich aus *bestimmten* sozialen Kontexten und Bedingungen befreien, sich von ihnen emanzipieren zu können. Die Problematik, um die es in diesem Kapitel geht, ist die Doppelseitigkeit unseres Eingebundenseins ins Soziale und darum unserer je individuellen Identitäten. Dieses Eingebundensein *ermöglicht* auf der einen Seite allererst Freiheit oder Autonomie, etwa dadurch, dass in diesen sozialen, kulturellen und politischen Kontexten Wahlmöglichkeiten, Optionen bereitgestellt werden, für oder gegen die wir uns entscheiden können. Auf der anderen Seite kann es eine tatsächliche Freiheit der Wahl und des Entscheidens dadurch behindern, dass in den kulturellen und politischen Kontexten Stereotype und Verhaltenserwartungen reproduziert werden, die strukturell Entscheidungsmöglichkeiten beeinflussen, manipulieren und einschränken.

Diese Problematik hat aber noch einen zweiten Aspekt: Wenn wir unsere praktischen Identitäten in sozialen, kulturellen, politischen Kontexten entwickeln und formen, die es uns ermöglichen, Gebrauch von unserer Freiheit zu machen – wie sieht es dann aus mit dem *gleichen* Zugang zu Chancen und Möglichkeiten für *alle* Personen? Was heißt dies für die soziale Gerechtigkeit, für den, wie Rawls es nennt, *gleichen Wert* der Freiheit? Wenn Autonomie in sozialen Bedingungen gelernt und gelebt wird, dann kann man über die Bedeutung dieser Autonomie nicht reden, ohne zugleich darüber zu reden, wie es mit der Autonomie der jeweils anderen bestellt ist – also ohne zugleich über Gerechtigkeit zu reden.[3]

Individuelle Freiheit als Autonomie kann nicht gelebt werden unter *allen* möglichen sozialen und politischen Umständen; vielmehr müssen bestimmte soziale Bedingungen gegeben

3 Rawls macht, wie ich in Kap. 7 (Fn. 37) schon erläutert habe, einen Unterschied zwischen den gleichen Freiheiten, über die alle Personen in der gerechten Gesellschaft verfügen müssen, und dem gegebenenfalls eingeschränkten Wert, den Freiheiten aus Gründen von Diskriminierung, Armut und so fort haben können (siehe *Theorie der Gerechtigkeit*, S. 232-233). Ich knüpfe an Rawls' Idee des Werts der Freiheit an und interpretiere sie stärker egalitaristisch, d. h. als *gleichen Wert* der Freiheit, der für alle Personen gelten müsse; vgl. auch Fourier/Schuppert/Wallimann-Helmer, *Social Equality*. Übrigens will ich noch einmal darauf hinweisen, dass ich im Folgenden, wie immer wieder in diesem Buch, die Begriffe Freiheit und Autonomie einfachheitshalber als bedeutungsgleich verwende, obgleich ich eigentlich, wie in Kap. 1 erläutert, einen Unterschied bestimmt habe; an diesem Unterschied halte ich prinzipiell fest, auch wenn ich die Begriffe manchmal ein wenig großzügig durcheinander gebrauche.

sein, um Personen Autonomie zu ermöglichen. So müssen Personen jedenfalls insofern unter günstigen – entgegenkommenden – sozialen Bedingungen leben, als sie sich nicht ausschließlich um die Befriedigung elementarer Bedürfnisse kümmern müssen. Doch auch innerhalb demokratischer, sozialstaatlicher Gesellschaften kann es strukturelle Hindernisse für ein autonomes Leben geben. Und umgekehrt gibt es auch außerhalb solcher Gesellschaften Möglichkeiten, zumindest in verschiedenen Hinsichten autonom zu leben – und nach Autonomie zu streben. Man kann also zum einen fragen, was Personen daran hindern könnte, *in* liberal-demokratischen Gesellschaften autonom zu handeln. Zum andern kann man fragen, ob Personen auch in Gesellschaften, die *nicht* nach solchen rechtsstaatlichen Prinzipien organisiert sind, autonom handeln können.

Warum ist diese Differenz wichtig? Weil es im Prinzip ein Unterschied ist, ob man in einer Gesellschaft lebt, in der zumindest formell die gleichen Rechte für alle Personen gelten, oder in einer, in der das nicht der Fall ist. Gegebenenfalls mag es nicht viel helfen, wenn man formelle Rechte hat, aber dennoch bleibt es ein signifikanter Unterschied, ob man sich in der Kritik herrschender Zustände ebenso wie in der Wahrnehmung von Möglichkeiten und Optionen auf ein geltendes Recht – oder eine geltende Verfassung – berufen kann oder ob man um Freiheitsrechte noch kämpfen muss. Es ist ein Unterschied, ob Frauen ein Recht auf Abtreibung haben und gegebenenfalls nicht über die für eine Abtreibung nötigen ökonomischen Mittel und medizinische Versorgung verfügen – oder ob sie dieses Recht nicht haben.

Beginnen will ich also mit der ganz grundsätzlichen Frage danach, in welchem Verhältnis Autonomie und ihre sozialen Voraussetzungen stehen, und zwar zunächst anhand der (Hegel'schen) Kritik an einer kantischen Idee von Autonomie und dann, ausführlicher, mit Hilfe der Diskussion der Theorie relationaler Autonomie und derjenigen sozialer Anerkennung. Vor dem Hintergrund solcher Konzeptionen der sozialen Konstitution von Autonomie geht es mir dann um die Konsequenzen, die strukturelle Hindernisse in liberal-demokratischen Gesellschaften für die Autonomie von Personen haben können, auch um die Konsequenzen für die Zugangsmöglichkeiten zu Optionen. Dieser Zugang zu den Möglichkeiten, die eine Gesellschaft bereitstellt, kann strukturell und diskriminierend verwehrt werden, wenn etwa Afroamerikaner in den USA keinen oder nur extrem erschwerten Zugang zur Elite des Bildungssystems haben. Dieses Problem betrifft kulturelle, politische ebenso wie sozialökonomische Strukturen und ich will diskutieren, inwieweit dies auch als ein Problem für eine Theorie von Autonomie begriffen werden muss.

Eine Vorstellung davon, was es heißt, ein autonomes Leben zu leben, kann man in Zeiten der globalisierten Informationstechnologien eigentlich überall, in jeder Gesellschaft, in jedem Staat bekommen. Will man hier nicht einfach nur ein terminologisches Problem sehen – wir nennen autonom nur solche Personen, die in liberalen Demokratien leben, mit allen sozialen Bedingungen auch der Anerkennung –, dann kann man argumentieren, dass es Möglichkeiten autonomen Handelns sicherlich auch in Gesellschaften gibt, die weder liberal noch demokratisch sind. Autonomie, so möchte ich zeigen, ist offenbar jedenfalls dann möglich, wenn man sich nicht ausschließlich um Elementarbedürfnisse kümmern muss. Es wäre auch merkwürdig, würde ich hier anders argumentieren: Bindet man, wie ich es getan habe, das sinnvolle Leben an das selbstbestimmte Leben, dann muss dies auch für Personen gelten, die nicht in liberal-demokratischen Gesellschaften leben.

2. Die soziale Konstitution von Autonomie

Autonomie wird konstituiert durch soziale Kontexte und soziale Beziehungen und realisiert sich in ihnen. Aber was genau heißt das? Schauen wir noch einmal auf die verschiedenen Theorien von Autonomie, dann kann man auf der einen Seite Theorien (wie die von Harry Frankfurt) sehen, die den Autonomiebegriff ganz unabhängig von den sozialen oder politischen Kontexten konzeptualisieren, in denen Personen stehen und autonom geworden sind, da Autonomie ausschließlich als interne Struktur des Willens beschrieben wird. Externe Bedingungen können die Autonomie der Person deshalb nur mittelbar tangieren, dadurch dass sie etwa für die fundamentalen *cares* sorgen, die für die Autonomie von Personen essentiell sind. Wir haben jedoch oben schon gesehen (etwa im Kapitel zur Ambivalenz), dass dieser Begriff von Autonomie nicht sonderlich plausibel ist: Und jetzt kann man noch aus einer weiteren Perspektive begreifen, was eine solche rein internalistische Theorie aus den Augen verliert. Denn sie ist nur an solchen Ursachen von Heteronomie interessiert, die in der – gegebenenfalls ganz isolierten – Person selbst gefunden werden können.[4] In der neueren ethischen Diskussion um Autonomie stehen diese Frankfurt'schen Theorien im Gegensatz zu relationalen und substantiellen Theorien, die fordern, wie Anne Cudd es zusammenfasst, »dass Akteure über angemessene soziale Freiheiten verfügen, ebenso über die Fähigkeiten und Kenntnise, um von ihnen Gebrauch machen zu können. Mit angemessenen sozialen Freiheiten meine ich, dass soziale Grundbedürfnisse befriedigt sein müssen und dass es für jede Person die Grundlage gibt, um ein würdevolles Leben als moralisch Gleiche unter Gleichen führen zu können.«[5]

4 Vgl. Friedman, »Autonomy and Male Dominance«, S. 155.

5 Cudd, »Adaptations to Oppression«, S. 146.

Dies sind sehr anspruchsvolle Bedingungen dafür, eine Person autonom zu nennen. Ich will im Folgenden versuchen, soziale Voraussetzungen und Kontexte von Autonomie so zu beschreiben, dass sie zwar normativ adäquat sind, aber auch nicht so anspruchsvoll, dass sie mit dem autonomen Alltag nicht mehr vereinbar wären.

Man kann nun aus verschiedenen Perspektiven erhellen, in welcher Weise Autonomie auf bestimmte soziale Bedingungen angewiesen ist. So geht es in den Diskussionen der feministisch inspirierten Theorien *relationaler Autonomie* vor allem um die Frage nach dem sozialen Selbst oder der sozialen Identität der autonomen Person und danach, wie sich ihr soziales Eingebundensein vereinbaren lässt mit der Tatsache, dass soziale Bedingungen repressiv und diskriminierend sein können. Eine zweite Perspektive nimmt demgegenüber die sozialen *Bedingungen der Anerkennung* in den Blick – hier geht es um die konstitutive Anerkennung, ohne die die Person nicht über die Formen von Selbstachtung verfügen könnte, auf die sie für ein autonomes Leben angewiesen ist. Häufig geht die Unterscheidung zwischen diesen beiden Perspektiven mit der Trennung zwischen eher analytisch orientierten philosophischen Ansätzen und solchen der kontinentalen Philosophie einher.[6]

Dazu will ich gleich noch genauer kommen, doch beginnen will ich, wie angekündigt, mit einem kurzen Blick auf eine mit den beiden genannten Perspektiven verwandte, aber

6 Zur relationalen Theorie vgl. Mackenzie/Stoljar; zur Theorie der Anerkennung Honneth, *Kampf um Anerkennung*, und bezogen auf den Begriff der Autonomie Anderson/Honneth, »Autonomy, Vulnerability, Recognition, and Justice«; zur Unterscheidung zwischen der sozialen Konstitution von Autonomie und der begrifflichen Festlegung von Autonomie auf deren soziale Einbindung Christman, *The Politics of Persons*, S. 185.

ihnen gleichsam noch vorausliegende Problematik: mit einer hegelianischen Kritik an der kantischen Moral, da auch in dieser Kritik die Möglichkeit von Autonomie an soziale Institutionen gebunden wird.[7] Worum geht es hier? Auf einer ganz grundsätzlichen Ebene stellt sich die Frage, wie man den Begriff individueller Autonomie so konzeptualisieren muss, dass Personen auf der einen Seite »tatsächlich« frei und autonom genannt werden können, auf der anderen Seite jedoch nicht als abstrakte, gemeinschafts-, körper-, identitäts-, und verpflichtungslose Wesen begriffen werden müssen, denen *nur* noch die Fähigkeit eignet, vernünftig *wählen* zu können. Abgesehen von der philosophischen Inkonsistenz – *wer* soll noch wählen, wenn es keinerlei Beschreibung eines solchen *Wer* mehr gibt –, hätte solch ein Wesen auch mit der Autonomie im Alltag nichts mehr zu tun. Es wäre eine leere Hülle und nicht die verkörperte und sozial eingebundene Person, der wir Autonomie zuschreiben wollen. Es ist also ohnehin weder möglich noch sinnvoll, Autonomie ausschließlich als eine solche individuelle Fähigkeit zu verstehen, die nicht notwendig an soziale Bedingungen ihres Gelingens gebunden ist.

Doch wird genau eine solche Idee von (nicht nur moralischer) Autonomie häufig Kant unterstellt, auch noch von einer zeitgenössischen hegelianischen Perspektive aus, eine Unterstellung, die behauptet, dass ein starker Begriff von Autonomie und universalistischer Moral als naiv gegenüber seinen sozialen Voraussetzungen und deshalb als inkonsistent kritisiert werden muss. Da ich schon mehrfach in diesem Buch darauf verwiesen habe, dass Autonomie sich immer in sozia-

7 Vgl. zum Folgenden Pippin, *Hegel's Practical Philosophy*; Menke, »Autonomie und Befreiung«; Honneth, *Das Recht der Freiheit* und »Dezentrierte Autonomie«; Pinkard, »Tugend, Moral und Sittlichkeit«; Habermas, »Individuierung durch Vergesellschaftung«; und Benhabib, »Autonomie, Moderne und Gemeinschaft«.

len Kontexten realisiert, Kontexten, die man sinnvollerweise auch als solche der »Sittlichkeit« bezeichnen kann, will ich klären, ob dies tatsächlich bedeutet, dass man sich diese (hegelianische) Kritik an Kant zu eigen machen muss. Ich denke, dass dieser grundlegende Vorwurf gegen Kant auf einem zweifachen Missverständnis beruht – und zudem auf eine wichtige Einsicht verweist.

Das erste Missverständnis findet sich beispielsweise in Axel Honneths Kritik an Kants Freiheits- und Moralbegriff. Honneth argumentiert, die kantische moralische Freiheit sei rein formal und leer, »vollkommen monologisch gedacht«, »vollkommen bindungslos«.[8] Damit könne die kantische moralische Freiheit, so Honneth, schon begrifflich nicht über ihre sozialen Grundlagen und Ermöglichungsbedingungen, ihre Verwurzelung in der Sittlichkeit, reflektieren. Doch dagegen kann man einwenden, dass sich Kant offenbar schon in den verschiedenen Formulierungen des kategorischen Imperativs und deren Erklärungen der sozialen Eingebundenheit und der Situiertheit moralischer Subjekte in der Lebenswelt bewusst ist. Wir müssen andere immer schon in ihrer eigenen – sozial bestimmten, pluralen – Zweckunterschiedlichkeit anerkennen, wir müssen also andere ebenso wie uns selbst als Teilnehmer und Teilnehmerinnen an einer sozialen Welt betrachten, mit einer Pluralität von Zielen oder Zwecken (und mit einer Pluralität von Maximen), die wir alle teilen, da anders der kategorische Imperativ gar nicht zur Anwendung kommen kann. Moralität ist bei Kant deshalb nicht parasitär gegenüber der sozialen Welt, sondern ist vielmehr ihr organisierendes Prinzip: Genau darauf zielt die Idee, im Reich der Zwecke andere als Gleiche zu respektieren.[9]

8 Honneth, *Das Recht der Freiheit*, S. 69 und S. 197.

9 So auch Rawls über Kant, vgl. Rawls, *Geschichte der Moralphilosophie*, S. 279-287, ebenfalls Herman, »A Cosmopolitan Kingdom of Ends«.

Doch ist dies für Honneth nicht befriedigend: Er argumentiert weiter, dass die kantische universalistische Moral nur *oberflächlich* mit ihrer sozialen Bedingtheit verbunden sei. Deshalb könne sie nicht beschreiben, wie beispielsweise ein Konflikt zwischen moralischen Pflichten einerseits und guter Freundschaft andererseits aussähe. Kantische Freiheit bedeute, so Honneth, dass wir uns immer und jederzeit frei machen können und auch frei machen müssen von solchen sozialen Bindungen (wie Freundschaft), wenn wir als moralische Akteure handeln (so dass wir jene körperlosen, verpflichtungslosen Wesen wären, von denen oben die Rede war). Hier liegt, so denke ich, das zweite Missverständnis: Denn der kategorische Imperativ bedeutet nicht, dass wir uns von Freundschaften lösen müssen, sondern nur, dass wir uns auch *in* Freundschaften (möglichst) an moralische Regeln halten und im Konfliktfall zumindest den Konflikt als solchen erkennen und benennen sollten – und uns nicht einfachhin an die Seite der gegebenenfalls unmoralischen Freundin stellen.[10] Hier geht es also um die Frage, inwieweit die kantische Autonomie so in soziale Bedingungen eingebunden ist, dass sie gleichzeitig an diesen sozialen Beziehungen und Verpflichtungen wie auch an der

10 Das von Honneth diskutierte Beispiel des plagiierenden befreundeten Kollegen (S. 201-205) wirft für Kant, denke ich, tatsächlich kein grundsätzliches Problem auf, da das moralische (eventuell auch juridische) Vergehen klar ist und auch dem Freund gegenüber benannt werden kann (und sollte); dies ist im Übrigen kein Williams'scher »Ein Gedanke zu viel«-Konflikt: Wir hätten, so Williams, einen (kantischen) Gedanken zu viel, wenn wir darüber *nachdenken würden*, ob wir bei einem Schiffbruch die Geliebte oder einen Fremden retten sollen. Auch hier kann man Kant großzügiger interpretieren, als dies gemeinhin getan wird, aber darum geht es gar nicht: Bei dem plagiierenden Freund steht man nicht vor der Frage, wie man dies moralisch beurteilen sollte, denn das ist klar. Man steht vor der – gegebenenfalls schwierigen – Frage, wie man dies mit dem Freund besprechen sollte.

Gültigkeit der universalistischen Moral festhalten kann – oder an der Idee der Autonomie.

Dies ist mehr als nur ein philologisches Problem unterschiedlicher Kant- und Hegel-Lektüren. Vielmehr geht es um die Frage, inwieweit ein Begriff von sozial konstituierter Autonomie die *Vorrangstellung des individuellen Rechts* auf Autonomie gegenüber der sozialen Gemeinschaft plausibilisieren kann, so dass diese Gemeinschaft gerade *nicht* begrifflich immer schon wichtiger ist als jene Autonomie. Aber wahrscheinlich müssen das hegelianische und das kantianische Modell von Autonomie und Sozialität gar nicht so kategorisch voneinander unterschieden werden: Eine andere Lesart von Hegel lässt nämlich die Möglichkeit offen, direkter an Kant anzuknüpfen. So meint etwa Terry Pinkard, »daß man Hegel in der Tat besser so versteht, daß er Kants ›rationalistische‹ Moraltheorie durch Kritik und Ergänzungen ausgebaut, sie aber nicht zurückgewiesen habe«.[11] Auch Robert Pippin und Fred Neuhouser gehen in diese Richtung, wenn sie argumentieren, dass Hegel ein Modell rationalen Handelns – oder Autonomie – verteidigt, in dem individuelle Freiheit zwar angewiesen ist auf institutionelle soziale Bedingungen, diese jedoch dazu dienen, dass Personen ihre jeweils individuellen Identitäten ohne Zwang ausdrücken, artikulieren können, das heißt als freie Selbstverwirklichung – oder personale Autonomie.[12]

Trotz der beiden genannten Missverständnisse bleibt aber dies sicherlich eine richtige Einsicht: Allein mit dem kantischen Modell von Autonomie lässt sich nicht genau entwickeln, *wie* die sozialen Bedingungen von Autonomie bestimmt werden müssen. Ich will deshalb nun zu der angekündigten

11 Pinkard »Tugend, Moral und Sittlichkeit«, S. 73; ähnlich Pippin, *Die Verwirklichung der Freiheit*, S. 191-199; vgl. auch Khurana, »Paradoxien der Autonomie. Zur Einleitung«.

12 Pippin, *Hegel's Practical Philosophy*, S. 121-209.

Diskussion der beiden Perspektiven kommen, die auf unterschiedliche Weise die soziale Konstitution von Autonomie sichtbar machen. Personen sind nämlich in der Tat immer schon eingebunden in soziale Beziehungen – Beziehungen, die Autonomie einerseits allererst möglich machen, andererseits gerade behindern können. Um dem repressiven Charakter sozialer Beziehungen Rechnung zu tragen, wollen solche Theorien, zum Beispiel die von Marina Oshana, Autonomie Personen nur dann zusprechen, wenn die Bedingungen so sind, dass Personen als moralisch Gleiche Anerkennung und Unabhängigkeit genießen können und ihnen wertvolle Optionen nicht nur zur Verfügung stehen, sondern sie sich für diese auch entscheiden. Soziale Elemente in diesem Sinn sind dann immer schon notwendig für die Zuschreibung von Autonomie: Autonomie wird selbst als »sozial-relationales« Phänomen verstanden. Oshana wirft prozeduralen Positionen vor, Autonomie Personen auch dann zuschreiben zu wollen, wenn diesen aufgrund der sozialen Bedingungen eigentlich jede Würde, jede echte Unabhängigkeit und damit jede wirkliche Selbstbestimmung abgesprochen werden müsse: Dazu gehören (viel diskutierte) Fälle wie der glückliche Sklave, die unterwürfige Hausfrau, neuerdings auch das weibliche Mitglied bei den Taliban.[13] Diese Fälle, so Oshana, zeigen nicht nur, dass wir hier intuitiv nicht von Autonomie sprechen würden, sondern auch, dass zur Autonomie tatsächlich *substantielle Selbständigkeit* und das Eingebundensein in die gewissermaßen *richtigen* sozialen Kontexte gehört.

13 Vgl. hier und zum Folgenden Christman, *The Politics of Persons*, S. 167-187, insbes. S. 169, wo Christman auf die Beziehung zwischen Mutter/Vater und kleinem Kind verweist, die auch nicht geprägt sei durch substantielle Unabhängigkeit der Eltern (im Gegenteil, wie er deutlich macht), und wo wir doch von Autonomie bei Vater und Mutter sprechen würden.

Damit entwickelt Oshana einen äußerst anspruchsvollen Begriff von Autonomie, zu dem nicht nur rationale Fähigkeiten und prozedurale Unabhängigkeit, sondern auch noch substantiellere Bedingungen der sozialen Einbettung und des Angebots von Wahlmöglichkeiten gehören. Aber ist dies plausibel? Es würde auf jeden Fall bedeuten, dass der Begriff der Autonomie so ehrgeizig besetzt wird, dass wir nicht einmal in liberalen Demokratien von seiner Geltung ausgehen könnten, weil wir auch in diesen Gesellschaften keineswegs durchgehend von der Möglichkeit solch starker individueller Unabhängigkeit sprechen können, und zwar nicht nur dann nicht, wenn wir über die sogenannten unterwürfigen Hausfrauen reden.[14] Ich denke, dass die Theorie von Autonomie zwar auf der einen Seite erklären muss, was es heißt, dass wir als soziale Wesen eng miteinander verbunden sind, ohne jedoch auf der anderen Seite die Bedingungen für die Zuschreibung von Autonomie so zu idealisieren und zu substantialisieren, dass nur noch wenige Personen, auch in liberal-demokratischen Gesellschaften, überhaupt autonom genannt werden können.

Es geht hier um die schwierige Suche nach einem theoretischen Mittelweg: Denn geht man davon aus, dass die Autonomie von Personen in sozialen Kontexten konstituiert wird, dann muss die normative Theorie auf der einen Seite dem autonomieerschwerenden oder -beschränkenden Charakter repressiver und diskriminierender Bedingungen Rechnung tragen; auf der anderen Seite sollte sie es vermeiden, leichtfertig paternalistisch zu sein und Personen Autonomie unmittelbar dann abzusprechen (wie etwa Oshana dies tut), wenn sie unter diesen nichtidealen, autonomieerschwerenden Bedingungen leben müssen. Einige Autorinnen verteidigen an dieser Stelle eine Unterscheidung zwischen Autonomie und rationa-

14 Vgl. Hill, »Servility and Self-Respect«; Friedman, »Autonomy, Social Disruption, and Women«.

ler Handlungsfähigkeit, so dass etwa der unterwürfigen Hausfrau nur rationale Handlungsfähigkeit zugesprochen wird; ich will demgegenüber jedoch festhalten an einem stärkeren Begriff von Autonomie, der zwar über einen rein prozeduralen Begriff hinausgeht und auf durchaus substantielle Bedingungen, wie etwa die der Anerkennung, für seine Realisierung angewiesen ist, der jedoch nicht so anspruchsvoll substantiell ist, dass großen Teilen der Bevölkerung jegliche Autonomie abgesprochen werden müsste.[15]

Nun hatten wir schon in früheren Kapiteln gesehen, dass man von grundlegenden Bedingungen der Anerkennung ausgehen muss, will man Autonomie als sozial konstituierte konzeptualisieren. Diese Formen der Anerkennung ermöglichen es Personen, mit Blick auf ihre Projekte Selbstachtung oder Selbstwert zu entwickeln; Anerkennungsbeziehungen bringen so die Normativität der Beziehungen, in denen Personen stehen, zum Ausdruck.[16] Joel Anderson und Axel Honneth unterscheiden drei Formen von Anerkennung, in drei verschiedenen Beziehungsformen, die drei Dimensionen von fundamentalem evaluativem Selbstbezug eines Subjekts konstituieren: *Selbstvertrauen* entsteht aufgrund von Liebe und Freundschaft in intimen sozialen Beziehungen und hat seine Wurzeln in der Beziehung zu den Eltern. *Selbstachtung* entwickeln Subjekte dann, wenn sie als moralisch Verantwortliche und als Rechtssubjekt im liberalen demokratischen Staat Anerkennung finden; und schließlich wird *Selbstschätzung* ermöglicht durch

15 Vgl. die Beiträge in Mackenzie/Stoljar zu dieser Doppelseitigkeit der sozialen Beziehungen; vgl. Buss, »Valuing Autonomy and Respecting Persons« zu einem (zu) minimalistischen Begriff; vgl. oben, Kap. 1, zur Bestimmung einer Schwelle, diesseits deren Personen in unterschiedlichem Maß Autonomie zugeschrieben werden kann.

16 Vgl. Taylor, *Multikulturalismus und die Politik der Anerkennung*, wo Taylor drei verschiedene Formen der Anerkennung diskutiert und fragt, ob Anerkennung ein menschliches Grundbedürfnis ist.

die soziale Wertschätzung in Arbeitsbeziehungen, die sich auf Eigenschaften und Fähigkeiten der Person gründen. Diese Modi der Anerkennung versetzen das Subjekt in die Lage, sich selbst als legitime Autorität über die eigenen Gründe zu sehen, und verleihen ihm deshalb autonome Handlungsfähigkeit.[17]

Auch schon bei Rawls, in der Theorie der Gerechtigkeit, gehört Selbstachtung zu den Grundgütern, die jede Person anstrebt, weil sie für die eigene Lebensplanung konstitutiv sind. Bei Rawls jedoch ist dies nicht verbunden mit Beziehungen von Anerkennung durch andere Personen: Er entwickelt eine normative Theorie von Autonomie, die zwar die autonome Person als Quelle von selbstgesetzten normativen Ansprüchen und Werten begreift, die er jedoch nicht in den Beziehungen zu anderen Personen verwurzelt sieht.[18] Auch relationale Theorien, das haben wir schon gesehen, verteidigen, dass autonome Personen als sozial verankert und konstituiert verstanden werden müssen. Doch auch relationale Theorien machen keineswegs immer deutlich, *in welcher Weise* die fraglichen Beziehungen als normative Bedingung für die Autonomie von Personen gesehen werden müssen. Daher begreife ich die Theorie der Anerkennung als Erweiterung sowohl der relationalen als auch der Rawls'schen Theorie von Autonomie, auch wenn ich die für Autonomie notwendige Anerkennung minimalistischer interpretiere als etwa Anderson und Honneth. Ich werde nämlich, wie auch schon in früheren Kapiteln, von Selbstwert und Selbstachtung der Subjekte sprechen, wenn sie die

17 Honneth, *Kampf um Anerkennung*; Anderson/Honneth, »Autonomy, Vulnerability, Recognition, and Justice«.

18 Rawls schreibt, die Selbstachtung sei für die individuelle Freiheit »vielleicht das wichtigste Grundgut«, darauf habe ich in Kap. 1 zum Begriff der Autonomie schon verwiesen, vgl. Rawls, *Theorie der Gerechtigkeit*, S. 479.

Anerkennung erfahren, die es ihnen ermöglicht, eigenständige Projekte zu entwickeln und zu verfolgen. Aber das heißt nicht, dass sie, um autonom sein zu können, die Anerkennung als Rechtssubjekte in liberalen Demokratien erhalten müssen.[19]

Autonomie muss folglich als sozial konstituiert begriffen werden: Damit ist Anerkennung ebenso wie ein kultureller Hintergrund, der sinnvolle Optionen bereitstellt, wesentliche Voraussetzung für die Autonomie von Personen. Fehlen Personen jegliche Formen von Anerkennung oder jegliche sinnvolle Wahlmöglichkeiten, dann gebricht es ihnen an Möglichkeiten, Autonomie auszubilden oder unter den angemessenen Umständen auszuüben. Dies heißt nicht, dass wir mit und aufgrund der sozialen Anerkennung auf bestimmte substantielle Entscheidungen festgelegt wären, um autonom sein zu können: Selbstachtung und Selbstwert gehen nicht notwendig einher mit einer Festlegung auf spezifische Werte, und es kann auch offenbleiben, *wie* (substantiell) sich diese Formen der Anerkennung artikulieren, das wird gleich im letzten Abschnitt noch wichtig werden.

Nun sind wir jedoch, und darauf verweisen auch die Theorien der Anerkennung, bei der Analyse der sozialen Bedingungen von Autonomie mit einer signifikanten *Asymmetrie* konfrontiert: zwischen der Ermöglichung von Autonomie auf der einen Seite und denjenigen Formen, in denen Autonomie verhindert, beschränkt oder begrenzt werden kann auf der anderen. Auch in liberal-demokratischen Gesellschaften sind Letztere ebenso divers wie effizient, so dass man genau untersuchen muss, wie eigentlich auch unter solchen nichtidealen Bedingungen Autonomie gelebt werden kann. Dieser Asymmetrie will ich im Folgenden nachgehen: Wie wird Autonomie durch gesellschaftliche Strukturen verhindert?

19 Vgl. dazu Benson, »Taking Ownership«; vgl. auch Christman/Anderson, »Introduction«.

3. Autonomie, Ideologien und adaptierte Präferenzen

Anfangen möchte ich mit einem konstruierten Beispiel, dem der unterdrückten Olivia, *Oppressed Olivia*: Ich wähle es hier, weil es den Vorteil hat, schematisch und klar zu sein, und es so gestattet, gerade einmal ein wenig übertrieben die relevanten Punkte zu diskutieren. In der Romanliteratur finden sich zwar viele Beispiele, die man hier heranziehen könnte, aber die interessanteren unter ihnen sind solche, in denen die Protagonistinnen versuchen, sich von ihren anerzogenen stereotypen, diskriminierenden Sozialisationen zu befreien – dies gilt nicht für »Oppressed Olivia«; sie wurde, so schreibt Robert Noggle,

> so großgezogen (mit gewöhnlichen Erziehungsmethoden), dass sie den sexistischen Einstellungen der patriarchalen Gesellschaft, in der sie lebt, folgt und sie übernimmt. Dementsprechend gestaltet sie ihre Ideale, Bestrebungen und Aktivitäten in einer Weise, die diese Einstellungen widerspiegeln. Im Erwachsenenalter schließlich gehört zu Olivias Überzeugungen ein Glaube an die Natürlichkeit der untergeordneten Rolle der Frau, und ihre tiefste Bestrebung ist es, Hausfrau zu sei.[20]

Um zu erklären, wie Olivia erzogen wurde und wie sie zu denken gelernt hat, könnte man den Begriff der Ideologie heranziehen: Olivia ist dann Opfer einer ideologischen Erziehung und Gesellschaft und deshalb nicht in der Lage, ein autonomes Leben zu führen. So bestimmt etwa Joseph Heath den Begriff der Ideologie, um die Tatsache zu erklären, »dass Individuen häufig beteiligt sind an der Aufrechterhaltung und Reproduktion der Institutionen, unter denen sie unterdrückt oder ausgebeutet werden«.[21] Und Rahel Jaeggi und Robin

20 Noggle, »Autonomy and the Paradox of Self-Creation«, S. 102.
21 Heath, »Problems in the Theory of Ideology«, S. 163.

Celikates schreiben, Ideologie sei »ein in sich mehr oder weniger kohärentes und geschlossenes Überzeugungssystem [...], dem handlungsleitende Kraft zukommt und dem bescheinigt wird, die soziale Wirklichkeit, insbesondere gesellschaftliche Herrschaftsverhältnisse und Konflikte zu verschleiern und damit zur Reproduktion der herrschenden Ordnung beizutragen«.[22] Wir hätten es bei Olivia also zu tun mit der Ideologie des Patriarchats, die dazu führt, dass sie – wie mehr oder weniger alle anderen Frauen – in ihren Wünschen und Überzeugungen, in ihrer gesamten Identität manipuliert wird. Jaeggi und Celikates verweisen auf die unterschiedlichen Verwendungen des Begriffs und argumentieren für einen kritischen Begriff von Ideologie, der bei den Erfahrungen der Subjekte selbst ansetzt, um gesellschaftliche Zustände und Praktiken zu kritisieren.[23]

Ich will an einen solchen Begriff von Ideologie anschließen, jedoch nur in einem sehr schwachen Sinn: Denn ich will die totalitarisierenden Ansprüche vermeiden, die den Begriff so umstritten machen. Es ist zwar sinnvoll und richtig, von Herrschaftszusammenhängen zu sprechen, durch die die soziale Realität manipuliert oder »verschleiert« wird, aber diese Verschleierung kann nicht als undurchschaubar oder als nur für die Gesellschaftskritikerin durchschaubar verstanden werden. Man kann den Begriff der Ideologie verwenden, um erklären zu können, dass es *nicht zufällig* ist, dass Frauen – beispielsweise – häufiger in Teilzeit arbeiten als Männer, bei den Kindern bleiben und so fort. Um Diskriminierungen, Stereo-

22 Jaeggi/Celikates, *Sozialphilosophie*, insbes. S. 93-94.

23 Jaeggi/Celikates, *Sozialphilosophie*; vgl. auch Miranda Fricker (*Epistemic Injustice*, S. 13), die soziale Macht definiert als »eine praktische, sozial situierte Fähigkeit, die Handlungen anderer zu kontrollieren, wobei diese Fähigkeit von bestimmten sozialen Akteuren (aktiv oder passiv) ausgeübt werden kann oder rein strukturell operieren kann.«

typisierungen als solche verstehen und erklären zu können, reicht es deshalb nicht, *ad hoc* Theorien zu entwerfen, sondern man muss auf solche zurückgreifen, die die unterschiedlichen Phänomene der Unterdrückung in ihrem Zusammenhang vor Augen führen können.

Ideologien können zu einer Erklärung beitragen, warum Personen häufig gerade solche Präferenzen ausbilden und solche Entscheidungen treffen, die die repressiven Institutionen unterstützen – und genau dies scheint bei Olivia der Fall zu sein: Sie nimmt teil an der Aufrechterhaltung von Institutionen, die sie zugleich unterdrücken. Es ist jedoch hilfreich, bei dem Versuch der Erklärung von Autonomie unter nichtidealen Bedingungen, wie etwa bei der Frage nach der Autonomie von *Oppressed Olivia*, auch auf andere Begriffe zurückzugreifen: »Stereotypen«, »adaptierte Präferenzen«, »implizite Vorurteile« und auch allgemeinere wie etwa »repressive Praktiken« und »Machtstrukturen« können dabei hilfreich sein. Machtstrukturen zum Beispiel können genauer beschrieben werden als Formen von sozialer Unterdrückung oder, in den Worten von Ann Cudd, als »ein institutionell strukturierter, ungerechter Schaden (*harm*), der Gruppen von anderen Gruppen zugefügt wird durch direkte und indirekte materielle und psychologische Zwänge«.[24] Materielle Zwänge sind etwa wirtschaftliche Deprivation und Ausbeutung, Diskriminierung, Chancenungleichheit sowie das Fehlen oder Nichtausübenkönnen politischer Rechte, während zu den psychologischen

24 Ich fasse hier die von Cudd (in *Analyzing Oppression*, S. 25) genannten Bedingungen zusammen, die im ersten Teil ihres Buches einen Rahmen für diese Analyse von Unterdrückung entwickelt, siehe ebd., S. 3-84; vgl. auch zum Begriff der Unterdrückung die Differenzierung von Young, *Justice and the Politics of Difference*, S. 39-65. Vgl. Frickers Begriff der *identity-power* (*Epistemic Injustice*, S. 14-17, auch S. 17-29).

Mechanismen Stereotypisierungen, kulturelle Vorherrschaft, explizite und implizite Vorurteile sowie die sogenannten Schematisierungen gehören können. Mit diesen Begriffen lassen sich strukturelle Ungerechtigkeiten in sozialen Praktiken und die Konsequenzen, die diese für die Autonomie der betroffenen Personen haben, noch differenzierter beschreiben als allein anhand des Ideologiebegriffs. Dieses breit gefächerte Instrumentarium ermöglicht es auch zu erklären, warum Personen trotz struktureller Ungerechtigkeiten gleichsam *dissonante Erfahrungen* machen können, Erfahrungen, die ihnen etwa zeigen, dass die vermeintlich autonomen Präferenzen an gesellschaftliche Umstände, implizite Vorurteile oder ideologische Stereotype adaptiert waren, sich aber umformen lassen.[25] Schauen wir zunächst genauer auf den Begriff der *adaptierten Präferenzen*, den bekanntlich Jon Elster in die philosophischen Debatten gebracht hat: Wenn Personen vermeintlich rationale Entscheidungen treffen oder rationale Präferenzen entwickeln, ergeht es ihnen häufig wie dem Fuchs in der Fabel mit den Trauben, die er eigentlich gerne haben wollte. Kann er sie jedoch nicht erreichen, dann sind die Trauben plötzlich gar nicht mehr erstrebenswert, sie sind ihm viel zu sauer – der Fuchs adaptiert seine Präferenzen.[26] Dieser Begriff der adaptierten oder adaptiven Präferenzen wird nun in der politischen und der sozialen Philosophie angewendet, um zu erklären, warum Mitglieder benachteiligter oder unterdrückter Gruppen häufig Präferenzen ausbilden, die an den Verhältnissen gerade nichts ändern, sondern den ideologischen Stereotypen

25 Vgl. zum Begriff der Erfahrung Oksala, »In Defence of Experience«, da auch für den ideologiekritischen Ansatz ein solcher Begriff von Erfahrung wichtig ist.

26 Elster, »Sour Grapes«; vgl. Stoljar, »Living Constantly at Tiptoe Stance«; auch die genaue Analyse solcher Präferenzen bei Nussbaum, »American Women«.

entsprechen, die von den ungerechten Strukturen produziert werden. Frauen – Olivia – passen ihre Präferenzen an im Blick auf Ziele, die für sie nicht (oder nicht leicht oder jedenfalls scheinbar nicht) erreichbar sind: Adaptierte Präferenzen können etwa bedeuten, dass junge Frauen bereitwilliger nur in Teilzeit arbeiten, wenn sie Kinder haben; oder dass sie sich auf weniger einflussreiche und mit weniger Macht verbundene gesellschaftliche Positionen bewerben. Die Zuschreibung adaptierter Präferenzen macht folglich einen Unterschied zwischen dem, was Personen *tatsächlich* glauben und wie sie handeln, einerseits und andererseits dem, was sie glauben und wie sie handeln *würden* unter Umständen *ohne* die jeweiligen strukturellen Ungerechtigkeiten. Dies macht deutlich, dass der Begriff der adaptierten Präferenzen keineswegs als Alternative zu dem der Ideologie gesehen werden muss, sondern als eine mögliche Ergänzung.

Vor allem in der feministischen Literatur zur Autonomie finden sich verschiedene Vorschläge, diese adaptierten Präferenzen zu analysieren. So spricht Anne Cudd von *deformed desires*, von deformierten Wünschen: »Wenn sich die eigenen Präferenzen an unterdrückende Verhältnisse adaptieren, dann wenden sich unsere Wünsche von den Gütern und sogar den Bedürfnissen ab, die wir *ohne* diese Umstände wollen beziehungsweise haben würden. Unterdrückte Personen betrachten die sie unterdrückenden Umstände schließlich als die Grenzen, innerhalb deren sie leben *wollen*.«[27] Diese deformierten

27 Cudd, *Analyzing Oppression*, S. 181f.; vgl. auch dies., »Adaptations to Oppression«, S. 157: »Handelt man auf der Basis solcher Präferenzen, die sich an die Unterdrückung adaptiert haben, dann macht man sich zur Komplizin der Unmoral der Unterdrückung.« Man kann sich jedoch, *gegen* Cudd, reflektierend und aufklärerisch gegenüber den eigenen adaptierten Präferenzen verhalten, auch wenn sie zunächst unbewusst sind; deshalb müssen sie nicht als deterministisch verstanden werden, übrigens ähnlich wie Formen der Selbsttäuschung, die

Präferenzen unterstützen also gerade die Unterdrückung oder Diskriminierung, gegen die sich die Personen wendeten, sähen sie, was in ihrem eigentlichen Interesse wäre. Deshalb schwächen oder beeinträchtigen Situationen oder Strukturen, in denen Personen zum Anpassen ihrer Präferenzen gezwungen werden – oder ihnen dies nahegelegt wird –, die Autonomie der Personen. Cudd nun behauptet, dass Unterdrückung *strukturell und notwendigerweise* zu solchen deformierten Präferenzen führt, und argumentiert hierfür anhand eines differenzierten Begriffs sozialer Unterdrückung. Doch ich halte ihre These für überzogen: Cudd scheint – wie übrigens auch ein starker Begriff von Ideologie – in die Falle des Determinismus zu laufen, der differente Erfahrungen und abweichende Entscheidungen nicht mehr erklären kann. Der Vorteil, Personen adaptierte Präferenzen zuschreiben zu können, liegt jedoch gerade darin, dass man *nicht* deterministisch argumentieren muss, sondern gleichsam einen Spielraum hat bei ihrer Anwendung, hinsichtlich sozialer Kontexte oder sogar individueller Differenzen. In vielen Fällen wird es zwar zur Anpassung kommen, in anderen aber nicht.

Nun geht die Diagnose und Kritik an adaptierten Präferenzen häufig einher mit einem starken Perfektionismus, mit einer reichen Idee des guten Lebens, die als Maßstab dafür genommen wird, ob Präferenzen adaptiert sind oder demgegenüber dem eigenen guten Leben dienen. So schlägt etwa Serene Khader vor, »dass wir uns adaptierte Präferenzen als solche vorstellen, die mit grundlegendem Wohlergehen unvereinbar sind, als Präferenzen, die eine Person unter Bedingungen entwickelt hat, die diesem grundlegenden Wohlergehen nicht förderlich sind«.[28] Khader bringt zahllose Beispiele für die un-

allerdings nicht durch politische Macht und soziale Unterdrückung induziert sind.

28 Khader, *Adaptive Preferences and Women's Empowerment*, S. 17; in ih-

terschiedlichen Weisen, in denen Frauen weltweit gezwungen werden, ihre Präferenzen anzupassen. Dennoch halte ich eine solche Verbindung von perfektionistischen Argumenten mit der Kritik adaptierter Präferenzen nicht für sinnvoll: Denn für Khader können nicht nur adaptierte Präferenzen oder Entscheidungen nichtautonom sein, sondern auch autonome Entscheidungen nicht im Interesse der Person, wenn sie nämlich nicht zu ihrem objektiv feststellbaren guten Leben beitragen. Das halte ich wegen der unglücklichen Kombination von einem sehr schwachen Autonomiebegriff und einem zu anspruchsvollen, paternalistischen Begriff des guten Lebens für unplausibel. Schauen wir deshalb noch kurz auf eine dritte Möglichkeit, die adaptierten Präferenzen zu interpretieren: Auch Natalie Stoljar argumentiert, dass sie *immer* als autonomieverhindernd begriffen werden müssen, macht deshalb jedoch einen begrifflichen und normativen Unterschied zwischen rationaler Handlungsfähigkeit und Autonomie und will in Fällen von adaptierten Präferenzen den Personen zwar rationales Handeln, nicht aber Autonomie zuschreiben.[29]

Ich hatte schon mehrfach auf diese begriffliche und normative Differenz verwiesen und will noch einmal daran erinnern, warum sie mir problematisch zu sein scheint: Legt man den Begriff der Autonomie so anspruchsvoll an, dass weite Teile der Bevölkerung nicht als autonom, sondern nur als rational handlungsfähig gelten können, dann könnte man ge-

rer eindrucksvollen Studie argumentiert sie vor allem mit Blick auf Frauen in nichtwestlichen Kulturen und votiert für einen vorsichtigen »deliberativen« Ansatz, um adaptierte Präferenzen aus der Perspektive einer Theorie des guten Lebens kritisieren zu können (vgl. etwa ebd., S. 136-170), richtet sich allerdings gegen die Vereinbarkeit von Autonomie und adaptierten Präferenzen.

29 Stoljar, »Autonomy and Adapted Preference Formation«, S. 248; sie unterscheidet auch zwischen Graden von Autonomie und meint, man könne Frauen zu besseren Optionen ermuntern, vgl. ebd., S. 251.

nauso gut ohne den Begriff der Autonomie auskommen; er wäre ein Ideal, dem nur wenige Personen genügen könnten, und wäre deshalb als normativer und kritischer Begriff uninteressant. Mir scheint im Gegenteil gerade der Begriff der adaptierten Präferenzen so hilfreich bei der Erklärung nichtautonomer Handlungen oder Entscheidungen, weil wir auf diese Weise zeigen und argumentieren können, dass nichtautonome Präferenzen aufgrund ideologischer Strukturen möglich sind, dass sich Personen also gegebenenfalls in bestimmten Hinsichten manipuliert entscheiden; dass dies aber gerade nicht heißt, diesen Personen *als Personen* jegliche Autonomie absprechen zu müssen – man kann bekanntlich in verschiedenen Hinsichten und in unterschiedlichen Graden autonom sein.[30]

Aber was heißt dies nun für Olivia? Man könnte *auf der einen Seite* sagen, dass sie im Ganzen eine *nichtautonome* Person ist, weil sie grundsätzlich nicht die Bedingungen in Anspruch nehmen konnte, die es ihr ermöglichen, wirklich darüber nachzudenken, was sie selbst will, was ihre eigenen Präferenzen gewesen wären. Insofern ähnelt Olivia dem *Engel des Hauses*: ursprünglich aus einem Gedicht von Coventry

30 Das hatte ich schon in Kap. 1 diskutiert (als *lokale* versus *gobale* Autonomie), und die Unterscheidung zwischen der autonomen Handlung und der autonomen Person (eine nichtautonome Handlung macht eine Person noch nicht nichtautonom), d. h. zwischen verschiedenen Hinsichten oder Eigenschaften einer Person und der Person als solcher, ist hier noch einmal besonders wichtig. Auch das Faktum, dass die Autonomie einer Person insgesamt stärker oder schwächer sein kann, spielt eine Rolle, solange das Schwellenkriterium erfüllt ist. Vgl. zur Frage, ob man autonom die eigene Autonomie aufgeben kann – und ob dies eine sinnvolle Frage ist –, z. B. Oshana, *Personal Autonomy in Society*, S. 119 f., die dies am Beispiel der Autonomie von Mitgliedern (relativ) isolierter Gruppen wie den Amischen diskutiert.

Patmore, häufig zitiert und bekannt gemacht vor allem durch die Paraphrase von Virginia Woolf. »Diese Person war von inniger Einfühlsamkeit. Sie war unendlich liebenswürdig. Sie war gänzlich selbstlos. Sie war unübertroffen in den schwierigen Künsten des Familienlebens. Täglich opferte sie sich auf. Gab es Hühnchen, nahm sie das Bein; war irgendwo Zugluft, so saß sie darin – kurzum, sie war so beschaffen, dass sie weder einen eigenen Kopf noch einen eigenen Wunsch hatte, sondern es immer vorzog, mit den Köpfen und den Wünschen anderer übereinzustimmen.«[31]

Wie beim Engel des Hauses würde man auch bei Olivia meinen, dass ihre Unterwerfung unvereinbar ist mit Autonomie, denn auch Olivia scheint weder einen eigenen Kopf noch einen eigenen Wunsch zu haben: Andere Personen stehen hinter ihren Entscheidungen und Plänen. Das Milieu, in dem sie aufgewachsen ist, war deutlich manipulativ – sicher kein Milieu von *moralisch Gleichen* – und hat die Reflexion auf ihre eigenen Werte und Ziele nicht wirklich gefördert, so dass sie sich wahrscheinlich darüber irrt, was ihr möglich ist und was Frauen offensteht. Auch die sozialen Bedingungen, die Personen brauchen, um ihre eigenen Projekte – und damit sich selbst – als wertvoll zu erfahren, waren und sind ihr nur in manipulativer Weise gegeben. Wären diese Bedingungen anders gewesen, hätte sie sich wahrscheinlich für eine andere Lebensweise entschieden.

Auf der anderen Seite scheint es nicht sehr plausibel, Olivia jegliche Autonomie abzusprechen. Wir alle sind auch in libe-

31 Woolf, »Berufe für Frauen«, S. 226. Siehe auch die Zeile auf S. 227: »In jenen Tagen – den letzten der Königin Victoria – hatte jedes Haus seinen Engel«; dies wirft ein interessantes Licht auf die emanzipierten Frauengestalten vieler viktorianischer Romane. Der Engel ist nämlich äußerst hartnäckig, und Woolf beschreibt den zähen Kampf mit ihm, bis sie ihn endlich überwunden und getötet hat.

ral-demokratischen Gesellschaften mit einer großen Anzahl struktureller reflexionsverzerrender Faktoren konfrontiert, die immer schon in verschiedenen Hinsichten (mit)bestimmen, wie wir uns entscheiden, was wir wollen: Nicht nur patriarchale, sondern auch konsumistische Strukturen können als Beispiel dienen. Deshalb denke ich, dass man hier vorsichtig sein sollte. Spricht man allen Frauen (oder auch nur den Hausfrauen) Autonomie im Ganzen ab, weil die gesellschaftlichen Strukturen immer noch patriarchal sind, scheint nicht nur der Autonomiebegriff nichts mehr mit dem alltäglichen Leben zu tun zu haben, sondern man müsste auch mit einem Begriff des falschen Bewusstseins arbeiten, der schon an sich wenig überzeugend ist.

Wäre Olivia in keinem Bereich ihres Lebens in der Lage, auf *gute Gründe* zu reagieren, sähe sie sich in keiner Weise mit der Macht oder Autorität über das eigene Handeln und die eigenen Handlungsgründe ausgestattet, hätte sie eindeutige kognitive oder emotionale Beeinträchtigungen – dann müsste man ihr Autonomie in jeder Hinsicht absprechen, dann wäre ihr Leben sicherlich nicht ihr eigenes, sondern das der Personen, die ihre Entscheidungen bestimmen. Aber genau dies ist hier nicht ganz klar. *Gute Gründe* wären im Übrigen solche, die ihren eigenen Prozess des Nachdenkens und Überlegens fördern und unterstützen würden, während demgegenüber *ideologische* Gründe solche wären, die dies gerade zu verhindern suchten.

Alles in allem scheint es plausibler, Olivia Autonomie immerhin in begrenztem Maße, also in nicht allen Hinsichten, zuzuschreiben. Ihre Präferenzen kann man kritisieren – wie man natürlich auch autonome Präferenzen kritisieren kann. Man kann gegebenenfalls auf den *Kontext* der Präferenzbildung verweisen, auf Stereotype, traditionelle Praktiken, konservative Milieus, ideologische Strukturen und so fort. Kritisieren heißt hier nicht, es notwendigerweise besser zu wissen als die fragliche Person, sondern nach Gründen zu fragen, andere Optionen in der Gesellschaft zu verdeutlichen, auf andere Lebensformen zu verweisen. Grundlegend für die Autonomie einer Person bleibt immer ihre Fähigkeit, nach *eigenen guten Gründen* handeln zu können. Interpretiert man adaptierte Präferenzen und die Autonomie von Personen in dieser Weise, dann kann man auch, wie ich oben schon geschrieben hatte, sehr viel leichter erklären, was es heißt, *dissonante Erfahrungen* zu machen – Erfahrungen, die (adaptierten) Präferenzen widersprechen, die also gleichsam nicht vorgesehen waren in dem ideologischen Kontext oder Rahmen: Diese Erfahrungen müssen dann in einen anderen begrifflichen Rahmen gestellt werden als in den, den diskriminierende Strukturen vorzuschreiben scheinen. Und natürlich bleibt die Möglichkeit bestehen, sich mit adaptierten Präferenzen, wenn man sich ihre Genese bewusst gemacht hat, zu identifizieren, wenn man sich also die Präferenz trotz ihrer manipulativen Entstehung als eigene und mit eigenen Gründen aneignen kann.[32]

Unter nichtidealen Umständen, im täglichen Leben, liegt es nahe, dass Personen, die unter strukturell diskriminierenden Bedingungen leben, ihre Präferenzen häufig adaptieren. Andererseits sind Personen, jedenfalls in Gesellschaften wie der unseren, meistens so flexibel und widerstandsfähig, für sich selbst befriedigende Lebensweisen zu finden, die so autonom wie möglich sind, das heißt Lebensweisen, die ausreichend selbstbestimmt sind, um ihnen ein sinnvolles Leben zu ermöglichen.[33] Das hieße auch, dass Olivia ein aus ihrer Sicht

32 Vgl. zur Diskussion dieser historischen Komponente Christman, »Autonomie und die Vorgeschichte einer Person«.

33 Vgl. zur Möglichkeit der »Autonomisierung«, d. h. des Erlernens und der Unterstützung von (mehr) Autonomie unter Bedingungen, die als autonomieverhindernd oder -erschwerend erfahren werden kön-

sinnvolles Leben zu führen in der Lage wäre – vorausgesetzt, sie könnte eigene Projekte verfolgen und in ausreichend vielen Hinsichten ihres Lebens aus eigenen Gründen handeln.

Ich will diesen Zusammenhang noch einmal kurz an einem Beispiel aus der Literatur verdeutlichen. In ihrem Roman *Die Herrin von Wildfell Hall* entwickelt Anne Brontë verschiedene Frauencharaktere, die mit den patriarchalen Bedingungen im vikorianischen England ganz unterschiedlich umzugehen versuchen: Sie reagieren unterschiedlich auf die Zwänge, die ihnen auferlegt werden, und sie zeigen auf verschiedene Weise, wie man, auch im 19. Jahrhundert, mit diesen Zwängen umgehen konnte – und auch, wie viel Courage man brauchte, um sich als Frau gegen herrschende Sitten und Gesetze durchzusetzen.[34]

Helen Graham ist die Protagonistin des Romans und die Herrin von Wildfell Hall. Sie hat den Namen ihrer Mutter wieder angenommen, nachdem sie ihren Mann, Arthur Huntingdon, verlassen hat, weil er Alkoholiker ist, überhaupt lasterhaft, und zunehmend gewalttätig wurde (bürgerliche Scheidungen waren in England zu der Zeit noch verboten). Und weil sie außerdem nicht wollte, dass ihr gemeinsamer Sohn Arthur in der Nähe dieses Vaters aufwächst. Helen Graham ist erstaunlich emanzipiert: In ihrem Tagebuch, das den langen Mittelteil des Romans einnimmt, beschreibt und reflek-

nen, Anderson, »Autonomielücken als soziale Pathologie«, S. 443; vgl. auch Mackenzie, »Responding to the Agency Dilemma«.

34 Siehe zum Folgenden Brontë, *Die Herrin von Wildfell Hall*; dieses Buch hat eine komplizierte Veröffentlichungsgeschichte, weil Annes Schwester Charlotte, die einzige der Brontë-Schwestern, die älter als 30 wurde, eine zweite Auflage verhindert hat. Wie viele andere in der Mitte des 19. Jahrhunderts war Charlotte der Meinung, dieser Roman zeichne ein unangemessenes Bild der Frau und ihrer gesellschaftlichen Rolle, vgl. Maletzke, *Das Leben der Brontës*, S. 317-341.

tiert sie genau, warum sie ihren Mann geheiratet, hat und vor allem, warum sie sich schließlich von ihm trennt, warum sie dieses Leben trotz der für sie außerordentlich nachteiligen gesellschaftlichen Konsequenzen nicht mehr aushalten will. Helen Graham ist zunächst gänzlich angepasst an die in sie gesetzten Erwartungen – einen wohlhabenden Mann heiraten, Kinder großziehen –, doch sie macht einen schmerzhaften Lernprozess durch, aufgrund dessen sie sich tatsächlich aus der repressiven Beziehung befreien kann. Hinzu kommt, dass sie ihren Lebensunterhalt nach der Trennung von ihrem Mann selbst verdient (und zwar als Künstlerin), eine Lebensweise, die an sich schon den herrschenden Sitten widersprach.

Ihre Gegenspielerin im Roman ist Annabella Wilmot, nach ihrer Heirat Lady Lowborough, die eine Affäre mit Arthur Huntingdon hat, von der Helen weiß, die sie aber zu ignorieren sucht. Als Lady Lowboroughs Mann von der Liaison erfährt, trennt er sich von seiner Frau. Sie zieht auf den Kontinent, wie es heißt, und endet dort einsam und verarmt. Auch Lady Lowborough versucht, ihr eigenes Leben zu leben – auf eine nicht besonders ungewöhnliche Weise, nämlich mit Hilfe einer Affäre, die ihr das eheliche Leben erleichtern soll. Doch ihre Rechnung geht nicht auf, sie wird von ihrem Mann, von der Gesellschaft und von der viktorianischen Moral hart bestraft.

Eine weitere Figur in *Die Herrin von Wildfell Hall* ist die Pfarrerstochter Eliza Millward, die vor allem von den Klatsch- und Tratschgeschichten lebt, die sie gern überall herumerzählt. Sie macht sich zunächst – nicht unberechtigt – Hoffnungen auf Gilbert Markham, den männlichen Protagonisten des Romans, der sich dann jedoch Helen Graham zuwendet. Eliza Millward ist unselbständig und folgt den Plänen, die ihre Mutter für sie – und durchaus auch mit ihr – entwirft. Sie adaptiert ihre Präferenzen in einer Weise, die scheinbar keinen Millimeter Spielraum lässt zwischen dem, was die Anpassung von ihr erwartet, und dem, was sie selbst unter anderen Umständen eventuell wollen würde. Aber sie ist nicht glücklich; Brontë zeichnet sie nicht als eine Person, die ihr Leben für gelungen hält.

Innerhalb der Ideologie des viktorianischen Englands waren verschiedene Modelle möglich, mit den patriarchalen Einschränkungen und der Unterdrückung und der Suche nach unterstützenden Formen von Anerkennung umzugehen. Alle Frauenfiguren bei Anne Brontë adaptieren ihre Präferenzen, aber allen wird auch die Möglichkeit zugeschrieben, Ansätze von Autonomie zu entwickeln, sich nicht gänzlich auszuliefern an die gesellschaftlichen Gegebenheiten. Die Botschaft der Autorin ist klar: Die einzig halbwegs glücklichen Frauenfiguren in ihrem Roman sind die, die versuchen, ihr Leben so selbstbewusst und selbstbestimmt wie möglich zu leben. Auch diese Beispiele zeigen, dass eine Autonomietheorie die Möglichkeit von Autonomie auch in gesellschaftlichen Umständen erklären können muss, wenn diese keine Gleichheit und Freiheit für alle Personen garantieren.

Wo stehen wir jetzt? Als sozialkritische Kategorie, bei der Analyse strukturell ungerechter Gesellschaften, ist der Begriff der adaptierten Präferenzen auf dem Hintergrund ideologischer Zusammenhänge hilfreich; mit seiner Hilfe lassen sich solche Konsequenzen struktureller Ungerechtigkeiten analysieren, die als internalisierte Manipulation begriffen werden müssen, gerade weil sie die Willensbildung von Personen beeinflussen. Strukturelle, ideologisch fundierte Ungerechtigkeiten können jedoch auch zur Folge haben, dass Personen *direkt* beeinträchtigt oder behindert werden in ihrer Wahlfreiheit: Sie wissen, was sie wollen, welche Optionen sie in dieser Gesellschaft verfolgen wollen – aber sie können es nicht tun, weil die äußeren Umstände sie daran hindern, weil sie sich wegen der herrschenden ideologischen Kultur gerade nicht begreifen können als Personen, die einen *gleichen* Wert der

Freiheit haben wie diejenigen, denen diese Optionen problemlos offenstehen. Zu dieser letzten Problematik will ich nun kommen.

4. Gesellschaftliche Optionen und Gerechtigkeit

Wie beeinflussen ideologisierte Machtstrukturen, Stereotypisierungen und implizite Vorurteile die Autonomie der Personen, die gerade alles tun wollen, um ihre Präferenzen *nicht* zu adaptieren? Mir geht es hier um die Gerechtigkeitsfrage in einer anderen Weise: als Frage nach dem gleichen Zugang zu gesellschaftlichen Möglichkeiten. Ich hatte eingangs schon gesagt, dass ich mich auf die Problematik von Autonomie und sozialen Bedingungen innerhalb liberal-demokratischer Gesellschaften konzentrieren will, auch wenn ich den Blick auf andere Gesellschaften nicht ausschließe. In liberal-demokratischen Gesellschaften jedenfalls ist es normativ einfacher, autonomieverhindernde Strukturen zu kritisieren, weil solche Gesellschaften die Ideen der Gleichheit und Freiheit in ihren normativen Grundlagen selbst festschreiben, man sich also bei der Kritik an tatsächlichen politischen, sozialen und kulturellen strukturellen Ungerechtigkeiten auf ebendiese Grundlagen berufen kann.

Liberale Gesellschaften garantieren *gleiche* Freiheiten, das heißt: Wenn Autonomie die Konkretisierung von Freiheitsrechten bedeutet, dann muss es in diesen Gesellschaften auch darum gehen, dass alle Subjekte ungefähr über die gleichen Spielräume von Autonomie verfügen. Dies ist zwar im Wesentlichen eine egalitär-liberale Position, aber sie ist nicht einmal besonders umstritten. Als Bürger und Bürgerinnen einer demokratischen liberalen Gesellschaft haben wir nicht nur alle die gleichen Grundfreiheiten, sondern wir sollten auch ungefähr die gleichen Möglichkeiten haben, diese Freiheiten zu leben.[35] Die gesellschaftlichen Freiheiten, über die wir verfügen, werden immer unmittelbare Konsequenzen für die Art und Weise haben, wie wir Autonomie leben können. Dies ist dann genau der Punkt, an dem sich Autonomiefragen mit Gerechtigkeitsfragen treffen und verbinden. Denn wenn man, rein formal, alles wählen kann, aber keinerlei Möglichkeiten hat, diese Chancen auch zu ergreifen, sich für Optionen zu entscheiden und Vorhaben zu verfolgen, dann hat die Freiheit auch keine Bedeutung, die Subjekte sind letztlich unfrei.

Ich will auf die ungerechten Strukturen einer Gesellschaft noch einmal aus einer anderen Perspektive Licht werfen (wenn auch sehr viel kürzer, als ich dies im vorigen Abschnitt getan habe): nämlich aus der der Zugangsmöglichkeiten zu Optionen. Dies will ich wiederum diskutieren anhand zweier ganz unterschiedlicher Beispiele. Das erste Beispiel betrifft eine Problematik, die als solche nicht neu ist, aber noch vor 20 Jahren gewiss nicht so offen diskutiert wurde wie heute: die Problematik *Regretting Motherhood*. Die Wochenzeitung *Die Zeit* berichtet im Sommer 2016 von einer Studie zu Müttern und deren Einstellung zur Mutterschaft:

> Im Ergebnis zeichnet die Studie ein Panorama weiblicher Verunsicherung, die sich durch die gesamte Gesellschaft zieht. Wer sich wundert, warum Debatten rund um die Frage des Kinderkriegens in den vergangenen Jahren immer aufgeheizter und emotionaler geführt wurden, Stichwort #regrettingmotherhood, findet hier gute Gründe. Für Frauen mit ausgeprägten beruflichen Ambitionen sind Kinder vor

35 Ich kann hier anschließen an so unterschiedliche Theoretiker und Theoretikerinnen wie John Rawls, Thomas Nagel, Jürgen Habermas, Susan Moller Okin oder auch Seyla Benhabib und Marylin Friedman; zum (gleichen) Wert der Freiheit, den ich stärker egalitaristisch interpretiere als Rawls, vgl. dens., *Theorie der Gerechtigkeit*, S. 232-233; vgl. auch Fn. 3 in diesem Kapitel.

> allem ein Risiko für Selbstverwirklichung und finanzielle Unabhängigkeit. Dem gegenüber stehen Frauen, die nichts lieber täten, als den Beruf zugunsten der Kinder an den Nagel zu hängen, das aber aus finanziellen Gründen nicht können.[36]

Unsicherheit oder Verunsicherung von Frauen im Blick auf ihre Mutterschaft – auf ihre Rollen, ihre Wünsche, ihre Lebensplanung – findet sich auch in der Romanliteratur mindestens seit den sechziger Jahren des letzten Jahrhunderts. Aber niemals zuvor wurde so offen darüber diskutiert, dass man Mutterschaft bereuen könne, weil sie Frauen signifikant daran hindere, noch andere Projekte zu verfolgen.[37] Wir haben es hier mit einer anderen Problematik zu tun als bei *Oppressed Olivia*, denn nun geht es gerade nicht um adaptierte Präferenzen, sondern darum, dass Frauen relativ gut wissen, was sie wollen, dies aber nicht in die Tat umsetzen können. Wenn man hier von adaptierten Präferenzen sprechen kann, dann in der Weise, dass diese Präferenzen unter dem Druck der Verhältnisse *ganz bewusst* und aus Gründen der Rationalität an diese Verhältnisse angepasst wurden. Hier geht es um die Anpassung von Präferenzen aufgrund struktureller Ungerechtigkeiten: Frauen werden immer noch festgelegt auf ihre Mutterrolle – anders als Väter, die nicht auf ihre Vaterrolle festgelegt werden. Der ideologische Hintergrund ist hier die geschlechtsspezifische Arbeitsteilung und allgemeiner die geschlechtsspezifische Kodierung des privaten und des öffentlichen Raumes – wie wir schon im siebten Kapitel zur Privatheit gesehen haben. Frauen können unter diesen Umständen zwar autonom handeln, sind aber in ihren Entscheidungsmöglichkeiten deutlich eingeschränkt. Die geschlechtsspezifi-

36 Thurm, »Gute Gründe gegen Kinder«.

37 Vgl. auch Donath, »Regretting Motherhood«.

sche Arbeitsteilung – als ein Aspekt der patriarchalen Ideologie – kann dazu führen, dass Frauen unbewusst ihre Präferenzen adaptieren, aber auch dazu, dass sie ganz bewusst gezwungen werden, Projekte zu verfolgen, für die sie sich unter gerechteren Umständen nicht entschieden hätten. Bevor ich die Frage stelle, ob dies auch ein Problem für die Theorie der Autonomie ist und nicht doch ausschließlich eines der sozialen Gerechtigkeit, will ich noch ein zweites Beispiel anführen, das dringlicher ist als das erste, weil es um tiefer gehende und sehr viel folgenreichere Ungerechtigkeiten geht. Ich zitiere einen Vorfall, den Elizabeth Anderson beschreibt:

> Eines späten Abends im Jahre 2007 fuhr ich durch Detroit, als meine Ölanzeige aufleuchtete. Ich hielt bei der nächsten Tankstelle an, um mir das Problem anzuschauen, als ein junger schwarzer Mann auf mich zukam, um mir Hilfe anzubieten. »Keine Sorge, ich habe nicht vor Sie auszurauben«, sagte er, wobei er seine Hände hochhielt, die Innenflächen auf Gesichtshöhe, seine Unschuld gestikulierend [...]. [U]ngeachtet der Tatsache, dass ich mich weigerte, das Stereotyp des kriminellen gewalttätigen schwarzen Mannes auf ihn anzuwenden, musste er die Last auf sich nehmen, diese Wolke zu vertreiben, zu protestieren und seine Unschuld an imaginären Verbrechen zu beweisen.[38]

Was geschieht hier? Und warum will ich diese Szene als ein Beispiel für Ungerechtigkeit interpretieren? Anderson beschreibt präzise, mit welchen Vorurteilen sie hier selbst kämpft und mit welchen Vorurteilen und Habitualisierungen der junge Mann konfrontiert wird. Man kann dies als epistemische Ungerechtigkeit beschreiben: Der Begriff, den Miranda Fricker

38 Anderson, *Imperative of Integration*, S. 53; auf die Rolle impliziter Vorurteile für die Autonomie der Person, die diese Vorurteile hat, werde ich in Kap. 9 eingehen.

geprägt hat, zielt auf solche Formen von Ungerechtigkeiten, bei denen anderen *kein Glauben* geschenkt wird, bei denen andere nicht als gleichwertige Gesprächs- oder Verhandlungspartner ernst genommen werden.[39] Im Fall von Anderson könnte man dann sagen, dass der junge Mann schon *selbst* davon ausgeht, dass ihm nicht mit dem ihm als Gleichem zustehenden Respekt begegnet wird, dass seiner Haltung, seinem Entgegenkommen gleichsam nicht geglaubt wird.

Solche epistemischen Ungerechtigkeiten haben direkte Konsequenzen für das Selbstverständnis von Personen, für ihr Selbstwertgefühl und ihre Selbstachtung. Nicht nur Anderson beschreibt dies, es ist auch vielfach Thema in der Theorie und auch in der Literatur, etwa bei Frantz Fanon oder bei Ralph Ellison.[40] Der Begriff der adaptierten Präferenzen hilft an dieser Stelle nicht weiter, da der junge Mann in Andersons Beispiel gerade versucht, seine Präferenzen *nicht* anzupassen. Epistemisch ungerecht kann er deshalb behandelt werden, weil diese Ungerechtigkeit Teil struktureller Ungerechtigkeiten und massiver Ungleichheiten aufgrund von Rasse, Geschlecht und Ökonomie ist. Diese prägen noch immer soziale und kulturelle Milieus und verhindern soziale Gerechtigkeit auch dann und dort, wo diese Gerechtigkeit zu den normativen Fundamenten der Gesellschaft gehört. Auch in Gesellschaften, die multikulturell und zugleich rassistisch sind, haben zwar alle Personen formal die gleichen Rechte, ist der Wert der Freiheit jedoch unterschiedlich; deshalb muss auch von der Autonomietheorie aus die Gerechtigkeitsfrage gestellt werden.

Nun könnte man allerdings einwenden, dass es sich hier nicht mehr wirklich um ein Autonomieproblem handele,

39 Fricker, *Epistemic Injustice*; vgl. oben, Kap. 4, in dem ich genauer erkläre, was epistemische Ungerechtigkeit bedeutet.

40 Fanon, *Schwarze Haut, weiße Masken*; Ellison, *Unsichtbarkeit*; vgl. Celikates, *Kritik als soziale Praxis*, S. 175-184.

weil es ausschließlich um Gerechtigkeitsfragen gehe, die unabhängig von einer Theorie persönlicher Autonomie auftreten und gelöst werden müssen. Außerdem sei das *Recht auf* bestimmte Optionen – zum Beispiel auf Bildung – nicht zu identifizieren oder zu verwechseln mit dem Recht, diese Optionen auch *wahrnehmen zu können*. Doch das stimmt nicht: Die Autonomie einer Person betrifft nicht nur die internen Bedingungen der Willensbildung, wie wir schon mehrfach gesehen haben, sondern auch die externen. Diese Autonomie kann sehr wohl durch die gesellschaftlichen Bedingungen begrenzt und eingeschränkt werden und ist deshalb von diesen Bedingungen direkt betroffen – auch wenn man *gegen* solche Bedingungen noch versuchen kann, Autonomie zu leben: Dies wird nicht begrifflich unmöglich. Aber Fragen der sozialen Gerechtigkeit, ungerechte Strukturen einer Gesellschaft schlagen direkt durch auf die Möglichkeit, Autonomie auszubilden und auszuüben, autonom leben zu können.[41]

Dies kann man sich auch von einem Grenzfall her klarmachen: Sind gar keine Möglichkeiten in einer Gesellschaft gegeben, über das *eigene* Leben zu *bestimmen*, dann gibt es auch keine Möglichkeit, ein sinnvolles Leben zu führen. Dies kann aus verschiedenen Gründen der Fall sein, und sie verweisen alle auf den Zusammenhang von Autonomie und Gerechtigkeit: weil Personen unter solch katastrophalen Bedingungen leben müssen, dass sie nur mit dem täglichen Überleben beschäftigt sind; oder weil sie direkt, absichtlich und explizit

41 Zum Zusammenhang von Autonomie und sozialer Gerechtigkeit vgl. die Beiträge in Oshana (Hg.), *Personal Autonomy and Social Oppression*, und Veltman/Piper (Hg.), *Autonomy, Oppression, and Gender*. Ich habe schon mehrfach darauf verwiesen, dass ich auf die Frage nach der Neutralität des Staates nicht ausführlicher eingehen werde, sondern nur immer wieder die Richtung aufzeige, in die man hier gehen müsste, vgl. nur Habermas, *Faktizität und Geltung*, S. 367-398, und Rawls, »Der Vorrang des Rechten und Ideen des Guten«.

an eigenen Lebensplänen gehindert werden; oder weil es ihnen indirekt durch soziale und ökonomische Strukturen verwehrt wird. Auf solche Grenzfälle will ich im folgenden, letzten Abschnitt dieses Kapitels noch einmal aus einer anderen Perspektive eingehen.

5. Zwischen Autonomie und Unterdrückung: Grenzfälle

Ich habe dieses Kapitel angefangen mit dem Versuch, die notwendigen sozialen Bedingungen von Autonomie zu entwickeln. Doch schnell ist deutlich geworden, dass diese Bedingungen einen janusköpfigen Charakter haben: Sie müssen Autonomie ermöglichen und können zugleich Autonomie erschweren oder gar verhindern. Deshalb sind so gut wie alle Beispielfälle, die ich bisher diskutiert habe, schon problematische Fälle, bei denen nicht unmittelbar einsichtig wird, inwieweit es sich hier eigentlich um autonome Personen handelte. Ich hätte eventuell auch nur die notwendigen sozialen Bedingungen in idealisierter Form beschreiben und dabei zeigen können, unter welchen sozialen Umständen Autonomie gelingen würde. Doch mir geht es auch hier um die Spannungen im täglichen Leben zwischen den Versuchen, autonom zu leben, und den Behinderungen und Erschwernissen, denen diese Versuche immer wieder ausgesetzt sind.

Nun gibt es zahllose Beispiele, die den Kampf um persönliche Autonomie in nicht liberal-demokratischen Gesellschaften vor Augen führen; solche Kämpfe um Anerkennung und für Autonomie gehören zur sozialen Welt innerhalb wie außerhalb liberaler Demokratien. Ich hatte im einleitenden Kapitel schon den libanesischen Autor Samir Frangieh zitiert, der die Bewegung des Arabischen Frühlings beschreibt als einen Kampf dafür, im eigenen Namen sprechen zu können, eine eigene Stimme hörbar zu machen: »Die Menschen sind sich bewusst, dass sie die Urheber ihrer eigenen Geschichte werden können.«[42] Doch solche Kämpfe finden sich auch innerhalb liberal-demokratischer Gesellschaften, nicht nur, weil es auch dort repressive Strukturen gibt, sondern auch deshalb, weil die rechtlichen Interpretationen von Grundfreiheiten, negativen wie positiven, die Autonomie ermöglichen sollen, nie eindeutig und immer umstritten sind. So wurde etwa im Sommer 2016 das sogenannte Burkini-Verbot außerordentlich heftig diskutiert: Ermöglicht der Burkini gerade die Autonomie von muslimischen Frauen in der Öffentlichkeit oder steht er nur für die Anerkennung der Macht, die Männer über Frauen haben?[43] Aus meinen bisherigen Ausführungen zur Autonomie sollte deutlich geworden sein, dass ich gegen ein solches Verbot argumentieren würde und dass es viele gute Gründe dafür gibt, ein solches Verbot abzulehnen. Ich will dies hier jedoch nicht im Einzelnen ausführen, sondern stattdessen anhand zweier längerer Beispiele von ebenso umstrittenen Fällen noch einmal genauer die Grenzen von Autonomie ausloten. Das erste Beispiel stammt aus der liberalen Demokratie, das zweite aus einer totalitären Gesellschaft.

Das erste Beispiel betrifft Faiza X, eine nordafrikanische Frau, die in Frankreich Staatsbürgerschaft beantragte und deren Antrag abgelehnt wurde.

> Die Frau praktizierte eine besonders restriktive Form des Islam (Salafismus), die verlangt, dass sie einen Ganzkörperschleier trägt, ihrem Ehemann und anderen männlichen Familienmitgliedern in wichtigen Angelegenheiten gehorcht und selten das Haus verlässt, außer um ihre Kinder zur Schule zu bringen. Die höchste Verwaltungsinstanz Frankreichs, der Staatsrat, urteilte, dass die nur als Faiza X iden-

42 Interview vom 20.8.2014.
43 Vgl. Marshall, »*S. A. S. v France*«.

> tifizierte Frau »eine radikale Praxis ihrer Religion, die mit den grundlegenden Werten der französischen Gemeinschaft, insbesondere mit dem Prinzip der Gleichheit der Geschlechter, unvereinbar ist«, angenommen hatte »und daher nicht die Einbürgerungsbedingungen erfüllt«, die im Zivilgesetzbuch des Landes als Voraussetzung für die Erlangung der französischen Staatsbürgerschaft aufgelistet sind.[44]

Das Gericht erhebt mit der Forderung nach Anerkennung des Grundsatzes der Gleichheit der Geschlechter ähnliche Forderungen wie Theoretikerinnen, die eine substantielle Theorie von Autonomie verteidigen. Diese Forderungen – und die für die Zuschreibung von Autonomie notwendigen Werte und Überzeugungen – betreffen die explizite Anerkennung von Freiheit und Gleichheit und die mögliche Unabhängigkeit von eigenen kulturellen Kontexten und sozialen Milieus. Sie scheinen deshalb inhaltlich übermäßig anspruchsvoll. Denn man kann sich auch vorstellen, dass Faiza X eine sehr gläubige Frau ist, die gute Gründe dafür angeben könnte, warum sie diesem Glauben anhängt und warum sie zugleich französische Staatsbürgerin werden will. Auch wenn man der Meinung ist, dass es ihr außerordentlich schwer gemacht wird, eigene Vorstellungen des Lebens zu entwickeln, so scheint es doch auf der anderen Seite sowohl paternalistisch als auch ungerecht, ihr Autonomie abzusprechen und die Staatsbürgerschaft zu verweigern. Wenn Stimmen und Überzeugungen wie die von Faiza X aus der demokratischen Debatte ausgeschlossen werden, so kann man argumentieren, stellt das nicht nur eine Missachtung der Autonomie der betreffenden Person dar, sondern auch einen Verlust für die Demokratie.

Sicherlich ist dies ein schwieriger Grenzfall der Zuschrei-

44 Zitiert bei Christman, *Politics of Persons*, S. 176.

bung von Autonomie. Und ich muss den Fall so beschreiben, dass Faiza X tatsächlich wenigstens im Blick auf bestimmte Bereiche ihres Lebens Autonomie möglich ist, auch wenn dies in anderen Hinsichten nicht der Fall ist. Worum es in diesem Beispiel natürlich auch geht, ist die Frage nach der Neutralität des Staates; und auch deshalb ist es wichtig, bei den Bedingungen für den Erwerb von Staatsbürgerschaft keinen übertrieben starken Begriff von Autonomie zu verwenden, der gegebenenfalls auch schon für einheimische Staatsbürger und Staatsbürgerinnen viel zu anspruchsvoll wäre.

Schauen wir erst noch auf ein zweites Beispiel, bevor ich noch einmal genereller auf den Sinn der Zuschreibung von Autonomie eingehe. Dieses zweite Beispiel ist ein Grenzfall einer anderen Art, ein Beispiel aus einer nicht liberal-demokratischen Gesellschaft: Hauptmann der Staatssicherheit Gert Wiesler (HGW XX7) aus dem Film *Das Leben der Anderen* von Florian Henckel von Donnersmarck.[45] Der Film spielt 1984 in Ostberlin, also noch einige Jahre vor der Wende. Gert Wiesler (gespielt von Ulrich Mühe) wird beauftragt, die Wohnung des Schriftstellers Georg Dreymann (Sebastian Koch) rund um die Uhr zu überwachen. Er tut das von einem Zimmer im selben Hause aus, mit relativ aufwendigen Apparaten. Alle Kontakte und Freundschaften, alle Gespräche werden belauscht und wenn möglich aufgezeichnet, so auch die Entstehungsgeschichte eines Artikels von Dreymann zur Selbst-

45 Der Film kam 2006 in die Kinos; man könnte hier noch eine Reihe anderer Beispiele aus der Literatur nennen: zum Beispiel Rita Seidel aus Christa Wolfs Roman *Der geteilte Himmel*, die auch eine Emanzipationsgeschichte und eigene ›Autonomisierung‹ durchmacht (wenn auch anders als Wiesler); oder Franziska Linkerhand aus dem gleichnamigen Roman von Brigitte Reimann. Beide leben unter nicht liberal-demokratischen Bedingungen in der DDR der 1960er Jahre; beide haben ihre Präferenzen teilweise adaptiert; und dennoch wird man ihnen Autonomie nicht absprechen wollen.

mordrate in der DDR, der in den Westen geschleust wurde. Dieser Artikel wurde auf einer Schreibmaschine mit rotem Farbband geschrieben, die ein Redakteur des Nachrichtenmagazins *Der Spiegel* nach Ostberlin geschmuggelt und Dreymann überlassen hatte. Die Suche nach dieser Schreibmaschine als Beweisstück gegen Dreymann führt zu dramatischen Entwicklungen: Und am Ende, nach einem ebenso dramatischen Show-down, entschließt sich Wiesler, seinem Auftrag diametral zuwiderzuhandeln und die Schreibmaschine in Sicherheit zu bringen, knapp bevor sie von der Stasi gefunden werden kann. Gert Wiesler macht also einen deutlichen Bildungsprozess durch, erkennt am Ende andere Verhaltensweisen als Möglichkeiten, die eigentlich nicht zu seinem moralischen Rahmen, seiner politischen Kultur und schon gar nicht zu seinem politischen Auftrag gehörten, und handelt dementsprechend völlig anders, als ihm dies zu Beginn des Films, oder der Erzählung, möglich gewesen wäre.

Mich interessiert nun nicht die Authentizität des Films, auch nicht seine Hollywoodtauglichkeit, sondern nur die Frage: Handelt Gert Wiesler autonom? Schenkt man substantiellen relationalen Theorien Glauben, dann handelt Wiesler nicht autonom, weil die sozialen Bedingungen, unter denen er lebt, dies nicht zulassen können. Es sind sicherlich keine Bedingungen, unter denen er sich als moralisch Gleicher unter Gleichen und als in einem irgendwie interessanten Sinn als wirklich *unabhängig* hätte beschreiben können. Auch gemäß einer substantiellen Theorie der Anerkennung könnte Wiesler wohl nicht den nötigen Selbstwert und die Selbstachtung ausbilden, die für ein autonomes Leben notwendig wären. Der Begriff der rationalen Handlungsfähigkeit müsste ausreichen, um Wieslers Verhalten erklären zu können, da die ihn umgebende Gemeinschaft gerade diese Veränderung des Werterahmens, die er erlebt, für die er sich entschieden hat, nicht als wertvoll anerkennen kann.

Aber so wie ich oben schon deutlich gemacht habe, scheint es plausibler und normativ angemessener zu sein, Wiesler wenigstens in einigen und in seinem Fall sehr gundlegenden Hinsichten Autonomie zuzuschreiben. Der Fall ist deshalb so interessant, weil Wiesler offensichtlich Selbstwert und Selbstachtung gewissermaßen durch die virtuelle Anerkennung ausbilden konnte, die er sich von der Gruppe von Schriftstellern und Schauspielerinnen erwartet oder die er unterstellt und mit deren Werten und Normen er gelernt hat sich zu identifizieren; jedenfalls so weit zu identifizieren, um sein Projekt, die Schreibmaschine zu entwenden, sicherzustellen. Zudem zeigt die Veränderung, geradezu Transformation seiner normativen moralisch-politischen Ideen, dass ebendies, eine solche Veränderung und Entwicklung, auch in repressiven Gesellschaften möglich ist. Wieslers Autonomie lässt sich dann als ein Handeln aus Prinzipien beschreiben, hinter denen er selbst stehen kann, mit denen er sich identifiziert. Und dies ist ausreichend für die Zuschreibung von Autonomie.

Aber würde dies nicht eine Aufweichung des Begriffs von Autonomie bedeuten? Könnte man dann nicht jedes, auch jedes moralisch verwerfliche Handeln, wenn es nur prinzipientreu ist, als autonomes beschreiben? Diesem Problem sind wir natürlich schon in verschiedenen Passagen begegnet, aber ich will es hier noch einmal aufnehmen. Zunächst einmal sollte man zwei Fragen auseinanderhalten: zum einen die, ob man unter nicht liberal-demokratischen Bedingungen autonom sein kann, also die nach den allgemeinen Bedingungen von Autonomie und deren Zuschreibung. Und zum Zweiten die, ob man autonom sein kann, auch wenn die verfolgten Projekte nicht moralisch sind oder, stärker noch: wenn sie zur Etablierung oder Stützung eines totalitären Machtapparats beitragen.

Mit Blick auf die erste Frage will ich noch einmal darauf verweisen, dass Autonomie überhaupt nur möglich ist, wenn man das Leben nicht damit verbringen muss, sich um die eigene Ernährung und die der Familie zu kümmern. Elementare Bedürfnisse müssen jedenfalls befriedigt sein, damit Autonomie überhaupt zum Thema werden kann. Will man, so wie ich, den *Sinn* des Lebens an die *Autonomie* des Lebens knüpfen, dann muss man sagen, dass unter gesellschaftlichen Bedingungen, unter denen Autonomie gänzlich ausgeschlossen ist, weil die Menschen sich um nichts anderes kümmern können als um die Befriedigung ihrer fundamentalen Bedürfnisse, auch ein sinnvolles Leben nicht möglich ist. Aber diese Konsequenz scheint mir durchaus plausibel.[46]

Wenn aber die gesellschaftlichen Bedingungen Autonomie im Prinzip zulassen, kommt jene Vorstellung von Autonomie zum Tragen, die Projekte oder Rollen als Ausdruck der Selbstbestimmung versteht, wenn sie zugleich Ausdruck der Einheit, der praktischen Identität der Person sind. Wir haben gesehen, dass das autonome Leben nur mit solchen Vorhaben gelingen kann, die sich einfügen in die eigene praktische Identität und in soziale Beziehungen, die auch Beziehungen der Anerkennung sind. Aber was heißt das für Menschen wie Faiza X und Gert Wiesler? Beide Grenzfälle muss man so beschreiben, dass sie tatsächlich *selbst* meinen, dass die Projekte, die sie verfolgen, ihre eigenen sind, einen sinnvollen Stellenwert in ihrer Biographie einnehmen, sie die Anerkennung (auch die vermutete Anerkennung) von signifikanten Anderen erhalten (würden) und verdienen. All dies muss jedenfalls in verschiedenen Hinsichten ihres Lebens zutreffen. Personen müssen nicht als ganze, in allen Aspekten ihres Lebens autonom sein, um nicht doch Autonomie beanspruchen zu kön-

46 Ich erinnere an das Leben von Sklaven und Sklavinnen, die häufig nicht einmal mehr über letzte Reste von Autonomie verfügen und ihr Leben als vollkommen sinnlos erfahren; vgl. zum Beispiel Douglass, *Narrative of the Life of Frederick Douglass*; besonders anschaulich sind seine Ausführungen auf S. 62f.

nen. Der Unterschied zwischen dem lokalen und dem globalen Gebrauch des Begriffs, den ich schon ganz zu Anfang gemacht habe, kann auch hier hilfreich sein: Dann könnten sich Gert Wiesler und Faiza X vielleicht als autonome Personen verstehen, auch wenn sie in bestimmten verschiedenen (oder auch vielen) Hinsichten und Handlungen nicht autonom sind.

Was bedeutet dies für den moralischen Charakter von autonom verfolgten Projekten? Auch hier gilt wiederum: Will man Autonomie nicht schon *begrifflich* an inhaltlich substantielle Werte und Normen von Gleichheit, Freiheit und universellem Respekt binden und an das Verfolgen moralisch akzeptabler Projekte, dann ist es möglich, auch in totalitären Gesellschaften Formen von Autonomie zu entwickeln und auszuüben. Begrifflich ebenso wie normativ gesehen ist dies eine manchmal mühsame Balance, ein schwieriges Abwägen, das ich schon in früheren Kapiteln artikuliert und besprochen habe: Denn es ist begrifflich und normativ notwendig, über einen rein prozeduralen Begriff von Autonomie hinauszugehen, da er sich nur auf die internen Strukturen der Willensbildung von Personen bezieht. Andererseits darf die Berücksichtigung externer Bedingungen – wie die der Beziehungen der Anerkennung, aber auch die Möglichkeit, sinnvolle Projekte verfolgen zu können – nicht zu einer solch substantiellen Forderung werden, dass es schon *begrifflich* notwendig ist, Personen in nicht liberal-demokratischen Gesellschaften als strukturell nichtautonom zu beschreiben. Eine Konsequenz, die dieses theoretische Abwägen mit sich bringt, besteht darin, dass man auch unmoralische Projekte oder unmoralische Personen immer wieder als autonom wird bezeichnen müssen. Aber wie schon häufiger will ich auch hier noch einmal betonen: Auch autonome Lebensweisen sind nicht als solche gut oder sinnvoll. Sie müssen und werden immer offenbleiben für Kritik.

Autonomie – das zeigt das vorige Kapitel ebenso wie dieses – ist auch in der von mir vorgestellten und begründeten Version auf soziale Realisierungsbedingungen angewiesen. Dies ist eine schwach perfektionistische und externalistische Theorie der Autonomie – denn ich verteidige, dass es durchaus *auch* externe Bedingungen sind, aufgrund deren wir Personen Autonomie zuerkennen (und nicht nur interne Willensbildungsmechanismen); und wie ich in Kapitel 6 gezeigt habe, lässt sich über bessere und schlechtere Optionen auch inhaltlich etwas sagen. Aber meine Theorie kommt ohne *idealisierte* Bedingungen aus; sie deutet die Spannungen zwischen dem normativen Bild und den täglich gelebten Erfahrungen nicht so, dass sie zwangsläufig zu einer Aberkennung von Autonomie führen müssten, weil den idealen und idealisierten Bedingungen nicht Genüge getan werden kann; sondern so, dass Autonomie und der Versuch, weitgehend autonom zu leben, auch unter widrigen Bedingungen möglich sind.

9
Die Wirklichkeit von Autonomie

Unsere Praktiken bedienen sich nicht nur unserer Natur; sie drücken sie aus.[1]

»Ich glaube, daß er kein Automat ist« hat, so ohne weiteres, noch gar keinen Sinn. Meine Einstellung zu ihm ist eine Einstellung zur Seele. Ich habe nicht die Meinung, daß er eine Seele hat.[2]

Die Ausübung unserer Freiheit ist eine kleine, stückweise verlaufende Angelegenheit, die fortwährend vor sich geht, nicht ein großartiges, ungehindertes Vollführen von Sprüngen in bedeutsamen Augenblicken. Das moralische Leben ist richtig gesehen vielmehr eines, das unablässig geschieht, nicht eines, das an- und abgeschaltet wird zwischen jeweils ganz ausdrücklichen moralischen Entscheidungen.[3]

1. Autonomie ist keine Illusion

In den vorangehenden Kapiteln hat sich gezeigt, dass wir zumindest in liberal-demokratischen Gesellschaften wie selbst-

1 Strawson, »Freiheit und Übelnehmen«, S. 232.
2 Wittgenstein, *Philosophische Untersuchungen* II. IV, S. 283.
3 Murdoch, »The Sovereignty of Good«, S. 37. (»[T]he exercise of our freedom is a small piecemeal business which goes on all the time and not a grandiose leaping about unimpeded at important moments. The moral life, on this view, is something that goes on continually, not something that is switched off in between the occurrence of explicit moral choices.«)

verständlich davon ausgehen, autonom zu sein, autonom leben zu können. Wir gehen davon aus, das Recht zu haben, autonome Entscheidungen zu treffen und gemäß unseren eigenen Werten oder Grundsätzen leben zu können, überdies davon, dass wir über die Fähigkeiten verfügen, ein solches Leben zu leben. Autonome Personen entscheiden und engagieren sich für Projekte oder Beziehungen. Sie können Verpflichtungen eingehen und allgemein ihrem Leben eine sinnvolle Form geben, so dass sie sich von ihrem eigenen Leben nicht (zu stark) entfremdet fühlen. Autonomie in diesem Sinn ist die Grundlage für ein gutes und sinnvolles Leben: Sie bedeutet, in der Lage zu sein, über die eigenen Werte, Überzeugungen, Wünsche, Verpflichtungen reflektieren zu können, und dann entsprechend handeln und leben zu können.

Es ging mir jedoch in jedem Kapitel, aus unterschiedlichen Perspektiven, vor allem um *Grenzen*, um *Spannungen*, auf die man immer wieder stößt beim Versuch, selbstbestimmte Entscheidungen zu treffen: wegen der Verpflichtungen, an die Personen immer schon gebunden sind, aber auch wegen ganz mundaner Unfähigkeiten, wirklich das zu tun, was man tun will, wegen eines Mangels an Selbsterkenntnis – eben wegen des Treibsands, in dem wir häufig schon meinen zu stecken. Ich erinnere nur an die Passage aus Iris Murdochs Roman *Nuns and Soldiers*: »[M]an steckt immer schon bis zum Hals in seinem Leben, oder ich zumindest. Man kann nicht schwimmen in einem Sumpf oder im Treibsand.«[4] Die Metaphern des Sumpfes und des Treibsands führen uns die Schwierigkeiten und die Grenzen vor Augen, denen Selbstbestimmung im täglichen Leben ausgesetzt ist. Doch solche Erfahrungen setzen die Möglichkeit dieser Selbstbestimmung immer schon voraus. Deshalb ist es kein Hinweis auf die prinzipielle Unmöglichkeit von Autonomie, wenn wir Spannungen erfahren

4 Murdoch, *Nuns and Soldiers*, S. 367.

zwischen unserem Selbstverständnis, wie wir leben sollten oder leben wollen, und der Vertrautheit mit dem manchmal undurchdringlichen Durcheinander des Alltags. Wir unterstellen stets und wie selbstverständlich, dass wir Projekte selbst wählen können und dass wir in ihnen und mit ihnen unsere Autonomie sowie unsere praktische Identität ausdrücken und bestimmen. Jede Person, die den Sinn – und das Glück – ihres Lebens in diesen Projekten und Beziehungen sieht, diese selbst und eigenständig bejaht und wertschätzt, setzt die Möglichkeit von Autonomie voraus: Erfahrungen von Unfreiheit sind also immer schon Erfahrungen innerhalb eines Rahmens von möglicher Freiheit.

Es sind diese Voraussetzung und ihre Rechtfertigung, die mich im *ersten Schritt* dieses Kapitels beschäftigen werden. Denn bisher habe ich angenommen, dass Autonomie jedenfalls im Prinzip möglich ist und es deshalb auch im Prinzip möglich ist, ein sinnvolles Leben zu leben. Bisher ging es mir gerade nicht um die Spannung zwischen einem naturgesetzlichen Determinismus und der Freiheit des Willens: Erst die Behauptung, wir verfügten nicht über die Freiheit des Willens und seien deshalb *a fortiori* nicht in der Lage, ein selbstbestimmtes – sinnvolles, gelungenes – Leben zu führen, wäre die radikale Infragestellung meiner Theorie von Autonomie.

Um verschiedene Interpretationen der These, Autonomie sei nur eine angenehme und nützliche Illusion, zurückweisen zu können, ist es jedoch gar nicht nötig, die Herausforderung der Hirnforschung und des Determinismus tatsächlich anzunehmen. Da es mir lediglich um die erklärende Darlegung dessen geht, was es heißt, ein autonomes Leben zu führen und Teilnehmerin an sozialen – auch moralischen – Praktiken zu sein, brauche ich nicht mehr als eine *begründende Selbstverständigung*, um zu zeigen, was es bedeutet, ein selbstbestimmtes Leben gemeinsam mit anderen zu führen – das ist etwas anderes als der Versuch, den Determinismus zu widerlegen.

Die skeptische Frage nach der Möglichkeit von Autonomie lässt sich natürlich immer stellen, und zwar als metaphysische, als sozialkritische und auch empirische. Aber den metaphysischen Einwand kann und will ich schlicht abwehren, weil ich denke und argumentieren will, dass unser Verständnis eines selbstbestimmten Lebens durch die Neurowissenschaften oder den Determinismus gar nicht bedroht werden kann.

Dass Autonomie nur eine Illusion und Willensfreiheit nicht möglich sei, ist jedoch nur die weitestgehende Position im Blick auf die Freiheit des Willens. Denn auch wenn wir von der prinzipiellen metaphysischen Möglichkeit des freien Willens und der Autonomie ausgehen, kann man auf weniger fundamentalen Ebenen des Diskurses die (Un-)Möglichkeit von Autonomie noch in durchaus relevanter Hinsicht thematisieren: nicht als naturgesetzliche, sondern als *gesellschaftliche Unfreiheit*. Deshalb will ich in einem zweiten Schritt Theorien gesellschaftlicher Beschränkungen von Freiheit diskutieren, denen wir auch schon bei der Diskussion der gesellschaftlichen Bedingungen von Autonomie sowie der Analyse struktureller Ungerechtigkeiten begegnet sind. Zu den Konsequenzen dieser gesellschaftlichen Unfreiheit gehört auch ein Phänomen, das in der Tat autonomes Handeln in Frage zu stellen scheint und das ich deshalb kurz vorstellen und diskutieren werde: das Phänomen *impliziter Vorurteile*. Solche impliziten Vorurteile sind unmittelbar verbunden mit jenen diskriminierenden und exkludierenden Strukturen einer Gesellschaft, die etwa von der kritischen Theorie analysiert werden.

Überdies bilden sie eine Schnittstelle zur nächsten Frage, denn wenn wir von unbewussten Vorurteilen geleitet werden, sind wir dann für unsere Handlungen (moralisch) verantwortlich? Deshalb soll in einem dritten Schritt noch explizit die Problematik der moralischen Verantwortung diskutiert werden – denn offenbar können wir auch für solche Handlungen verantwortlich sein, die wir nicht autonom intendiert haben;

und andererseits vielleicht nicht für all solche, von denen dies – die Autonomie – sehr wohl gilt.

Schließen will ich damit, zum grundlegenden Thema dieses Buches zurückzukehren: Wie müssen und können wir das selbstbestimmte Leben trotz der Widersprüche, denen es ausgesetzt ist, verstehen, so dass es auch als das gelungene Leben gesehen und gelebt werden kann?

2. Die Bedeutung sozialer Praktiken

Wäre Autonomie nur eine Schimäre, dann könnte ich nicht eine Theorie des gelungenen Lebens entwerfen, die auf Ideen des eigenen Lebens, der Bedeutsamkeit des Wählens, auf der substantiellen Bedeutung der eigenen Gründe und Entscheidungen und auch der Verpflichtung gegenüber den eigenen Vorhaben beruht: Ich möchte daher mit einer Erinnerung daran beginnen, warum Autonomie und die Annahme von individueller Freiheit so essentiell für unser normatives Selbstverständnis und für unsere sozialen Praktiken ist.[5]

5 Eine Position, die die Freiheit des Willens radikal in Frage stellt und für die mit der Möglichkeit von Freiheit oder Autonomie auch die der moralischen Verantwortung auf dem Spiel steht, ist etwa die von Roth, *Aus Sicht des Gehirns*, S. 180: »Das bewusst denkende und wollende Ich ist nicht im moralischen Sinne verantwortlich für dasjenige, was das Gehirn tut, auch wenn das Gehirn ›perfiderweise‹ dem Ich die entsprechende Illusion verleiht.« Roth zielt hier nicht nur auf die moralische, sondern auch auf die strafrechtliche Verantwortung. Neben Roth lassen sich auch noch andere Autoren nennen, wie etwa der in den Niederlanden sehr populäre Dick Swaab, Hirnforscher und Verteidiger ganz ähnlicher Theorien wie Roth, vgl. Swaab, *Wij zijn ons brein*, S. 379-394, dort das Kapitel »Der freie Willen, eine angenehme Illusion«. Vgl. zum folgenden Keil, *Willensfreiheit*; Watson, *Free Will*; Wallace, *Responsibility and the Moral Sentiments*.

Ausgehen kann man dabei von der Phänomenologie unserer Erfahrung von Selbstbestimmung und Willensfreiheit: denn niemand bestreitet das *Phänomen* des freien Willens (kein Teilnehmer an dieser Debatte jedenfalls). Diese in der Literatur häufig wiederholte Überzeugung ist Ausdruck unserer vortheoretischen Intuitionen und man kann sie auf verschiedene Weisen artikulieren. Was also bedeutet dieses Phänomen und diese Intuitionen? Ich will dies zunächst mit dem Rekurs auf unsere Fähigkeiten, Gründe zu geben und aus eigenen Gründen zu handeln, erläutern: Autonom im von mir bisher ausgeführten Sinn sind wir dann, wenn wir ein Bewusstsein davon haben, dass wir uns im Handeln immer schon im *Reich der Gründe* bewegen. Gründe geben, Verantwortung und Freiheit gehören deshalb von Beginn an und genuin zusammen.[6] Es liegt *an uns selbst*, so oder anders zu handeln, es sind die *eigenen* Gründe, mit denen wir unser Verhalten motivieren. Dass wir uns im Reich der Gründe bewegen, heißt dann auch, dass es »gerade das Überlegen [ist], in dem der Freiheitsspielraum des So-oder-anders-Könnens für den Handelnden selbst geöffnet ist. Er steht vor einer Situation, in der es vom Ergebnis seines Überlegens abhängt, was geschehen wird.«[7] Ernst Tugendhat erläutert hier die Verbindung zwischen dem Überlegen, in dem und durch das uns unsere Freiheit bewusst wird,

6 Jürgen Habermas beschreibt dies (in »Das Sprachspiel verantwortlicher Urheberschaft«, S. 275) so: »Das Sprachspiel verantwortlicher Urheberschaft [...] bringt [...] den Akteuren zu Bewußtsein, daß sie sich *immer schon* in einem Raum verpflichtender Gründe bewegen und daß sie sich von diesen Gründen affizieren und in Anspruch nehmen lassen.« Er verweist auch auf das »im Hintergrund performativ mitlaufende Freiheitsbewußtsein« (ebd., S. 274); übrigens waren wir diesem Zusammenhang von Freiheit und Selbstreflexion auch schon in Kap. 4 bei der Diskussion von Richard Morans Theorie begegnet.

7 Tugendhat, »Der Begriff der Willensfreiheit«, S. 349.

und dem Handeln, das eine Entscheidung und eigene Gründe voraussetzt. Handlungsfreiheit und Autonomie müssen dann als *Ausdruck* von Willensfreiheit begriffen werden. Man wägt nicht nur Gründe gegeneinander ab, sondern man handelt aus den Gründen, die man sich zu eigen gemacht hat. Damit haben wir den wichtigen ersten Schritt getan: Denn Kennzeichen unserer Willensfreiheit ist die »*Fähigkeit zu Reflexion und Selbstreflexion*«, im Bewusstsein, auch anders handeln zu können.[8] Diese erste Plausibilisierung eines Begriffs von Freiheit und Autonomie ist im Grunde schon substantiell genug, um den in den vorhergehenden Kapiteln vorausgesetzten Autonomiebegriff stützen zu können. Auf die metaphysischen Voraussetzungen – oder Konsequenzen – einer solchen Position brauche ich nicht einmal einzugehen, um doch die Möglichkeit von Autonomie als überzeugend darstellen zu können. Natürlich ist dadurch die skeptische Frage nicht aus dem Weg geräumt, das habe ich oben schon gesagt: Die Plausibilisierung unseres Selbstverständnisses als autonome Personen kann nicht einfach die deterministische Theorie widerlegen. Aber sie kann zeigen, dass es nicht notwendig ist, den Determinismus zu widerlegen, wenn man die Möglichkeit und die Wirklichkeit von Autonomie behaupten und erläutern will.

Dies lässt sich jedoch noch deutlicher aus einer anderen Perspektive machen: nicht nur im Blick auf die je eigenen Überlegungen und Gründe, sondern im Blick auf die sozialen

8 Was es heißt, mehr als einen schwachen Begriff der Willensfreiheit zu verteidigen, ist allerdings umstritten. So argumentiert etwa Wallace, im Gegensatz zu Tugendhat und Habermas, gegen die Notwendigkeit von alternativen Handlungsmöglichkeiten. Ich brauche jedoch auf diese Problematik nicht genauer einzugehen und deshalb nicht zu diskutieren, ob der von mir entwickelte Begriff von Autonomie einen stärkeren Kompatibilismus zur Folge haben müsste als den von Harry Frankfurt. Vgl. zum Überblick über die Argumentation Keil, *Willensfreiheit*, S. 79-87.

Praktiken, an denen wir immer schon teilnehmen und in die das Geben von Gründen und das Reflektieren immer schon eingelassen sind. So verteidigt und begründet Peter Strawson, dass unsere moralischen Praktiken – die Art und Weise, wie wir uns wechselseitig für moralisch verantwortlich halten – Ausdruck der Annahme von Willensfreiheit sind. Auch Strawson geht es gerade nicht darum, die Wahrheit oder Falschheit des Determinismus zu beweisen, sondern er will zeigen, in welcher Weise unsere moralischen Praktiken und Haltungen gegenüber anderen Ausdruck unserer menschlichen Natur, unserer *menschlichen Sozialität* sind. Freiheit und Autonomie, wie wir sie kennen, und ebenso die sozialen Praktiken, in die wir immer schon involviert sind, wären unter der Prämisse der Wahrheit des Determinismus nicht vorstellbar. Unsere moralischen Haltungen sind nämlich nicht die Resultate *theoretischer Überzeugungen* – hinsichtlich der Konsequenzen von Handlungen oder deren Verdienstlichkeit –, sondern drücken auf vielfältige Weise aus, in welchen Beziehungen wir immer schon zu anderen stehen, welche Einstellungen wir zu ihnen haben, ob wir ihnen gegenüber Schuld empfinden, Übelwollen, Zuneigung oder Verzeihung. Strawson schreibt,

> daß wir, wie wir sind, uns nicht ernsthaft vorstellen können, wir könnten infolge theoretischer Überzeugung von der Wahrheit des Determinismus eine durchgehende Objektivität der Haltung anderen gegenüber annehmen; und [...] daß, wenn wir faktisch eine solche Haltung in einem besonderen Fall annehmen, dies nicht die Folge einer theoretischen Überzeugung ist, die ausgedrückt werden könnte als »Determinismus« in diesem Fall, sondern eine Folge davon, daß wir die gewöhnlichen interpersonalen Haltungen aufgegeben haben aus Gründen, die von Fall zu Fall verschieden sind.[9]

9 Strawson, »Freiheit und Übelnehmen«, S. 216.

Die zentrale These von Strawson ist, dass wir diese Gesamtheit an Praktiken, dieses Netz von Zuschreibungen und normativen Begriffen, nicht als ganzes aufgeben können: Denn wir können unsere Lebensform nicht als ganze aufgeben, und diese Praktiken konstituieren unsere Lebensform. Deshalb sind diese Praktiken gar nicht anfällig für die Wahrheit oder Falschheit des Determinismus: Es geht Strawson auch nicht darum, dass man die »Wahrheit des Determinismus« nicht »aushalten« könne oder Ähnliches. Seine Argumentation zielt auf die Unhintergehbarkeit und Unaufgebbarkeit unserer moralischen Praktiken – angesichts der Tatsache, dass wir die Menschen sind, die wir sind.[10] Diese Haltungen und die Praktiken, sich gegenseitig für rechenschaftspflichtig zu erklären, sind genuin mit der Freiheit, aus eigenen Gründen zu handeln, verbunden; denn wir können andere und uns selbst nur für verantwortlich halten, wenn wir auch selbst aus eigenen Gründen gehandelt haben. *Nur* eine frei handelnde Person kann ein Objekt solcher Haltungen sein; und es ist die menschliche Sozialität, die den Rahmen dafür bietet, dass wir immer schon teilhaben an solchen reziproken Beziehun-

10 Diese Unhintergehbarkeit konzeptualisiert auch Habermas in seiner Kritik am Determinismus und in seiner Antwort auf die Herausforderung der Hirnforschung, zielt aber auf die Unhintergehbarkeit der *dualistischen Perspektive von Beobachter und Teilnehmer* und beschreibt deshalb einen »nicht hintergehbaren Perspektivendualismus«; vgl. »Das Sprachspiel verantwortlicher Urheberschaft«, S. 326. Habermas geht nicht von moralischen, sozialen Praktiken aus, sondern von der epistemologischen Problematik und fragt, wie man aus der objektivierenden Perspektive Beobachtungen machen und erläutern könne, ohne die Teilnehmerperspektive immer schon vorauszusetzen; von der Notwendigkeit dieses epistemischen Dualismus aus argumentiert er gegen den Determinismus und sucht die Notwendigkeit eines Kompatibilismus zu begründen, vgl. vor allem ebd., S. 321-341.

gen, solchen Zuschreibungen und Einstellungen gegenüber anderen.[11] So schreibt Strawson:

> Die reaktiven Haltungen [...] sind wesentlich Reaktionen auf die Beschaffenheit des Willens anderer uns gegenüber, wie sie sich in ihrem Verhalten manifestiert: auf ihren guten oder bösen Willen oder ihre Gleichgültigkeit oder ihren Mangel an Rücksicht.[12]

Wenn wir also jemanden loben oder tadeln, zum Beispiel, so tun wir das aufgrund der Beschaffenheit des Willens (*quality of the will*) der anderen Person, die in ihren Handlungen zum Ausdruck kommt. Und es ist die Angemessenheit dieser reaktiven Haltung, die die moralische Verantwortung bestimmt (und nicht umgekehrt). Nun müsste die nächste Frage die sein, unter welchen Umständen wir eigentlich die ›Beschaffenheit des Willens‹ so interpretieren, dass sie zu einer Entschuldigung des Verhaltens der anderen Person führte oder zur Aussetzung der moralischen Haltung ihr gegenüber – unter welchen Umständen sind wir genötigt, gegenüber der anderen Person von Tadel oder Übelnehmen abzusehen? Bevor

11 Vgl. zu den unterschiedlichen Interpretationen sowie zu möglichen Problemen bei Strawson Watson, »Peter Strawson on Responsibility and Sociality«, S. 17-24; vgl. generell den aufschlussreichen Band Shoemaker/Tognazzini (Hg.), *Freedom and Resentment*; außerdem Kane, *Freedom of the Will*, S. 107-109. Auch Bieri ist an dieser Verbindung zwischen Freiheit, Verantwortung und Sozialität interessiert, vgl. seine an Wallace anschließenden Ausführungen in *Das Handwerk der Freiheit*, S. 320-365, insbes. S. 334: »Wir *konstatieren* nicht, dass jemand verantwortlich, ist, sondern wir *erklären* ihn für verantwortlich.«

12 Ebd., S. 217; Winch verwendet ein strukturell ähnliches Argument (in »Eine Einstellung zur Seele«), um die Vorrangigkeit von Einstellungen und Haltungen gegenüber theoretischen Überzeugungen zu begründen; das Objekt der Kritik ist bei ihm der Behaviourismus.

ich darauf im 4. Abschnitt eingehe, will ich erst noch eine andere Form von möglichem Determinismus diskutieren, nämlich den gesellschaftlichen Determinismus.

3. Gesellschaftliche Unfreiheit und implizite Vorurteile

Bisher habe ich jedenfalls schon einmal gezeigt, dass ich mich nicht in die Fänge der metaphysischen Debatte um den freien Willen begeben muss und doch überzeugend dafür argumentieren kann, dass Autonomie, so wie ich sie in diesem Buch bisher entwickelt habe, möglich und wirklich ist. Bei der Frage nach dem gesellschaftlichen Determinismus handelt es sich um eine andere Form von Determinismus als beim metaphysischen. Deshalb verschiebt sich die Problematik: Man kann hier nämlich erkunden, inwieweit die Theorien gesellschaftlicher Unfreiheit trotz der strukturellen Unfreiheit doch noch Möglichkeiten von individueller Freiheit und Autonomie zulassen, an die man anknüpfen könnte; und man kann fragen, wie man eine solche Idee von Autonomie *aus solchen Theorien selbst* heraus entwickeln kann. Diese gesellschaftlichen Unfreiheiten muss man in einem anderen theoretischen Rahmen diskutieren als in einem solchen, wie ihn etwa John Rawls und Joseph Raz zur Verfügung stellen. Denn nur solche Theorien, die von den faktischen, nichtidealen sozialen, kulturellen und politischen Strukturen einer Gesellschaft ausgehen, sind an konkreten Erscheinungsformen gesellschaftlicher Unfreiheit interessiert, an realen Strukturen von Macht und Ausbeutung. Das gilt etwa für die Theorien von Theodor W. Adorno und Michel Foucault: Man kann – und ich werde – diese Theorien als in manchen Hinsichten plausibel rezipieren, ohne zugleich den normativen Rahmen von Rechten und Autonomie aufgeben zu wollen. Um gleich mit einem Adorno-Zitat zu beginnen:

> Das Individuum *fühlt sich frei*, soweit es der Gesellschaft sich entgegengesetzt hat und, wenngleich unverhältnismäßig viel weniger, als es glaubt, etwas gegen sie oder andere Individuen vermag. Seine Freiheit ist primär die eines solchen, der eigene Zwecke verfolgt, die in den gesellschaftlichen nicht unmittelbar aufgehen [...]. Freiheit dieses Typus hat sich der naturwüchsigen Gesellschaft entrungen; innerhalb einer zunehmend rationalen erlangte sie einige Realität. Zugleich jedoch blieb sie inmitten der bürgerlichen Gesellschaft *Schein nicht weniger als die Individualität* überhaupt. Kritik an der Willensfreiheit wie am Determinismus heißt Kritik an diesem Schein. Über den Kopf der formal freien Individuen hinweg setzt das Wertgesetz sich durch. [...] Frei war das Individuum als wirtschaftendes bürgerliches Subjekt, soweit vom ökonomischen System Autonomie gefordert wurde, damit es funktioniere. Damit ist seine Autonomie im Ursprung schon potentiell verneint.[13]

Freiheit, so argumentiert Adorno, ist in der Warengesellschaft nicht möglich: Wir sind nicht autonom Handelnde, sondern wir gehorchen dem Wertgesetz, sind ihm immer schon unterworfen. Insofern ist es tatsächlich nicht unangemessen, eine Parallele zum naturgesetzlichen Determinismus zu sehen, die Adorno natürlich selbst kritisch thematisiert: da der gesellschaftliche Determinismus gerade nicht naturgesetzlich ist, sondern menschengemacht, und die Gegenüberstellung von Freiheit und Determinismus, wie er schreibt, selbst ideologisch ist. Gleichwohl hat dieses gesellschaftlich determinierte,

13 Adorno, *Negative Dialektik*, S. 259 (meine Hervorhebungen); ich unterdrücke meine Neigung, Adornos Kant-Interpretation zu kritisieren. Vgl. zum Folgenden sehr aufschlussreich Freyenhagen, *Adorno's Practical Philosophy*; vgl. auch Adorno, *Probleme der Moralphilosophie.*

falsche Bewusstsein für uns etwas Naturhaftes angenommen, ist gleichsam zur zweiten Natur geworden.[14]

Im Laufe dieses Buches bin ich immer wieder auf das Problem gestoßen, in welcher Weise gesellschaftliche Hindernisse und Widerstände individuelle Autonomie erschweren oder sogar verunmöglichen, in welcher Weise etwa die neuen Informations- und Kommunikationstechnologien zur Kontrolle und Normierung in modernen Gesellschaften beitragen können. Theorien von Disziplinierung durch Kontrolle verwenden zwar eher das Vokabular der Foucault'schen Tradition, aber die kritische Theorie und Foucault haben hier, trotz unterschiedlicher Terminologien, vergleichbare Analysen und Ziele. Steht Adorno in der marxistischen Tradition der kritischen Theorie, so sind für Foucault soziokulturelle Machtstrukturen, die die Subjekte formen, konstituieren und unterwerfen, das Instrument der Analyse. Wenn ich diesen Faden hier noch einmal aufnehme, dann deshalb, weil ich prüfen will, inwieweit es auch in solchen Theorien von Disziplinierung und Unterdrückung noch möglich ist, individuelle Freiheiten oder Autonomie zu konzeptualisieren. Parallel zur Frage im vorigen Abschnitt ist jetzt hier die Frage, wie man gegen die gesellschaftliche Determinierung (einen Begriff von) Autonomie behaupten kann.

Geht es bei der metaphysischen Unmöglichkeit darum, gegen diese Herausforderung der Widerlegung des Determinismus die soziale und moralische Unhintergehbarkeit und Unaufgebbarkeit unseres Freiheits- und Autonomiebegriffs zu demonstrieren, so geht es bei der Frage nach der gesellschaftlichen Determiniertheit, darum, einen Spielraum individueller Freiheits- und Autonomieräume aufzuweisen, der sich innerhalb der gesellschaftlichen Bedingungen beschreiben lässt. Auch bei Adorno und Foucault findet sich, trotz ihrer Ableh-

14 Vgl. kritisch Honneth, *Kritik der Macht*, bes. S. 70-111.

nung normativer Theorien, auf je unterschiedliche Weise eine Vorstellung von individueller Autonomie oder Mündigkeit, von Individualität und von einem individuellen Selbst.[15] Deshalb steht die von mir bisher entwickelte Theorie von Autonomie als eine normative Theorie nicht notwendigerweise hierzu im Widerspruch, auch wenn sie sich in einem anderen normativen Rahmen bewegt. Ich beginne mit Foucault und kehre dann zu Adorno zurück.

Foucault analysiert Machtbeziehungen in allen sozialen Interaktionen und begreift Gesellschaften als strukturell durch diese Machtbeziehungen bestimmt und definiert. Diese Machtbeziehungen sind zugleich immer Beziehungen der Disziplinierung, und es ist diese Disziplinargesellschaft, der die einzelnen Subjekte unterworfen sind und der sie nicht entrinnen können. Den Machtbeziehungen wird eine transformierende und determinierende Kraft attestiert, die immer schon unsere Subjektivität formt und die deshalb Autonomie oder Individualität als nicht mehr möglich erscheinen lässt.[16] Doch analysiert Foucault auf der einen Seite die gesellschaftliche Macht, die das Subjekt und seine Freiheit immer schon durch die kulturellen und politischen Systeme dominiert, normalisiert, so konzeptualisiert er auf der anderen Seite – vor allem in seinen späteren Arbeiten – eine Idee von subjektiver Freiheit, die Anschluss finden kann an die Idee von Autonomie, wie ich sie in diesem Buch entwickle. Das Subjekt nimmt sich nämlich, so schreibt Foucault in seinem berühmten Aufsatz zur Kritik,

15 Zu Foucaults Begriff von Autonomie vgl. etwa Allen, *The Politics of Our Selves*, S. 45-70, zu Adornos Ethik des Widerstands Freyenhagen, *Adorno's Practical Philosophy*, S. 162-185; vgl. auch Bevir, »Foucault and Critique. Deploying Agency Against Autonomy«.

16 Vgl. oben im Kapitel zur Privatheit die Ausführungen zu Harcourt, *Exposed*, S. 173-183, im Anschluss an Foucault.

> das Recht heraus [...], die Wahrheit auf ihre Machteffekte hin zu befragen und die Macht auf ihre Wahrheitsdiskurse hin. Dann ist die Kritik die Kunst der freiwilligen *Unknechtschaft*, der reflektierten *Unfügsamkeit*. In dem Spiel, das man die Politik der Wahrheit nennen könnte, hätte die Kritik die Funktion der *Entunterwerfung*.[17]

Es ist die Möglichkeit der Kritik, die auch den Ansatz bereitstellen kann, eine Idee von Autonomie zu entwickeln, denn »Entunterwerfung« und »Unknechtschaft«, auch »Unfügsamkeit« sind Begriffe, die denen der Freiheit und Autonomie genau entsprechen. Mit ihrer Hilfe lassen sich die disziplinierenden Machtstrukturen zwar nicht beseitigen, aber von innen heraus kritisieren. Ein solches Modell der Erklärung von Strukturen gesellschaftlicher Unfreiheit ebenso wie der Möglichkeit, sich gegen diese zu wenden, ist gerade auch für eine normative Theorie der Autonomie produktiv. Nun ist dies nicht überraschend: Denn ein Foucault'scher Ansatz der Analyse von Disziplin und Kontrolle hatte schon bei der Beschreibung der Gefahren einer Gesellschaft ohne Privatheit zur Erklärung ebendieser Gefahren einen wichtigen Beitrag geleistet.

Aber auch bei Adorno lässt sich ein solcher Ansatz von individueller Freiheit, trotz der generellen Strukturen der Un-

17 Foucault, *Was ist Kritik?*, S. 15 (meine Hervorhebungen); vgl. auch Foucault, »Was ist Aufklärung«, S. 42, im Anschluss an Kant: »[Ich] frage mich, ob wir die Moderne nicht eher als Haltung denn als Abschnitt der Geschichte ansehen sollten. Und mit Haltung meine ich eine Form der Beziehung zur Aktualität; eine freiwillige Wahl verschiedener Menschen; schließlich eine Art des Denkens und Fühlens, auch eine Art des Handelns und Verhaltens, das zu ein und derselben Zeit eine Beziehung der Zugehörigkeit ist und sich als Aufgabe darstellt.« Ich will nur darauf hinweisen, wie nah diese Überlegung an einer Theorie von Autonomie ist und wie weit entfernt von einer deterministischen Konzeption gesellschaftlicher Unfreiheit.

freiheit, ausmachen. Zwar analysiert er *auf der einen Seite* die Strukturen der kapitalistischen Gesellschaft so, dass sie unsere Identitätsbildung umfassend und tiefgreifend dominieren und bestimmen. Er schreibt in der *Negativen Dialektik*:

> Freiheit ist real begrenzt durch Gesellschaft, nicht nur von außen sondern in sich selbst. [...] Noch wo die Menschen am ehesten frei von der Gesellschaft sich fühlen, in der Stärke ihres Ichs, sind sie zugleich deren Agenten: das Ichprinzip ist ihnen von der Gesellschaft eingepflanzt, und sie honoriert es, obwohl sie es eindämmt.[18]

Auch in vermeintlich selbständigen Entscheidungen sind die Subjekte also gesellschaftlich determiniert; und wir können von Freiheit nicht sprechen, solange wir nicht in der Lage sind, unsere Situation durchschauen und verändern zu können.[19] Diese totalisierende Theorie gesellschaftlicher Unfreiheit, die uns nicht gestattet, an resistente Erfahrungen anzuknüpfen, unsere Gesellschaft zu ändern, wird jedoch *auf der anderen Seite* von Adorno nicht vollkommen konsistent verfolgt. Die ›Versteinerung der Subjekte‹ durch äußere und innere Unterwerfung scheint zwar eine solche Totalisierung mit sich zu führen, doch andere Ansätze sind auch bei Adorno sichtbar. Dies kann man etwa anhand der mehr angewandten, auf ein konkretes Publikum bezogenen Beiträge des Bandes *Erziehung zur Mündigkeit* zeigen. Dass Erziehung zur Mündigkeit eine Aufgabe ist, die immer noch möglich ist, diese Idee kann natürlich nur Geltungskraft besitzen, wenn man davon ausgeht, dass überhaupt Rationalität, Autonomie, Frei-

18 Adorno, *Negative Dialektik*, S. 292.

19 Kritisch zu Adorno wiederum Honneth, *Kritik der Macht*, hier bes. S. 102-107; siehe auch Freyenhagen, *Adorno's Practical Philosophy*, S. 65-74. Vgl. Bittner, »Autonomy, and Then«.

heit, Mündigkeit leistungsfähige normative Begriffe sind, die auch in einer Gesellschaft der Kulturindustrie noch Sinn haben.

Was sich Adorno unter »Erziehung überhaupt« vorstellt, ist »die Herstellung eines richtigen Bewußtseins«.[20] Erziehung, so schreibt er weiterhin, »wäre sinnvoll überhaupt nur als eine zu kritischer Selbstreflexion«.[21] So lassen sich auch bei Adorno – und genereller in der kritischen Theorie – Ideen des gelingenden Lebens finden, eines Lebens, das selbstbestimmt ist und sich gegen die gesellschaftliche Unterdrückung und Subjektformung behaupten kann. Es sind äußere und innere soziale Faktoren, die die Fähigkeit zur Autonomie unterminieren, indem sie Fähigkeiten fragmentieren, die eigentlich als einheitliche und nichtentfremdete Voraussetzung für das autonome Leben sind.

Diese kurzen Bemerkungen müssen reichen, um zu zeigen, dass selbst kritische Theorien der Gesellschaft, die dezidiert davon ausgehen, dass soziale und politische Faktoren individuelle Autonomie verhindern, ihrerseits noch an einem Begriff von Mündigkeit oder Autonomie festhalten, der sich den gesellschaftlichen Strukturen entgegenstellen kann. Dennoch bleibt die Beziehung zwischen Autonomie und gesellschaftlichen Strukturen schwierig und ich möchte dies konkretisieren und erläutern anhand eines Beispiels dafür, dass wir *denken, autonom zu sein*, es aber tatsächlich *nicht sind*; dass wir also gleichsam hinter unserem Rücken zu Handlungen motiviert werden, die im Widerspruch zu unseren reflektierten Überzeugungen stehen.

20 Adorno, *Erziehung zur Mündigkeit*, S. 107; vgl. zur Freiheit und Autonomie ders., *Probleme der Moralphilosophie*, S. 180-187, auch S. 164-179; Freyenhagen, *Adorno's Practical Philosophy*, S. 75-100.

21 Adorno, *Erziehung zur Mündigkeit*, S. 90; vgl. auch Müller-Dohm, *Adorno*, S. 624-679, zur Möglichkeit von Kritik auch durch Anknüpfung an »vorwissenschaftliche« Erfahrungen siehe bes. S. 647f.

Es geht um das Beispiel der sogenannten *impliziten Vorurteile*: Dieser Begriff bezieht sich auf solche Urteile und evaluativen Einstellungen, die soziale Gruppen betreffen und die außerhalb unserer bewussten Selbstwahrnehmung liegen.[22] Implizite Vorurteile, das haben empirische Studien außerordentlich gut belegt, beeinflussen und steuern unser Verhalten in vielen Hinsichten und auf unterschiedlich bedenkliche Weise. Sie wurzeln in Stereotypen, die ihrerseits auf explizite Diskriminierungsstrukturen zurückgehen, die bestimmte gesellschaftliche Gruppen als in irgendeinem Sinne schlechter oder weniger wert als andere klassifizieren – Schwarze und Weiße, Männer und Frauen, Flüchtlinge und Einheimische und so fort. Solche Handlungen oder Urteile stehen sehr häufig im Widerspruch zu unseren reflektierten Überzeugungen: Würden wir uns der Vorurteile bewusst, änderten wir unser Verhalten. Auf subtile Weise scheinen sich dann die diskriminierenden gesellschaftlichen Strukturen doch gegen autonome, reflektierte Entscheidungen und Handlungen durchsetzen zu können – und es sind genau die Strukturen gesellschaftlicher Unfreiheit, die ich gerade besprochen habe, die solche Stereotypen und die damit einhergehenden impliziten Vorurteile produzieren.[23] »Implizit« kann dabei bedeuten, dass man au-

22 Sehr ausführlich und hilfreich zur entsprechenden metaphysischen und epistemologischen Problematik einerseits und zur ethischen Problematik andererseits sind die Bände von Brownstein und Saul, vgl. Brownstein/Saul, *Implicit Bias*, Bd. 1 und 2.

23 Holroyd/Kelly, »Implicit Bias«, siehe S. 106 zur Definition; sie weisen auch darauf hin, dass implizite Vorurteile ganz unterschiedliche und unterschiedlich dramatische Konsequenzen haben können; vgl. auch Saul, »Implicit Bias, Stereotype Threat, and Women in Philosophy«. Um nur eines der bekannten Beispiele aus der US-amerikanischen empirischen Forschung zu nennen: Bewerbungen von Personen mit eher ›schwarz‹ klingenden Namen (»Jamal«, »Lakisha«) werden schneller abgewiesen werden als solche mit ›weiß‹ klingenden

tomatisch, bestimmt durch diese Vorurteile, handelt; denn die Vorurteile liegen außerhalb unseres Bewusstseins und unserer Kontrolle.[24] Mich interessiert hier natürlich die Frage: Verhindern implizite Vorurteile Autonomie?

Zunächst will ich daran erinnern, dass Phänomene, die denen der impliziten Vorurteile ähneln, schon öfter in diesem Buch thematisiert wurden, etwa im Zusammenhang mit der Selbsttäuschung oder den adaptierten Präferenzen. Dort haben wir gesehen, dass wir nicht über völlige Selbsttransparenz verfügen und der Mangel an Einsicht in die eigenen Motive gesellschaftlich bestimmt sein kann. Dies gilt auch für implizite Vorurteile; und auch hier will ich dafür argumentieren, dass diese Vorurteile die Autonomie einer Person zwar in verschiedenen Hinsichten einschränken, aber nicht im Ganzen verhindern können. Autonomie ist graduell und wir sind häufig nicht in allen Hinsichten unseres Lebens autonom – dies führen uns implizite Vorurteile noch einmal deutlich vor Augen, auch auf dem Hintergrund der gerade besprochenen Theorien gesellschaftlicher Unfreiheit. Sie zeigen uns, wenn wir mit ihnen konfrontiert werden, wie unvollkommen die Urteilsbildung und Begründungen in bestimmten Fällen waren; und sie zeigen uns, wie abhängig wir sein können von gesellschaftlichen Stereotypen, selbst dann, wenn wir das Selbstbild haben, gerade solchen Stereotypen gegenüber sensibel und kritisch zu sein.

Nun ist diese Problematik zunächst eine der Haltung und

Vornamen (»Emily«, »Greg«). Und diese Form impliziter Vorurteile findet sich nicht nur bei den Mitgliedern der diskriminierenden Gruppen, sondern auch bei denen, die selbst diskriminiert werden. Vgl. zu diesem und zu anderen Beispielen Brownstein/Saul, »Introduction (vol. 1)«.

24 Zur Diskussion um die Automatizität vgl. Brandenburg, »Implicit Attitudes«; auch Holroyd/Kelly, »Implicit Bias«.

Handlungen individueller Personen, doch sie hat auch eine explizit politische Seite: Denn wenn es empirisch so unbestritten gut belegt ist, dass wir alle, als Mitglieder solcher Gesellschaften, die strukturell diskriminieren, Opfer impliziter Vorurteile sind, dann hat der Staat die Pflicht, mindestens bei seinen Repräsentanten dafür zu sorgen, dass implizite Vorurteile zunächst wenigstens so weit wie möglich bewusst gemacht werden. Es geht hier nicht nur um die Veränderung von individuellen Einstellungen, sondern auch und vor allem um die *Veränderung von Institutionen.* Wenn staatliche Institutionen aufgrund solcher Vorurteile diskriminieren – zum Beispiel in Bewerbungsverfahren oder bei der Ausübung von Polizeigewalt –, dann ist es Aufgabe des liberal-demokratischen Staates, Maßnahmen zur Beseitigung jedenfalls der Konsequenzen dieser Vorurteile zu ergreifen.[25]

Kritischen Gesellschaftstheorien fällt, gerade aus autonomietheoretischer Perspektive, hier die wichtige Aufgabe zu, die diskriminierenden Strukturen, die eine Ursache impliziter Vorurteile sind, aufzudecken und zu analysieren. Dabei geht es nicht nur um die Autonomie derjenigen, die *unbewusst und ungewollt* durch implizite Vorurteile beeinflusst werden, sondern auch um die Autonomie derjenigen, die von den Konsequenzen impliziter Vorurteile betroffen sind.

25 Zur Zweiseitigkeit des Problems – als politisches und als persönliches – vgl. Jacobson, »Reducing Racial Bias«; Brownstein/Saul, »Introduction (vol. 1)«, S. 3-9; vgl. auch Washington/Kelly, »Who's Responsible for This?«; ein analoges Problem ist das der hermeneutischen Ungerechtigkeit, wie Fricker sie nennt, vgl. Fricker, *Epistemic Injustice*, S. 147-175.

4. Hinsichten moralischer Verantwortung

Prima facie könnte man annehmen, dass wir für alle Handlungen, die wir selbstbestimmt ausgeführt haben, auch (moralisch) verantwortlich sind. Das hieße, dass Autonomie gleichbedeutend mit der Zuweisung moralischer Verantwortung wäre. Doch das ist schon auf den zweiten Blick nicht sehr plausibel – auch für nicht intendierte Handlungen sind wir gegebenenfalls verantwortlich, ebenso wie wir in bestimmten Fällen für selbstbestimmte Handlungen entschuldigt werden können, etwa wenn wir uns über die Grundlage unserer Überlegungen geirrt haben.[26] Nun hatten wir vorhin bei der Diskussion von Strawsons »Freiheit und Übelnehmen« gesehen, dass die Zuschreibung moralischer Verantwortung an uns selbst und an andere Teil unserer grundlegenden sozialen, moralischen Praktiken ist. Ich habe dort noch nichts darüber gesagt, unter welchen Umständen man eigentlich von der Zuschreibung moralischer Verantwortung entschuldigt oder ganz ausgenommen werden kann. Doch das gerade besprochene Problem der impliziten Vorurteile führt uns direkt zu meiner letzten Frage im Kontext der Möglichkeit und Wirklichkeit von Autonomie: Für welche Handlungen sind wir verantwortlich, für welche Handlungen ziehen wir andere zur Verantwortung?[27]

Strawson zeigt, in welcher Weise unsere reaktiven Haltun-

26 Dies ist umstritten und auch abhängig vom je verwendeten Autonomiebegriff, vgl. McKenna, der gegen die Identifizierung von autonomem und moralisch verantwortlichem Handeln argumentiert in »The Relationship Between Autonomous and Morally Responsible Agency«. Vgl. auch Arpaly, *Unprincipled Virtue*, S. 149-180.

27 Vgl. zum Folgenden Clarke/McKenna/Smith, *The Nature of Moral Responsibility*; Shoemaker, »Attributability, Answerability, and Accountability«; Scanlon, »Forms and Conditions of Responsibility«; Watson, »Two Faces of Responsibility«.

gen, wie Dankbarkeit oder Übelnehmen, Verachtung oder Nachsicht, mit den Praktiken des Bestrafens, Lobens oder Entschuldigens verbunden sind. Es sind Antworten auf die Beschaffenheit des Willens der anderen Person: Übelwollen und Empörung etwa sind angemessen, wenn die handelnde Person böswillig oder auch gleichgültig gehandelt hat. Wir *entschuldigen* eine Handlung dann, wenn jemand sagt, sie habe dies aus Versehen getan; und wir *setzen* diese moralische Haltung der Verantwortung *ganz aus*, wenn wir denken, dass die andere Person nicht zurechnungsfähig war, das heißt, wenn wir denken, dass sie nicht sinnvollerweise teilnehmen kann an unseren Praktiken der reaktiven Haltungen (wie dies etwa bei kleinen Kindern der Fall ist).[28]

Eine Reihe von Philosophen hat in den letzten Jahren vorgeschlagen, verschiedene Formen oder Hinsichten moralischer Verantwortlichkeit zu unterscheiden. Vor allem die von Gary Watson eingeführte Unterscheidung ist einflussreich geworden und für meinen Kontext besonders interessant: die zwischen Zuschreibbarkeit oder Zuschreibungsfähigkeit (*attributability*) auf der einen Seite und Zurechnungsfähigkeit oder Verantwortlichkeit im traditionellen Sinn (*accountability*) auf der anderen.[29] Watson will die Unterscheidung deshalb ma-

28 Vgl. noch einmal Strawson, »Freiheit und Übelnehmen«, S. 222.

29 Watson, »Two Faces of Responsibility«; Shoemaker kritisiert Watson (und Scanlon), weil sie eine dritte Hinsicht nicht berücksichtigen, die er *answerability* nennt (neben der *attributability* und *accountability*), die für Shoemaker deshalb wichtig ist, weil man Entschuldigungs- respektive Ausnahmebedingungen auch noch brauche, wenn man etwa durch Manipulationen oder Abhängigkeiten zwar adressierbar, aber nicht verantwortlich sei; vgl. gegen Watson auch Smith, »Attributability, Answerability and Accountability«. Ich gehe auf die komplexe Debatte dieser Unterscheidungen zwischen verschiedenen Hinsichten von Verantwortlichkeit nicht genauer ein, weil sie für meine Perspektive vom Autonomiebegriff nicht entscheidend ist.

chen, weil die beiden Arten der Verantwortung auseinanderfallen können und wir Verantwortlichkeit im ersten Sinn zuschreiben wollen, wenn und insofern *Handlungen unseren Charakter* zum Ausdruck bringen, also zeigen, wer wir sind und was wir für wichtig und gut halten. Deshalb nennt er diese Form der Bewertung die areteische: Sie bringt die Tugenden und Fehler einer Person zum Ausdruck und sie schreibt ihr Verantwortlichkeit für Handlungen in genau diesen Hinsichten zu.[30] Verantwortlichkeit als Zuschreibbarkeit bezieht sich also auf die Qualität, die Beschaffenheit des Charakters der Akteurin. Demgegenüber ist die Zurechenbarkeit (*accountability*) unabhängig davon, ob sich in der Handlung mein Charakter oder mein Selbst ausdrückt. Es geht vielmehr nur darum, ob diese Handlung und die etwa damit verbundenen Strafen (oder der Tadel oder das Lob) mir zugerechnet werden können.

In allen gewöhnlichen Fällen brauchen wir zwischen beiden Hinsichten keinen Unterschied zu machen: Wir sind als Akteure verantwortlich sowohl im Sinne der Zuschreibung wie in dem der Zurechnung und dies ist auch unsere Alltagspraxis. Die Frage ist dann jeweils, unter genau welchen Umständen die reaktiven Haltungen sinnvoll sind, sie zu Recht eingenommen und zugeschrieben werden. Wir haben bereits gesehen, dass eine Person genau dann moralisch verantwortlich ist, wenn es angemessen ist, sie für moralisch verantwortlich zu halten, also ihr gegenüber die reaktive Haltung einzunehmen; jemanden zu tadeln – oder zu loben – ist also genau dann angemessen, wenn es moralisch fair, also richtig, ist, jemanden zu tadeln oder zu loben.[31]

30 Watson, »Two Faces of Responsibility«, S. 264-267.

31 Ich folge hier Wallace, *Responsibility and the Moral Sentiments*, S. 88f. – auch darin, dass dies kein Zirkel ist; zu Strawson: ebd., S. 95-103; genauer zur Rolle von Fairness: ebd., S. 103-120.

Nun liegt der Grund für die Angemessenheit der Unterscheidung zweier Hinsichten moralischer Verantwortlichkeit darin, dass es Fälle gibt, in denen wir sehr wohl verantwortlich (auch im Sinne von haftbar) sind, obgleich wir die Handlung nicht als Ausdruck unserer eigenen Persönlichkeit, unseres Selbst begreifen und uns womöglich von der Handlung distanzieren wollen, gegebenenfalls sogar deutlich. Im Prinzip sind unsere moralischen Antworten auf Handlungen tatsächlich sensibel gegenüber der Frage, ob diese Handlung Ausdruck des Charakters der Akteurin ist oder ob man bestimmte entschuldigende Faktoren heranziehen sollte, die sie jedenfalls im Sinne der Zuschreibbarkeit entlasten. In der Literatur zum *Autonomie*begriff finden sich seit langem Debatten darüber, wann eine Person tatsächlich authentisch, als sie selbst, gehandelt hat, ob sie mit dieser Handlung gezeigt hat, was ihre wirklichen Anliegen und Werte sind, ob sie ihren eigentlichen Charakter zum Ausdruck bringt.[32]

Doch die Problematik der *moralischen* Verantwortung ist noch einmal anders gelagert, denn mit der Unterscheidung von Hinsichten der Verantwortung stellt sich die Frage, ob es Handlungen gibt, für die zwar gilt, dass es tatsächlich *meine* Handlungen sind, für die ich auch – immerhin sind es *meine* Handlungen – verantwortlich im Sinne der Zurechnungsfähigkeit bin, aber die mir nicht zugeschrieben werden können. Und zwar beispielsweise deshalb nicht, weil sie ganz untypisch waren – wenn ich etwa unfair gehandelt habe, weil ich, um ein alltägliches Beispiel zu bemühen, übermüdet war und in Situationen die Geduld verliere, in denen ich normalerweise geduldig bin. In solchen Fällen sagen wir im Nachhinein häufig, dies sei gar nicht ich gewesen, die gehandelt habe, und man kann zeigen, dass wir in der Tat in der tagtäglichen Zu-

32 Vgl. zum Problem auch Buss, »Valuing Autonomy and Respecting Persons«.

schreibung von Verantwortung solche Unterscheidungen wie selbstverständlich vornehmen.[33]

Wir können jetzt zum Ausgangspunkt dieses Abschnittes zurückkommen, nämlich zur Frage nach der moralischen Verantwortung für Handlungen, die vermeintlich autonom und authentisch sind, in Wahrheit aber auf impliziten Vorurteilen beruhen. Auf der einen Seite könnte man argumentieren, dass wir in solch einem Fall nicht verantwortlich sind, weil wir nicht wussten, dass wir durch solche Vorurteile beeinflusst waren – also kann eine solche Handlung jedenfalls *nicht zuschreibbar*, nicht Ausdruck meines Charakters sein. Implizite Vorurteile kennzeichnen gerade nicht das, was ich – autonom, reflektiert – denke, was also meine Überzeugungen sind. Dennoch kann ich, auf der anderen Seite, zur Verantwortung gezogen werden, also für zurechnungsfähig (im Sinne von *accountable*) erklärt werden, wenn ich etwa ungerecht gehandelt habe als Folge jener Vorurteile.[34]

Doch die Sache ist noch komplizierter: Man könnte nämlich auch argumentieren, dass man als autonome Person in *beiden* Hinsichten verantwortlich ist für solche Handlungen, weil und wenn das Wissen um strukturelle Ungerechtigkeiten, die die impliziten Vorurteile produzieren, Gemeingut in einer Gesellschaft ist. Es wäre dann jedenfalls eine Forderung der Gerechtigkeit, sich darüber zu informieren, in welcher Weise – und in welchen Situationen – implizite Vorurteile das eigene Handeln typischerweise beeinflussen. Und es wäre dann

33 Vgl. Arpaly, *Unprincipled Virtue*, S. 132f., zur Diskussion mit Velleman darüber, wer es ist, der handelt, wenn man »gegen die eigenen Prinzipien« (*party-line*) gehandelt hat; dagegen Bittner, »Autonomy, and Then«, S. 224f., der solche Differenzierungen ablehnt.

34 Vgl. hierzu sehr hilfreich Zheng, »Attributability, Accountability, and Implicit Bias«; auch Sie/Voorst, »Stereotypes and Prejudices. Whose Responsibility?«.

sehr wohl Ausdruck des Charakters einer Person, sich für dieses Wissen nicht in einem Maße zu interessieren, das ausreicht, um ihre Handlungen entsprechend zu ändern. Dies scheint mir jedoch vorschnell: Denn man kann die politisch-strukturellen Probleme nicht ohne Weiteres auf einzelne Personen und deren Handlungen abbilden, selbst wenn sich nachweisen lässt, wie allgegenwärtig solche Vorurteile und Stereotypen sind. Ich hatte oben schon auf die Differenz zwischen individueller und institutioneller Verantwortung gewiesen und es scheint mir insbesondere die Aufgabe von Institutionen, den Folgen von impliziten Vorurteilen und Stereotypen entgegenzuarbeiten.[35] Dennoch bleiben auch diese Vorurteile eine Schwierigkeit für die Autonomie einer Person und wiederum kann man nur darauf hinweisen, dass Personen autonom nicht in allen Hinsichten ihrer Handlungen und ihres Lebens sein können: Jedenfalls kann die Existenz impliziter Vorurteile nicht als Argument gegen die generelle Möglichkeit individueller Autonomie verstanden werden.

Wo stehen wir jetzt, was hat sich gezeigt? In diesem abschließenden Kapitel wurden erst im letzten Schritt, zur moralischen Verantwortung, die Spannungen thematisiert, die sich ergeben, wenn ein normatives Selbstverständnis auf einen Alltag von Hindernissen und Widersprüchen trifft. Es ging zunächst um die *Möglichkeit* von Autonomie und wir haben gesehen, wie sich die *Wirklichkeit* von Autonomie gegen metaphysische Einwände sowie gegen Theorien gesellschaftlicher Unfreiheit am besten artikulieren und entfalten lässt. Wir haben auch gesehen, was es bedeutet, moralische Verantwortung anderen zuzuschreiben und selbst zu übernehmen. Damit hat sich gezeigt: *Autonomie ist wirklich*, wir sind für un-

35 Vgl. Washington/Kelly und, wiederum zur analogen Problematik epistemischer Ungerechtigkeit, Fricker, *Epistemic Injustice*, S. 129-146.

sere Handlungen (moralisch) verantwortlich und werden von anderen dafür zur Rechenschaft gezogen; und dies gilt auch für die Verantwortung, die wir uns selbst gegenüber haben.

5. Autonomie und das gelungene Leben

Alle grundsätzlichen Angriffe auf die Möglichkeit und Wirklichkeit von Autonomie haben wir also aus dem Weg geräumt oder sind ihnen jedenfalls erfolgreich ausgewichen; damit bleiben die Spannungen und Widerstände, die Thema in allen Kapiteln waren und die das autonome Leben häufig so prekär und schwer vorstellbar machen. Im Laufe des Buches haben wir gesehen, dass man eine Reihe von Bedingungen für die Zuschreibung von Autonomie ausmachen kann, auch wenn ich immer wieder argumentiert habe, dass es hier keine glasklaren und genau gezogenen Grenzen geben kann. Diese Voraussetzungen der Zuschreibung beziehen sich auf äußere und innere Bedingungen, auf solche, die mit dem notwendigen Reflexions- und Entscheidungsprozess zu tun haben, und auf solche, die die externen Verhältnisse betreffen – und ebenso darauf, wie die einen die anderen beeinflussen. Ich habe auch versucht zu zeigen, dass wir zwar – auch aus der Perspektive der ersten Person – einen normativen Begriff von Autonomie entwickeln können, dieser aber unter durchgehend nichtidealen Bedingungen realisiert, gelebt werden muss. Diese zum Teil widrigen alltäglichen Umstände machen ein autonomes Leben dennoch nicht unmöglich, und es ist wichtig, zwischen verschiedenen Hinsichten, Handlungen, biographischen und sozialen Kontexten, auch politischen Umständen zu unterscheiden, in denen Personen mehr oder weniger autonom sind und sein können.

Es war gerade nicht meine Absicht, zunächst einen idealen Begriff von Autonomie zu entwickeln, der dann auf nichtideale Umstände angewendet werden könnte; es geht hier nicht, auch nicht auf einer begrifflichen Ebene, um die Autonomie von vollkommen rationalen, sich selbst völlig transparenten, solipsistischen Akteuren, sondern um die Selbstbestimmung von sozial immer schon situierten, unvollkommenen und verletzlichen Personen, die jedoch durchaus genau die Fähigkeiten und auch das Ziel haben, ein autonomes Leben zu führen. Weder muss also der Begriff ideal sein, noch muss er andererseits reduziert werden auf alltägliche, nichtideale Umstände. Sie können und müssen berücksichtigt, aber auch kritisiert und überschritten werden. Nichtideale Umstände sind bekanntlich sehr divers. Das ist der Grund, warum sich keine exakten Kriterien für die Autonomie von Personen in allen Kontexten angeben lassen, keine eindeutigen und säuberlich bestimmten notwendigen und hinreichenden Bedingungen für die individuelle Zuschreibung von Autonomie, sondern nur solche Kriterien, die eine Schwelle angeben, diesseits deren Personen Autonomie zugesprochen werden sollte. Gerade aus der Perspektive der dritten Person werden wir in einzelnen Zweifelsfällen immer sorgfältig prüfen müssen, ob es wirklich angemessen und sinnvoll ist, einer Person Autonomie abzusprechen.

Doch unabhängig davon, wie alltäglich, wie nichtideal die Umstände sein mögen, bleibt eine Voraussetzung wesentlich: dass eine autonome Person ihre Vorhaben, hinter denen sie steht und für die sie sich entschieden hat, selbständig entwickeln kann. Denn deshalb ist der Zusammenhang zwischen dem autonomen und dem sinnvollen Leben so wichtig: Weil wir ein sinnvolles Leben nur führen können, wenn es unser eigenes Leben ist, und nur dann, wenn wir die Vorhaben, die wir ausführen, selbst gewählt haben oder jedenfalls eigenständig hinter diesen Vorhaben stehen können. Mein Leben kann, das habe ich oben ausführlich besprochen, durch paternalistische Bemühungen in seinen grundlegenden Hinsichten kein gutes Leben werden, sondern nur, wenn ich es von innen heraus führen kann, gemäß meinen eigenen Überzeugungen und Wertvorstellungen. Man kann Personen vielleicht dazu bringen, wertvolle Projekte zu verfolgen, aber wenn sie diese nicht selbst als wertvoll anerkennen und erfahren, dann wird ihr Leben für sie selbst dadurch nicht besser.

Schauen wir noch einmal auf die ganze Vielfalt der Gründe, die es uns schwermachen, Autonomie zu leben. Ich habe unterschiedliche Aspekte der *unvollkommenen Einheit der Persönlichkeit* beschrieben, die ein Grund dafür ist, warum wir als autonome Wesen widersprüchlich und spannungsvoll sind und handeln. Es ist das tiefe Gefühl von Ambivalenz, es ist die Entfremdung und die Fragmentiertheit des Lebens, die unser Leben *auch* prägen. Doch an der Romanfigur Harriet Burden wurde deutlich, dass Ambivalenz nicht gleichbedeutend ist mit Unentschlossenheit oder Heteronomie, auch wenn sie bedeuten kann, dass man nicht alle Rollen und Identitäten, die man spielt und hat, mühelos miteinander vereinbaren und versöhnen kann. Autonomie muss, das habe ich gezeigt, als ein vernünftiger Umgang mit Ambivalenzen verstanden werden, also mit der Unvereinbarkeit von Wünschen und Möglichkeiten und mit deren Kontingenz, auch wenn wir nicht immer und nicht in allen Bereichen unseres Lebens ambivalent sind. Aber *wenn* wir es sind, sind wir nicht allein deshalb schon irrational oder heteronom – oder neurotisch, wie es in dem Zitat aus Plath' *Die Glasglocke* hieß.[36] Sich mit ambivalenten Konflikten, Gefühlen und Entscheidungen gelassen zu arrangieren, ist dann gerade Ausdruck von Autonomie, und solche Ambivalenzen stehen der Selbstbestimmtheit und dem Gelingen des Lebens nicht im Wege. Auch Formen der

36 »›Wenn es neurotisch ist, daß man zwei Dinge, die sich gegenseitig ausschließen, gleichzeitig will, dann bin ich allerdings verdammt neurotisch.‹« Plath, *Die Glasglocke*, S. 103.

Entfremdung zählen zu den gewöhnlichen Hindernissen auf dem Weg, ein selbstbestimmtes – und ein gutes, gelungenes – Leben zu führen; und auch diese Hindernisse sind solche, mit denen wir uns arrangieren. Es gehört zum selbstbestimmten – und zum gelungenen – Leben, dass wir auch mit solchen Entfremdungen umgehen können und damit, dass wir uns in unseren sozialen Rollen nie ganz zu Hause fühlen, dass wir in keine der vorgegebenen Rollen vollkommen passen.

Ambivalenzen und Entfremdungen, ebenso wie die Fragmentiertheit, die das alltägliche autonome Leben kennzeichnen, weisen jedoch nicht auf eine *theoretische Unentschiedenheit* des Autonomiebegriffs. Denn auch wenn ein idealer Begriff von Autonomie – und ein vollkommen autonomes, ideales Leben – vielleicht keine jener Widersprüchlichkeiten und Hindernisse enthielte, so sind diese gerade kennzeichnend für einen Begriff und ein Leben, die dem nichtperfekten Alltag und dem *Streben nach* dem selbstbestimmten und gelungenen Leben gerecht werden. Das bedeutet auch, dass solche Spannungen oder Konflikte nicht nur beschreibbar sind als solche zwischen dem Bild oder Ideal von Autonomie, das wir selbst für uns haben, dem wir jedoch immer nur in unvollkommener Weise genügen; sondern Spannungen und Widersprüchlichkeiten *bleiben auch dann*, wenn wir uns tatsächlich autonom für bestimmte Vorhaben entschieden haben. Eine solche Entscheidung ist nämlich gerade *keine* Garantie dafür, ganz ohne Ambivalenzen leben zu können, ganz ohne Distanzen hinter unseren Vorhaben stehen zu können. Trotzdem können wir an diesen Vorhaben festhalten, und deswegen, mit und in ihnen, unser Leben als sinnvoll und glücklich erfahren. Autonomie, auch das ist deutlich geworden, ist nicht nur eine auf Vernunft beruhende Eigenschaft und ein Bündel von Fähigkeiten. Sie ist auch eine Tugend und eine Leistung – denn wir müssen uns häufig *anstrengen*, autonom zu sein.

Autonom leben wir nie als einsame Solipsisten, sondern

immer schon gemeinsam mit anderen. Der Blick auf die *sozialen und politischen Bedingungen* hat gezeigt, dass sich individuelle Autonomie immer schon in bestimmten sozialen Kontexten und Handlungsnetzen finden muss. Man erlernt Autonomie von anderen, mit anderen und lernt dabei zugleich, dass man sich von bestimmten sozialen Beziehungen lösen und sich anderen zuwenden kann. Man lernt, sich unter Umständen gegen die eigene Familie, gegen ihre Normen und Ziele, gegen die eigene Herkunft und damit für andere soziale Kontexte zu entscheiden, wenn man denkt, dass das eigene Leben nur gelingen kann, wenn man eine solche Entscheidung trifft. Wir haben vor allem gesehen, wie janusköpfig diese sozialen und politischen Bedingungen sind, indem sie – wie in westlichen liberal-demokratischen Gesellschaften – das autonome Leben ermöglichen und zugleich verhindern oder erschweren. Zu den Beschränkungen und Gefährdungen eines autonomen Lebens, auf die ich hier abschließend noch einmal verweisen will, gehören *zum Ersten* solche, bei denen in die Freiheit und Autonomie von staatlicher Seite aus direkt eingegriffen wird – wie es vor allem in nichtdemokratischen Staaten der Fall ist, doch durchaus auch in westlichen Demokratien vorkommen kann, weil es etwa umstritten ist, wie das Grundrecht der Religionsfreiheit und wie das Recht auf Staatsbürgerschaft interpretiert und begründet werden muss.

Zum Zweiten lassen sich die Hindernisse für Freiheit und Autonomie aufgrund gesellschaftlicher Diskriminierung und auch aufgrund von ökonomischer Deprivation nennen. Es sind diese Einschränkungen, die Personen daran hindern, ihre formell gleichen Freiheitsrechte auch tatsächlich wahrzunehmen und zu realisieren. Ich habe Beispiele für diese erste und zweite Hinsicht im Kapitel zu den sozialen Voraussetzungen von Autonomie diskutiert und ich will hier nur an diese Diskussionen erinnern.

Zum Dritten muss noch einmal auf den verhängnisvollen

Einfluss hingewiesen werden, den moderne Informations- und Kommunikationstechnologien auf unsere Autonomie ebenso wie auf unsere Gesellschaft haben können. Die aktuellen Formen von Kontrolle und Disziplinierung sind nämlich Konsequenzen der Beobachtung und Überwachung, die mit den neuen Technologien möglich geworden sind. Es handelt sich hier um eine andere Form der Behinderung und Einschränkung von Autonomie, da sie zumeist nicht sichtbar ist und von den Subjekten nicht direkt wahrgenommen werden kann. Oben habe ich dargelegt, inwiefern der Schutz von Privatheit notwendig ist für Autonomie und dass sich mit der Bedrohung von Privatheit, mit der möglichen Institutionalisierung der Kontrolle und Beobachtung von sozialem und politischem Verhalten, die Bedingungen des autonomen Lebens auch in westlichen Demokratien ändern können. Die Gefährdung von Privatheit – und die Gefährdung von Autonomie – führt dann nicht nur zu der Frage, *was wir verlieren*, wenn wir Privatheit und Autonomie verlieren, sondern auch zu der, *wie wir uns ändern* mit einer solchen Gefährdung, mit einem solchen Verlust.

Deshalb lassen sich diese neuen Kommunikations- und Informationstechnologien als Paradigma einer Bedrohung von Autonomie begreifen und damit zugleich als Paradigma einer möglichen Transformation unserer Gesellschaft: Diese Technologien und die Gewöhnung an Beobachtung und Verlust privater Räume können nämlich zu einer schrittweisen Änderung unserer normativen Begriffe führen, jener Begriffe, mittels deren wir uns und unser Zusammenleben interpretieren. Zu diesen Begriffen gehört wesentlich der Begriff der Selbstbestimmung, aber auch »Privatheit«, »Freundschaft« und »Intimität« muss man hier nennen, ebenso wie »Verpflichtung«, »Gleichheit« und »Demokratie«. All dies sind normative Begriffe, die, wenn auch nicht in gleicher Weise, grundlegend sind für unser Selbst- und Weltverständnis und für die Interpretation und Organisation unseres Zusammenlebens. Bedroht ist dann das normative Netz, mit dessen Hilfe wir uns selbst und unsere Beziehungen als sinnvoll beschreiben. Eine Theorie von Autonomie muss folglich durch die Analyse der sozialen, politischen und kulturellen Gefährdungen von Autonomie auch und gerade zu einer Kritik solcher gesellschaftlichen Verhältnisse führen, die Autonomie bedrohen und Autonomie verhindern.

Ein autonomes Leben kann ein gelungenes Leben sein, obgleich dies gewiss nicht bedeutet, dass es immer ohne Ambivalenzen, Selbsttäuschungen oder Entfremdungen geführt wird, dass es vollkommen geplant, bestimmt und geordnet ist. Auch wenn das alltägliche autonome Leben ein ebenso spannungsvolles wie konflikthaftes ist, bleibt es doch das eigene, selbstbestimmte Leben, das deshalb gut, sinnvoll und sogar glücklich sein kann. Unter je verschieden günstigen sozialen, kulturellen und politischen Bedingungen ist ein solches selbstbestimmtes Leben leichter oder schwieriger zu erreichen: Ein sinnvolles Leben ist unter entgegenkommenden Bedingungen eher möglich als unter sozialen und politischen Bedingungen der Entmündigung und der Ungerechtigkeit. Ich habe in diesem Buch einen Begriff von Autonomie entwickelt, der weder verlangt, die Schicksalhaftigkeit von Ereignissen und Verpflichtungen einfach zu akzeptieren, noch erwartet, das eigene Leben vollständig bestimmen und in den eigenen Händen halten zu können. Das gelungene Leben ist dann eines, das wir – im Großen und Ganzen, gemeinsam mit anderen – selbst bestimmen, das wir als ausreichend sinnvoll und ausreichend glücklich erfahren, das ein respektvolles Verhältnis zu anderen einschließt und in dem das Schicksal uns halbwegs gnädig ist.

Literatur

Adichie, Chimamanda Ngozi, *Americanah*, Frankfurt am Main 2014.

Adorno, Theodor W., *Minima Moralia. Reflexionen aus dem beschädigten Leben*, Berlin/Frankfurt am Main 1951.

Adorno, Theodor W., *Erziehung zur Mündigkeit. Vorträge und Gespräche mit Hellmut Becker 1959-1969*, Frankfurt am Main 1970.

Adorno, Theodor W., *Negative Dialektik*, Gesammelte Schriften Band 6, Frankfurt am Main 1973.

Adorno, Theodor W., *Probleme der Moralphilosophie*, Frankfurt am Main 1996.

Alfano, Mark, »Stereotype Threat and Intellectual Virtue«, in: Owen Flanagan, Abrol Fairweather (Hg.), *Naturalizing Virtue*, Cambridge 2014, S. 155-174.

Allen, Amy, *The Politics of Our Selves. Power, Autonomy, and Gender in Contemporary Critical Theory*, New York 2013.

Allen, Anita, *Uneasy Access. Privacy for Women in a Free Society*, Totowa 1988.

Allen, Anita, »Dredging Up the Past. Lifelogging, Memory, and Surveillance«, in: *The University of Chicago Law Review* 75 (2008), S. 47-75.

Allen, Anita, *Unpopular Privacy. What Must We Hide?*, Oxford 2011.

Allen, Anita, »An Ethical Duty to Protect One's Own Information Privacy«, in: *Alabama Law Review* 64 (2013), S. 845-866.

Altman, Irwin, *The Environment and Social Behavior. Privacy, Personal Space, Territory, Crowding*, Monterey 1975.

Amiel, Henri-Frédéric, *Amiel's Journal*, New York 1906.

Anderson, Elizabeth, *The Imperative of Integration*, Princeton 2010.

Anderson, Elizabeth, »Epistemic Justice as a Virtue of Social Institutions«, in: *Social Epistemology* 26 (2012), S. 163-173.

Anderson, Joel, »Autonomielücken als soziale Pathologie. Ideologiekritik jenseits des Paternalismus«, in: Rainer Forst, Martin Hartmann, Rahel Jaeggi, Martin Saar (Hg.), *Sozialphilosophie und Kritik*, Frankfurt am Main 2009, S. 433-453.

Anderson, Joel, Joseph Heath, »Procrastination and the Extended Will«, in: Chrisoula Andreou, Mark White (Hg.), *The Thief of Time. Philosophical Essays on Procrastination*, New York 2012, S. 233-253.

Anderson, Joel, Axel Honneth, »Autonomy, Vulnerability, Recognition, and Justice«, in: John Christman, Joel Anderson (Hg.), *Autonomy and the Challenges to Liberalism. New Essays*, Cambridge 2005, S. 127-149.

Anscombe, G. E. M., »Die Moralphilosophie der Moderne«, in: Dies., *Aufsätze*, Berlin 2014, S. 142-170.

Antheunis, Marjolijn, Patti Valkenburg, Jochen Peter, »The Quality of Online, Offline, and Mixed-mode Friendships Among Users of a Social Networking Site«, in: *Cyberpsychology. Journal of Psychosocial Research on Cyberspace* 6 (2012), ⟨www.cyberpsychology.eu/view.php?cisloclanku=2012120304&article=6⟩, letzter Zugriff 06. 03. 2016.

Anthony, Louise M., »Bias: Friend or Foe? Reflections on Saulish Skepticism«, in: Michael Brownstein, Jennifer Saul (Hg.), *Implicit Bias and Philosophy. Metaphysics and Epistemology*, Oxford 2016, S. 157-190.

Apfelbaum, Evan, Samuel Sommers, Michel Norton, »Seeing Race and Seeming Racist? Evaluating Strategic Colorblindness in Social Interaction«, in: *Journal of Personality and Social Psychology* 95 (2008), S. 918-932.

Appiah, Anthony Kwame, *Ethische Experimente. Übungen zum guten Leben*, München 2009.

Arendt, Hannah, *Eichmann in Jerusalem. Ein Bericht von der Banalität des Bösen*, München 1986.

Aristoteles, *Nikomachische Ethik*, Düsseldorf 2001.

Arpaly, Nomy, »On Acting Rationally Against One's Better Judgment«, in: *Ethics* 110 (2000), S. 488-513.

Arpaly, Nomy, *Unprincipled Virtue. An Inquiry Into Moral Agency*, Oxford 2004.

Arpaly, Nomy, »Comment«, in: Susan Wolf, *Meaning in Life and Why it Matters*, Princeton 2010, S. 85-92.

Arpaly, Nomy, »Huckleberry Finn Revisited. Inverse Akrasia and Moral Ignorance«, in: Randolph Clarke, Michael McKenna, Angela M. Smith (Hg.), *The Nature of Moral Responsibility. New Essays,* Oxford 2015, S. 141-156.

Baron, Marcia, »What is Wrong with Self-Deception?«, in: Brian P. McLaughlin, Amélie Oksenberg Rorty (Hg.), *Perspectives on Self-Deception*, Berkeley/Los Angeles 1988, S. 431-459.

Bauer, Katharina, »Practical Necessity and Personality«, in: Alberto Masala, Jonathan Webber (Hg.), *From Personality to Virtue. Essays on the Philosophy of Character,* Oxford 2016, S. 81-105.

Baumeister, Roy, Kathleen Vohs, Dianne Tice, »The Strength Model of Self-Control«, in: *Current Directions in Psychological Science* 16 (2007), S. 351-355.

Bayley, John, »Superchild«, in: *London Review of Books* 6 (1984), S. 9-11.

Beauvoir, Simone de, *Memoiren einer Tochter aus gutem Hause,* Frankfurt am Main 1962.

Beauvoir, Simone de, *Das andere Geschlecht. Sitte und Sexus der Frau*, Reinbek 1987.

Beckmann, Max, *Tagbücher 1940-1950*, München 1955.

Beckmann, Max, *Self-Portrait in Words. Collected Writings and Statements 1903-1950*, Chicago 1997.

Bell, Gordon, Jim Gemmell, »A Digital Life«, in: *Scientific American* 296 (2007), S. 58-65.

Bell, Gordon, Jim Gemmell, *Your Life, Uploaded. The Digital*

Way to Better Memory, Health, and Productivity, New York 2010.

Benatar, David (Hg.), *Life, Death & Meaning. Key Philosophical Readings on the Big Questions*, Lanham 2004.

Benhabib, Seyla, »Autonomie, Moderne und Gemeinschaft. Kommunitarismus und kritische Gesellschaftstheorie im Dialog«, in: Dies., *Selbst im Kontext. Kommunikative Ethik im Spannungsfeld von Feminismus, Kommunitarismus und Postmoderne*, Frankfurt am Main 1995, S. 33-75.

Benhabib, Seyla, »Der verallgemeinerte und der konkrete Andere. Die Kohler/Gilligan-Kontroverse aus der Sicht der Moraltheorie«, in: Dies., *Selbst im Kontext. Kommunikative Ethik im Spannungsfeld von Feminismus, Kommunitarismus und Postmoderne*, Frankfurt am Main 1995, S. 161-191.

Benson, Paul, »Taking Ownership. Authority and Voice in Autonomous Agency«, in: John Christman, Joel Anderson (Hg.), *Autonomy and the Challenges to Liberalism. New Essays*, Cambridge 2009, S. 101-126.

Benson, Paul, »Handlungsfreiheit und Selbstwert«, in: Monika Betzler (Hg.), *Autonomie der Person*, Münster 2013, S. 131-148.

Berlin, Isaiah, »Zwei Freiheitsbegriffe«, in: Ders. (Hg.), *Freiheit. Vier Versuche*, Frankfurt am Main 1995.

Bertrand, Marianne, Sendhil Mullainathan, »Are Emily and Greg More Employable Than Lakisha and Jamal? A Field Experiment on Labor Market Discrimination«, in: *The American Economic Review* 94 (2004), S. 991-1013.

Betzler, Monika, »Einleitung. Begriff, Kontext und Konzeption der Autonomie«, in: Dies. (Hg.), *Autonomie der Person*, Münster 2013, S. 7-36.

Betzler, Monika, »The Normative Significance of Personal Projects«, in: Michael Kühler, Nadja Jelinek (Hg.), *Autonomy and the Self*, Berlin/New York 2013, S. 101-126.

Betzler, Monika, Barbara Guckes (Hg.), *Autonomes Handeln. Beiträge zur Philosophie von Harry G. Frankfurt*, Berlin 2000.

Bevir, Marc, »Foucault and Critique. Deploying Agency Against Autonomy«, in: *Political Theory* 27 (1999), S. 65-84.

Bieri, Peter, *Das Handwerk der Freiheit. Über die Entdeckung des eigenen Willens*, München 2001.

Bieri, Peter, *Wie wollen wir leben?,* Graz 2011.

Bilgrami, Akeel, »Self-Knowledge and Resentment«, in: Crispin Wright, Barry C. Smith, Cynthia MacDonald (Hg.), *Knowing Our Own Minds*, Oxford 1998, S. 207-242.

Bittner, Rüdiger, »Ressentiment«, in: Richard Schacht (Hg.), *Nietzsche, Genealogy, Morality. Essays on Nietzesch's Genealogy of Morals*, Berkeley / Los Angeles 1994, S. 127-138.

Bittner, Rüdiger, »Autonomy, and Then«, in: *Philosophical Explorations* 5 (2002), S. 217-228.

Bittner, Rüdiger, »Autonomy Modest«, in: *Erkenntnis* 79 (2014), S. 1329-1339.

Blackburn, Simon, *Being Good*, New York 2001.

Blustein, Jeffrey, *Forgiveness and Rememberance. Remembering Wrongdoing in Personal and Political Life*, Oxford 2014.

Boyd, Danah, *It's Complicated. The Social Lives of Networked Teens*, New Haven 2014.

Boyd, Danah, Alice Marwick, »Social Privacy in Networked Publics. Teen's Attitudes, Practices, and Strategies«, 2011, ⟨www.danah.org/papers/2011/SocialPrivacyPLSC-Draft.pdf⟩, letzter Zugriff 30.05.2016.

Bramble, Ben, »The Experience Machine«, in: *Philosophy Compass* 11 (2016), S. 136-145.

Brandenburg, Daphne, »Implicit Attitudes and the Social Capacity for Free Will«, in: *Philosophical Psychology* 29 (2016), S. 1-14.

Bratman, Michael, »Practical Reasoning and Weakness of the Will«, in: *Noûs* 13 (1979), S. 131-151.

Bratman, Michael, »Reflection, Planning, and Temporally Extended Agency«, in: Ders., *Structures of Agency. Essays*, Oxford 2007, S. 21-46.

Bratman, Michael, »Planning Agency, Autonomous Agency«, in: Ders., *Structures of Agency. Essays*, Oxford 2007, S. 195-221.
Brey, Philip, »Freedom and Privacy in Ambient Technology«, in: *Ethics and Information Technology* 7 (2005), S. 157-166.
Brown, Rachel, »The Emplotted Self: Self-Deception and Self-Knowledge«, in: *Philosophical Papers* 32 (2003), S. 279-300.
Brownstein, Michael, Alex Madva, »The Normativity of Automaticity«, in: *Mind & Language* 27 (2012), S. 410-434.
Brownstein, Michael, Jennifer Saul (Hg.), *Implicit Bias and Philosophy. Moral Responsibility, Structural Injustice, and Ethics*, Bd. 1 und 2, Oxford 2016.
Brownstein, Michael, Jennifer Saul, »Introduction (vol. 1)«, in: Dies. (Hg.), *Implicit Bias and Philosophy. Moral Responsibility, Structural Injustice, and Ethics*, Bd. 1, Oxford 2016, S. 1-19.
Brownstein, Michael, Jennifer Saul, »Introduction (vol. 2)«, in: Dies. (Hg.), *Implicit Bias and Philosophy. Metaphysics and Epistemology*, Bd. 2, Oxford 2016, S. 1-8.
Burg, Natalie, »Your Company Can See The Future With Predictive Analytics«, 2014, ⟨www.forbes.com/sites/sungardas/2014/03/26/your-company-can-see-the-future-with-predictive-analytics-2⟩, letzter Zugriff 30.05.2016.
Busch, Andreas, »The Regulation of Transborder Data Traffic. Disputes Across the Atlantic«, in: *Security and Human Rights* 24 (2012), S. 313-330.
Buss, Sarah, »Weakness of Will«, in: *Pacific Philosophical Quarterly* 78 (1997), S. 13-44.
Buss, Sarah, »Valuing Autonomy and Respecting Persons. Manipulation, Seduction, and the Basis of Moral Constraints«, in: *Ethics* 115 (2005), S. 195-235.
Buss, Sarah, »Accountability, Integrity, Authenticity, and Self-legislation. Reflections on Ruediger Bittner's Reflections on Autonomy«, in: *Erkenntnis* 79 (2014), S. 1351-1364.
Byatt, Antonia S., *Degrees of Freedom. The Novels of Iris Murdoch*, London 1965.

Byrne, Alex, »Transparency, Belief, Intention«, in: *Proceedings of the Aristotelian Society Supplementary Volume* 85 (2011), S. 201-221.

Calhoun, Cheshire, »Standing for Something«, in: *Journal of Philosophy* 92 (1995), S. 235-260.

Camus, Albert, *The Myth of Sisyphus*, London 1955.

Carter, Ian, Matthew H. Kramer, Hillel Steiner (Hg.), *Freedom. A Philosophical Anthology*, London 2007.

Cassam, Quassim (Hg.), *Self-Knowledge*, Oxford 1994.

Cassam, Quassim, *Self-Knowledge for Humans*, Oxford 2014.

Cavell, Stanley, *Disowning Knowledge. In Six Plays of Shakespeare*, Cambridge 1987.

Celikates, Robin, *Kritik als Praxis. Gesellschaftliche Selbstverständigung und kritische Theorie*, Frankfurt am Main/New York 2009.

Christman, John (Hg.), *The Inner Citadel. Essays on Individual Autonomy,* Oxford 1989.

Christman, John, »Introduction«, in: Ders. (Hg.), *The Inner Citadel. Essays on Individual Autonomy,* Oxford 1989, S. 3-26.

Christman, John, »Autonomy, Self-Knowledge and Liberal Legitimacy«, in: Ders., Joel Anderson (Hg.), *Autonomy and the Challenges to Liberalism. New Essays,* Cambridge 2005, S. 330-357.

Christman, John, *The Politics of Persons. Individual Autonomy and Socio-historical Selves,* Cambridge 2009.

Christman, John, »Autonomie und die Vorgeschichte einer Person«, in: Betzler, Monika (Hg.), *Autonomie der Person*, Münster 2013, S. 109-130.

Christman, John, »Coping or Oppression. Autonomy and Adaptation to Circumstance«, in: Andrea Veltman, Mark Piper (Hg.), *Autonomy, Oppression, and Gender*, Oxford 2014, S. 201-226.

Christman, John, Joel Anderson (Hg.), *Autonomy and the Challenges to Liberalism. New Essays*, Cambridge 2009.

Christman, John, Joel Anderson, »Introduction«, in: Dies. (Hg.),

Autonomy and the Challenges to Liberalism. New Essays, Cambridge 2009, S. 1-26.

Clarke, Randolph, Michael McKenna, Angela M. Smith (Hg.), *The Nature of Moral Responsibility. New Essays,* Oxford 2015.

Clarke, Randolph, Michael McKenna, Angela M. Smith, »Introduction«, in: Dies. (Hg.), *The Nature of Moral Responsibility. New Essays,* Oxford 2015, S. 1-18.

Cohen, Jean, »Redescribing Privacy. Identity, Difference and the Abortion Controversy«, in: *Columbia Journal of Gender and Law* 3 (1992), S. 43-117.

Cooke, Maeve, »Habermas, Autonomy, and the Identity of the Self«, in: *Philosophy and Social Criticism* 18 (1992), S. 268-291.

Cooke, Maeve, »Postkonventionelle Selbstverwirklichung. Überlegungen zur praktischen Subjektivität«, in: *Deutsche Zeitschrift für Philosphie* 42, 1994, S. 61-72.

Cross, John Walter (Hg.), *George Eliot's Life as Related in Her Letters and Journals*, London 2016.

Cudd, Ann, *Analyzing Oppression,* Oxford 2006.

Cudd, Ann, »Adaptations to Oppression. Preference, Autonomy and Resistance«, in: Marina Oshana (Hg.), *Personal Autonomy and Social Oppression. Philosophical Perspectives.* New York 2015, S. 142-160.

Currie, Gregory, »Framing Narratives«, in: Daniel D. Hutto (Hg.), *Narrative and Understanding Persons*, Cambridge 2007, S. 17-42.

Darwall, Stephen, »Self-Deception, Autonomy, and Moral Constitution«, in: Brian P. McLaughlin, Amélie Oksenberg Rorty (Hg.), *Perspectives on Self-Deception*, Berkeley/Los Angeles 1988, S. 407-430.

Darwall, Stephen, »The Value of Autonomy and Autonomy of the Will«, in: *Ethics* 116 (2006), S. 263-284.

Davidson, Donald, »Wie ist Willensschwäche möglich?«, in: Ders., *Handlung und Ereignis*, Frankfurt am Main 1985, S. 43-72.

Davidson, Donald, »Paradoxien der Irrationalität«, in: Stefan Gosepath (Hg.), *Motive, Gründe, Zwecke. Theorien praktischer Rationalität*, Frankfurt am Main 1999, S. 209-231.

Dean, Jodi, *Blog Theory. Feedback and Capture in the Circuits of Drive*, Cambridge/Malden 2010.

Diamond, Cora, *The Realistic Spirit. Wittgenstein, Philosophy and the Mind*, Cambridge 1991.

Didion, Joan, »Gedanken über das Notizbuch«, in: Dies., *Stunde der Bestie. Essays*, Hamburg 1996, S. 122-131.

Didion, Joan, *We Tell Ourselves Stories in Order to Live. Collected Nonfiction*, New York 2006.

Diener, Ed, John Helliwell, Daniel Kahneman (Hg.), *International Differences in Well-Being*, Oxford 2010.

Diggelman, Oliver, Cleis, Maria Nicole, »How the Right to Privacy Became a Human Right«, in: *Human Rights Law Review* 14 (2014), S. 441-458.

Dijck, José van, »Composing the Self. Of Diaries and Lifelogs«, in: *Fibreculture* 3 (2004), ⟨http://three.fibreculturejournal.org/fcj-012-composing-the-self-of-diaries-and-lifelogs/⟩, letzter Zugriff 16.11.2016.

Dijck, José van, *The Culture of Connectivity. A Critical History of Social Media*, Oxford 2013.

Dijck, José van, Thomas Poell, »Understanding Social Media Logic«, in: *Media and Communication* 1 (2013), S. 2-14.

Dijk, Pieter van, Fried van Hoof, Arjen van Rijn, Leo Zwaak (Hg.), *Theory and Practice of the European Convention of Human Rights*, Antwerpen 2006.

Doctorow, Edgar Lawrence, *Andrew's Brain*, London 2014.

Doris, John, »Scepticism about Persons«, in: *Philosophical Issues* 19 (2009), S. 57-91.

Doris, John, *Talking to Our Selves. Reflection, Ignorance, and Agency*, Oxford 2015.

Douglass, Frederick, *Narrative of the Life of Frederick Douglass, an American Slave. Written by Himself*, New York 2008.

Dworkin, Ronald, »Liberalism«, in: Stuart Hampshire (Hg.), *Public and Private Morality*, Cambridge 1978, S. 113-143.

Dworkin, Ronald, *Bürgerrechte ernstgenommen*, Frankfurt am Main 1990.

Eggers, Dave, *Der Circle*, Köln 2014.

Ekstrom, Laura Waddell, »Autonomy and Personal Integration«, in: James Stacey Taylor (Hg.), *Personal Autonomy. New Essays on Personal Autonomy and its Role in Contemporary Moral Philosophy*, Cambridge 2005, S. 143-161.

Eliot, George, *Middlemarch*, Zürich 1962.

Eliot, George, *The Journals of George Eliot,* hg. von Margaret Harris, Judith Johnston, Cambridge 1998.

Ellison, Ralph, *Unsichtbarkeit*, Hamburg 1998.

Elster, John, »Sour Grapes. Utilitarianism and the Genesis of Wants«, in: John Christman (Hg.), *The Inner Citadel. Essays on Individual Autonomy*, Oxford 1989, S. 170-188.

Emerson, Ralph Waldo, »Selbstständigkeit«, in: Ders., *Essays*, Zürich 1983, S. 39-73.

Enright, Anne, *Rosaleens Fest*, München 2016.

Evans, Gareth, *The Varieties of Reference*, Oxford 1982.

Evans, Gareth, »Selbstidentifizierung«, in: Manfred Frank (Hg.), *Analytische Theorien des Sebstbewußtseins*, Frankfurt am Main 1994, S. 500-574.

Fanon, Frantz, *Schwarze Haut, weiße Masken*, Frankfurt am Main 1980.

Fehige, Christoph, Georg Meggle, Ulla Wessels (Hg.), *Der Sinn des Lebens*, München 2000.

Feinberg, Joel, »Autonomy«, in: John Christman (Hg.), *The Inner Citadel. Essays on Individual Autonomy*, Oxford 1989, S. 27-53.

Feinberg, Joel, »Absurd Self-Fulfillment«, in: Ders., *Freedom and Fulfillment. Philosophical Essays*, Princeton 1992.

Feldman, Simon, Allan Hazlett, »Authenticity and Self-Knowledge«, in: *Dialectica* 67 (2013), S. 157-181.

Ferrara, Alessandro, *Reflective Authenticity*, London 1998.
Finaigrette, Herbert, »Self-Deception and the ›Splitting of the Ego‹«, in: Richard Wollheim, James Hopkins (Hg.), *Philosophical Essays on Freud*, Cambridge 1982, S. 212-227.
Fischer, John Martin, »Free Will, Death, and Immortality. The Role of Narrative«, in: *Philosophical Papers* 34 (2005), S. 379-403.
Fischer, John, Mark Ravizza, *Responsibility and Control. A Theory of Moral Responsibility*, Cambridge 1998.
Flikschuh, Katrin, *Freedom. Contemporary Liberal Perspectives*, Cambridge 2008.
Floridi, Luciano, »The Ontological Interpretation of Informational Privacy«, in: *Ethics and Information Technology* 7 (2005), S. 185-200.
Floridi, Luciano, *Die 4. Revolution. Wie die Infosphäre unser Leben verändert*, Berlin 2015.
Foot, Philippa, *Die Natur des Guten*, Frankfurt am Main 2014.
Ford, Richard, *Die Lage des Landes*, Frankfurt am Main 2015.
Forst, Rainer, *Das Recht auf Rechtfertigung. Elemente einer konstruktivistischen Theorie der Gerechtigkeit*, Frankfurt am Main 2007.
Foucault, Michel, *Überwachen und Strafen. Die Geburt des Gefängnisses*, Frankfurt am Main 1977.
Foucault, Michel, »Was ist Aufklärung?«, in: Eva Erdmann, Rainer Forst, Axel Honneth (Hg.), *Ethos der Moderne. Foucaults Kritik der Aufklärung*, Frankfurt am Main 1990, S. 35-54.
Foucault, Michel, *Was ist Kritik*, Berlin 1992.
Foucault, Michel, *Hermeneutik des Subjekts. Vorlesung am Collège de France (1981/82)*, Frankfurt am Main 2004.
Fourier, Carina, Fabian Schuppert, Ivo Wallimann-Helmer (Hg.), *Social Equality – On What It Means to Be Equals*, New York 2015.
Frangieh, Samir, »The Arab Revolts and the Rise of Personal Autonomy«, Interview vom 20.08.2014, ⟨http://www.resetdoc.org/story/00000022438⟩, letzter Zugriff 06.07.2015.

Frankfurt, Harry, »Identification and Externality«, in: Ders., *The Importance of What We Care About*, Cambridge 1988, S. 58-68.
Frankfurt, Harry, »Rationality and the Unthinkable«, in: Ders., *The Importance of What We Care About*, Cambridge 1988, S. 177-190.
Frankfurt, Harry, »On the Necessity of Ideals«, in: Ders., *Necessity, Volition, and Love*, Cambridge 1999, S. 108-116.
Frankfurt, Harry, »Alternative Handlungsmöglichkeiten und moralische Verantwortung«, in: Ders., *Freiheit und Selbstbestimmung. Ausgewählte Texte*, Berlin 2001, S. 53-64.
Frankfurt, Harry, »Willensfreiheit und der Begriff der Person«, in: Ders., *Freiheit und Selbstbestimmung. Ausgewählte Texte*, Berlin 2001, S. 65-83.
Frankfurt, Harry, »Identifikation und ungeteilter Wille«, in: Ders., *Freiheit und Selbstbestimmung. Ausgewählte Texte*, Berlin 2001, S. 116-137.
Frankfurt, Harry, »Autonomie, Nötigung und Liebe«, in: Ders., *Freiheit und Selbstbestimmung. Ausgewählte Texte*, Berlin 2001, S. 166-183.
Frankfurt, Harry, »Vom Sorgen oder: woran uns liegt«, in: Ders., *Freiheit und Selbstbestimmung. Ausgewählte Texte*, Berlin 2001, S. 201-232.
Frankfurt, Harry, »Reply to J. David Velleman«, in: Sarah Buss, Lee Overton (Hg.), *Contours of Agency. Essays on Themes from Harry Frankfurt*, Cambridge/MA 2002, S. 124-128.
Frankfurt, Harry, »Reply to Richard Moran«, in: Sarah Buss, Lee Overton (Hg.), *Contours of Agency. Essays on Themes from Harry Frankfurt*, Cambridge/MA 2002, S. 218-226.
Frankfurt, Harry, »Reply to Susan Wolf«, in: Sarah Buss, Lee Overton (Hg.), *Contours of Agency. Essays on Themes from Harry Frankfurt*, Cambridge/MA 2002, S. 245-252.
Frankfurt, Harry, *Gründe der Liebe*, Frankfurt am Main 2005.
Frankfurt, Harry, *Sich selbst ernst nehmen*, Frankfurt am Main 2007.

Frankfurt, Harry, »Die schwächste Leidenschaft«, in: Monika Betzler (Hg.), *Autonomie der Person*, Münster 2013, S. 67-80.

Fraser, Nancy, »Sex, Lügen und die Öffentlichkeit: Überlegungen zur Bestätigung des Bundesrichters Clarence Thomas«, in: Klaus Pühl (Hg.), *Geschlechterverhältnisse und Politik*, Frankfurt am Main 1994, S. 19-42.

Fraser, Nancy, »Die Gleichheit der Geschlechter und das Wohlfahrtssystem«, in: Axel Honneth (Hg.), *Pathologien des Sozialen*, Frankfurt am Main 1994, S. 351-382.

Freud, Sigmund, *Das Unbehagen in der Kultur*, Wien 1930.

Freud, Sigmund, »Bemerkungen über einen Fall von Zwangsneurose«, in: *Freud-Studienausgabe,* Bd. 7, Frankfurt am Main 1973, S. 31-103.

Freud, Sigmund, »Erinnern, Wiederholen und Durcharbeiten (Weitere Ratschläge zur Technik der Psychoanalyse II)«, in: Ders., *Schriften zur Behandlungstechnik*, Frankfurt am Main 1975.

Freud, Sigmund, »Zur Dynamik der Übertragung«, in: *Freud-Studienausgabe*, Ergänzungsband, Frankfurt am Main 1975, S. 159-168.

Freyenhagen, Fabian, *Adorno's Practical Philosphy. Living Less Wronlgy,* Cambridge 2013.

Fricker, Miranda, *Epistemic Injustice. Power and the Ethics of Knowing,* New York 2007.

Fried, Charles, »Privacy. A Moral Analysis«, in: Ferdinand Schoeman (Hg.), *Philosophical Dimensions of Privacy. An Anthology,* Cambridge 1984.

Friedman, Marilyn, »Autonomy, Social Disruption, and Women«, in: Catriona Mackenzie, Natalie Stoljar (Hg.), *Relational Autonomy. Feminist Perspectives on Autonomy, Agency, and the Social Self,* Oxford 2000, S. 35-51.

Friedman, Marilyn, *Autonomy, Gender, Politics,* New York 2003.

Friedman, Marilyn, »Relational Autonomy and Independence«,

in: Andrea Veltman, Mark Piper (Hg.), *Autonomy, Oppression, and Gender*, Oxford 2014, S. 42-60.

Frisch, Max, *Stiller*, Frankfurt am Main 1973.

Frisch, Max, *Montauk*, Frankfurt am Main 1975.

Frisch, Max, *Gesammelte Werke in zeitlicher Folge. Sechster Band. Tagebuch 1966-1971*, Frankfurt am Main 1998.

Frisch, Max, *Schwarzes Quadrat. Zwei Poetikvorlesungen*, Frankfurt am Main 2008.

Frisch, Max, *Entwürfe zu einem dritten Tagebuch*, Berlin 2010.

Frisch, Max, *Aus dem Berliner Journal*, Berlin 2014.

Gaita, Raimond, *Good and Evil. An Absolute Conception*, London 2004.

Gavison, Ruth, »Privacy and the Limits of Law«, in: *The Yale Law Journal* 89 (1980), S. 421-471.

Geminn, Christian, Alexander Rossnagel, »›Privatheit‹ und ›Privatsphäre‹ aus der Perspektive des Rechts – ein Überblick«, in: *Juristenzeitung* 70 (2015), S. 703-708.

Gertler, Brie, *Self-Knowledge*, London 2011.

Goethe, Johann Wolfgang, *Die Wahlverwandtschaften*, Frankfurt am Main 1980.

Goetz, Rainald, *Abfall für alle*, Frankfurt am Main 2015.

Goffman, Erving, *Stigma. Über Techniken der Bewältigung beschädigter Identität*, Frankfurt am Main 1975.

Gold, Helmut, Christiane Holm, Tine Nowak, Eva Bös (Hg.), *Absolut privat!? Vom Tagebuch zum Weblog*, Bönnigheim 2008.

Goldie, Peter (Hg.), *The Philosophy of Emotion*, Oxford 2010.

Goldie, Peter, *The Mess Inside. Narrative, Emotions, and the Mind*, Oxford 2012.

Goold, Benjamin, »How Much Surveillance Is Too Much? Some Thoughts on Surveillance, Democracy, and the Political Value of Privacy«, in: D. W. Schartum (Hg.), *Overvåkning i en rettstat*, Bergen 2010, S. 38-48.

Goold, Benjamin, *CCTV and Human Rights. Paris. European*

Forum for Urban Security, 2010, ⟨http://ssrn.com/abstract=1875060⟩, letzter Zugriff 31.05.2016.

Görner, Rüdiger, *Das Tagebuch*, München 1986.

Gosepath, Stefan, *Gleiche Gerechtigkeit*, Frankfurt am Main 2004.

Govier, Trudy, »Self-Trust, Autonomy, and Self-Esteem«, in: *Hypatia* 8 (1993), S. 99-120.

Greenwald, Glenn, *No Place to Hide. Edward Snowden, the NSA, and the U.S. Surveillance State*, New York 2014.

Griffin, James, »On Life's Being Valuable«, in: *Dialectics and Humanism* 8 (1981), S. 51-62.

Griffin, James, *Well-Being. Its Meaning, Measurement, and Moral Importance*, Oxford 1986.

Griffin, James, *On Human Rights*, Oxford 2008.

Grodzinsky, Frances, Herman T. Tavani, »Applying the ›Contextual Integrity‹ Model of Privacy to Personal Blogs in the Blogosphere«, in: *Computer Science & Information Technology Faculty Publications* Paper 2 (2010), ⟨http://digitalcommons.sacredheart.edu/computersci_fac/2⟩, letzter Zugriff 16.11.2016.

Gruber, Sabine, *Das Tagebuch. Ein Medium der Selbstreflexion*, Norderstedt 2008.

Guckes, Barbara, Monika Betzler (Hg.), *Autonomes Handeln. Beiträge zur Philosophie von Harry G. Frankfurt*, Berlin 2000.

Guignon, Charles (Hg.), *The Good Life*, Cambridge 1999.

Guignon, Charles, *On Being Authentic*, London 2004.

Habermas, Jürgen, »Vom pragmatischen, ethischen und moralischen Gebrauch der praktischen Vernunft«, in: Ders., *Erläuterungen zur Diskursethik*, Frankfurt am Main 1991, S. 100-118.

Habermas, Jürgen, *Faktizität und Geltung. Beiträge zur Diskurstheorie des Rechts und des demokratischen Rechtsstaats*, Frankfurt am Main 1992.

Habermas, Jürgen, *Theorie des kommunikativen Handelns*, 2 Bde., Frankfurt am Main 1995.

Habermas, Jürgen, »Individuierung durch Vergesellschaftung. Zu George Herbert Meads Theorie der Subjektivität«, in: Ders., *Philosophische Texte. Sprachtheoretische Grundlegung der Soziologie*, Bd. 1, Frankfurt am Main 2009, S. 243-301.

Habermas, Jürgen, »Das Sprachspiel verantwortlicher Urheberschaft und das Problem der Willensfreiheit. Wie lässt sich der epistemische Dualismus mit einem ontologischen Monismus versöhnen?«, in: Ders., *Philosophische Texte. Kritik der Vernunft*, Bd. 5, Frankfurt am Main 2009, S. 271-341.

Haddon, Mark, »The Gun«, in: Ders., *The Pier Falls and Other Stories*, London 2016, S. 155-178.

Halbfass, Wilhelm, »Selbsttäuschung«, in: Joachim Ritter, Karlfried Gründer (Hg.), *Historisches Wörterbuch der Philosophie*, Bd. 9, Basel 1995, Sp. 541-542.

Hall, Lars, Peter Johansson, Thomas Strandberg, »Lifting the Veil of Morality. Choice Blindness and Attitude Reversals on a Self-Transforming Survey«, in: *PLoS ONE* 7 (2012), ⟨http://dx.doi.org/10.1371/journal.pone.0045457⟩, letzter Zugriff 16.11.2016.

Hanfling, Oswald (Hg.), *Life and Meaning. A Reader*, Oxford 1987.

Hanfling, Oswald, *The Quest for Meaning*, New York 1987.

Harcourt, Bernard, *Exposed. Desire and Disobedience in the Digital Age*, Cambridge/MA 2015.

Hare, Richard, »Nothing Matters«, in: Ders., *Applications of Moral Philosophy*, London 1972, S. 32-47.

Harrist, Steve, »A Phenomenological Investigation of the Experience of Ambivalence«, in: *Journal of Phenomenological Psychology* 37 (2006), S. 85-114.

Haslanger, Sally, *Resisting Reality. Social Construction and Social Critique*, Oxford 2012.

Hausman, Daniel, Brynn Welch, »To Nudge or Not to Nudge«, in: *Journal of Political Philosophy* 18 (2010), S. 123-136.

Haybron, Daniel, *The Pursuit of Unhappiness. The Elusive Psychology of Well-Being*, Oxford 2010.

Hayek, Friedrich A. von, *Die Verfassung der Freiheit,* Tübingen [3]1971.

Heath, Joseph, »Problems in the Theory of Ideology«, in: William Rehg, James Bohman (Hg.), *Pluralism and the Pragmatic Turn. The Transformation of Critical Theory. Essays in Honor of Thomas McCarthy*, Cambridge 2001, S. 163-190.

Hebbel, Friedrich, *Tagebücher*, in: Ders., *Sämtliche Werke*. Historisch-kritische Ausgabe. 11. Abteilung. Tagebücher, Bd. 2, Berlin 1905.

Hegel, G. W. F., *Grundlinien der Philosophie des Rechts*, Frankfurt am Main 1970.

Henry, Nancy, *The Life of George Eliot. A Critical Biography*, Oxford 2012.

Herman, Barbara, »A Cosmopolitan Kingdom of Ends«, in: Dies., *Moral Literacy*, Cambridge 2007, S. 51-78.

Hermans, Willem Frederik, *Nie mehr schlafen*, Berlin 2011.

Herring, Susan, »Communication Styles Make a Difference«, in: *The New York Times*, 4. Februar 2011.

Herrndorf, Wolfgang, *Arbeit und Struktur*, Berlin 2013.

Hildesheimer, Wolfgang: »Ich schreibe kein Buch über Kafka«, in: Ders., *Lieblose Legenden*, Frankfurt am Main 1976, S. 18-20.

Hill, Kashmir, »How Target Figured Out a Teen Girl Was Pregnant Before Her Father Did«, ⟨www.forbes.com/sites/kashmirhill/2012/02/16/how-target-figured-out-a-teen-girl-was-pregnant-before-her-father-did/⟩, letzter Zugriff 31.05.2016.

Hill, Thomas, *Autonomy and Self-Respect,* Cambridge 1991.

Hill, Thomas, »Servility and Self-Respect«, in: Robin S. Dillon (Hg.), *Dignity, Character, and Self-Respect*, New York 1995, S. 76-92.

Hirschmann, Nancy, »Toward a Feminist Theory of Freedom«, in: David Miller (Hg.), *Liberty*, Oxford 1991, S. 200-222.

Hobbes, Thomas, *Leviathan oder Stoff, Form und Gewalt eines kirchlichen und bürgerlichen Staates*, Frankfurt am Main 1976.

Hocke, Gustav René, *Europäische Tagebücher aus vier Jahrhunderten. Motive und Anthologie*, Wiesbaden / München 1986.

Holm, Christiane, »Montag Ich. Dienstag Ich. Mittwoch Ich. Versuch einer Phänomenologie des Diaristischen«, in: Helmut Gold, Christine Holm, Tine Nowak, Eva Bös (Hg.), *Absolut privat!? Vom Tagebuch zum Weblog*, Heidelberg 2008, S. 10-50.

Holroyd, Jules, Dan Kelly, »Impicit Bias, Character, and Control«, in: Alberto Masala, Jonathan Webber (Hg.), *From Personality to Virtue. Essays on the Philosophy of Character,* Oxford 2016, S. 106-130.

Holzleithner, Elisabeth, »Emanzipatorisches Recht – eine queer_intersektionale Analyse«, in: Simone Philipp, Isabella Meier, Veronika Apostolovski, Klaus Starl, Karin Maria Schmidlechner (Hg.), *Intersektionelle Benachteiligung und Diskriminierung. Soziale Realitäten und Rechtspraxis*, Baden-Baden 2014, S. 103-124.

Holzleithner, Elisabeth, »Feministische Menschenrechtskritik«, in: *Zeitschrift für Menschenrechte* 1 (2016), S. 110-120.

Honneth, Axel, *Kritik der Macht. Reflexionsstufen einer kritischen Gesellschaftstheorie*, Frankfurt am Main 1989.

Honneth, Axel, *Kampf um Anerkennung. Zur moralischen Grammaktik sozialer Konflikte*, Frankfurt am Main 1991.

Honneth, Axel (Hg.), *Pathologien des Sozialen. Die Aufgaben der Sozialphilosophie*, Frankfurt am Main 1994.

Honneth, Axel, »Dezentrierte Autonomie. Moralphilosophische Konsequenzen aus der Subjektkritik«, in: Ders., *Das Andere der Gerechtigkeit. Aufsätze zur praktischen Philosophie*, Frankfurt am Main 2000, S. 237-251.

Honneth, Axel, *Verdinglichung. Eine anerkennungstheoretische Studie*, Frankfurt am Main 2005.

Honneth, Axel, *Das Recht der Freiheit*, Berlin 2011.

Honneth, Axel, »Replies«, in: *Krisis* 1 (2013), S. 37-48.

Horney, Karen, *The Adolescent Diaries of Karen Horney,* New York 1980.

Hughes, Kirsty, »The Social Value of Privacy, the Value of Privacy to Society and Human Rights Discourse«, in: Beate Rössler, Dorota Mokrosinska (Hg.), *Social Dimensions of Privacy. Interdisciplinary Perspectives*, Cambridge 2015, S. 225-243.

Hühn, Helmut, »Selbsttäuschung«, in: Joachim Ritter, Karlfried Gründer (Hg.), *Historisches Wörterbuch der Philosophie*, Bd. 9, Basel 1995, Sp. 539-541.

Hunter, Andrea, »Monetizing the Mommy. Mommy Blogs and the Audience Commodity«, in: *Information, Communication & Society* 19 (2016), S. 1306-1320.

Hurka, Thomas, *Perfectionism*, New York 1993.

Hurka, Thomas, *The Best Things in Life. A Guide to What Really Matters*, Oxford 2011.

Hustvedt, Siri, *Die gleißende Welt*, Reinbek 2015.

Jacobson, Anne, »Reducing Racial Bias. Attitudinal and Institutional Change«, in: Michael Brownstein, Jennifer Saul (Hg.), *Implicit Bias and Philosophy. Moral Responsibility, Structural Injustice, and Ethics*, Oxford 2016, S. 173-187.

Jaeggi, Rahel, *Entfremdung. Zur Aktualität eines sozialphilosophischen Problems,* Frankfurt am Main 2006.

Jaeggi, Rahel, Robin Celikates, *Sozialphilosophie*, München 2017.

Johnson, Paul, »›An Essentially Private Manifestation of Human Personality‹. Constructions of Homosexuality in the European Court of Human Rights«, in: *Human Rights Law Review* 10 (2010), S. 67-97.

Jurgensen, Manfred, *Das fiktionale Ich. Untersuchungen zum Tagebuch*, Bern 1979.

Jurgensen, Manfred, *Erzählformen des fiktionalen Ich. Beiträge zum deutschen Gegenwartsroman*, Bern 1980.

Kafka, Franz, *Tagebücher 1910-1923*, herausgegeben von Max Brod, Frankfurt am Main 1986.

Kafka, Franz, *Tagebücher*, herausgegeben von Hans-Gerd Koch, Michael Müller, Malcolm Pasley, Frankfurt am Main 1990.

Kafka, Franz, *Tagebücher. Kommentarband*, herausgegeben von Hans-Gerd Koch, Michael Müller, Malcolm Pasley, Frankfurt am Main 1990.

Kalis, Annemarie, *Failures of Agency*, Utrecht 2009.

Kamm, Frances, »Rescuing Ivan Ilych. How We Live and How We Die«, in: *Ethics* 113 (2003), S. 202-233.

Kane, Robert, *A Contemporary Introduction to Free Will*, New York 2005.

Kant, Immanuel, *Metaphysik der Sitten*, in: Ders., *Gesammelte Schriften*, Bd. 6, Berlin 1907.

Kant, Immanuel, »Über den Gemeinspruch: Das mag in der Theorie richtig sein, taugt aber nicht für die Praxis«, in: *Kant-Werkausgabe*, Bd. 11, Frankfurt am Main 1964, S. 127-172.

Kant, Immanuel, *Grundlegung zur Metaphysik der Sitten*, Frankfurt am Main 1968.

Kant, Immanuel, *Kritik der reinen Vernunft*, Frankfurt am Main 1974.

Keen, Andrew, *Digital Vertigo. How Today's Online Social Revolution is Dividing, Diminishing, and Disorienting Us*, New York 2013.

Keil, Geert, *Willensfreiheit*, Berlin 2013.

Kekes, John, »The Meaning of Life«, in: *Midwest Studies in Philosophy* 24 (2000), S. 17-34.

Khader, Serene, *Adaptive Preferences and Women's Empowerment*, Oxford 2011.

Khurana, Thomas, »Paradoxien der Autonomie. Zur Einleitung«, in: Ders., Christoph Menke (Hg.), *Paradoxien der Autonomie, Freiheit und Gesetz 1*, Berlin 2011, S. 7-25.

Khurana, Thomas, Christoph Menke (Hg.), *Paradoxien der Autonomie. Freiheit und Gesetz 1*, Berlin 2011.

Kierkegaard, Søren, *Die Tagebücher*, Bd. 1, Düsseldorf/Köln, 1962.

Kierkegaard, Søren, *Entweder – Oder. Teil I.* München 1988.

Kierkegaard, Søren, *Entweder – Oder. Teil II.* München 1988.

Kleingeld, Pauline, Markus Willaschek, »Kantian Autonomy Without Self-Legislation of the Moral Law«, unveröffentlichtes Manuskript, 2016.

Klemke, Edward (Hg.), *The Meaning of Life,* New York 1981, [2]2000.

Knausgård, Karl Ove, *Lieben*, München 2012.

Koch, Christoph, »Die Vermessung meiner Welt«, ⟨http://www.christoph-koch.net/bucher/die-vermessung-meiner-welt⟩, letzter Zugriff 01.10.2016.

Koops, Bert Jaap, Bryce Newell, Tjerk Timan, Ivan Skorvánek, Tomislav Chokrevski, Maša Galič, »A Typology of Privacy«, in: *University of Pennsylvania Journal of International Law* 38 (2016).

Korsgaard, Christine M., »Personal Identity and the Unity of Agency. A Kantian Response to Parfit«, in: Dies., *Creating the Kingdom of Ends,* Cambridge 1996, S. 363-398.

Korsgaard, Christine M., *The Sources of Normativity*, Cambridge 1996.

Korsgaard, Christine M., »Self-Constitution and Irony«, in: Jonathan Lear, *A Case for Irony. The Tanner Lectures on Human Values*, Cambridge 2011, S. 75-83.

Kukathas, Christian, »Liberty«, in: Robert E. Goodin, Philip Pettit (Hg.), *A Companion to Contemporary Political Philosophy*, Oxford 1995, S. 685-698.

Kühler, Michael, Nadja Jelinek (Hg.), *Autonomy and the Self*, Berlin/New York 2013.

Kulk, Stefan, Frederik Zuiderveen Borgesius, »Google Spain v. González: Did the Court Forget about Freedom of Expression?«, in: *European Journal of Risk Regulation* 3 (2014), S. 389-398.

Kurczaba, Alex, *Gombrowicz and Frisch. Aspects of the Literary Diary*, Bonn 1980.

Kymlicka, Will, *Contemporary Political Philosophy. An Introduction*, Oxford 2002.

Lampe, Ernst-Joachim, Michael Pauen, Gerhard Roth (Hg.), *Willensfreiheit und rechtliche Ordnung*, Frankfurt am Main 2008.

Lanzing, Marjolein, »The Transparent Self«, in: *Ethics and Information Technology* 18 (2016), S. 9-16.

Lear, Jonathan, *Open Minded. Working Out the Logic of the Soul.* Cambridge/MA 1998.

Lear, Jonathan, *Freud*, New York 2005.

Lear, Jonathan, *A Case for Irony, The Tanner Lectures on Human Values*, Cambridge/MA 2011.

Lear, Jonathan, »The Immanence of Irony and the Efficacy of Fantasy. A Response to Richard Moran«, in: Ders., *A Case for Irony, The Tanner Lectures on Human Values*, Cambridge/MA 2011, S. 115-127.

Lear, Jonathan, »The Freudian Sabbath«, in: Rachel Zuckert, James Kreines (Hg.), *Hegel on Philosophy in History*, Cambridge 2016, S. 230-247.

Lee, Harper, *Wer die Nachtigall stört,* Frankfurt am Main/Wien u. a. 1965.

Lever, Annabelle, *On Privacy*, New York 2012.

Locke, John, *Zwei Abhandlungen über die Regierung*, Frankfurt am Main 1989.

Lovibond, Sabina, »In Spite of the Misery of the World. Ethics, Contemplation, and the Source of Value«, in: Alice Crary (Hg.), *Wittgenstein and the Moral Life. Essays in Honour of Cora Diamond*, Cambridge/MA 2007.

Löw-Beer, Martin, *Selbsttäuschung*, Freiburg 1990.

Lugonez, Maria, »Hispaneando y Lesbiando: On Sarah Hoagland's *Lesbian Ethics*«, in: *Hypatia* 5 (1990), S. 138-146.

Lupton, Deborah, »Self-Tracking Modes. Reflexive Self-Monitoring and Data Practices«, 2014, ⟨http://dx.doi.org/10.2139/ssrn.2483549⟩, letzter Zugriff 01.10.2016.

Lynch, Kevin, »Self-Deception and Shifts of Attention«, in: *Philosophical Explorations* 17 (2014), S. 63-75.

MacCallum, Gerald, »Negative and Positive Freedom«, in: David Miller (Hg.), *Liberty*, Oxford 1991, S. 100-122.

MacIntyre, Alasdair, *After Virtue*, London 1981.

Mackenzie, Catriona, »Relational Autonomy, Normative Authority and Perfectionism«, in: *Journal of Social Philosophy* 39 (2008), S. 512-533.

Mackenzie, Catriona, »Responding to the Agency Dilemma. Autonomy, Adaptive Preferences and Internalized Oppression«, in: Marina Oshana (Hg.), *Personal Autonomy and Social Oppression. Philosophical Perspectives*, New York 2015, S. 48-67.

Mackenzie, Catriona, Natalie Stoljar (Hg.), *Relational Autonomy. Feminist Perspectives on Autonomy, Agency, and the Social Self*, Oxford 2000.

Mackenzie, Catriona, Natalie Stoljar, »Introduction. Autonomy Refigured«, in: Dies. (Hg.), *Relational Autonomy. Feminist Perspectives on Autonomy, Agency, and the Social Self*, Oxford 2000, S. 3-34.

MacKinnon, Catharine, *Toward a Feminist Theory of the State*, Cambridge/MA 1989.

Maletzke, Elsemarie, *Das Leben der Brontës. Eine Biographie.* Frankfurt am Main 1988.

Mancini, Candice, *Racism in Harper Lee's »To Kill a Mockingbird«*, London 2007.

Mann, Thomas, *Tagebücher 1933-1934*, hg. von Peter de Mendelssohn, Frankfurt am Main 1977.

Mann, Thomas, *Tagebücher 1940-1943*, hg. von Peter de Mendelssohn, Frankfurt am Main 1982.

Mann, Thomas, *Tagebücher 1946-1948*, hg. von Inge Jens, Frankfurt am Main 1989.

Mann, Thomas, *Tagebücher 1949-1950*, hg. von Inge Jens, Frankfurt am Main 1991.

Mann, Thomas, »Freud und die Zukunft«, in: Ders., *Reden und Aufsätze I*, Frankfurt am Main 1990, S. 478-501.

Marshall, Jill, »Conditions for Freedom? European Human Rights Law and the Islamic Headscarf Debate«, in: *Human Rights Quarterly* 30 (2008), S. 631-654.

Marshall, Jill, *Personal Freedom Through Human Rights Law? Autonomy, Identity and Integrity Under the European Convention on Human Rights*, Leiden/Boston 2009.

Marshall, Jill, »*S. A. S. v. France.* Burqa Bans and the Control or Empowerment of Identities«, in: *Human Rights Law Review* 15 (2015), S. 377-389.

Marwick, Alice, *Status Update. Celebrity, Publicity, and Branding in the Social Media Age*, New Haven/London 2013.

Matt, Peter von, »Nachwort«, in: Max Frisch, *Entwürfe zu einem dritten Tagebuch*, Berlin 2010, S. 185-197.

Mayer-Schönberger, Viktor, *Delete. The Virtue of Forgetting in the Digital Age*, Princeton 2011.

Mayer-Schönberger, Viktor, Karl Cukier, *Big Data. A Revolution That Will Transform How We Live, Work, and Think*, New York 2013.

McEwan, Ian, *Solar*, Hamburg 2010.

McGeer, Victoria, »The Moral Development of First-Person Authority«, in: *European Journal of Philosophy* 16 (2007), S. 81-108.

McKenna, Michael, »The Relationship between Autonomous and Morally Responsible Agency«, in: James Stacey Taylor (Hg.), *Personal Autonomy. New Essays on Personal Autonomy and its Role in Contemporary Moral Philosophy*, Cambridge 2005, S. 205-234.

McLaughlin, Brian P., Amélie Oksenberg Rorty (Hg.), *Perspectives on Self-Deception*, Berkeley/Los Angeles 1988.

McLeod, Carolyn, *Self-Trust and Reproductive Autonomy,* Cambridge/MA 2002.

Mele, Alfred, *Irrationality,* New York 1987.

Mele, Alfred, *Self-Deception Unmasked*, Princeton 2001.

Mele, Alfred, *Free Will and Luck*, Oxford 2006.

Mendelssohn, Peter de, »Vorbemerkungen des Herausgebers«, in: Mann, Thomas, *Tagebücher 1933-1943*, herausgegeben von Peter de Mendelssohn, Frankfurt am Main 1977, S. V-XXII.

Menke, Christoph, *Tragödie im Sittlichen. Gerechtigkeit und Freiheit nach Hegel*, Frankfurt am Main 1996.

Menke, Christoph, »Autonomie und Befreiung«, in: Thomas Khurana, Christoph Menke (Hg.), *Paradoxien der Autonomie. Freiheit und Gesetz I*, Berlin 2011, S. 149-186.

Meyers, Diana Tietjens, *Self, Society and Personal Choice*, New York 1989.

Meyers, Diana Tietjens, »Intersectional Identity and the Authentic Self? Opposites Attract!«, in: Catriona Mackenzie, Natalie Stoljar (Hg.), *Relational Autonomy. Feminist Perspectives on Autonomy, Agency, and the Social Self*, Oxford 2000, S. 151-180.

Milgram, Stanley, *Das Milgram-Experiment. Zur Gehorsamsbereitschaft gegenüber Autorität,* Reinbek/Hamburg 1982.

Mill, John Stuart, *On Liberty,* London 1974.

Mill, John Stuart, *Über die Freiheit*, Hamburg 2009.

Mill, John Stuart, *Autobiographie*, Hamburg 2011.

Miller, Dale E., *J. S. Mill*, Cambridge 2010.

Moore, Adam, *Privacy Rights. Moral and Legal Foundations*, University Park 2010.

Moran, Richard, *Authority and Estrangement. An Essay on Self-Knowledge,* Princeton 2001.

Moran, Richard, »Frankfurt on Identifiction. Ambiguities of Activity in Mental Life«, in: Sarah Buss, Lee Overton (Hg.), *Contours of Agency. Essays on Themes from Harry Frankfurt*, Cambridge/MA 2002, S. 189-217.

Moran, Richard, »Iris Murdoch and Existentialism«, in: Justin Broackes (Hg.), *Iris Murdoch, Philosopher*, Oxford 2008, S. 181-196.

Moran, Richard, »Psychoanalysis and the Limits of Reflection«, in: Jonathan Lear, *A Case for Irony. The Tanner Lectures on Human Values*, Cambridge/MA 2011, S. 103-115.

Moran, Richard, »Self-Knowledge, ›Transparency‹, and the Forms of Activity«, in: Declan Smithies, Daniel Stoljar (Hg.), *Introspection and Consciousness*, Oxford 2012, S. 211-236.

Moran, Richard, »I'll Have to Get Back to You«, in: *The Times Literary Supplement*, 08.07.2015.

Moreham, Nicole A., »The Right to Respect for Private Life in the European Convention on Human Rights. A Re-Examination«, in: *European Human Rights Law Review* 1 (2008), S. 44-79.

Moritz, Karl Philipp, »Erfahrungsseelenkunde«, in: *Dichtungen und Schriften zur Erfahrungsseelenkunde*, Frankfurt am Main 2006, S. 791-907.

Morozov, Evgeny, *To Save Everything, Click Here. The Folly of Technological Solutionism*, New York 2013.

Morrison, Aimee, »Autobiography in Real Time. A Genre Analysis of Personal Mommy Blogging«, in: *Cyberpsychology* 4 (2010).

Mulhall, Stephen, Adam Swift, *Liberals and Communitarians*, Oxford [2]1996.

Müller-Dohm, Stefan, *Adorno. Eine Biographie*, Frankfurt am Main 2003.

Munro, Alice, *The View from Castle Rock*, London 2007.

Munro, Alice, »Dolly«, in: Dies., *Liebes Leben. 14 Erzählungen,* Frankfurt am Main 2014, S. 271-298.

Munro, Alice, »Stimmen«, in: Dies., *Liebes Leben. 14 Erzählungen,* Frankfurt am Main 2014, S. 331-344.

Murdoch, Iris, *Die Flucht vor dem Zauberer*, München 1964.

Murdoch, Iris, *A Word Child,* London 1975.

Murdoch, Iris, *Nuns and Soldiers*, London 1980.

Murdoch, Iris, »Void«, in: Dies., *Metaphysics as a Guide to Morals*, London 1992, S. 498-503.

Murdoch, Iris, »The Darkness of Practical Reason«, in: Dies., *Existentialists and Mystics*, London 1997, S. 193-202.

Murdoch, Iris, »Against Dryness«, in: Dies., *Existentialists and Mystics*, London 1997, S. 287-295.

Murdoch, Iris, »The Sovereignty of Good Over Other Concepts«, in: Dies., *Existentialists and Mystics*, London 1997, S. 363-385.

Murdoch, Iris, *An Unofficial Rose*, London 2000.

Musil, Robert, *Tagebücher*, Hamburg 1976.

Nagel, Thomas, »The Absurd«, in: *Journal of Philosophy* 68 (1970), S. 716-727.

Nagel, Thomas, *The View from Nowhere*, New York 1986.

Naifeh, Steven, Gregory White Smith, *Van Gogh. Sein Leben*, Frankfurt am Main 2012.

Nedelsky, Jennifer, *Law's Relations. A Relational Theory of Self, Autonomy, and Law*, Oxford 2012.

Neff, Gina, Dawn Nafus, *Self-Tracking*, Boston 2016.

Neiman, Susan, Matthias Kross (Hg.), *Zum Glück*, Berlin 2004.

Nida-Rümelin, Julian, Wilhelm Vossenkuhl (Hg.), *Ethische und politische Freiheit*, Berlin/New York 1998.

Nietzsche, Friedrich, *Die Fröhliche Wissenschaft*, Chemnitz 1882.

Nietzsche, Friedrich, *Jenseits von Gut und Böse*, Leipzig 1886.

Nietzsche, Friedrich, *Zur Genealogie der Moral*, Leipzig 1887.

Nissenbaum, Helen, *Privacy in Context. Technology, Policy, and Integrity of Social Life*, Stanford 2010.

Nissenbaum, Helen, »Respect for Context as a Benchmark for Privacy Online. What It Is and Isn't«, in: Beate Rössler, Dorota Mokrosinska (Hg.), *Social Dimensions of Privacy. Interdisciplinary Perspectives*, Cambridge 2015, S. 278-302.

Noggle, Robert, »Autonomy and the Paradox of Self-Creation. Infinite Regresses, Finite Selves, and the Limits of Authenticity«, in: James Stacey Taylor (Hg.), *Personal Autonomy. New Essays on Personal Autonomy and its Role in Contemporary Moral Philosophy*, Cambridge 2005, S. 87-108.

Nowak, Tine, »Vom Blatt zum Blog. Der Medienamateur und das digitale Tagebuch«, in: Helmut Gold u. a. (Hg.), *Absolut privat!? Vom Tagebuch zum Weblog*, Heidelberg 2008, S. 51-65.

Nowak, Tine, »Im Testgebiet der Blogosphäre. Andrea Dieners online-Journale«, in: Helmut Gold u. a. (Hg.), *Absolut privat!? Vom Tagebuch zum Weblog*, Heidelberg 2008, S. 126-129.

Nozick, Robert, »The Experience Machine«, in: Ders., *Anarchy, State and Utopia*, New York 1974, S. 42-45.

Nozick, Robert, *Philosophical Explanations*, Cambridge/MA 1981.

Nozick, Robert, *The Examined Life. Philosophical Meditations*, New York 1989.

Nozick, Robert, »Philosophy and the Meaning of Life«, in: David Benatar (Hg.), *Life, Death & Meaning. Key Philosophical Readings on the Big Questions*, Lanham 2004.

Nussbaum, Martha, »Aristotle on Human Nature and the Foundation of Ethics«, in: James Altham, Ross Harrison (Hg.), *World, Mind and Ethics. Essays on the Ethical Philosophy of Bernard Williams*, Cambridge 1995, S. 86-131.

Nussbaum, Martha, »Menschliches Tun und soziale Gerechtigkeit«, in: Holmer Steinfath (Hg.), *Was ist ein gutes Leben? Philosophische Reflexionen*, Frankfurt am Main 1998, S. 196-234.

Nussbaum, Martha, »American Women. Preferences, Feminism, Democracy«, in: Dies., *Sex and Social Justice*, Oxford 1999, S. 130-153.

Nys, Thomas, »The Tacit Concept of Competence in John Stuart Mill's *On Liberty*«, in: *South African Journal of Philosophy* 25 (2006), S. 305-328.

Nys, Thomas, Bart Engelen, »Judging Nudging. Answering the Manipulation Objection«, in: *Political Studies* (2016), S. 1-16.

O'Brien, Edna. *Das Liebesobjekt. Erzählungen*, München 1983.

Okin, Susan Moller, *Justice, Gender and the Family*, New York 1989.

Okin, Susan Moller (Hg.), *Is Multiculturalism Bad for Women?*, Princeton 1999.

Oksala, Johanna, »In Defence of Experience«, in: *Hypatia* 29 (2014), S. 388-403.

O'Neill, Onora, *Constructions of Reasons. Explorations of Kant's Practical Philosophy*, Cambridge 1989.

Oshana, Marina, »Autonomy and Self-Identity«, in: John Christman, Joel Anderson (Hg.), *Autonomy and the Challenges to Liberalism. New Essays*, Cambridge 2005, S. 77-100.

Oshana, Marina, *Personal Autonomy in Society*, Aldershot 2006.

Oshana, Marina, »Personale Autonomie und das soziale Umfeld«, in: Monika Betzler (Hg.), *Autonomie der Person*, Münster 2013, S. 196-220.

Oshana, Marina (Hg.), *Personal Autonomy and Social Oppression. Philosophical Perspectives*, New York 2015.

Parfit, Derek, *Reasons and Persons*, Oxford 1987.

Passig, Kathrin, »Unsere Daten, unser Leben«, in: Dies., *Standardsituationen der Technologiekritik*, Berlin 2013, S. 85-102.

Pateman, Carole, *The Disorder of Women. Democracy, Feminism and Political Theory*, Stanford 1989.

Pauen, Michael, Gerhard Roth, *Freiheit, Schuld und Verantwortung. Grundzüge einer naturalistischen Theorie der Willensfreiheit*, Frankfurt am Main 2008.

Pauen, Michael, Harald Welzer, *Autonomie. Eine Verteidigung*, Frankfurt am Main 2015.

Pauer-Studer, Herlinde, *Autonom leben*, Frankfurt am Main 2007.

Pavese, Cesare, *Das Handwerk des Lebens. Tagebuch 1935-1950*, Darmstadt 1967.

Pears, David, »Motivated Irrationality, Freudian Theory and Cognitive Dissonance«, in: Richard Wollheim, James Hopkins (Hg.), *Philosophical Essays on Freud*, Cambridge 1982, S. 264-288.

Pettit, Phillip, *Republicanism. A Theory of Freedom and Government*, Oxford 1999.

Phillips, Anne, *Geschlecht und Demokratie*, Hamburg 1995.

Pinkard, Terry, »Tugend, Moral und Sittlichkeit. Von Maximen zu Praktiken«, in: *Deutsche Zeitschrift für Philosophie* 49 (2001), S. 65-87.

Pippin, Robert, »Sinn und Moral«, in: Ders., *Moral und Moderne. Die Welt von Henry James*, München 2004.

Pippin, Robert, *Die Verwirklichung der Freiheit. Der Idealismus als Diskurs der Moderne*, Frankfurt am Main 2005.

Pippin, Robert, »On ›Becoming Who One is‹ (and Failing). Proust's Problematic Selves«, in: Ders., *The Persistence of Subjectivity. On the Kantian Aftermath*, Cambridge 2005, S. 307-338.

Pippin, Robert, *Hegel's Practical Philosophy. Rational Agency as Ethical Life*, Cambridge 2008.

Pippin, Robert, »*Nietzsche über unsere ›lächerliche Überschätzung und Verkennung des Bewusstseins‹. Das Problem der Selbsttäuschung*«, Ms., engl. Original: Ders., »The Psychological Problem of Self-Deception«, in: Ders., *Nietzsche, Psychology, and First Philosophy*, Chicago 2010, S. 85-105.

Plath, Sylvia, *Die Tagebücher*, Frankfurt am Main 1997.

Plath, Sylvia, *The Unabridged Journals of Sylvia Plath 1950-1962*, New York 2000.

Plath, Sylvia, *Die Glasglocke*, Frankfurt am Main 2005.

Platon, *Euthyphron*, Hamburg 2003.

Platon, *Apologie. Die Verteidigung des Sokrates*, Hamburg 2004.

Pontin, Mark Williams, »The Total Information Awareness Project Lives On«, in: *MIT Technology Review* (2006), ⟨www.technologyreview.com/news/405707/the-total-information-awareness-project-lives-on/⟩, letzter Zugriff 30.05.2016.

Prosser, William, »Privacy«, in: Ferdinand Schoeman (Hg.), *Philosophical Dimensions of Privacy*, Cambridge 1984, S. 104-155.

Rachels, James, »Why Privacy is Important«, in: *Philosophy and Public Affairs* 4 (1975), S. 323-333.

Rawls, John, *Eine Theorie der Gerechtigkeit*, Frankfurt am Main 1979.

Rawls, John, »Der Vorrang des Rechten und Ideen des Guten«, in: Ders., *Die Idee des politischen Liberalismus. Aufsätze 1978-1989,* Frankfurt am Main 1992, S. 364-398.

Rawls, John, *Politischer Liberalismus,* Frankfurt am Main 1993.

Rawls, John, *Geschichte der Moralphilosophie. Hume, Leibniz, Kant, Hegel*, Frankfurt am Main 2002.

Raz, Joseph, *The Morality of Freedom*, Oxford 1986.

Raz, Joseph, *Value, Respect, and Attachment*, Cambridge 2001.

Raz, Joseph, »The Role of Well-Being«, in: *Philosophical Perspectives* 18 (2004), S. 269-294.

Reemtsma, Jan Philipp, *Wie hätte ich mich verhalten? Und andere nicht nur deutsche Fragen,* München 2002.

Reiman, Jeffrey, »Driving to the Panopticon. A Philosophical Exploration of the Risks to Privacy Posed by the Information Technology of the Future«, in: Beate Rössler (Hg.), *Privacies. Philosophical Evaluations*, Stanford 2004, S. 194-214.

Reimann, Brigitte, *Franziska Linkerhand*, München 1977.

Reimann, Brigitte, *Ich bedaure nichts. Tagebücher 1955-1963,* Berlin 1997.

Richards, Neil, »The Dangers of Surveillance«, in: *Harvard Law Review* 126 (2013), S. 1934-1965.

Richardson, Henry, »Autonomy's Many Normative Presuppositions«, in: *American Philosophical Quarterly* 38 (2001), S. 287-303.

Richardson, Megan, *The Right to Privacy. Origins and Influence of a nineteenth Century Idea*, Cambridge 2017.

Richter, Jana, *Das Weblog als modernes Tagebuch? Der Wandel der diaristischen Kulturpraxis vom 18. Jahrhundert bis heute*, Hamburg 2012.

Roberts, Andrew, »A Republican Account of the Value of Privacy«, in: *European Journal of Political Theory* 14 (2015), S. 320-344.

Rooth, Dan-Olof, »Implicit Discrimination in Hiring. Real World Evidence«, 2007, ⟨http://ssrn.com/abstract=984432⟩, letzter Zugriff 01.10.2016.

Rorty, Amélie Oksenberg, »Akrasia and Conflict«, in: *Inquiry* 23 (1980), S. 193-212.

Rorty, Amélie Oksenberg, »The Deceptive Self. Liers, Layers and Liars«, in: Brian P. McLaughlin, Amélie Oksenberg Rorty (Hg.), *Perspectives on Self-Deception*, Berkeley/Los Angeles 1988, S. 11-28.

Rorty, Amélie Oksenberg, »A Plea for Ambivalence«, in: Peter Goldie (Hg.), *The Philosophy of Emotion*, Oxford 2010, S. 425-444.

Rorty, Richard, *Kontingenz, Ironie und Solidarität*, Frankfurt am Main 1989.

Rosa, Hartmut, *Identität und kulturelle Praxis. Politische Philosophie nach Charles Taylor*, Frankfurt am Main 1998.

Rosen, Jeffrey, *The Unwanted Gaze*, New York 2000.

Rössler, Beate, *Der Wert des Privaten*, Frankfurt am Main 2001.

Rössler, Beate, »Autonomie und Ambivalenz«, in: Rainer Forst u. a. (Hg.), *Sozialphilosophie und Kritik*,, Frankfurt am Main 2009, S. 359-383.

Rössler, Beate, »Autonomie«, in: Ralf Stoecker, Christian Neuhäuser, Marie-Luise Raters (Hg.), *Handbuch Angewandte Ethik*, Stuttgart 2011, S. 93-99.

Rössler, Beate, »Authenticity of Cultures and of Persons«, in: *Philosophy and Social Criticism* 38 (2012), S. 445-455.

Rössler, Beate, »Autonomie, Glück und der Sinn des Lebens«, in: Konrad Paul Liessmann (Hg.), *Die Jagd nach dem Glück*, Wien 2012, S. 238-270.

Rössler, Beate, »Frauen verzweifelt gesucht. Über Quoten und Gerechtigkeit«, in: *Merkur. Deutsche Zeitschrift für eurpäisches Denken* 5 (2012), S. 371-381.

Rössler, Beate, »Autonomy, Self-Knowledge, and Oppression«, in: Marina Oshana (Hg.), *Personal Autonomy and Social Oppression. Philosophical Perspectives*, New York 2015, S. 68-84.

Rössler, Beate, »Should Personal Data Be a Tradeable Good? On the Moral Limits of the Market in Privacy«, in: Dies., Dorota

Mokrosinska (Hg.), *Social Dimensions of Privacy. Interdisciplinary Perspectives*, Cambridge 2015, S. 141-161.

Rössler, Beate, »Wie wir uns regieren. Soziale Dimensionen des Privaten in der Post-Snowden Ära«, in: *WestEnd. Neue Zeitschrift für Sozialforschung* 13 (2016), S. 103-119.

Rössler, Beate, Dorota Mokrosinska (Hg.), *The Social Dimensions of Privacy. Interdisciplinary Perspectives*, Cambridge 2015.

Rössler, Beate, Dorota Mokrosinska, »Privacy and Social Interaction«, in: *Philosophy and Social Criticism* 39 (2013), S. 771-791.

Rössler, Johannes, »The Silence of Self-Knowledge«, in: *Philosophical Explorations,* 2013, Vol 16: 1, S. 1-17.

Roth, Gerhard, *Das Gehirn und seine Wirklichkeit. Kognitive Neurobiologie und ihre philosophischen Konsequenzen,* Frankfurt am Main 1997.

Roth, Gerhard, *Aus Sicht des Gehirns,* Frankfurt am Main 2003.

Rousseau, Jean-Jacques, *Vom Gesellschaftsvertrag*, in: Ders., *Politische Schriften*, Bd. 1, Paderborn 1977.

Sandel, Michael, *Liberalism and the Limits of Justice*, Cambridge 1989.

Sartre, Jean-Paul, *Das Sein und das Nichts*, Hamburg 1993.

Saul, Jennifer, »Implicit Bias, Stereotype Threat, and Women in Philosophy«, in: Katrina Hutchinson, Fiona Jenkins (Hg.), *Women in Philosophy. What Needs to Change?,* Oxford 2013, S. 39-60.

Sax, Marijn, »Big Data. Finders Keepers, Losers Weepers?«, in: *Ethics and Information Technology* 28 (2016), S. 25-31.

Scanlon, Thomas, »The Significance of Choice«, in: Amartya Sen, Sterling M. McMurrin (Hg.), *The Tanner Lectures on Human Values* 8, Salt Lake City 1988, S. 149-216.

Scanlon, Thomas, »Reasons and Passions«, in: Sarah Buss, Lee Overton (Hg.), *Contours of Agency. Essays on Themes from Harry Frankfurt,* Cambridge/MA 2002, S. 165-183.

Scanlon, Thomas, »Forms and Conditions of Responsibility«, in: Randolph Clarke, Michael McKenna, Angela M. Smith

(Hg.), *The Nature of Moral Responsibility. New Essays,* Oxford 2015, S. 89-114.

Schacht, Richard, *Alienation*, London 1971.

Schechtman, Marya, *The Constitution of Selves*, New York 1996.

Schechtman, Marya, »The Narrative Self«, in: Shaun Gallagher (Hg.), *The Oxford Handbook of The Self*, Oxford 2011, S. 394-416.

Schechtman, Marya, »Making Ourselves Whole. Wholeheartedness, Narrative, and Agency«, in: *Ethical Perspectives* 21 (2014), S. 175-198.

Scheuerman, William, »What Edward Snowden Can Teach Theorists of Conscientious Law-Breaking«, in: *Philosophy and Social Criticism* 42 (2016), S. 958-964.

Schmid, Hans Bernhard, *Moralische Integrität. Kritik eines Konstrukts*, Berlin 2011.

Schmitt, Richard, *Alienation and Freedom*, Westview 2003.

Schneewind, Jerome, *The Invention of Autonomy. A History of Modern Moral Philosophy*, Cambridge 1998.

Schoeman, Ferdinand, »Privacy and Intimate Information«, in: Ders. (Hg.), *Philosophical Dimensions of Privacy*, Cambridge 1984, S. 403-418.

Schreiber, Daniel, *Susan Sontag. Geist und Glamour*, Berlin 2007.

Schwitzgebel, Eric, »The Unreliability of Naive Introspection«, in: *Philosophical Review* 117 (2008), S. 245-273.

Seel, Martin, *Versuch über die Form des Glücks*, Frankfurt am Main 1995.

Seel, Martin, *Sich bestimmen lassen. Studien zur theoretischen und praktischen Philosophie*, Frankfurt am Main 2002.

Seifert, Nicole, *Von Tagebüchern und Trugbildern. Die autobiographischen Aufzeichnungen von Katherine Mansfield, Virginia Woolf und Sylvia Plath*, Berlin 2008.

Sen, Amartya, »Justice. Means versus Freedoms«, in: *Philosophy and Public Affairs* 19 (1990), S. 111-121.

Sen, Amartya, *Rationality and Freedom*, Cambridge/MA, London 2002.

Shoemaker, David, »Attributability, Answerability and Accountability. Toward a Wider Theory of Responsibility«, in: *Ethics* 121 (2011), S. 602-632.

Shoemaker, David (Hg.), *Oxford Studies in Agency and Responsibility*, Bd. 3, Oxford 2015.

Shoemaker, David, Neal Tognazzini (Hg.), *Freedom and Resentment. Oxford Studies in Agency and Responsibility*, Bd. 2, Oxford 2014.

Sie, Maureen, Nicole van Voorst Vader-Bours, »Stereotypes and Prejudices: Whose Responsibility? Indirect Personal Responsibility for Implicit Biases«, in: Michael Brownstein, Jennifer Saul (Hg.), *Implicit Bias and Philosophy. Moral Responsibility, Structural Injustice, and Ethics*, Oxford 2016, S. 90-114.

Simitis, Spiros, »Reviewing Privacy in an Information Society«, in: *Law Review* 135 (1987), S. 707-746.

Singer, Peter, *How Are We To Live? Ethics in an Age of Self-Interest*, New York 1995.

Skinner, Quentin, *Liberty before Liberalism*, Cambridge 1998.

Sloot, Bart van der, »Privacy as Personality Right. Why the ECtHR's Focus on Ulterior Interests Might Prove Indispensable in the Age of ›Big Data‹«, in: *Utrecht Journal of International and European Law* 31 (2015), S. 25-50.

Smith, Angela, »Attributability, Answerability and Accountability. In Defense of a Unified Account«, in: *Ethics* 122 (2012), S. 575-589.

Smith, Zadie, »Generation Why«, in: *The New York Review of Books*, 2010, ⟨www.nybooks.com/articles/archives/2010/nov/25/generation-why/?page=1⟩, letzter Zugriff 29.05.2016.

Snowden, Edward, »The World Says No to Surveillance«, in: *The New York Times*, 2015 ⟨www.nytimes.com/2015/06/05/opinion/edward-snowden-the-world-says-no-to-surveil lance.html?_r=0⟩, letzter Zugriff 29.05.2016.

Solove, Daniel, *Understanding Privacy*, Cambridge/MA 2008.

Solove, Daniel, *Nothing to Hide. The False Tradeoff between Privacy and Security*, New Haven 2011.

Sontag, Susan, *As Consciousness is Harnessed to Flesh. Diaries 1964-1980*, London 2012.

Stach, Reiner, *Kafka. Die Jahre der Entscheidungen*, Frankfurt am Main 2004.

Stach, Reiner, *Kafka. Die Jahre der Erkenntnis*, Frankfurt am Main 2008.

Stahl, Titus, »Indiscriminate Mass Surveillance and the Public Sphere«, in: *Ethics and Information Technology* 18 (2016), S. 33-39.

Steeves, Valerie, »Reclaiming the Social Value of Privacy«, in: Ian Kerr, Valerie Steeves, Carole Lucock (Hg.), *Lessons from the Identity Trail. Anonymity, Privacy and Identity in a Networked World*, Oxford 2009, S. 191-208.

Steeves, Valerie, »Privacy, Sociality and the Failure of Regulation. Lessons Learned from Young Canadians' Online Experiences«, in: Beate Rössler, Dorota Mokrosinska (Hg.), *Social Dimensions of Privacy. Interdisciplinary Perspectives*, Cambridge 2015, S. 244-260.

Steinfath, Holmer, »Einführung. Die Thematik des guten Lebens in der gegenwärtigen philosophischen Diskussion«, in: Ders. (Hg.), *Was ist ein gutes Leben? Philosophische Reflexionen*, Frankfurt am Main 1998, S. 7-31.

Steinfath, Holmer, *Orientierung am Guten. Praktisches Überlegen und die Konstitution von Personen*, Frankfurt am Main 2001.

Steinfath, Holmer, »Werte und Glück. Die Frage nach dem guten Leben aus philosophischer Sicht«, in: Matthias Hoesch, Markus Rüther, Sebastian Muders (Hg.), *Glück – Werte – Sinn. Metaethische, ethische und theologische Zugänge zur Frage nach dem guten Leben*, Berlin 2013, S. 13-35.

Stevenson, Anne, *Bitter Fame. A Life of Sylvia Plath*, London 1989.

Stoljar, Natalie, »Autonomy and Adapted Preference Formation«, in: Andrea Veltman, Mark Piper (Hg.), *Autonomy, Oppression, and Gender*, Oxford 2014, S. 227-252.

Stoljar, Natalie, »›Living Constantly at Tiptoe Stance‹. Social Scripts, Psychiological Freedom, and Autonomy«, in: Marina Oshana (Hg.), *Personal Autonomy and Social Oppression. Philosophical Perspectives*, New York 2015, S. 105-123.

Strawson, Peter F., »Freiheit und Übelnehmen«, in: Ulrich Pothast (Hg.), *Seminar. Freies Handeln und Determinismus*, Frankfurt am Main 1978.

Stroud, Sarah, Christine Tappolet (Hg.), *Weakness of Will and Practical Irrationality*, Oxford 2003.

Superson, Anita, »Deformed Desires and Informed Desire Tests«, in: *Hypatia* 20 (2005), S. 109-126.

Svolba, David, »Swindell, Frankfurt, and Ambivalence«, in: *Philosphical Explorations* 14 (2011), S. 219-25.

Swaab, Dick, *Wij zijn ons brein. Van baarmoeder tot alzheimer*, Amsterdam 2015.

Swindell, J. S., »Ambivalence«, in: *Philosphical Explorations* 13 (2010), S. 23-34.

Taylor, Charles, »Der Irrtum der Negativen Freiheit«, in: Ders., *Negative Freiheit? Zur Kritik des neuzeitlichen Individualismus*, Frankfurt am Main 1988, S. 118-144.

Taylor, Charles, *Das Unbehagen an der Moderne*, Frankfurt am Main 1995.

Taylor, Charles, *Multikulturalismus und die Politik der Anerkennung*, Frankfurt am Main, 2009.

Taylor, Charles, *Quellen des Selbst. Die Enstehung der neuzeitlichen Identität*, Frankfurt am Main 2012.

Taylor, James Stacey (Hg.), *Personal Autonomy. New Essays on Personal Autonomy and its Role in Contemporary Moral Philosophy*, Cambridge 2005.

Taylor, Richard, »The Meaning of Life«, in: Ders., *Good and Evil. A New Direction*, New York 1970, S. 256-268.

Theisohn, Philipp, »Die Tagebücher«, in: Manfred Engel, Bernd Auerochs (Hg.), *Kafka-Handbuch. Leben, Werk, Wirkung*, Stuttgart 2010, S. 379-390.

Thiel, Thorsten, »Blogs in der Philosophie«, in: *Information Philosophie* 42 (2015), S. 56-63.

Thomä, Dieter, *Vom Glück in der Moderne*, Frankfurt am Main 2003.

Thomä, Dieter, *Glück. Ein interdisziplinäres Handbuch*, Stuttgart 2011.

Thome, Stephan, *Fliehkräfte*, Berlin 2015.

Thurm, Frida, »Gute Gründe gegen Kinder«, ⟨http://www.zeit.de/gesellschaft/familie/2016-07/kinderwunsch-studie-frauen-sinus-milieus-elterngeld-kinderbetreuung⟩, letzter Zugriff 10.09.2016.

Tiberius, Valerie, *The Reflective Life. Living Wisely with our Limits*, Oxford 2008.

Tóibín, Colm, *Brooklyn*, München 2010.

Tolstoi, Lew, *Meine Beichte*, Genf 1884.

Travis, Roger, »From ›Shattered Mummies‹ to ›An Epic Life‹. Casaubon's Key to All Mythologies and Dorothea's Mythic Renewal in George Eliot's *Middlemarch*«, in: *International Journal of the Classical Tradition* 5 (1999), S. 367-382.

Trilling, Lionel, *Das Ende der Aufrichtigkeit*, Frankfurt am Main 1989.

Tugendhat, Ernst, »Antike und moderne Ethik«, in: Ders., *Probleme der Ethik*, Stuttgart 1984, S. 33-56.

Tugendhat, Ernst, »Der Begriff der Willensfreiheit«, in: Ders., *Philosophische Aufsätze*, Frankfurt am Main 1992, S. 334-351.

Tugendhat, Ernst, *Vorlesungen über Ethik*, Frankfurt am Main 1993.

Tugendhat, Ernst, *Selbstbewußtsein und Selbtbestimmung*, Frankfurt am Main 1997.

Valdman, Mikhail, »Outsourcing Self-Government«, in: *Ethics* 120 (2010), S. 761-790.

Van Parijs, Philippe, *Real Freedom for All. What (If Anything) Can Justify Capitalism?*, Oxford 1995.

Varga, Somogy, *Authenticity as an Ethical Ideal*, London 2012.

Velleman, David, »Identification and Identity«, in: Sarah Buss, Lee Overton (Hg.), *Contours of Agency. Essays on Themes from Harry Frankfurt*, Cambridge/MA 2002, S. 91-123.

Velleman, David, »The Way of the Wanton«, in: Kim Atkins, Catriona Mackenzie (Hg.), *Practical Identity and Narrative Agency*, New York 2008, S. 169-192.

Veltman, Andrea, Mark Piper (Hg.), *Autonomy, Oppression, and Gender*, Oxford 2014.

Wagner DeCew, Judith, »The Feminist Critique of Privacy. Past Arguments and New Social Understandings«, in: Beate Rössler, Dorota Mokrosinska (Hg.), *The Social Dimensions of Privacy. Interdisciplinary Perspectives*, Cambridge 2015, S. 85-103.

Wald, Alan M., *The New York Intellectuals. The Rise and Decline of the Anti-Stalinist Left from the 1930s to the 1980s*, Chapel Hill/London 1987.

Waldron, Jeremy, »Autonomy and Perfectionism in Raz's Morality of Freedom«, in: *Southern California Law Review* 62 (1989), S. 1098-1152.

Waldron, Jeremy, »Moral Autonomy and Personal Autonomy«, in: John Christman, Joel Anderson (Hg.), *Autonomy and the Challenges to Liberalism. New Essays*, Cambridge 2005, S. 127-149.

Wall, Steven, *Liberalism, Perfectionism and Restraint*, Cambridge 1998.

Wallace, R. Jay, *Responsibility and the Moral Sentiments*, Cambridge/MA 1998.

Wallace, R. Jay, »The Rightness of Acts and the Goodness of Lives«, in: Ders., Philip Pettit, Samuel Scheffler, Michael Smith (Hg.), *Reason and Value. Themes from the Moral Philosophy of Joseph Raz*, Oxford 2004, S. 385-411.

Wallace, R. Jay, *The View from Here. On Affirmation, Attachment and the Limits of Regret,* Oxford 2013.

Wanderer, Jeremy, »Addressing Testimonial Injustice. Being Ignored and Being Rejected«, in: *Philosophical Quarterly* 62 (2012), S. 148-169.

Wang, Yang, Gregory Norice, Saranga Komanduri, Alessandro Acquisti, Pedro Giovanni Leon, Lorrie Faith Cranor, »I Regretted the Minute I Pressed Share. A Qualitative Study of Regrets on Facebook«, in: *Symposium on Usable Privacy and Security (SOUPS '11)*, Pittsburgh 2011, ⟨https://cups.cs.cmu.edu/soups/2011/proceedings/a10_Wang.pdf⟩, letzter Zugriff 02.06.2016.

Warren, Samuel, Louis Brandeis, »The Right to Privacy«, in: *Harvard Law Review* 4 (1890), S. 193-220.

Washington, Natalia, Dan Kelly, »Who's Responsible for This? Moral Responsibility, Externalism, and Knowledge about Implicit Bias«, in: Michael Brownstein, Jennifer Saul (Hg.), *Implicit Bias and Philosophy. Moral Responsibility, Structural Injustice, and Ethics*, Oxford 2016, S. 11-36.

Watson, Gary, »Scepticism about Weakness of Will«, in: *Philosophical Review* 86 (1977), S. 316-339.

Watson, Gary, »Volitional Necessities«, in: Sarah Buss, Lee Overton (Hg.), *Contours of Agency. Essays on Themes from Harry Frankfurt*, Cambridge/MA 2002, S. 129-159.

Watson, Gary (Hg.), *Free Will*, Oxford ^{2}2003.

Watson, Gary, »Two Faces of Responsibility«, in: Ders., *Agency and Answerability*, New York 2004, S. 260-286.

Watson, Gary, »Freies Handeln«, in: Monika Betzler (Hg.), *Autonomie der Person*, Münster 2013, S. 52-66.

Wawra, Daniela, »Digital Communication and Privacy. Is Social Web Use Gendered?«, in: *Arbeiten aus Anglistik und Amerikanistik* 40 (2015), S. 219-245.

Weil, Gordon L., *The European Convention on Human Rights. Background, Development and Prospects,* Leyden 1963.

Wertheimer, Linda, »All Things Considered«, *National Public Radio* (New York City Studios), gesendet 26.02.1990.
Westin, Allen, *Privacy and Freedom*, New York 1967.
Whitman, James Q., »The Two Western Cultures of Privacy. Dignity versus Liberty«, in: *Yale Law Journal* 113 (2004), S. 1151-1221.
Wielenberg, Erik J., »Saving Character«, in: *Ethical Theory and Moral Practice* 9 (2006), S. 461-491.
Wiggins, David, »Truth, Invention, and the Meaning of Life«, in: Ders., *Needs, Values, Truth. Essays in the Philosophy of Value*, London 1987, S. 87-138.
Williams, Bernard, »A Critique of Utilitarianism«, in: J.C.C. Smart, Bernard Williams, *Utilitarianism. For and Against*, Cambridge 1973, S. 77-150.
Williams, Bernard, »Widerspruchsfreiheit in der Ethik«, in: Ders., *Probleme des Selbst*, Stuttgart 1978, S. 263-296.
Williams, Bernard, »Widerspruchsfreiheit und Realismus«, in: Ders., *Probleme des Selbst*, Stuttgart 1978, S. 297-328.
Williams, Bernard, *Kritik des Utilitarismus*, Frankfurt am Main 1979.
Williams, Bernard, »Personen, Charakter und Moralität«, in: Ders., *Moralischer Zufall*, Meisenheim 1984, S. 11-29.
Williams, Bernard, »Moralischer Zufall«, in: Ders., *Moralischer Zufall*, Meisenheim 1984, S. 30-49.
Williams, Bernard, *Ethik und die Grenzen der Philosophie,* Hamburg 1999.
Williams, Bernard, *Truth and Truthfulness,* Princeton 2002.
Wilson, Timothy D., *Strangers to Ourselves. Discovering the Adaptive Unconscious*, Cambridge/MA 2002.
Winch, Peter, »Eine Einstellung zur Seele«, in: Ders., *Trying to Make Sense*, Oxford 1987, S. 140-153.
Wolf, Christa, *Der geteilte Himmel*, Frankfurt am Main 1975.
Wolf, Christa, *Essays/ Gespräche/ Reden/ Briefe 1975-1986*, München 2000.

Wolf, Christa, *Ein Tag im Jahr. 1960-2000*, München 2003.
Wolf, Christa, *Stadt der Engel*, Frankfurt am Main 2011.
Wolf, Susan, »Glück und Sinn. Zwei Aspekte des guten Lebens«, in: Holmer Steinfath (Hg.), *Was ist ein gutes Leben? Philosophische Reflexionen*, Frankfurt am Main 1998, S. 167-195.
Wolf, Susan, »The True, the Good, and the Loveable«, in: Sarah Buss, Lee Overton (Hg.), *Contours of Agency. Essays on Themes from Harry Frankfurt*, Cambridge/MA 2002, S. 227-244.
Wolf, Susan, *Meaning in Life and Why it Matters*, Princeton 2010.
Wolf, Ursula, »Zur Struktur der Frage nach dem guten Leben«, in: Holmer Steinfath (Hg.), *Was ist ein gutes Leben? Philosophische Reflexionen*, Frankfurt am Main 1998, S. 32-46.
Wolf, Ursula, *Die Philosophie und die Frage nach dem guten Leben*, Reinbek/Hamburg 1999.
Wollheim, Richard, *The Thread of Life*, Cambridge/MA 1984.
Wood, Allen, »Self-Deception and Bad Faith«, in: Brian P. McLaughlin, Amélie Oksenberg Rorty (Hg.), *Perspectives on Self-Deception*, Berkeley/Los Angeles 1988, S. 207-227.
Woolf, Virginia, *The Diary of Virginia Woolf. 1920-24*, Bd. 2, London 1981.
Woolf, Virginia, *Tagebücher 2. 1920-1924*, Frankfurt am Main 1994.
Woolf, Virginia, »Berufe für Frauen«, in: Dies., *Der Tod des Falters. Essays*, Frankfurt am Main 1997, S. 225-232.
Woolf, Virginia, *A Writer's Diary. Being Extracts from the Diary of Virginia Woolf*, New York 2003.
Woolf, Virginia, *Tagebücher 5. 1936-1941*, Frankfurt am Main 2008.
Woolf, Virginia, *Schreiben für die eigenen Augen. Aus den Tagebüchern 1915-1941*, Frankfurt am Main 2012.
Wright, Crispin, Barry C. Smith, Cynthia MacDonald (Hg.), *Knowing Our Own Minds*, Oxford 1998.
Wuthenow, Ralph-Rainer, *Das erinnerte Ich. Europäische Autobiographie und Selbstdarstellung im 18. Jahrhundert*, München 1974.

Wuthenow, Ralph-Rainer, *Europäische Tagebücher. Eigenart – Formen – Entwicklung*, Darmstadt 1990.

Yates, Richard, *Zeiten des Aufruhrs*, Stuttgart 2002.

Young, Iris Marion, *Justice and the Politics of Difference*, Princeton 1990.

Zheng, Robin, »Attributability, Accountability, and Implicit Bias«, in: Michael Brownstein, Jennifer Saul (Hg.), *Implicit Bias and Philosophy. Moral Responsibility, Structural Injustice, and Ethics*, Oxford 2016, S. 62-89.

Zuiderveen Borgesius, Frederik, *Improving Privacy Protection in the Area of Behavioural Targeting*, Amsterdam 2014.

Zwick, Detlev, Nikhilesh Dholakia, »Contrasting European and American Approaches to Privacy in Electronic Markets. Property Right Versus Civil Right«, in: *Electronic Markets* 11 (2001), S. 116-120.

50 Jahre suhrkamp taschenbuch wissenschaft
1973-2023
Das Jubiläumsprogramm

Aleida Assmann. Im Dickicht der Zeichen. stw 2429. 360 Seiten

Judith Butler. Die Macht der Geschlechternormen und die Grenzen des Menschlichen. Übersetzt von Karin Wördemann und Martin Stempfhuber. stw 2422. 414 Seiten

Esther Duflo. Kampf gegen die Armut. Übersetzt von Andrea Hemminger. stw 2428. 182 Seiten

Philippa Foot. Die Natur des Guten. Übersetzt von Michael Reuter. stw 2421. 162 Seiten

Eva Illouz. Gefühle in Zeiten des Kapitalismus. Übersetzt von Martin Hartmann. stw 2423. 170 Seiten

Rahel Jaeggi. Kritik von Lebensformen. stw 2424. 451 Seiten

Karin Knorr Cetina. Die Fabrikation von Erkenntnis. Zur Anthropologie der Wissenschaft. Mit einem Vorwort von Rom Harré. stw 2427. 372 Seiten

Martina Löw. Raumsoziologie. stw 2425. 320 Seiten

Beate Rössler. Autonomie. Ein Versuch über das gelungene Leben. stw 2426. 443 Seiten

Lucie Varga. Zeitenwende. Mentalitätshistorische Studien 1936-1939. Herausgegeben, übersetzt und eingeleitet von Peter Schöttler. stw 2430. 247 Seiten

NF 185/1/1.23